# 실전
# 증권사관학교
# X파일

종목 발굴 이렇게 하라!
# 실전 증권사관학교 X파일

개정증보판　　1쇄 발행 2021년 10월 1일
부록 합본 개정판 1쇄 발행 2025년 11월 25일

지은이　장진영
펴낸곳　㈜이레미디어

전　화　031-908-8516(편집부), 031-919-8511(주문 및 관리)
팩　스　0303-0515-8907
주　소　경기도 파주시 문예로 21, 2층
홈페이지　www.iremedia.co.kr
이메일　ireme@iremedia.co.kr
등　록　제396-2004-35호

저작권자 ⓒ 장진영, 2025
이 책의 저작권은 저작권자에게 있습니다.
서면에 의한 허락 없이 내용의 전부 혹은 일부를 인용하거나 발췌하는 것을 금합니다.

ISBN 979-11-93394-84-7(03320)

· 가격은 뒤표지에 있습니다.
· 잘못된 책은 구입하신 서점에서 교환해드립니다.
· 이 책은 투자 참고용이며 투자 손실에 대해서는 법적 책임을 지지 않습니다.

> 당신의 소중한 원고를 기다립니다.
> ireme@iremedia.co.kr

종목 발굴 이렇게 하라!

# 실전
# 증권사관학교
# X파일

부록 합본 개정판

장진영 지음

이레미디어

들어가며

## 변화하는 시장에서 살아남는 강한 자가 되는 비결!

필자는 그간 한국경제TV 증권사관학교를 운영하면서 수많은 사람을 만났다. 계층도 다양하고 그만큼 겪어온 삶, 현재 종사하고 있는 분야 또한 다양했다. 그중에는 내로라하는 경제학 석사도 있었고, 어려운 형편 때문에 교육적 혜택을 받지 못한 이들도 있었다.

이렇듯 폭넓은 스펙트럼을 갖고 있는 수강생들을 대상으로 강의를 하면서 특이한 점 하나를 발견했다. 수년간 그들의 실제 투자 성과를 비교해본 결과 경제이론에 해박한 수강생보다 도리어 경제에 대해 잘 모르는 수강생의 수익률이 훨씬 높았다는 사실이다.

주식투자를 시작하고자 하는 사람들 중 대다수가 '주식투자에는 엄청난 지식이 필요할 것'이라 생각하는 경향이 있다. 하지만 주식투자는 수익을 내려는 것이지 복잡한 이론을 습득하여 자격증을 따려는 것이 아니다. 만약 증권 관련 자격증을 취득할 생각이라면 주식투자를 할 것이 아니라 필요한 교재를 구입하여 시험공부를 하는 편이 훨씬 낫다.

주식에서 성공하기 위해서는 반드시 알아야 하는 핵심적인 사항들이 있고, 크게 도움이 되지 않으면서 복잡하기만 한 경영학적 이론이 있다. 그런데 대부분의 투자자가 어려운 부분에 집중하다 보니 매매에 핵심적인 비법들을 간과하는 우를 범하곤 한다. 그런 경우 십중팔구는 자신이 공부한 이론과 맞아떨어지지 않는 결과를 접하고 참담한 심정이 되기 십상이다.

이에 필자는 그런 안타까운 상황들을 볼 때마다 주식 초보자들을 위해 핵심을 명쾌하게 정리한 책이 필요하다는 생각을 해왔다. 그래서 증권사관학교에서 수강생들을 지도한 경험을 바탕으로 주식투자의 승자가 되기 위해 반드시 알아야 할 사항들을 한 권으로 묶는 작업에 들어갔다. 그리고 누구나 이해할 수 있도록 쉽게 설명하고 기법이 몸에 익도록 반복적으로 학습할 수 있게끔 최선을 다해 구성했다.

이 책에는 필자가 수년 동안 현장에서 직접 경험하며 터득한 기법들이 총망라되어 있다. 만약 당신이 실전 매매를 한 번도 해본 적이 없는, 그야말로 '생초보'라면 첫 장부터 꼼꼼히 읽어나가기 바란다. 주식과 주식시장의 기본, 차트에서 얻을 수 있는 정보와 해독 방법, 종목 선택을 위한 회사 분석 등 기술적 분석과 기본적 분석의 중요 사항들을 조목조목 짚어놓았다. 또한 필요하다고 생각되는 주제의 경우 핵심 포인트를 따로 뽑아 '실전 매매 테크닉'으로 정리하여 그 장의 내용을 되짚고 실전 응용력을 높일 수 있도록 하였다.

그리고 마지막 3개의 장에는 '증권사관학교 소장, 종목 발굴 이렇게 한다'를 제목으로 초보뿐만 아니라 전문가에게도 꼭 필요한 신규주, 테마주, 급등주 매매 비법을 다뤘다. 에둘러 표현하든 직접적으로 말하든 주식투자의 목적은 한 가지다. 수익을 내기 위한 것이다. 그렇다면 최고의 수익을 얻을 수 있는 신규주, 테마주, 급등주에 도전하는 것도 그 목적에 이르기 위한 지름길이 될 것이다. 높은 수익을 얻을 기회라는 것은 그만큼 위험도 크다는 말이다. 고수익 종목들의 생태를 파악하고 있다면 세력들이 모두 빠져나간 천장에서 이제 끝없이 하락할 일만 남은 주식을 붙들고 망연자실하는 경우를 겪지 않아도 될 것이다.

초보에서 전문가까지, 이 책을 손에서 놓지 않고 끊임없이 되새기며 투자한다면 험난한 주식시장에서 최후의 승자로 남을 것을 확신한다.

장진영

**차 례**

들어가며  변화하는 시장에서 살아남는 강한 자가 되는 비결!  4

## 1부 기초편

**1장 주식투자, 시작이 중요하다**

01 실전투자에 앞서  15
02 이것만은 알고 시작하자  20
03 증권사 선정과 계좌 개설 방법  36
04 HTS, 워밍업  41

**2장 캔들은 주가의 움직임이다**

01 기술적 분석의 기초, 캔들  52
02 캔들의 종류와 의미  57
03 캔들의 모양으로 주가 예측하기: 상승 패턴  64
04 캔들의 모양으로 주가 예측하기: 하락 패턴  70
05 천장과 바닥을 잡아내는 사께다 전법  76

**3장 이동평균선은 미래를 담고 있다**

01 이동평균선은 왜 중요할까  85
02 이동평균선으로 알 수 있는 2가지 핵심  88
03 이동평균선 구하는 법  89
04 실전 차트를 통한 이동평균선 분석  92
05 이동평균선, 실전에서 이렇게 활용하라  97
06 이동평균선을 이용한 핵심 매매 기법  105

| | 07 | 이동평균선을 이용해 매수와 매도 시점을 파악하는 그랜빌의 8가지 법칙 | 114 |
|---|---|---|---|
| | | ■ 실전 매매 테크닉 ■ | 118 |

## 4장
## 거래량은 주가에 앞선다

| | | | |
|---|---|---|---|
| | 01. | 거래량은 속일 수 없다 | 124 |
| | 02 | 분산된 물량과 매집된 물량은 힘이 다르다 | 126 |
| | 03 | 거래량으로 세력의 행보를 읽는다 | 128 |
| | 04 | 거래량은 주가 위치에 따라 다르게 해석된다 | 129 |
| | 05 | 거래량에도 사이클이 있다 | 131 |
| | 06 | 거래량 해석과 투자자 대응 전략 | 132 |
| | | ■ 실전 매매 테크닉 ■ | 144 |

## 5장
## 보조지표 100% 활용법

| | | | |
|---|---|---|---|
| | 01 | 보조지표 매매 포인트 | 148 |
| | 02 | 이동평균선 관련 보조지표 | 149 |
| | 03 | 거래량 관련 보조지표 | 159 |
| | 04 | 가격 관련 보조지표 | 163 |
| | 05 | 그 외 유용한 보조지표 | 171 |
| | 06 | 다이버전스를 이용한 매매 기법 | 175 |
| | | ■ 실전 매매 테크닉 ■ | 180 |

## 6장
## 알기 쉬운 기본적 분석

| | | | |
|---|---|---|---|
| | 01 | 기본적 분석, 주가와 기업의 가치 | 185 |
| | 02 | 간단한 지표로 적정주가 확인하는 방법 | 187 |
| | 03 | 좋은 회사인지를 확인하는 재무비율 분석의 4대 지표 | 191 |
| | 04 | 지표 분석을 실전에서 쉽게 활용하는 방법 | 196 |
| | 05 | 사업보고서에서 이것만은 꼭 확인하자 | 199 |
| | 06 | 전자공시를 통한 기타 보고서 분석 | 214 |

# 2부 실전편

## 7장 매수와 매도의 급소를 포착하라

- 01 타이밍이 성패를 좌우한다 — 225
- 02 매매 타이밍 포착의 핵심 — 227
- 03 이동평균선의 매매 급소 — 229
- 04 거래량의 매매 급소 — 235
- 05 추세선과 주가 흐름 — 240
- 06 추세선의 매매 급소 — 245
- ■ 실전 매매 테크닉 ■ — 253

## 8장 추세 패턴 분석으로 승률을 높여라

- 01 신뢰도 높은 추세 패턴 — 260
- 02 추세 패턴의 분류 — 261
- 03 추세 전환을 예고하는 반전형 패턴 — 262
- 04 추세 지속을 예고하는 지속형 패턴 — 273
- ■ 실전 매매 테크닉 ■ — 282

## 9장 외국인과 기관 따라잡기

- 01 외국인, 기관 투자자는 누구인가 — 287
- 02 외국인과 기관 투자자의 매매 종목 포착 방법 — 288
- 03 외국인과 기관의 매매 종목 초기 발굴법 — 291
- 04 외국인, 기관의 매매 실전 사례 1 — 293
- 05 외국인, 기관의 매매 실전 사례 2 — 301
- ■ 실전 매매 테크닉 ■ — 315

## 10장

**증권사관학교 소장, 종목 발굴 이렇게 한다 _ 신규주**

| | | |
|---|---|---|
| 01 | 신규 상장주, 어떤 점이 유리한가 | 318 |
| 02 | 먼저 주식 분포를 확인하라 | 319 |
| 03 | 신규주 분석 핵심 포인트 | 322 |
| 04 | 신규주의 공학적 기관 물량 파악 기법 | 324 |
| 05 | 신규주 기간별 매매 기법 | 333 |

## 11장

**증권사관학교 소장, 종목 발굴 이렇게 한다 _ 테마주**

| | | |
|---|---|---|
| 01 | 시장의 중심 테마주에 주목하라 | 350 |
| 02 | 테마주 발굴 핵심 포인트 | 352 |
| 03 | 대장주와 주변주 어떻게 다른가 | 356 |
| 04 | 한국 증시 주요 테마 34선 | 359 |

## 12장

**증권사관학교 소장, 종목 발굴 이렇게 한다 _ 급등주**

| | | |
|---|---|---|
| 01 | 급등주의 전제조건 10가지 | 397 |
| 02 | 급등주 10가지 전제조건 세부 분석 | 399 |
| 03 | 급등주 조건을 만족하는 실전 사례 | 407 |
| 04 | 1,000% 수익률에 도전하는 매매 기법 | 411 |
| 05 | 시장 흐름에 상관없이 급등주는 존재하는가 | 419 |

**특별부록** 지니주식요정, 주식공부 이렇게 한다! 421

# 1부

## 기초편

# 1장

## 주식투자, 시작이 중요하다

# 01 실전투자에 앞서

## 왜 주식투자를 하는가

주식투자는 현재 또 하나의 재테크 수단으로 확실히 자리 잡았다. 2020년 들어 지속적으로 상승세를 보이며 '동학개미운동'이라는 신조어를 만들어냈고, 2021년 시작과 함께 '코스피 3,000' 시대를 열고 거래대금이 21조 원을 넘어섰다. 코스닥 역시 사상 최고치인 1,000포인트를 넘으며 거래대금은 17조 원을 기록했다. 주식시장은 경기의 흐름에 따라 오르내림이 있지만, 갈수록 주식투자에 참여하는 사람들이 늘어나고 있다. 이는 재테크 수단으로 주식투자가 확실히 자리 잡았음을 의미한다.

대부분의 사람이 처음 주식투자를 시작할 때부터 수익만을 생각한다. 이들 중에는 우량주를 매매하여 은행 이자 이상의 안정적인 수익을 바라는 보수적인 투자자들도 있고, 인생 역전을 꿈꾸며 고위험·고수익 종목에 투자하는 공격적인 투자자도 있다. 투자 성향이 다른 만큼 선정 종목도 달라지는 것이다. 그런데 대체로 단기 수백 %의 수익률을 바라며 주식시장에 뛰어드는 이들이 훨씬 많다.

하지만 명심해야 할 것이 있다. 자신이 어떠한 성향이든 최소한의 안정성이 보장된 종목에 투자해야 한다는 사실이다. 주식시장에서는 '대박과 쪽박은 백지 한 장 차이'라는 말을 한다. 고수익만을 노리다가 한순간에 빈털터리 계좌 신세가 될 수도 있다는 말이다. 이 오래된 명언이 자신만은 비켜갈 것이라 믿을 근거는 세상 어디에도 없다.

## 왜 투자에 실패하는 것일까

주식을 간단하게 정의하자면 '주식회사에서 발행한 유가증권'이다. 회사에서 필요한 자금을 조달하기 위해 발행하는 것이 주식이며, 이를 매매하는 곳이 주식시장이다. 주식에 투자한다는 것은 기업에 자금을 지원한다는 의미이다. 그 대가로 투자한 회사가 수익을 창출했을 때 배당을 약속하는 것이 본래의 목적이다.

그러나 대부분의 투자자는 배당 수익에 그다지 관심이 없다. 그러므로 투자하는 회사에 대해서도 크게 관심을 갖지 않는다. 어떤 주식이든 싸게 매수해서 비싸게 매도하여 시세 차익을 남기면 성공이라 생각하기 때문이다. 아이러니하게도 바로 이런 이유 때문에 많은 개인 투자자가 손실을 본다. 자기 기준 없이 상승하는 종목에 현혹되어 비쌀 때 추격 매수했다가 상투를 붙잡게 되는 경우가 많기 때문이다. 만약 이런 투자 습관을 갖고 있다면 지수가 아무리 상승한다고 해도 수익을 거두기는 힘들 것이다.

물론 '싸게 사서 비싸게 파는 것'은 주식뿐 아니라 모든 매매 주체의 기대 사항이다. 주식시장에서는 그것이 너무나 확연히 드러나 보일 따름이다. 그런데 이 기본에도 기법이 있다. 싸다고 무조건 사는 것이 아니라 사도 되는 싼 가격인가를 판단하고 매수에 들어가야 한다는 것이다. 필자는 이 책에서 그 기법들을 중점적으로 다루려 한다.

## 성공을 위한 4가지 원칙을 기억하라

투자자의 마음가짐은 투자 수익에 커다란 영향을 준다. 주식투자는 한마디로 자신과의 싸움이기 때문이다. 필자의 경험으로 볼 때 조급한 마음으로 주식시장에 뛰어들어 성공한 예는 없었다.

많은 사람이 주식투자에서 수익을 내지 못하는 가장 큰 이유는 주식이 일반 투자자들의 생각과 다르게 움직이기 때문이다. 달리 말하면 개미 투자자들이 주식시장의 흐름에 역행하기 때문이다. 끝없이 상승할 것 같은 주식이어서 매수하면 그때부터 하락하기 시작하고, 추가적으로 더 하락할 것 같아서 매도해버리면 상승을 시작한다. 아마도 지금 이 책을 읽고 있는 독자 여러분도 많이 경험해보았으리라.

끝없이 상승할 수 있는 종목이란 없다. 매일매일 상한가 행진을 하는 종목을 보노라면, 어느 때 매수 기회만 주어지면 나도 그 즐거운 행렬에 동참할 수 있을 것이라는 생각이 들 것이다. 하지만 만약 당신에게 매수 기회가 주어졌다면, 매도 기회까지는 주어지지 않는다고 봐야 한다. 얼마 동안 다시는 그 가격에 도달하지 못할 것이기 때문이다.

더 이상 하락과 횡보를 견디지 못해 매도해버리면 기다렸다는 듯이 상승으로 돌아서는 경우도 마찬가지다. 이 경우 그 주식을 다시 매수하는 사람은 의외로 많지 않다. 이미 정이 떨어질 대로 떨어져 버렸기 때문이다.

이런 결과를 가져오는 가장 큰 이유는 자신과의 싸움에서 지기 때문이다. 그 싸움에서 이기려면 어떻게 해야 할까? 가장 먼저 자신만의 원칙을 세워 어떤 상황이 와도 고수해야 할 자신만의 원칙을 정해야 한다. 필자는 그중 가장 기본이 되는 다음의 4가지를 강조하고자 한다.

### 첫째, 기본적·기술적 지표들을 반드시 숙지하라

주식시장에는 소수의 수익을 내는 사람과 다수의 실패하는 사람이 존재한다. 수익을 내는 쪽에 서고 싶다면 당연히 투자를 할 때 꼭 필요한 지표들을 먼저 익히는 것이 중요하다. 매수하는 주식의 회사가 무엇을 생산하는지도 모르고 투자하는 것은 경기흐름과 상관없이 주식투자를 하겠다는 말과 같으며, 이동평균선이 무엇인지도 모르고 매수와 매도를 되풀이하는 사람은 총도 없이 전쟁을 치르는 것과 같다.

### 둘째, 자신만의 투자 기법을 찾아라

주식투자에는 수많은 기법이 있다. 우리나라에서 일반인이 거래할 수 있도록 주식시장이 열리기 훨씬 전부터 세계적으로 그 기법들은 발달되어 왔다. 그중에서 자신에게 맞는 투자 방법을 찾아야 한다. 아무리 좋은 기법이라도 자신에게 맞지 않으면 아무 소용이 없다. 이 책은 여러분이 스스로 맞는 기법을 찾을 수 있도록 도와줄 것이다. 또한 단순하고 명확한 투자 원칙을 정립하는 데도 많은 도움이 될 것이다.

### 셋째, 방대한 정보는 버려라

주식시장에는 언제나 크고 작은 소문과 뉴스가 넘쳐난다. 대부분의 투자자는 이런 정보를 여과 없이 받아들임으로써 큰 손실을 본다. 이 중에서 90% 정도는 투자하는 데 도움이 되지 않거나 심지어 악영향을 끼친다는 것을 알아야 한다. 주식에 대한 정보는 여러 경로를 통해 수집하되, 이를 그대로 받아들여 뇌동 매매를 할 것이 아니라 어떻게 작용할지 판단할 수 있어야 한다는 것이다.

### 넷째, 현재보다는 미래를 보라

현재 각광을 받으며 상승하는 종목보다 앞으로 상승할 종목에 관심이 필요하다. 지금 모든 사람의 주목을 받으며 상승 중인 종목은 머지 않아 최정점에 이를 것이고, 다시 하락할 것이라는 생각을 해야 한다. 지금은 바닥권에 있지만 앞으로 상승할 종목에 투자해야 큰 수익을 낼 수 있다. 여기에는 앞으로의 시세를 읽는 능력이 필요한데 경제신문 등을 꾸준히 읽어 습득하도록 하자.

# 02 이것만은 알고 시작하자

## 유가증권시장이란

주식·채권을 매개로 운용되는 시장이다. 유가증권의 발행과 유통을 통해 산업 자금을 안정적으로 조달할 수 있고 국민 저축을 증대시키는 역할도 하므로 '자본시장의 꽃'이라 부른다.

## 거래 시장에 따른 분류

우리나라 주식시장은 유가증권시장 KOSPI, 코스피 과 코스닥 KOSDAQ, 코넥스 KONEX 시장으로 나눌 수 있다. 그리고 장외주식시장인 K-OTC가 있다.

## 유가증권시장

현재 증권거래소에 상장되어 있는 주식, 채권, 수익증권이 매매되는 곳이다. 유가증권시장에서 거래되는 주식은 유가증권 상장 규정에 의해 기업의 규모와 산업 특성에 따라 여러 요건을 만족해야 한다.

→ **KOSPI200** 유가증권시장에서 거래되는 대표적인 주식 200개 종목으로 구성된다.

## 코스닥시장

벤처기업 및 유망 중소기업의 자금 조달을 위해 설립된 시장으로 기업 규모는 작지만 성장성이 높은 기업들을 상장하는 곳이다.

→ **코스닥 150** 코스닥시장에 상장된 종목 중 시장 대표, 업종 대표, 유동성 등을 기준으로 선정된 150개 종목으로 구성된다.

## 코넥스시장

Konex **Korea New Exchage**는 자본시장을 통한 초기 중소·벤처기업의 성장 지원 및 모험자본 선순환 체계 구축을 위해 개설된 초기 중소기업 전용 신시장이다.

## K-OTC

한국금융투자협회에서 정한 일정한 조건을 충족하는 비상장 주식을 거래하는 장외주식시장이다.

## 주식의 종류

주식은 크게 보통주와 우선주로 나눌 수 있는데, 가장 큰 차이는 의결권 여부와 이익 배당의 우선순위에 있다.

### 보통주

주주가 가지는 각종의 권리를 평등하게 부여한 주식으로 이익 배당이나 잔여 재산 분배 등의 경우 우선적 지위 또는 후배적 지위를 결정하는 기준이 된다. 주주총회에 참여해 의결권을 행사할 수 있다.

### 우선주

일반적으로 경영 참여를 위한 의결권은 없으나 이익 배당이나 잔여 재산을 분배하는 경우 보통주보다 우선권을 갖는 주식을 말한다. 그 우선권의 내용에 따라 몇 가지로 세분되는데 배당이 실시된 후에도 이익이 남는 경우 보통주와 함께 배당에 참가할 수 있는 참가적 우선주, 그렇지 못한 비참가적 우선주가 있다. 또한 당해연도에 우선배당을 받지 못한 경우 미지급배당액을 다음 연도 이후에 우선하여 보충 배당받을 수 있는 누적적 우선주, 그렇지 못한 비누적적 우선주 등이 있다.

우리나라 주식시장에서는 회사명 뒤에 '우'를 붙여 우선주와 보통주를 구분한다. 예를 들어 '삼성전자'가 발행한 우선주는 증시에서 '삼성전자우'로 표시된다.

# 주식의 분류

주식은 기업의 규모와 시가총액을 기준으로 대형주, 중형주, 소형주로 나눌 수 있는데 정기변경일인 이전 3개월간의 일평균 시가총액(전 상장주식을 시가로 평가한 총액, 주식시장이 어느 정도의 규모를 가지고 있는가를 나타내는 지표이다. 시가총액=주가×총 발행주식수)을 기준으로 분류된다.

### 대형주
납입 자본금의 규모가 750억 원 이상인 회사로, 시가총액이 크고 업종을 대표할 수 있는 주식을 말한다. 코스피시장이나 코스닥시장에서 모두 시가총액 1~100위까지를 대형주로 본다(예: 삼성전자, 현대자동차, 두산중공업 등).

### 중형주
납입 자본금의 규모가 750억 원 미만, 500억 원 이상인 회사로 대형주보다 시가총액이 다소 낮은 주식을 말한다. 코스피시장에서는 시가총액 순위 101~300위, 코스닥시장은 101~400위를 중형주로 본다.

### 소형주
납입 자본금의 규모가 350억 원 미만인 회사로 대형주와 중형주에 포함되지 않은 그 외 종목을 말한다.

### 우량주
수익성이 높고 성장성이 크며 지속적이고 안정적인 수익을 줄 수 있는 종목을 우량주라고 한다. 우량주에 대한 개념과 기준은 정해진 것은 없으며, 우량주를 판단하는 기준으로 경영자의 능력, 기술력, 업계 지위, 경쟁력, 중요 산업인지 여부 등을 들 수 있다. 우량주는 블루칩이나 옐로칩으로 불리는데, 다음과 같은 약간의 차이가 있다.

① **블루칩**: 주식시장에서 거래되는 주식 중 수익성, 성장성, 안정성이 높은 대형 우량주를 말한다. 주가는 비교적 고가이며, 시장점유율 면에서 업종을 대표하는 주식이다.

② **옐로칩**: 블루칩에 비해 시가총액과 주식가격은 낮으나 재무구조가 안정적이고 블루칩과 더불어 업종을 대표하는 우량 종목을 말한다.

## 투자에 주의가 필요한 종목 구분

### 단기과열종목

단기과열종목이란 단기적으로 주가가 급등하거나 과열 현상이 지속되는 종목에 대해 추종 매매와 불공정거래를 예방하기 위해 한국거래소가 만든 제도이다. 단기과열종목으로 지정되면 3거래일 동안 30분 단위의 단일가매매 방식(일정한 시간 동안 매수와 매도 주문을 모아서 일정한 시점에 하나의 가격으로 거래를 체결시키는 방식)으로 거래 방식이 바뀐다.

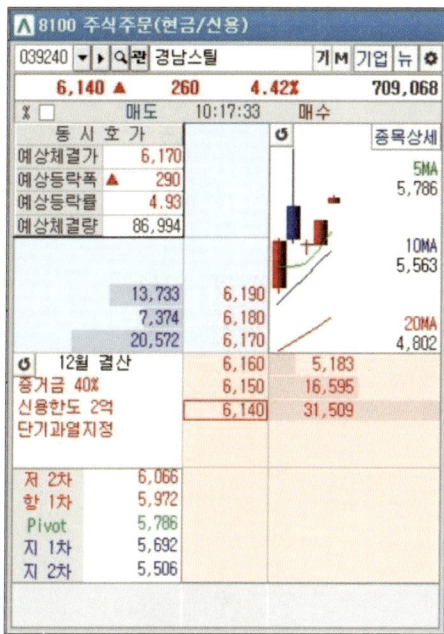

그림 1-1 단기과열지정종목

**투자주의종목**

시장감시위원회에서는 투기적이거나 불공정거래의 여지가 있는 종목을 투자주의종목으로 공표하여 일반 투자자의 뇌동 매매 방지 및 잠재적 불공정거래 행위자에 대한 경각심을 고취시키고 있다(시장감시규정 제5조의 2 및 시장감시규정 시행세칙 제3조).

**투자경고종목**

특정 종목의 주가가 비정상적으로 급등한 경우 투자자에게 주의를 환기시키고 불공정거래를 사전에 방지하기 위해 투자경고종목(과거 이상급등종목)으로 지정한다. 이는 가수요를 억제하고 주가 급등을 진정시키는 등 시장 안정화를 위한

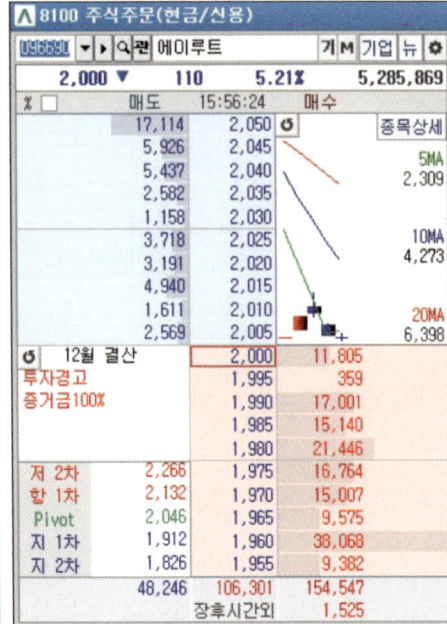

그림 1-2 투자주의종목    그림 1-3 투자경고종목

조치이다. 투자경고종목으로 지정되면 해당 종목을 매수할 경우 위탁증거금을 100% 납부해야 한다. 또한 신용융자로 매수할 수 없으며, 주가가 추가로 급등할 경우 매매 거래정지 및 투자위험종목으로 지정될 수 있다.

**투자위험종목**

투자경고종목 지정에도 불구하고 투기적인 가수요 및 뇌동 매매가 진정되지 않고 주가가 지속적으로 상승할 경우 투자위험종목으로 지정한다. 이는 한 차원 높은 시장 경보로써 해당 종목 투자 시 보다 깊은 주의가 필요하다. 투자위험종목으로 지정되면 해당 종목을 매수할 경우 위탁증거금을 100% 납부해야 하며, 신용 융자로 매수할 수 없다. 투자위험종목 지정과 동시에 매매 거래가 1일간

정지되며, 주가가 추가로 급등할 경우 1일간 매매 거래가 정지될 수 있다.

### 투자주의환기종목

기업이 관리종목으로 지정되기 전이나 상장폐지 되기 전 투자자들을 위해 해당 기업에 대한 부실 위험을 미리 공시하는 것이다.

그림 1-4 투자주의환기종목

투자주의종목, 투자경고종목, 투자위험종목은 주가나 주식 매매 변동에 따른 시장경보제도이고, 투자환기종목은 기업 자체의 부실에 대한 알림이다.

### 관리종목

증권거래소가 주권 상장법인이 상장 후 영업실적 악화 등으로 부실이 심화되거나 유동성이 부족한 경우, 또는 기업지배구조 미구축 등으로 유가증권 상장 규정에 의거하여 상장폐지 기준에 해당할 가능성이 큰 경우 관리종목으로 지정한다. 한국거래소www.krx.co.kr에서 '상장공시 → 주권상장 → 유가, 코스닥, 코넥스 상장 → 상장폐지'로 들어가면 각 시장당 관리종목 기준에 대한 확인이 가능하다.

- 정기보고서 미제출 또는 감사인의 의견미달
- 자본 잠식률이 50/100 이상
- 주식분산 미달, 거래량 미달
- 최근 사업연도 말 매출액 50억 원 미만, 시가총액 50억 원 미만인 상태가 30일 동안 지속
- 액면가의 20/100인 상태가 30일 동안 지속

그림 1-5 관리종목

### 불성실공시기업

주권 상장법인이 거래법 및 상장법인 공시 규정에 의한 공시의무를 성실히 이행하지 아니하여 공시불이행, 공시번복 또는 공시변경의 유형에 해당하는 경우이다.

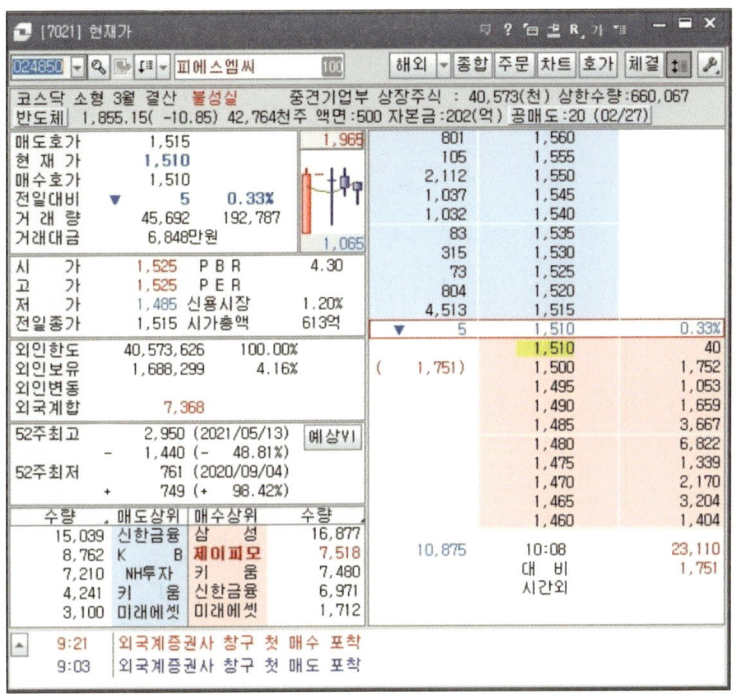

그림 1-6 불성실공시기업

## 주식과 관련된 기본 용어

① **액면가:** 주권에 표시되어 있는 가격을 말한다. 주식에는 액면가액이 표시된 액면주식과 표시되지 않은 무액면주식이 있다.

② **액면분할:** 주식에 표기된 가격을 일정한 비율로 나눈 것으로 주식수는 분할비율만큼 증가하게 된다.

③ **액면병합:** 액면가가 작은 주식을 합쳐 액면가를 높이는 것으로 주식수는 병합비율만큼 감소하게 된다.

④ **유상증자:** 회사가 부족한 자금을 추가로 조달하기 위해 불특정 다수 또는 주주나 특정인을 대상으로 주식을 추가 발행하는 것이다.

⑤ **무상증자:** 회사가 가지고 있는 자본준비금과 잉여금을 가지고 이사회의 결의에 따라 주주들에게 무상으로 신주(주식회사가 증자하기 위하여 신규 발행한 후 최초 결산기가 경과하기 전의 주식)를 발행하여 지급하는 것을 말한다.

⑥ **무상감자:** 부실한 주식회사가 회생하기 위해 주식수를 일정한 비율로 줄여 자본금을 축소하기 위한 수단이다.

⑦ **전환사채CB:** 일정한 조건에 따라 주식으로 전환할 수 있는 권리가 부여된 회사채를 말한다.

⑧ **신주인수권부사채BW:** 사채 발행 후 일정 기간 내에 미리 약정된 가격(신주인수가격)으로 당해 발행 회사에 일정한 수 또는 그 금액에 해당하는 신주의 매입을 청구할 수 있는 권리가 부여된 사채를 말한다.

**전환사채와 신주인수권부사채의 비교**

| | 전환사채(CB) | 신주인수권부사채(BW) |
|---|---|---|
| 공통점 | • 사채: 주식회사가 일반 대중에게 자금을 모집하기 위해 집단적·대량적으로 발행하는 채권<br>• 권리 행사 시 주식수 증가, 주식 가치는 하락<br>• 주가 상승 시 이자와 시세차익을 얻을 수 있음 | |
| 차이점 | 전환 권리 실행 시 사채가 소멸된다.<br><br>사채 → 주식<br>↑<br>(권리 실행) | 신주인수권 실행 시 사채는 소멸되지 않는다.<br><br>사채 → 사채 + 주식<br>↑<br>(권리 실행) |

# 매매와 관련된 기본 용어

① **손절매** Loss cut: 주식을 매입한 가격보다 낮은 상태에서 추가적인 하락이 예상될 때, 그 하락폭을 피하기 위해 손실을 감수하고 주식을 매도하는 것을 말한다.

② **미수거래**: 증권사에 예치해놓은 현금과 주식을 담보로 일정한 증거금을 내고 주식을 외상으로 살 수 있는 제도이다. 3일 내에 이를 갚지 않으면 해당 증권사가 미수금에 해당하는 액수만큼 주식을 동시호가에 강제 매도한다(반대매매). 일반적으로 하한가로 매도 주문을 내기 때문에 미수금 액수보다 많은 주식이 강제 매도된다. 2007년 5월 1일부터 미수동결계좌제도가 도입되었다. 이에 따라 미수 발생 다음 거래일부터 30일간 증거금 100% 계좌로 변경되어 미수를 사용할 수 없게 된다.

③ **신용거래**: 위탁계좌에서 투자자로부터 일정한 보증금을 받은 후 주식 매수

시 매수 금액 일부를 증권사에서 빌려주는 신용융자와 주식을 증권사에서 빌려 매도한 후 주가가 하락하면 해당 종목을 매수 상환하여 수익을 추구하는 신용대주가 있다.

④ **반대매매:** 미수나 신용융자로 주식을 매수 후 결제일까지 변제되지 않거나 주가 하락으로 인한 담보 부족으로 생긴 미수금에 대해 충당할 수 있는 범위의 수량을 산정하여 강제로 일괄매도하는 변제 방법이다. 참고로 반대매매 예정일에 미수금을 갚고 정규장 시작 전까지 증권사에 직접 요청하여 매도를 막을 수 있는 곳도 있다.

## 선물옵션시장 관련 용어

① **선물거래:** 사람들이 필요한 물건이 있으면 시장에 가서 물건값을 지불하고 물건을 구매하는 것을 '현물거래'라고 하는 것과 달리 현재 물건이 필요하지는 않지만 3개월, 6개월 혹은 1년 후에 물건이 필요할 때가 있다. 이때 현재 시점에서 해당 물건값과 인도 날짜 등을 확정해서 계약을 체결하고, 약속된 날짜에 계약한 대로 물건과 대금을 교환하는 거래를 만들 수 있는데 이를 '선도거래'라고 한다. 선물거래는 이러한 선도거래가 발전하여 거래소라는 기관을 통해 거래를 체결하는 것을 말한다.

거래에 기초가 되는 자산은 개별주식, 국채, 통화(달러, 엔, 유로), 금, 돈육, 코스피200지수 등이다. 회사가 없어지지 않는 한 계속 보유할 수 있는 주식과 달리 최종 결제되면 계약이 종료된다.

② **옵션:** 옵션은 선택할 수 있는 권리로 특정 대상물을 장래의 지정된 날 또는 그 이전에 (사전에 정한) 일정한 가격으로 사거나 팔 수 있는 권리를 부여한 '선택권'을 매매하는 것이다. 상품을 정해진 가격에 살 수 있는 권리인 콜Call 옵션과 팔 수 있는 권리인 풋Put 옵션으로 구분한다.

③ **옵션 만기일:** 매월 두 번째 목요일로 해당 월물의 옵션을 청산하는 최종 거래일이다. 옵션 만기일이 지나면 해당 옵션은 가치를 상실하게 되고, 더 이상 그 권리를 행사할 수 없다.

④ **트리플위칭데이 Triple Witching Day:** 3월, 6월, 9월, 12월 두 번째 목요일로 주가지수선물, 주가지수옵션, 개별주식옵션의 동시 만기일을 말한다.

⑤ **베이시스 Basis:** 선물가격(미래)과 현물가격(현재)을 뺀 값을 말한다.

⑥ **콘탱고 Contango:** 선물가격이 현물가격보다 높은 정상시장을 말하며, 프로그램 매수세가 유입될 수 있다.

⑦ **백워데이션 Backwardation:** 콘탱고의 반대 개념으로 현물가격이 선물가격보다 높은 시장으로 비정상시장이라 한다.

⑧ **프로그램매매:** 일반적으로 시장 분석·투자 시점 판단·주문 제출 등의 과정을 컴퓨터로 처리하는 거래 기법을 통칭한다. 시장 상황별로 실행할 투자 전략을 사전에 미리 수립하여 그 내용을 컴퓨터에 프로그래밍하고, 시장 상황의

분석과 분석 내용에 따른 주문 등을 프로그램에 따라 컴퓨터로 처리하는 매매 방법을 말한다.

⑨ **정리매매**: 상장폐지가 확정된 종목의 소유주주에게 마지막 환금 기회를 부여하기 위해 7매매거래일 이내에서 매매거래를 허용한다.

## 시장 운용 관련 용어

① **시장 일시중단제도**Circuit Breakers: 종합주가지수가 전일 대비 일정 수준 이상 급락하는 경우 투자자에게 시장 상황을 판단할 수 있는 시간을 제공하기 위해 시장에서의 모든 매매거래를 일시적으로 중단하는 제도이다.

- 1단계 : 코스닥시장 종합주가지수의 수치가 직전 매매거래일의 최종 수치보다 8% 이상 하락하여 1분간 지속되는 경우 시장의 모든 종목의 매매거래를 중단

- 2단계 : 1단계 매매거래 중단 및 재개 후 코스닥시장의 종합주가지수 수치가 직전 매매거래일의 최종 수치보다 15% 이상 하락하고, 1단계 발동지수보다 1% 이상 추가 하락하여 1분간 지속되는 경우 시장의 모든 종목 매매거래를 중단

- 3단계 : 1·2단계 매매거래 중단 및 재개 후 코스닥시장의 종합주가지수가

직전 매매거래일의 최종 수치보다 20% 이상 하락하고 2단계의 발동지수보다 1% 이상 추가 하락하여 1분간 지속되는 경우 당일 코스닥시장 매매거래 종료

각 단계별로 1일 1회로 발동 횟수를 제한하며, 1·2단계의 경우 장 종료 40분 전 이후에는 중단하지 않는다. 3단계의 경우 장 종료 40분 이후에도 발동 가능하며 1·2단계의 경우 매매거래를 중단한 후 20분이 경과한 때 매매거래를 재개한다.

매매거래 재개 시 최초의 가격은 재개 시점부터 10분간 호가를 접수하여 단일가매매를 통해 결정하고 3단계의 경우 매매거래를 재개하지 않는다.

② **변동성완화장치** Volatility Interruption : 대부분의 해외 거래소가 채택하고 있는 개별종목에 대한 가격 안정화 장치로써 주문 실수, 수급 불균형 등에 의한 일시적 주가 급변 시 단기간의 냉각 기간(2분의 단일가매매)을 부여하여 시장참가자로 하여금 주가 급변 상황에 대해 주의를 환기시킴으로써 가격 급변을 완화하기 위한 제도이다.

동적 VI는 특정 호가에 의한 순간적인 수급 불균형이나 주문 착오 등으로 야기되는 일시적 변동성 완화이고, 정적 VI는 특정 단일호가 또는 여러 호가로 야기되는 누적적이고, 보다 장기간의 가격 변동 완화이다.

정리매매나 단기과열종목은 적용이 배제되고 투자자 편의 제고 등을 위해 다른 가격 안정화 장치와 중복 시에는 원칙적으로 하나만 적용한다.

# 03 증권사 선정과 계좌 개설 방법

주식투자를 하기 위해서는 먼저 증권계좌를 만들어야 한다. 이를 위해 증권사를 선택해야 하는데, 빠르고 안정적인 전산 시스템을 갖추고 있으며, 좋은 정보를 정확히 전달해서 수익을 높여줄 수 있는 곳을 선택한다. 그리고 거래 수수료도 확인해보는 것이 좋다.

증권사를 선택했다면 직접 영업점을 방문하여 계좌를 개설할 수도 있고, 비대면으로도 계좌 개설이 가능하다.

## 영업점에서 계좌를 개설하는 방법

1) 본인임을 증명할 수 있는 신분증(주민등록증, 운전면허증, 여권 등)을 준비한다.

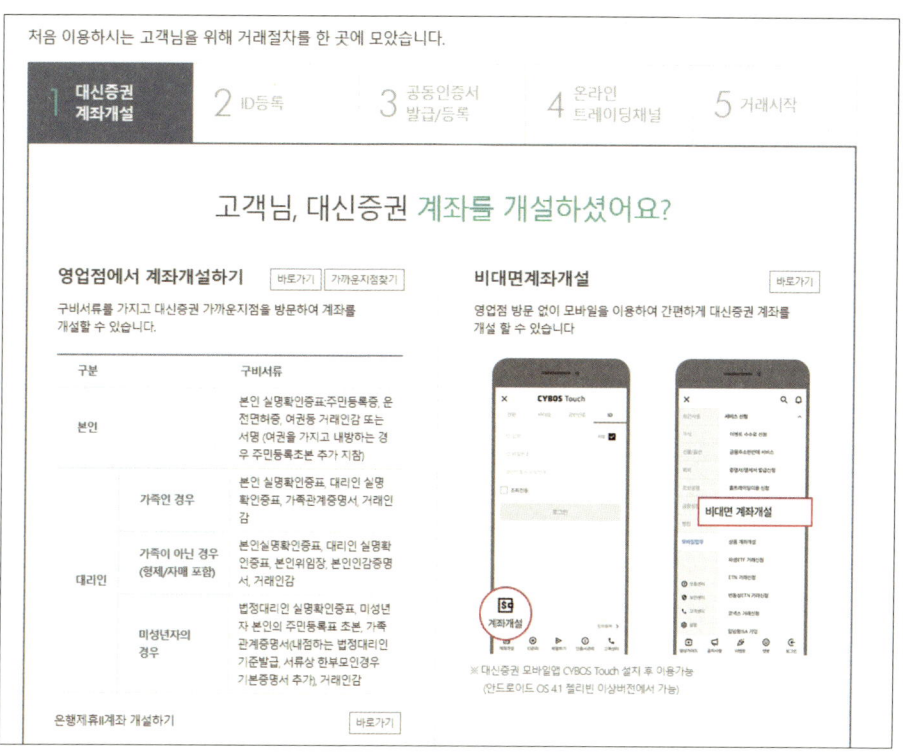

대신증권 홈페이지에 들어가면 영업점, 제휴은행, 비대면 계좌 개설하기를 선택할 수 있다.
그림 1-7 대신증권에서 계좌 개설하는 방법

2) 가까운 영업점을 방문하여 계좌 개설에 필요한 서류를 작성한다. 이때 필요한 각종 부가서비스도 함께 신청한다.
3) 계좌가 만들어지면 해당 증권사 홈페이지에 접속하여 ID를 등록하고, 계좌를 등록한다.
4) 홈페이지에서 홈트레이딩 시스템 HTS: Home Trading System 을 다운받아 컴퓨터에 설치한다.
5) 계좌에 매매할 금액을 입금하면 곧바로 주식거래를 시작할 수 있다.

# 제휴은행에서 계좌를 개설하는 방법

그림 1-8 제휴은행 계좌 개설

1) 본인임을 증명할 수 있는 신분증(주민등록증, 여권, 운전면허증 등)을 준비한다.
2) 은행마다 제휴하는 증권사가 다르기 때문에 증권사를 선정했다면 그 회사의 제휴은행을 방문해야 한다.
3) 은행을 방문하여 증권계좌 개설에 필요한 서류를 작성한다.
4) 계좌가 만들어지면 해당 증권사 홈페이지에 접속하여 ID를 등록하고, 계좌를 등록한다.
5) 홈페이지에서 HTS를 다운받아 컴퓨터에 설치한다.
6) 계좌에 입금하면 곧바로 주식거래를 시작할 수 있다.

# 비대면으로 계좌를 개설하는 방법

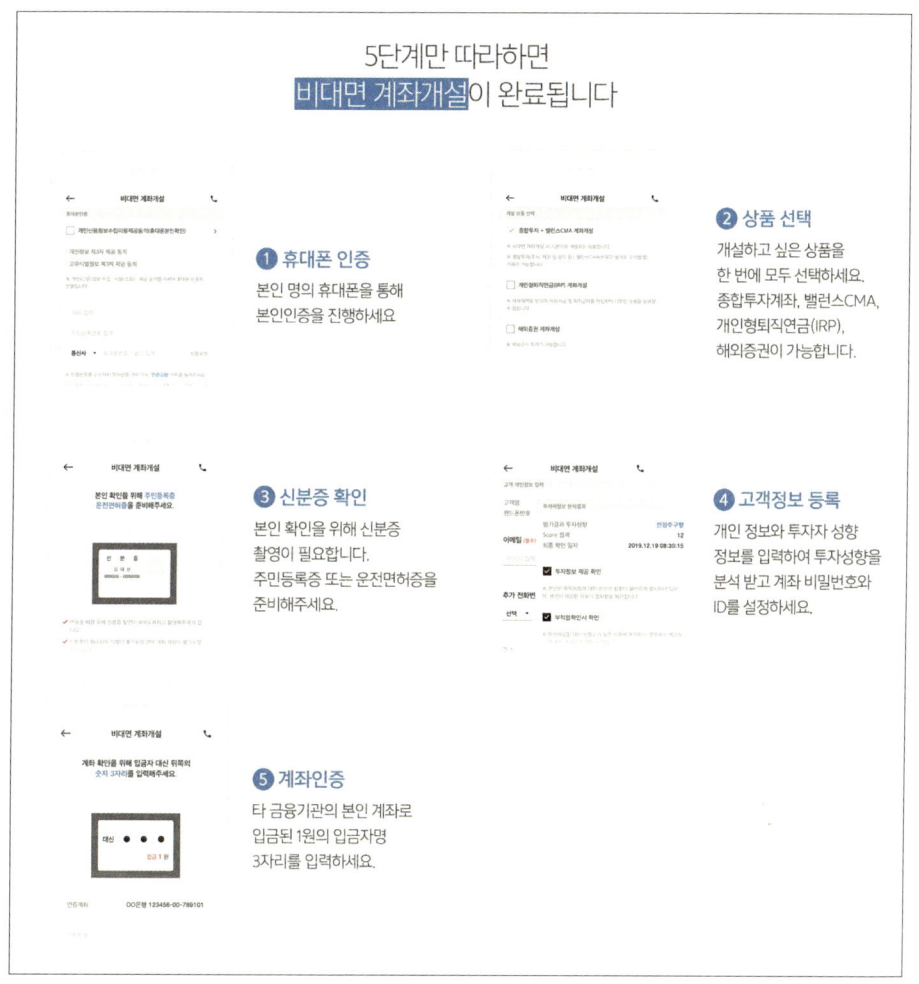

그림 1-9 비대면 계좌 개설

1) 준비물은 신분증, 본인 명의 휴대폰, 타행계좌이다.

2) 계좌개설을 클릭한 후 신규 계좌개설 신청을 선택한다.

3) 휴대폰 인증을 위한 개인정보 동의 후 인증번호를 받아 인증을 완료한다.

4) 개설할 계좌를 선택한 후 약관에 동의하면 본인 확인을 위해 신분증을 카메라로 촬영한다.

5) 개인 정보를 입력하고, 타행계좌번호를 입력하면 계좌로 증권사 이름으로 1원이 입금되고, 뒤에 세 자리 숫자를 입력하면 계좌 개설이 완료된다.

6) 계좌번호가 나오면 계좌 비밀번호, ID, 비밀번호를 만들고 난 후 거래를 시작할 수 있다.

# 04 HTS, 워밍업

지금부터는 HTS의 기본 기능을 세세히 설명한다. 아무리 추세에 민감하고 종목 선정을 잘했다 해도 HTS 사용에 서툴다면 소용이 없다. 그러므로 실전에 들어가기 전 손과 눈에 익도록 철저히 연습해야 한다. 증권사마다 조금씩 다르지만 기본적인 창은 비슷하므로 이에 준해 자신의 프로그램을 익히도록 한다. 다음에 제시된 그림 자료는 대신증권 HTS 프로그램이다.

## 현재가 창 사용법

주식 매매를 하기 전 현재가 창을 통해 매매하려는 주식에 대해 알아본다.

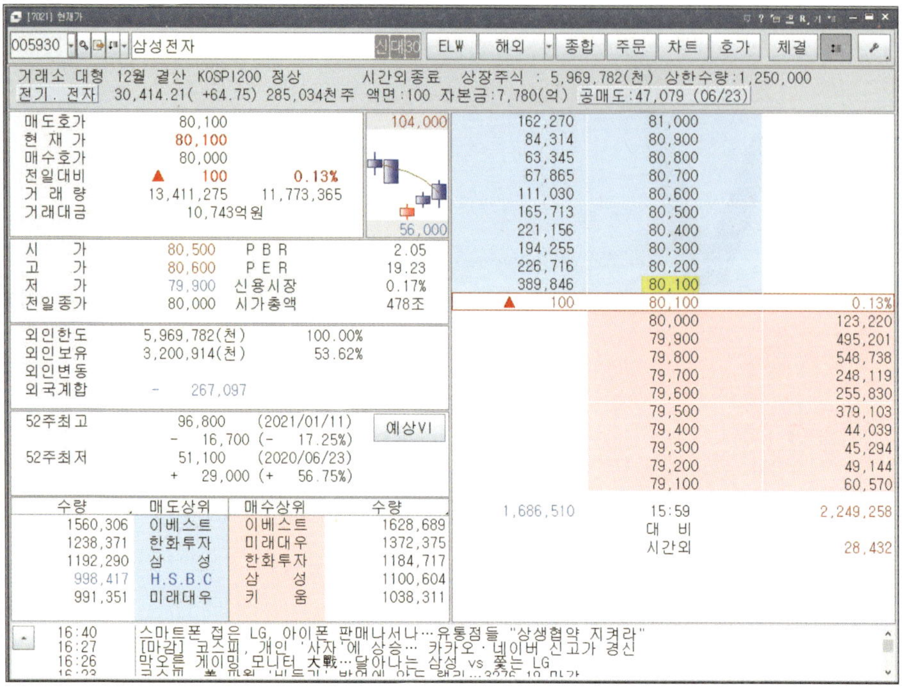

그림 1-10 현재가 창

현재가창을 통해 해당 주식의 현재가와 당일의 시가, 저가, 고가, 종가, 거래량, 전일 대비 등락률 등을 확인할 수 있다.

## 매수주문 창 사용법

현재가 창에서 내용을 확인했다면 주식을 매수하기 위해서는 매수 창을 띄워야 한다. 상단 메뉴에서 [주문 ➜ 주식매수주문]을 클릭한다.

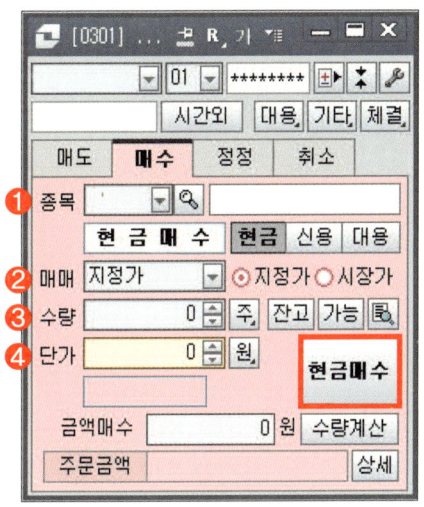

그림 1-11 매수주문 창

그림에서 보다시피 ❶ 종목, ❷ 매매, ❸ 수량, ❹ 단가가 있다. 이를 모두 입력한 후 매수주문 버튼을 누른다.

❶ 종목: 매수하려는 종목의 코드 또는 종목명을 입력한다.

❷ 매매: 매매의 조건을 지정하는 것으로 지정가 주문(보통 주문), 시장가 주문, 조건부 지정가 주문, 최유리 지정가 주문, 최우선 지정가 주문 등이 있다.

❸ 수량: 매수하려는 수량을 입력한다.

❹ 단가: 매수하고자 하는 희망 가격을 입력한다.

## 매도주문 창 사용법

그림 1-12 매도주문 창

매수주문 창과 마찬가지로 매도를 원하는 가격과 수량을 입력하고 매도주문을 클릭한다.

보유하고 있는 주식을 매도하고 싶다면 HTS의 메뉴에서 [주문 ➡ 주식매도주문]에서 매도 창을 연다. 그럼 〈그림 1-12〉와 같은 창이 뜬다.

## 주문 방법과 종류

매수주문과 매도주문 시 가격 조건을 지정할 수 있는데, 이에 따라 시장에서의 체결 순위가 결정된다.

① **지정가 주문(보통 주문):** 투자자가 직접 가격을 지정해서 주문하는 방법으로 가장 많이 사용된다.

② **시장가 주문:** 투자자가 즉시 체결을 원할 때 주문하는 방법이다. 즉 가격을 지정하지 않고 시장에서 거래되는 가격으로 즉시 매수, 매도하겠다는 주문으로 주가가 급락 또는 급등할 것 같을 때, 즉 시간이 급할 때 이용한다.

③ **조건부 지정가 주문:** 투자자가 장중에 지정가 주문을 했으나 체결되지 않았을 때 장 마감 동시호가에 시장가로 체결한다(09:00~15:20 지정가 주문, 15:20~15:30 시장가로 주문 전환).

④ **최유리 지정가 주문:** 투자자가 종목과 수량을 지정하고 매수의 경우 즉시 체결될 수 있는 매도호가(현재 가장 낮은 매도호가)에, 매도의 경우 즉시 체결될 수 있는 매수호가(현재 가장 높은 매수호가)의 가격으로 주문하는 방법이다. 미체

결 시 잔량은 대기 상태이다.

⑤ **최우선 지정가 주문:** 투자자가 종목과 수량만 지정하고 매수주문은 최우선 매수호가(가장 높은 매수호가)에, 매도주문은 최우선 매도호가(가장 낮은 매도호가)에 주문을 내는 방법이다. 미체결 시 잔량은 대기 상태이다.

예를 들어 옆의 그림과 같은 경우
① 시장가로 100주 매수 ➡ 바로 9,265원+9,310원 +9,315원 체결
② 최유리지정가로 100주 매수 ➡ 9,265원 92주 매수+남은 8주 9,265원에 대기
③ 최유리지정가로 200주 매도 ➡ 9,260원 100주 매도+남은 100주 9,260원에 대기
④ 최우선지정가로 1,000주 매수 ➡ 매수호가 중 가장 비싼 9,260원에 1,000주 추가, 즉 물량이 1,100주로 바뀌고 앞의 물량 소진 후 내 물량 체결
⑤ 최우선지정가로 100주 매도 ➡ 매도호가 중 가장 낮은 9,625원에 100주 추가, 즉 물량이 192주로 바뀌고 앞의 물량 소진 후 내 물량 체결

| 호가 | 잔량 |
|---|---|
| 9,325<br>2.14% | 5 |
| 9,320<br>2.08% | 20 |
| 9,315<br>2.03% | 5 |
| 9,310<br>1.97% | 7 |
| 9,265<br>1.48% | 92 |
| 9,260<br>1.42% | 100 |
| 9,255<br>1.37% | 50 |
| 9,250<br>1.31% | 50 |
| 9,230<br>1.10% | 5 |
| 9,225<br>1.04% | 5,557 |

## 매매 체결 순서

실전에서는 매매 체결 결과에 따라 수익이 좌우되는 경우가 빈번히 발생한다. 꼭 매수를 하고 싶은 종목에 주문을 넣었는데도 체결이 안 되어 수익을 못 보는 경우도 있고, 어떤 종목을 꼭 매도하고 싶어서 주문을 넣었는데 체결이 안 되어 막대한 손실을 입게 되기도 한다. 그러므로 주문창 사용이 익숙하도록 사전에 충분한 연습을 해두어야 한다. 그런데 제때 주문을 냈는데도 주문이 폭주할 때 체결순위가 밀리는 경우도 있다. 그렇다면 시장에서는 어떤 우선순위에 따라 매매가 체결되는지 알아보자. 시장의 매매 체결 원칙은 가격우선, 시간우선, 수량우선, 위탁매매우선 순이다.

### 가격우선 체결의 원칙
가격이 유리한 주문을 먼저 체결한다. 즉 매수주문은 높은 가격일수록, 매도주문은 낮은 가격일수록 우선 체결된다. 따라서 즉시 체결을 원한다면 매수는 높은 가격에, 매도는 낮은 가격에 주문한다.

### 시간우선 체결의 원칙
시간적으로 먼저 낸 주문을 나중에 낸 주문보다 먼저 체결한다. 만약 동일한 가격이라면 먼저 주문한 사람이 체결된다.

### 수량우선 체결의 원칙
같은 시간에 같은 가격의 주문이 접수된다면 수량이 많은 주문자에게 우선순위가 주어진다. 따라서 많은 수의 주문이 더 유리하다.

**위탁매매우선 체결의 원칙**

동시호가 시간에는 증권회사의 주문보다 고객의 주문이 우선한다.

## 기술적 분석의 필수인 차트 보기

차트는 주가의 움직임을 보여주는 것으로 앞으로 배우게 될 기술적 분석을 위해 꼭 필요하다. HTS에서 차트를 띄우려면 [차트/검색 ➡ 통합차트] 메뉴를 클릭한다.

그림 1-13 이노테라피(246960)

〈그림 1-13〉처럼 차트를 통해 종목의 주가 움직임과 거래량, 보조지표를 한눈에 볼 수 있다.

## 기본적 분석의 필수인 전자공시 보기

기본적 분석을 위해서는 기업의 전자공시를 확인해야 한다. 전자공시란 기업이 인터넷을 통해 경영상의 중요 내용을 투자자들에게 알려 주식시장이 정상적으로 작동되도록 하는 제도이다. 이를 통해 기업의 사업개요, 재무제표 등 기본적 분석에 필요한 정보를 얻을 수 있다.

### HTS에서 확인하기

HTS 현재가 창에서 [공시 ➡ 전자공시]를 통해 검색한다.

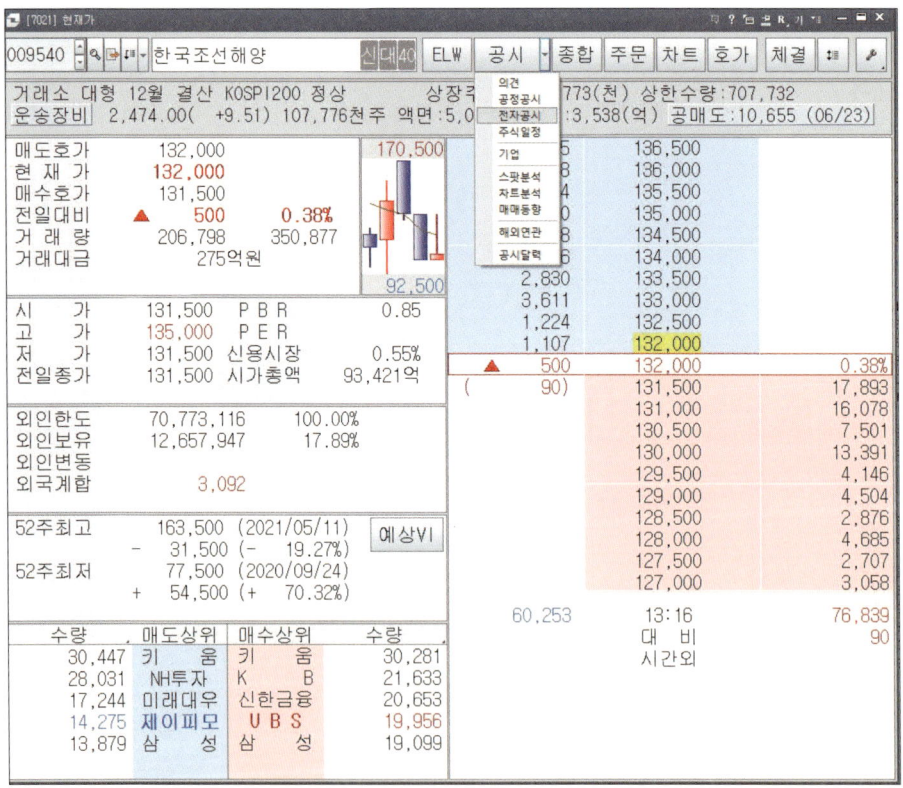

그림 1-14 현재가창에서 전자공시 보기

## 전자공시 시스템에서 검색하기

금융감독원 전자공시 시스템 dart.fss.or.kr 을 검색한다.

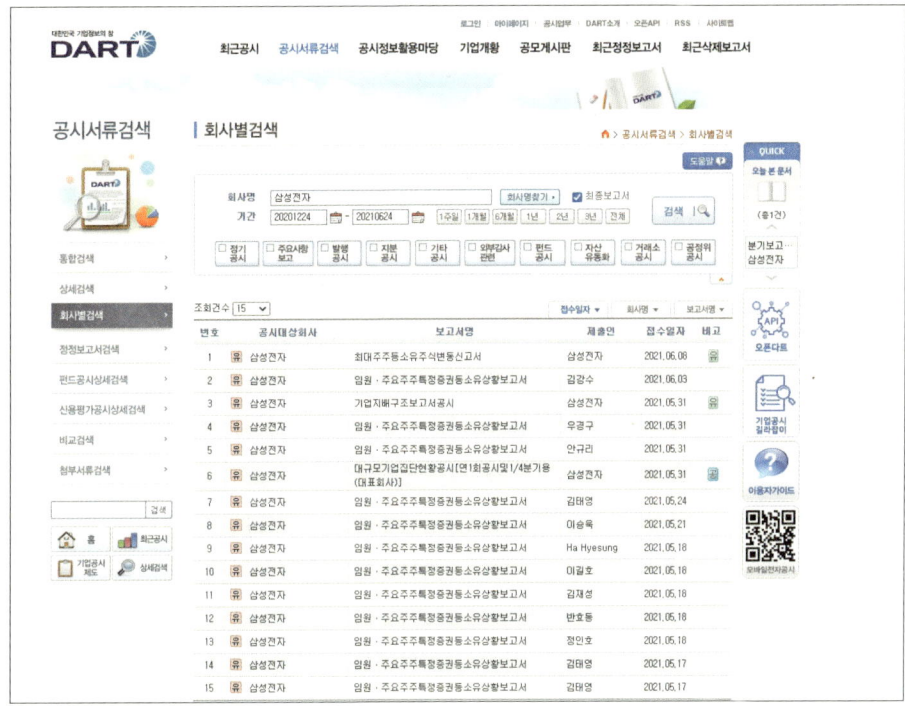

그림 1-15 금융감독원 전자공시시스템(DART)

모바일에서 DART 앱을 다운로드해서 설치한 후 같은 방법으로 사용할 수 있다.

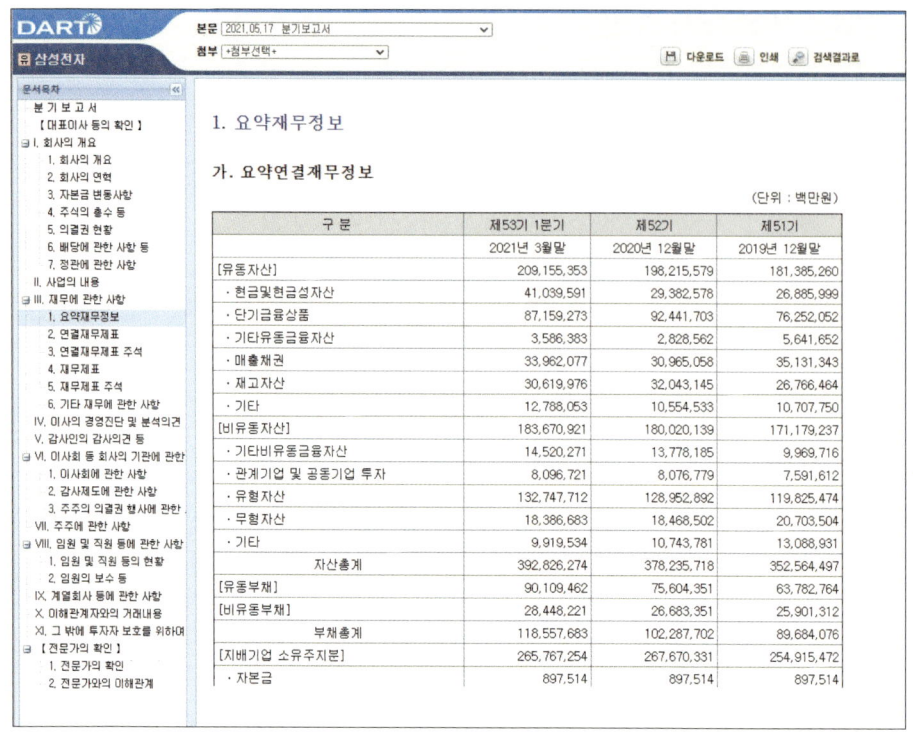

그림 1-16 DART에서 검색한 삼성전자 전자공시

지금까지 HTS의 사용법을 간단히 살펴보았다. HTS에는 이 밖에도 매우 많은 기능과 정보가 있다. 더 자세한 내용은 증권사 홈페이지를 참고하면 된다.

# 2장

## 캔들은 주가의 움직임이다

# 기술적 분석의 기초, 캔들

캔들을 분석하는 것은 기술적 분석의 기초가 된다. 캔들은 시가, 종가, 고가, 저가로 구성되는데, 시가보다 상승한 날은 적색(양봉), 하락한 날은 청색(음봉)으로 표시된다. 이 캔들에는 하루의 주가 움직임이 함축되어 당일 매매 세력의 힘을 알 수 있기 때문에 캔들을 분석함으로써 내일의 흐름을 예측할 수 있다.

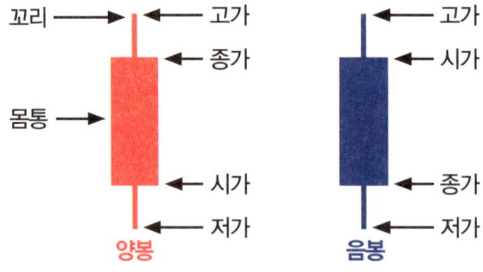

① 시가: 당일 처음으로 거래된 주가(09:00 기준)
② 고가: 당일 가장 높게 거래된 주가
③ 저가: 당일 가장 낮게 거래된 주가
④ 종가: 당일 마지막으로 거래된 주가(15:30 기준)

## 오해할 수 있는 양봉과 음봉

초보 투자자들이 자주 오해하는 것이 있는데, 양봉은 상승이고 음봉은 하락이라고 생각한다는 것이다. 캔들은 하루 동안 거래된 주가의 행적을 표시한 것으로, 그중 시가와 종가를 비교하여 종가가 시가보다 높을 때는 양봉이 되고, 낮을 때는 음봉이 된다. 전일과 비교하여 상승, 하락을 나타내지는 않는다.

전일 10,000원에 마감한 주가가 오늘 9,100원에 시작하여 9,700원에 마감했다고 가정해보자. 이때 어제보다 300원 하락했지만 시가보다 종가가 상승했기 때문에 양봉이 된다.

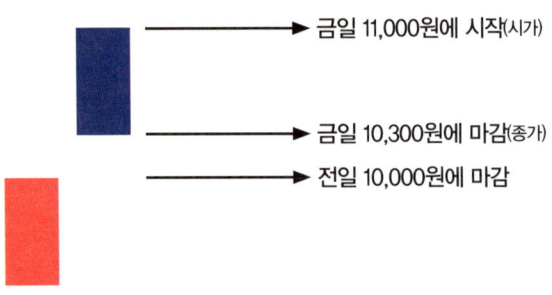

전일 10,000원에 마감한 주가가 오늘 11,000원에 시작하여 10,300원에 마감했을 때, 어제보다 상승했으나 시가보다 하락했기 때문에 음봉이 된다.

## 캔들 차트

캔들 차트는 분 단위로 움직임을 나타내는 분봉 차트와 하루의 움직임을 나타내는 일봉 차트, 한 주의 움직임을 나타내는 주봉 차트 그리고 한 달의 움직임을

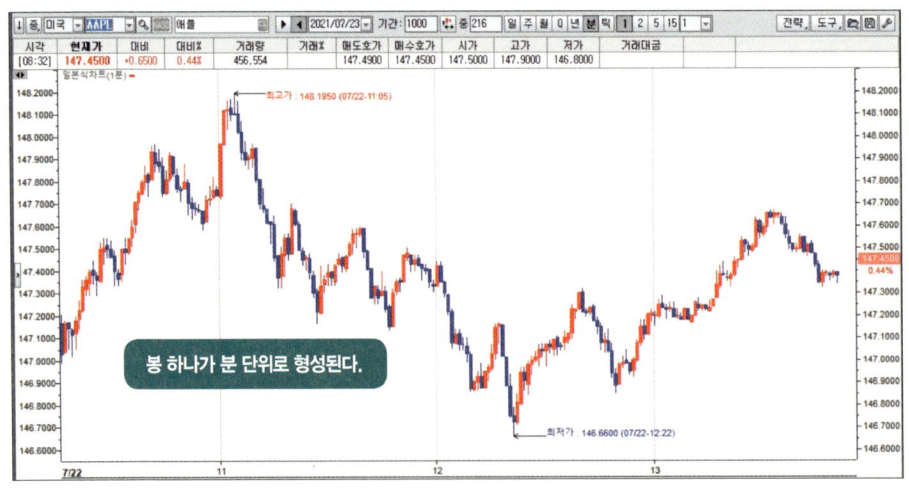

그림 2-1 애플(AAPL) 분봉 차트

나타내는 월봉 차트로 구분할 수 있다. 장중 주가의 흐름을 알고 싶거나 예측하고 싶을 때는 분봉 차트를 보면 되고, 단기 주가 흐름을 알고 싶다면 일봉 차트를, 중·장기 움직임을 알고 싶다면 주봉이나 월봉 차트를 이용하면 된다.

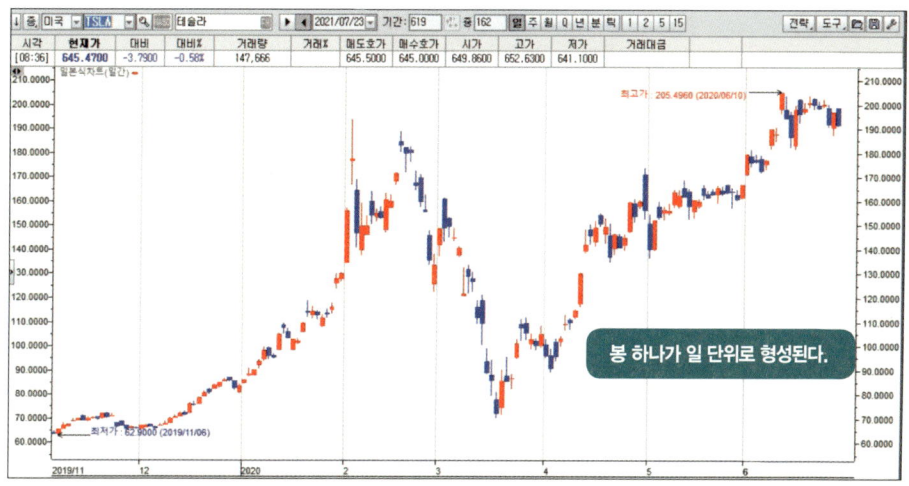

그림 2-2 테슬라(TSLA) 일봉 차트

그림 2-3 화이자(PFE) 주봉 차트

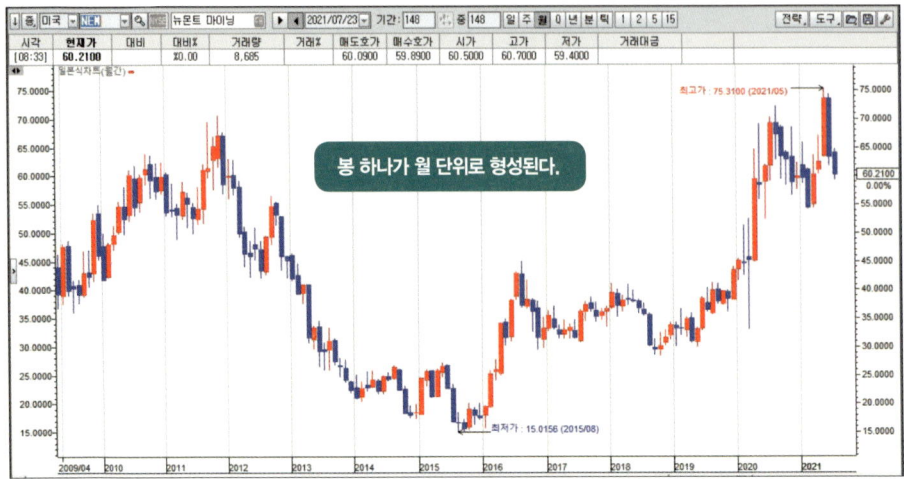

그림 2-4 뉴몬트 마이닝(NEM) 월봉 차트

하루 동안의 주가 움직임을 보여주는 캔들이 모여 위와 같은 차트가 된다. 향후 주가 예측은 개개 캔들의 특징을 통해서, 몇 개 캔들의 조합을 통해서 그리고 연속되는 캔들, 즉 차트를 통해서 가능하다.

# 02 캔들의 종류와 의미

## 장대양봉

시가가 저가로 장 시작 이후 상승하여 당일 고가로 마감함으로써 긴 양봉 모양을 만든 형태이다. 특히 저점에서 발생할 경우 상승 추세로의 전환을 알리는 강력한 신호로 볼 수 있다. 일반적으로 시간이 지나면 지날수록 시가 대비 많이 상승한 가격임에도 불구하고 많은 사람이 집중적으로 매수하려는 형태이다. 신뢰도를 높이기 위해서는 상승세가 완만하게 지속되었는지, 거래량이 얼마나 증가하는지 반드시 살펴봐야 한다.

바닥권에서 장대양봉이 나타난다면 조만간 크게 올라갈 수 있다는 점에서 기존 보유자는 지속적인 보유 전략이 필요하고, 대기 매수자는 분할 매수 관점에서 접근할 때 강력한 1차 매수 시점이 된다.

 **Key point** 장대양봉의 핵심은 주가가 천장권보다 바닥권에서 출현해야 신뢰도가 높고, 강력한 매수 급소가 된다는 점이다.

## 장대음봉

 시가가 최고가로 장중 계속 하락세를 보이며 매도세가 추가적으로 매도를 유인함으로써 긴 음봉 모양을 만든 형태이다. 장대음봉은 전형적인 하락 신호로, 다음 날 추가 하락을 예고한다. 봉의 길이와 주가 위치에 따라 다소 다르게 해석할 수 있으나, 고점에서 장대음봉이 발생할 경우에는 본격적인 하락 추세로의 전환을 예고한다. 특히 거래량을 수반한 장대음봉은 추세 전환에 대한 신뢰도가 매우 높으므로 기존 보유자라면 강력한 1차 매도 시점이다.

 **Key point** 장대음봉은 하락 추세에서는 단기 투매 가능성을 예측할 수 있고, 고가권에서는 하락 추세 전환점으로 단기 매도 급소이다.

## 해머형 (망치형)

추세의 천장권이나 바닥권에서 해머형이 발생할 경우 추세 전환의 신호다. 장

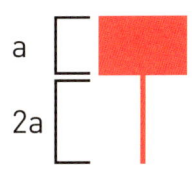

중 시초가 밑으로 밀리다가 오후장이 되면서 시초가를 뚫는 강력한 상승을 보이며 최고가로 마감한 형태이다. 특징으로는 아랫꼬리가 몸통의 2배 이상 만들어진다는 점이며, 이때 거래량이 수반되어야 캔들의 완성도를 높일 수 있다.

하락 추세 중에 이러한 캔들이 발생하면 상승 추세로 전환될 가능성이 매우 크기 때문에 매수 신호로 활용된다. 하지만 급격하게 상승하고 있는 도중에 이런 캔들이 나타났다면 세력들의 물량이 소량 출회되었다는 해석이 가능하므로 다음 날 반드시 추세를 확인해야 한다.

>  **Key point** 주가가 하락하는 구간에서 해머형이 출현한다면 선도세력이 물량을 저가에 매집하는 형태로 해석된다. 따라서 향후에 주가를 상승시키겠다는 의지가 매우 강한 캔들로 강력한 매수 급소라고 할 수 있다.

## 역해머형 (역망치형)

해머형과는 반대로 매수세에 의해 고가까지 상승하다 매도세에 의해 되밀려 장중에 조정을 받는 흐름이다. 윗꼬리가 길게 달린 양봉의 모양이다.

하락 추세 중에 역해머형 출현은 상승 추세로의 전환 신호로 해석된다. 반면 고가권에서 출현하면 단기 조정을 암시하므로 주의가 필요하다.

 **Key point** 바닥권에서 역해머형의 출현은 주가 하락에 따른 가격적인 메리트가 있는 주식이어서 매수할 생각은 있지만 이왕이면 비싼 가격보다는 저가 부근에서 매수하겠다는 의미를 갖는다. 행인맨에 비해 신뢰도는 다소 떨어지지만 조만간 주가가 상승하리라는 것을 나타낸다.

## 행인맨(교수형)

 장 시작과 함께 많이 하락하다가 장 마감에 임박해서 매수세가 집중 유입되며 상승한 흐름으로, 아랫꼬리가 달린 음봉 모양이다. 추세 상승의 마무리 국면에서 이러한 음봉이 발생한다면 하락 추세로 반전할 가능성이 크고, 저점에서 발생한다면 상승 전환의 신호로 분석된다.

 **Key point** 급격하게 상승하고 있는 구간에서 출현하면 하락이 임박했다는 신호로 매도 시점이 되고, 저가권에서 출현했을 때는 상승 전환의 신호로 작용한다.

## 유성형

 상승 추세 중에 윗꼬리가 달린 음봉의 출현은 하락 추세로의 전환을 의미한다. 많이 상승한 종목에서 이와 같은 모양이 나타나고 거래량이 증가하면 고점 징후로 판단한다. 하락 추세 중에는

추가 하락을 암시하며, 바닥권 매집 초기 단계에서 자주 나타나는 캔들이다.

 **Key point** 고가원에서 거래량을 수반한 유성형 캔들은 본격적인 주가 하락을 예고하므로 가격을 무시하고 무조건 팔아야 한다는 의미로 분석된다.

## 비석형 (추세 전환 신호)

장중 고가까지 상승 후 되밀려 시가에서 마감된 흐름으로, 시가와 종가가 같고 윗꼬리를 만든 모양이다. 장 초반에는 사려는 사람이 많아 상승하다가 후반으로 가면서 팔려는 사람이 많아져 시초가까지 밀린 형태다. 비석형은 주가의 위치에 따라 정반대로 해석되므로 세심한 주의가 필요하다.

바닥권에서 윗꼬리를 보이는 캔들이 연속 출현하며 최근 3개월 동안 저점을 이탈하지 않는다면 매집이 진행 중이라고 해석된다. 당장 매수에 가담하지 않더라도 관심을 갖고 지켜본다. 고점에서 음봉으로 된 비석형 캔들이 발생할 때는 상투가 임박했음을 알려주는 신호로 급격한 하락을 경고한다. 즉 강력하게 상승하던 주식에서 음봉의 비석형이 출현했다면 신규 매수는 금지하고 보유자는 일단 매도하는 전략이 좋다.

 **Key point** 비석형 캔들이 고가권에서 출현할 경우 강력한 매도 신호이고, 바닥권에서는 초기 매집 과정이라고 할 수 있다.

## 잠자리형

윗꼬리가 달린 비석형과는 반대로 장중 저가까지 하락 후 다시 상승하여 시가로 마감한 흐름으로, 아랫꼬리를 만든 모양이다. 고가권에서 발생할 경우에는 하락 반전의 신호로 해석되며, 상승 초기 종목이라면 저가에 사려는 매수세가 여전히 건재하고 있다는 것을 말해준다.

상승 초기 종목에서 많이 발생되는 이유는 세력들이 대기 매수세의 강도를 확인하려고 할 때 만들어지기 때문이다. 상승 중에는 아랫꼬리가 짧을수록 추가 상승에 대한 신뢰도가 높고, 저점에서 출현 시에는 강한 상승 전환의 신호가 된다.

> **Key point** 잠자리형 캔들은 주가가 고가권에서 발생하면 하락 반전의 신호이며, 바닥권에서 출현 시에는 강한 상승 전환의 신호로 해석된다.

## 십자형 (추세 전환 신호)

장중 등락을 반복하다가 윗꼬리와 아랫꼬리를 만들고 시가로 마감한 흐름이다. 매수세와 매도세가 힘의 균형을 이룬 상태로 추세 전환의 신호로 작용한다. 상승 추세 중 십자형의 출현은 다음 날 캔들을 확인해야 하며, 하락 중에 출현했다면 상승 추세로의 전환을 암시한다.

 **Key point** 십자형 캔들은 추세 전환의 신호다. 고가권에서 발생 시에는 하락 추세로 전환될 것을 의미하고, 저가권에서 출현은 상승 전환을 예고한다. 십자형이 출현한 다음 날 캔들이 중요한 의미를 갖는다.

## 갭

전일의 고가보다 금일의 시가가 높은 경우, 또는 전일의 저가보다 금일의 시가가 낮은 경우를 갭이라고 한다. 전자를 상승 갭이라고 하고, 후자를 하락 갭이라고 하며 일반적으로 갭은 '파워'라고 볼 수 있다. 갭은 일시적인 호재와 악재로 인해 매수세와 매도세 중 한쪽 방향으로 힘이 크게 집중되면서 수급상 불균형을 나타내는 경우 발생한다. 상승 갭은 매수세가 강함을 의미하고, 하락 갭은 매도세가 강함을 의미한다.

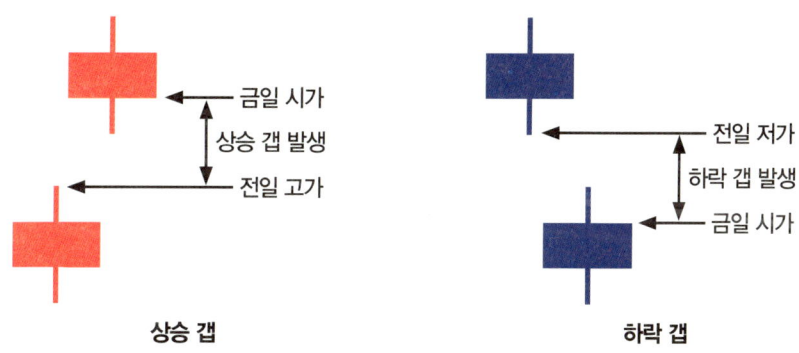

상승 갭 / 하락 갭

# 03
# 캔들의 모양으로 주가 예측하기:
## 상승 패턴

연속되는 캔들의 조합을 통해 주가의 흐름을 예측할 수 있다. 먼저 앞으로 상승 흐름을 나타낼 수 있는 캔들 조합에 대해 알아본다. 상승 패턴으로는 상승장악형, 상승관통형, 상승반격형, 상승잉태형, 샛별형 등이 있다.

조합된 캔들의 모양과 대표적인 차트를 예로 들면서 설명한다.

# 상승장악형

하락 추세에서 전일의 음봉을 몸통이 큰 양봉으로 장악하는 패턴으로써 본격적인 상승 전환 신호로 볼 수 있다. 즉 금일 양봉이 전일 음봉을 장악하였다는 점은 앞으로 출회될 수 있는 매도 물량을 다 받아주겠다는 의미로 차후 매물에 대한 염려는 하지 않아도 되는 패턴이다.

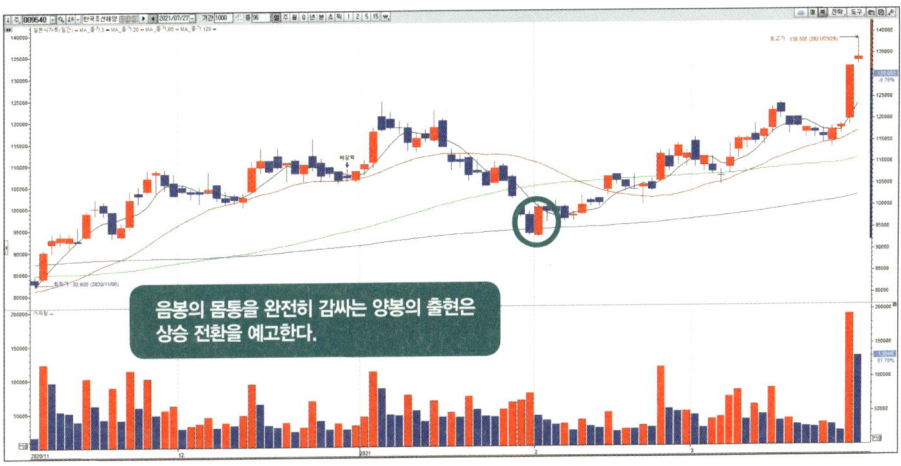

음봉의 몸통을 완전히 감싸는 양봉의 출현은 상승 전환을 예고한다.

그림 2-5 한국조선해양(009540)

 **Key point** 하락 추세에서 발생할 경우 강력한 상승 전환 신호로 단기 매수 급소라고 할 수 있는데 다음 날 상승 강도를 예측하기 위해서는 거래량이 수반되는지를 체크해야 한다. 거래량이 증가할수록 신뢰도가 높다.

# 상승관통형

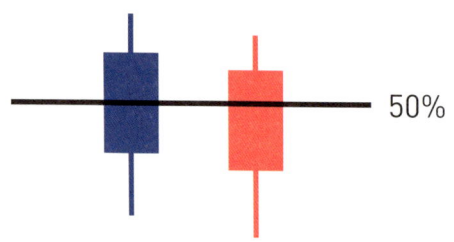

전일 긴 음봉이 출현되고 금일 몸통이 긴 양봉이 나타나는 경우이다. 금일 시가는 전일 종가 아래에서 형성되었지만 주가가 점진적으로 상승하여 전일 음봉 몸통의 50% 이상까지 반등한 형태이다. 이는 금일 하루 동안 단기 매물을 소화시켰음을 보여준다.

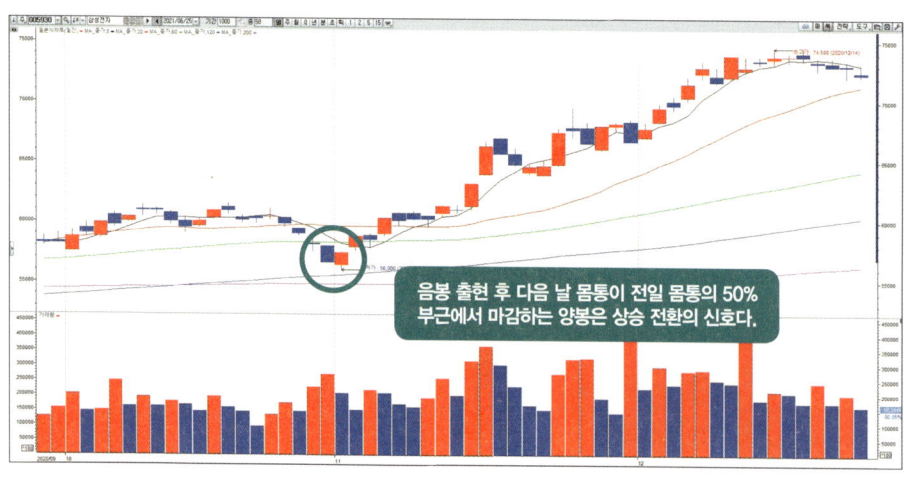

그림 2-6 삼성전자(005930)

 **Key point** | 상승장악형보다는 신뢰도가 약하지만 강한 반등을 위해서는 금일의 저가가 전일의 저가를 이탈하지 않을수록 좋고, 또한 금일 종가가 고가일수록 상승 힘이 강하다고 볼 수 있다.

# 상승반격형

전일 종가와 금일 종가가 거의 일치하는 패턴으로 상승장악형이나 관통형보다는 신뢰도가 떨어지지만 바닥권 또는 단기 급격한 하락세를 보인 구간에서는 추세 전환 신호로 매우 큰 의미를 갖는다.

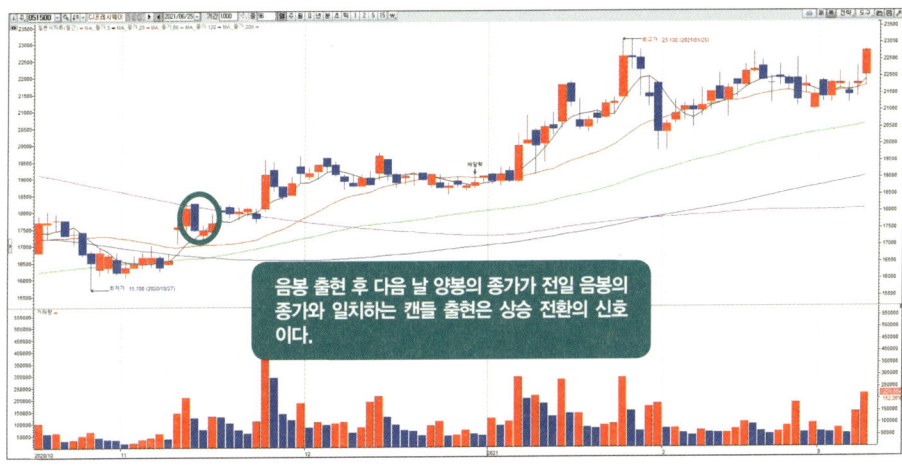

음봉 출현 후 다음 날 양봉의 종가가 전일 음봉의 종가와 일치하는 캔들 출현은 상승 전환의 신호이다.

그림 2-7 CJ프레시웨이(051500)

 **Key point** 캔들 분석만으로는 다소 신뢰도가 약한 패턴으로 매수하고자 할 때는 반드시 거래량을 체크해야 한다. 거래량은 돈의 흐름으로 전일 음봉의 거래량을 뛰어넘거나 전일 거래량과 가까울수록 추세 전환에 대한 신뢰도가 높다.

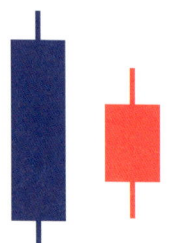

## 상승잉태형

전일 강한 음봉이 금일 발생한 짧은 양봉을 껴안고 있는 듯한 모습이다. 전일의 대량 매도세에도 불구하고 시가가 높게 형성된 이후 양호한 상승세를 유지하며 추가적으로 출회될 수 있는 매물을 충분히 소화하면서 강한 매수세를 나타내는 모습이다. 바닥권에서 출현은 조만간 주가가 크게 상승하기 위한 준비 과정으로 해석된다.

대다수 투자자가 작은 양봉이라는 점에서 금일 매수세가 약했다고 여기는데, 캔들은 몸통의 크기보다 위치가 더 중요하기 때문에 간과해서는 안 되는 패턴이다. 전일 대량의 매도세 이후 전일 종가보다 높은 가격대에서 금일 매물을 받아 줄 정도라면 누군가가 단기적으로 주가 상승을 원하고 있다는 뜻으로 해석된다.

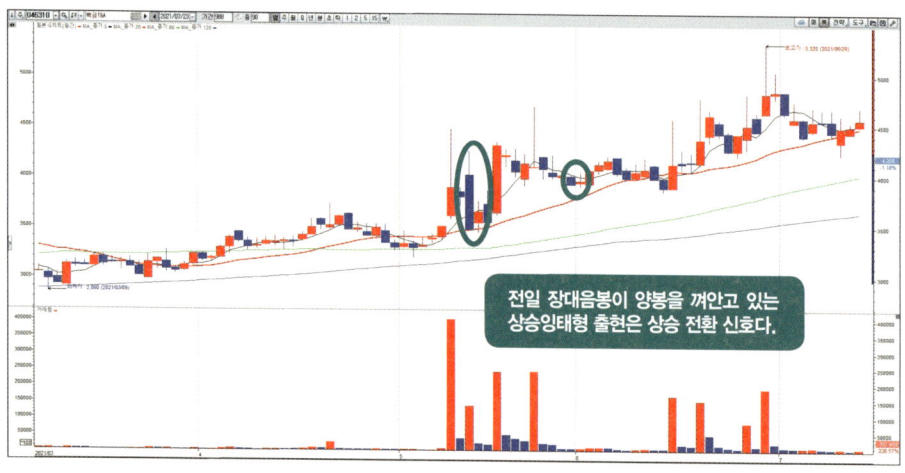

그림 2-8 백금T&A(046310)

**Key point**  캔들 분석의 핵심은 캔들의 크기에 못지않게 위치가 중요하다. 하락 추세 중 상승잉태형의 출현은 충분한 매물 소화를 하였다는 표시로 추세 전환을 의미한다.

## 샛별형

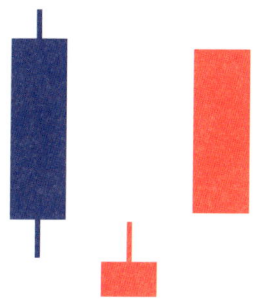

3개의 캔들이 연이어 조합된 것으로 2개의 캔들 조합에 비해 매우 높은 신뢰도를 보인다는 점에서 투자자라면 반드시 기억해야 할 패턴이다. 장대음봉 다음 날 갭 하락성 양봉이 출현하고 세 번째 날 강한 양봉이 나타나 완성되는 패턴이다. 둘째 날의 양봉이 십자형 또는 역망치형으로 봉의 길이가 짧을수록 신뢰도가 높다. 즉 첫째 날과 둘째 날 캔들의 조합이 상승반격형 패턴을 만든 이후 셋째 날 장대양봉을 형성했다는 점에서 본격적인 상승세가 임박했음을 예고한다.

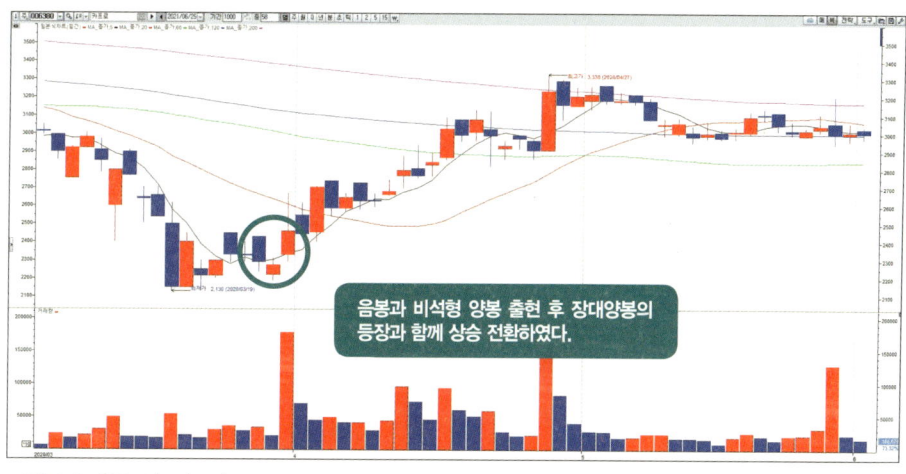

그림 2-9 카프로(006380)

**Key point**
상승 패턴 중에서 가장 신뢰도가 높아 추세 전환의 확인 신호로 자주 사용된다. 이 패턴의 완성도를 높이기 위해서는 거래량의 흐름이 매우 중요하다. 거래량은 세력의 개입 여부를 알려주는 지표로 2개의 양봉에서 발생한 총거래량이 음봉에서 발생한 거래량의 최소 2배 이상은 되어야 탄력적인 상승세를 보일 수 있다.

# 04 캔들의 모양으로 주가 예측하기: 하락 패턴

여기서는 앞으로 하락이 진행될 것으로 예측되는 캔들 조합에 대해 알아본다. 하락 패턴으로는 하락장악형, 하락관통형, 하락반격형, 하락잉태형, 석별형 등이 있다.

조합된 캔들의 모양과 대표적인 차트를 예로 들면서 설명한다.

## 하락장악형

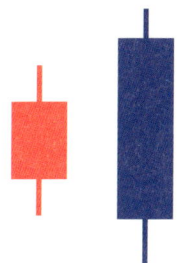

상승 추세에서 나타나는 패턴이다. 금일 시가는 전일 종가보다 높게 형성되고, 금일 종가는 전일 시가 아래에서 형성되어 전일 매수세인 양봉의 힘을 큰 음봉으로 제압하는 패턴이다. 본격적인 하락 전환을 암시한다.

금일 발생한 장대음봉이 전일 양봉을 장악하였다는 점에서 신뢰도가 높은 신호이므로 보유자 입장에서는 매수세와 상관없이 매도해야 한다. 거래량이 증가하고 음봉의 길이가 길수록 하락 압력이 강하게 나타난다.

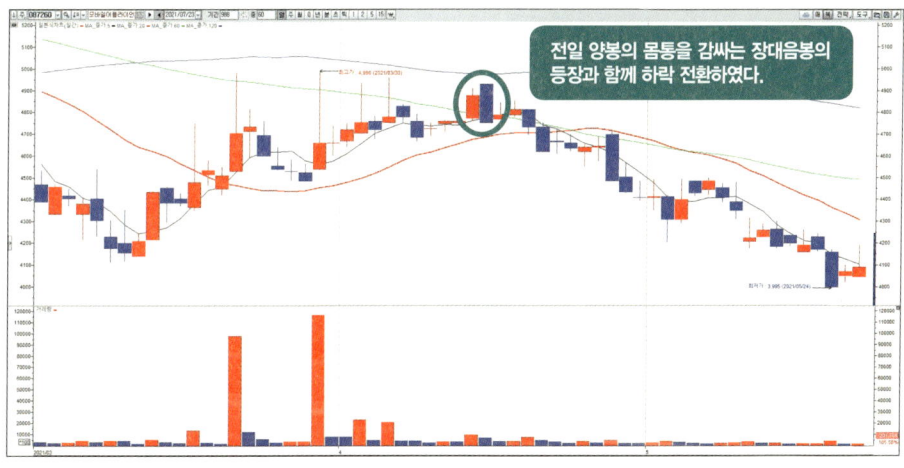

그림 2-10 모바일어플라이언스(087260)

 **Key point** 상승 추세에서 발생할 경우 본격적인 하락 신호로 단기 매도 급소라 할 수 있다. 다음 날 출회될 수 있는 매물과 하락 강도를 예측하기 위해서는 거래량이 수반되는지를 체크해야 한다.

# 하락관통형

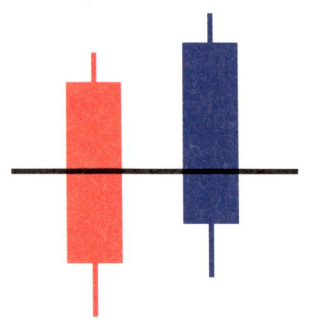

옆의 그림과 같은 2개의 몸통이 상승 추세 중에 나타나면 상승 추세가 마무리되는 것으로 해석한다. 첫 번째 봉은 양봉이며, 두 번째 봉은 음봉으로 형성된다. 첫 번째 양봉의 고점보다 높은 곳에서 두 번째 봉의 시가가 형성되고, 종가가 첫 번째 봉 몸통의 절반 이하에서 형성될 경우 신뢰도가 더욱 높다.

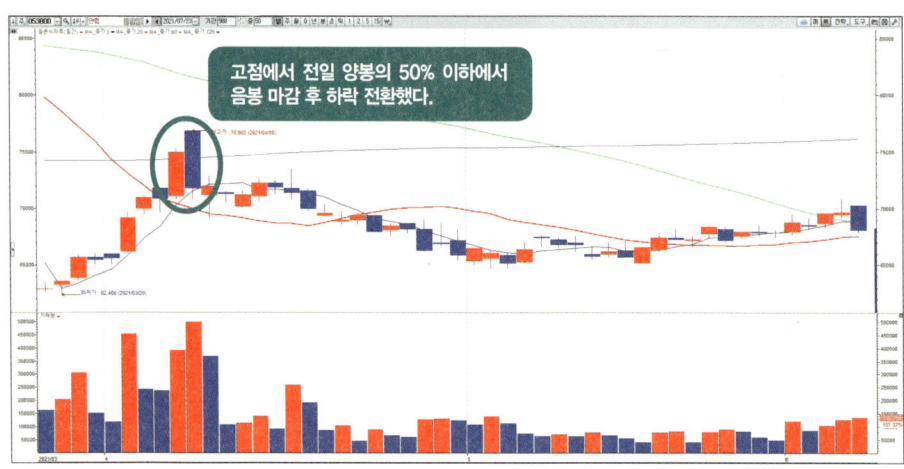

그림 2-11 안랩(053800)

**Key point**  하락장악형보다는 신뢰도가 약하지만 고가권에서는 하락 전환 가능성이 커 많은 주의가 필요하다. 전일 고가 대비 금일 고가가 높을수록, 또한 금일 종가가 전일 양봉의 절반에 가까울수록 하락 전환 신호로 신뢰도가 높다.

## 하락반격형

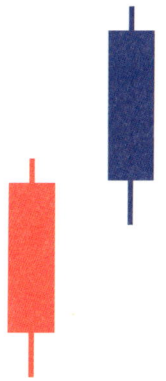

금일 시가가 전일의 고가 위에서 형성된 후 매물에 밀려 전일 종가 근처까지 하락한 패턴으로 매수세가 소진되고 매도세가 우위를 보이는 패턴이다. 단기적으로 상승세가 큰 종목의 경우는 추세 전환의 신호로 신뢰도가 높은 패턴으로 해석된다.

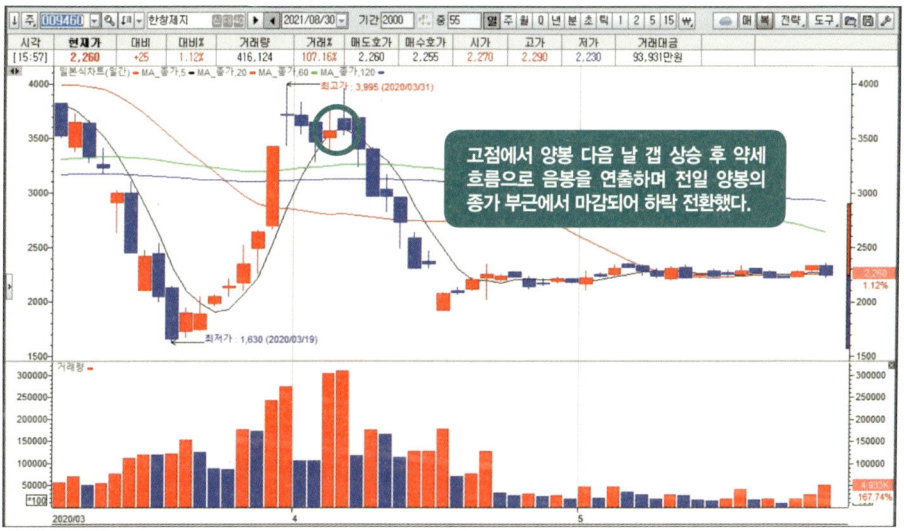

그림 2-12 한창제지(009460)

**Key point** — 고가권에서 하락반격형의 출현은 추세 전환의 신호로 해석되며 거래량이 증가하며 발생할 경우에는 분할 매도로 대응해야 한다.

## 하락잉태형

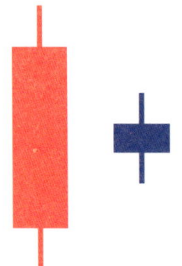

전일 강한 양봉의 몸통을 금일 짧은 음봉이 껴안고 있는 모습이다. 전일의 상승세를 유지하지 못하고 시가가 낮게 형성된 이후 장중 내내 전일의 고가를 돌파하지 못했다는 점은 매수 강도가 빠른 속도로 소진되었다는 것을 의미한다. 대다수 투자자는 작은 음봉이라는 점에서 금일 매도세가 약했다고 오해하는 경우가 많은데, 이는 하락으로 전환된다는 중요한 형태라는 점을 기억해야 한다.

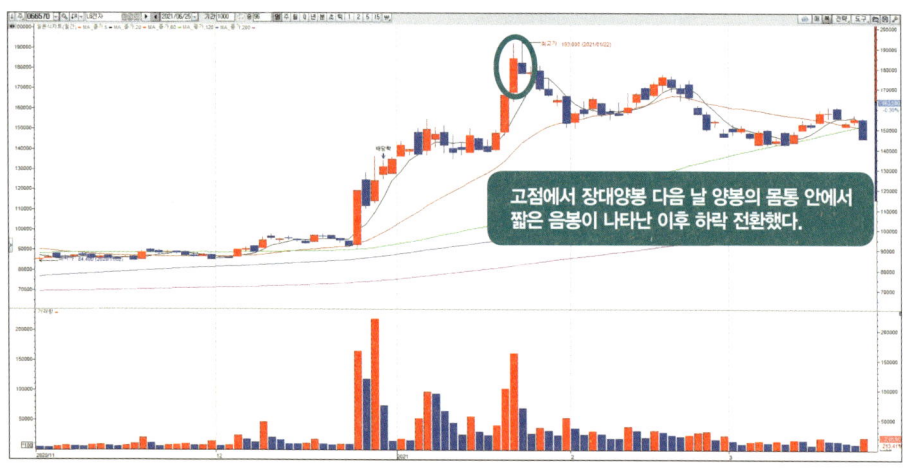

고점에서 장대양봉 다음 날 양봉의 몸통 안에서 짧은 음봉이 나타난 이후 하락 전환했다.

그림 2-13 LG전자(066570)

 **Key point** | 다시 한번 강조하지만 캔들 분석의 핵심 중 하나는 캔들의 크기보다 위치가 중요하다는 것이다. 상승 추세 중에 하락잉태형의 출현은 강력한 하락 전환의 신호로 해석된다.

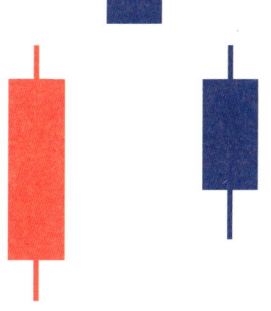

## 석별형

첫째 날 매수세가 집중되며 장대양봉을 기록하지만 다음 날 바로 음봉을 보이며 매수 강도가 약해진 모습이다. 다음 날 또 한 번의 음봉이 출현되면서 추가 상승에 대한 기대감이 급격히 소멸되어 실망매물이 출회되었음을 알 수 있다. 둘째 날의 음봉은 크기에 상관없이 종가를 저가로 마감했다는 점에서 향후 부정적인 영향을 미치는 요인이라 할 수 있다. 즉 첫째 날과 둘째 날 캔들의 조합이 하락반격형과 유사한 패턴을 만든 이후 셋째 날 장대음봉을 형성했다는 점에서 본격적인 하락세가 임박했음을 강하게 예고하고 있는 것이다.

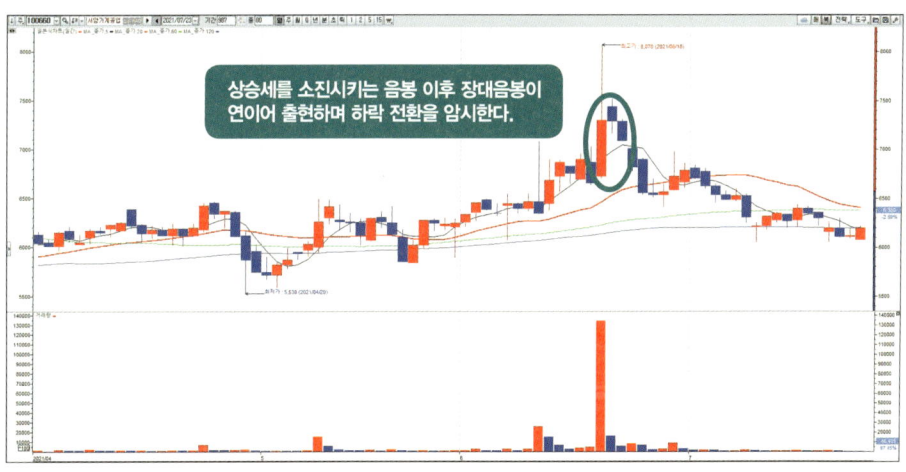

그림 2-14 서암기계공업(100660)

**Key point**
전형적인 하락 패턴으로써 신뢰도가 높아 전문가들 사이에서 추세 전환을 확인하는 신호로 자주 사용된다. 보다 신뢰도를 높이기 위해서는 거래량의 흐름이 매우 중요하다. 2개의 음봉에서 발생한 총거래량이 첫째 날 양봉에서 발생한 거래량의 2배가 넘는다면 매우 위험한 시점으로 판단한다. 이때 매수는 자제하고 분할 매도로 대응해야 한다.

# 05
# 천장과 바닥을 잡아내는 사께다 전법

사께다 전법은 일본 도쿠가와 시대 사께다 항구에서 활약하던 혼마 무네히사의 이론을 현대 주식시장에서 응용한 방법으로 흔히 '사께다 5법'으로 알려져 있다. 5법은 삼산三山, 삼천三川, 삼병三兵, 삼공三空, 삼법三法을 말한다.

이 중에서 삼산은 패턴 분석 가운데 머리어깨형, 삼천은 역머리어깨형과 유사하게 설명된다. 또한 삼병은 캔들의 음양에 따라 적삼병, 흑삼병으로 나뉘고 삼공은 상승삼공과 하락삼공으로 나뉘어 대응 방법이 제시된다. 삼법은 휴식과 관망의 중요성을 강조한다.

사께다 전법은 상품의 수요와 공급에 대한 원리와 그 안에서 움직이는 각 주체의 심리가 반영되어 있어 현대 주식시장에서도 높은 신뢰를 얻고 있다. 그 각각의 내용을 살펴보도록 하자.

## 삼산(삼봉천장형)

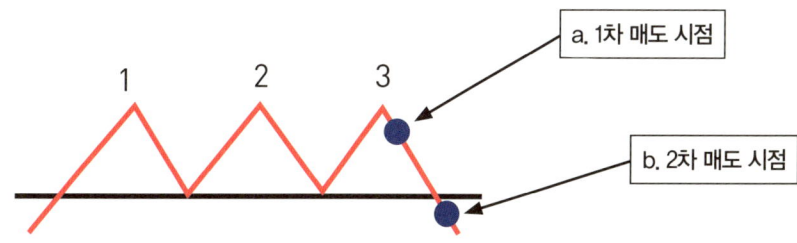

대세하락을 예고하는 대표적인 패턴으로 그림에서처럼 3개의 최고점을 형성한다. 세 번째 상승 시도에서 전 고점을 돌파할 경우에는 강세장의 출발점으로 해석되는데, 실패한다면 약세장의 시작으로 해석된다.

이 패턴이 진행되는 과정이라면 1차 매도 급소는 전고점을 돌파하지 못하고 하락하는 시점이며(a), 2차 강력한 매도 급소는 전저점을 이탈하여 하락할 때이다(b).

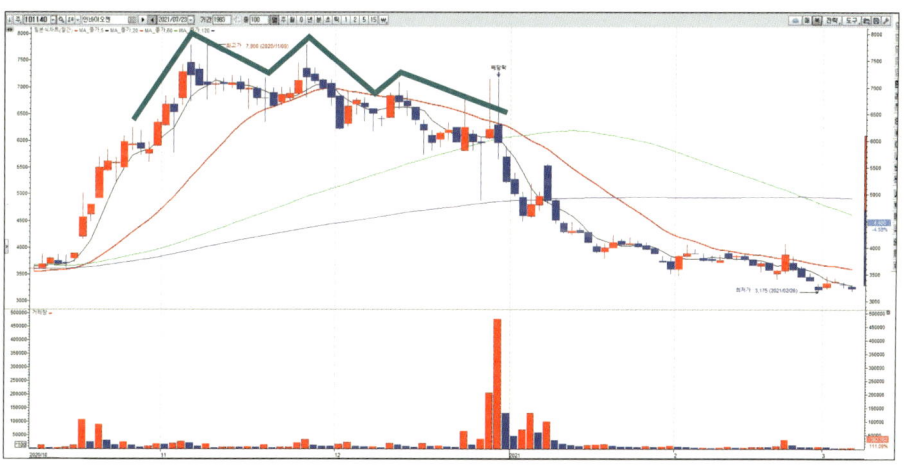

그림 2-15 인바이오젠(101140)

> **Key point** 삼산은 대세하락을 예고하는 중요한 패턴이다. 1차로 매도하는 급소는 전고점을 돌파하지 못하고 하락으로 전환되는 시점이다. 2차 매도 급소는 전저점을 이탈하여 하락할 때인데, 이때는 강력한 매도 급소라 할 수 있다.

## 삼천(삼봉바닥형)

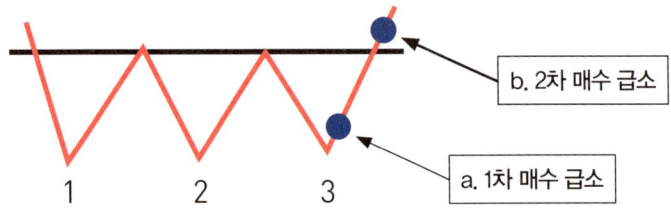

삼산과 반대로 바닥을 형성하는 전환 모형으로 삼중바닥형과 비슷한 운동을 한다. 즉 주가가 장기간 크게 하락하였다가 일정한 시점 안에서 같은 기준선을 두고 상승과 하락을 반복하는 모양이다.

삼천은 대세상승을 예고하는 대표적인 패턴으로 그림에서처럼 서로 다른 3개의 최저점을 형성하고 상승한다. 세 번째 상승 시도에서 전고점을 돌파하면 강세장의 출발점으로 해석된다. 이러한 패턴이 진행되는 과정이라면 1차 매수 급소는 전저점을 지지하는 시점이며(a), 2차 강력한 매수 급소는 전고점을 돌파하는 시점이다(b).

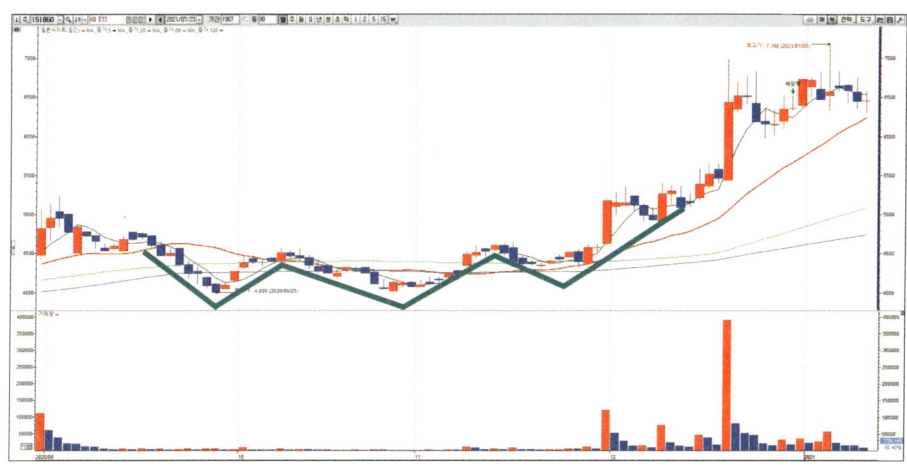

그림 2-16 KG ETS(151860)

 **Key point** | 대세상승을 예고하는 중요한 패턴이다. 1차 매수 급소는 전저점을 지지하며 상승 전환하는 시점이며, 2차 강력한 매수 급소는 전고점을 돌파하는 시점이다.

## 삼병(적삼병)

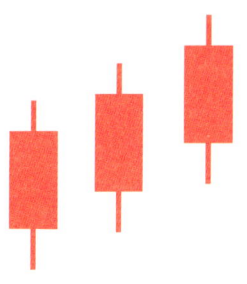

3일 동안 양봉이 연이어 출현하는 패턴을 말하는 것으로 주가가 장기간의 하락 추세에서 벗어나 상승 전환되는 중요한 신호로 해석된다. 또한 상승 추세 중이라면 상승의 지속을 알리는 중요한 신호다. 적삼병 패턴은 신뢰도가 매우 높으며 바닥권에서 출현했을 경우 매우 강력한 매수 급소가 된다.

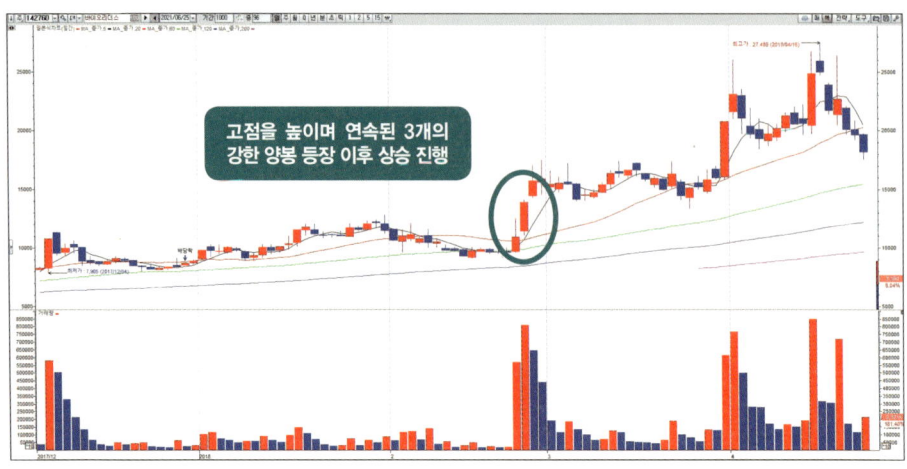

그림 2-17 바이오리더스(142760)

 **Key point** 적삼병은 3일 연속 양봉이 나타나는 형태로 바닥권에서는 추세 전환에 높은 신뢰를 보이므로, 추가 상승 가능성이 큰 분할 매수의 급소이다.

## 삼병(흑삼병)

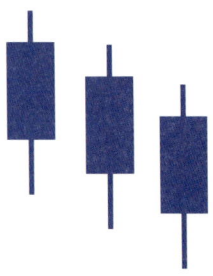

적삼병과 상반되는 패턴으로 고가권에서 음봉 3개가 잇달아 나타나면서 주가가 계속해서 전일의 저가보다 더 낮은 가격으로 마감하는 모습이다. 이는 매수세가 실종되었음을 나타낸다. 바닥권보다는 고가권에서 나타날 경우 향후 급락에 가까운 하락세가 진행될 가능성이 매우 크다고 볼 수 있다.

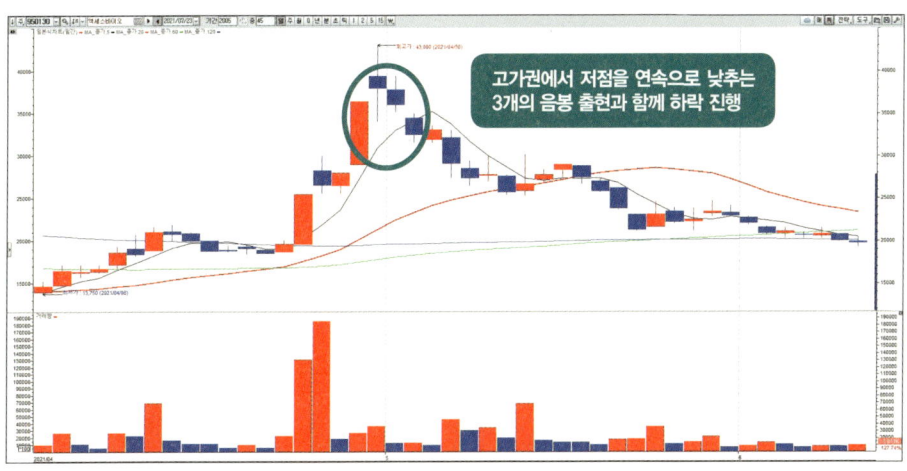

그림 2-18 엑세스바이오(950130)

 **Key point** 흑삼병은 3일 연속 음봉이 나타나는 형태로 고가권에서는 중요한 추세 전환의 신호로 해석되며, 급락의 가능성이 크므로 분할 매도의 급소가 된다.

## 삼공: 상승삼공(과매수)

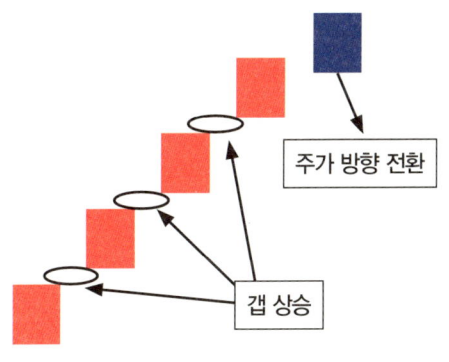

3일 연속 상승 갭이 나타나는 경우를 상승삼공이라고 한다. 캔들의 갭은 메워지려는 성질이 있으므로 이 시점이 되면 과매수로 인한 매도세가 서서히 나타나다가 음봉이 발생하면 매도세가 우위를 점하면서 하락으로 전환된다.

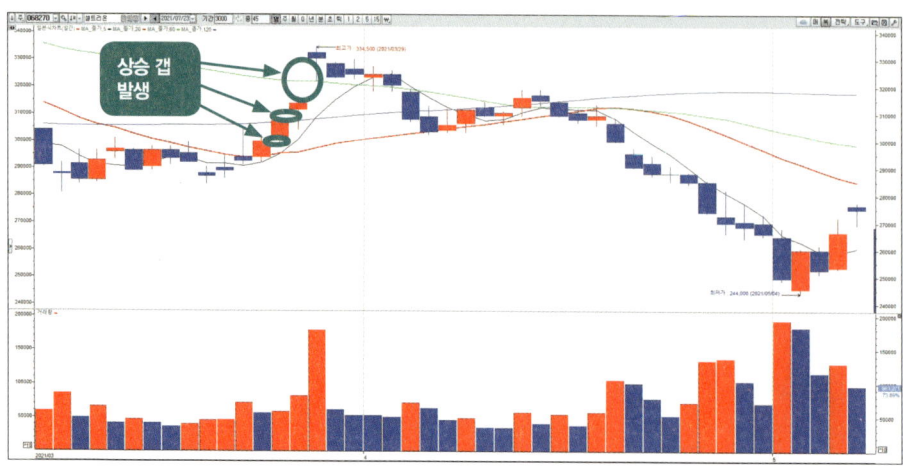

그림 2-19 셀트리온(068270)

 **Key point** | 상승삼공법은 3일 연속 갭 상승하는 양봉이 발생했을 때 갭을 메우려는 하락이 진행된다고 분석하는 기법이다. 4일째 되는 날 전일 종가를 이탈하는 음봉이 발생한다면 신뢰도가 높다.

## 삼공: 하락삼공(과매도)

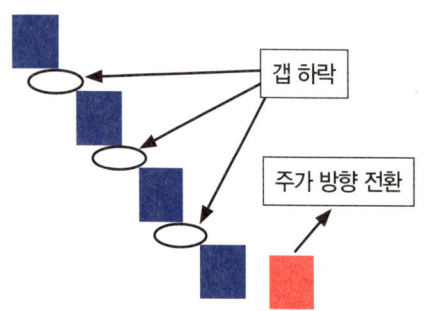

3일 연속 하락 갭이 나타난 경우를 하락삼공이라고 한다. 3일 동안의 연속된 과매도로 인해 매수세가 유입되기 시작하며 양봉이 발생하면 매수세는 더 증가해 상승으로 전환될 확률이 높다.

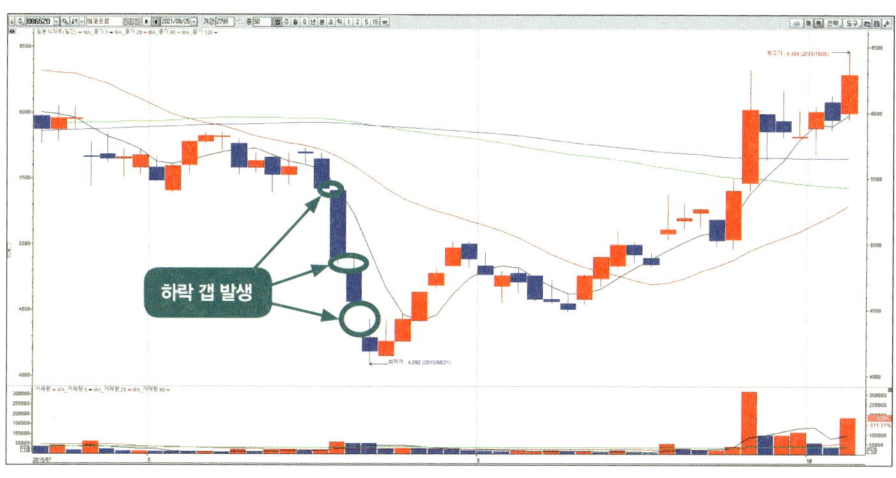

그림 2-20 에코프로(086520)

**Key point** 하락삼공법은 3일 연속 갭 하락하는 음봉이 발생했을 때 갭을 메우려는 상승이 진행된다고 분석하는 기법이다. 4일째 되는 날 전일 종가를 돌파하는 양봉이 출현하면 신뢰도가 더욱 높아진다.

## 삼법

삼법이란 매수·매도·휴식을 의미하며 그중에서도 휴식, 즉 관망의 중요성을 강조한다. 휴식도 투자라는 말을 들어봤을 것이다. 추세가 확인되기 전까지는 관망해야 하며 하락 추세에서는 주식보다 현금 비중을 높이는 것이 장기적으로 더 높은 수익을 거두는 방법이 된다. 이때는 무조건 쉬는 것이 아니고, 매도 시점이나 신규 매수 시점 포착을 위한 관망의 시기로 삼는다.

# 3장

## 이동평균선은 미래를 담고 있다

# 01 이동평균선은 왜 중요할까

주식투자에서 성공하는 방법을 가장 간단하게 표현하면 낮은 가격에서 주식을 매수하여 높은 가격에서 매도함으로써 시세차익을 남기는 것이다. 그러나 대부분의 개인 투자자는 간단하다고 말하는 이 방법에서 번번이 실패한다. 그 이유는 주가의 위치를 알지 못하기 때문이다.

이 책을 읽는 독자들 중에서도 자신이 현재 주식투자를 하고 있다면 '그때 매수했어야 하는데…' '그때만 매도했어도…' 하는 안타까움을 한 번쯤은 느꼈을 것이다. 왜 자신이 매수·매도 타이밍을 놓쳤는지 이 책을 읽다 보면 알게 될 것이다. 또한 새롭게 주식투자를 시작하려는 독자라면 이동평균선의 의미와 중요성을 미리 숙지함으로써 시행착오를 최대한 줄일 수 있게 될 것이다.

주식을 낮은 가격에 매수하고 높은 가격에 매도하기 위해서는 주가의 위치를 알아야 한다. 수익을 극대화하기 위해서만이 아니라 손실을 최소화하기 위해서도 그렇다. 현재 형성된 주가는 어느 위치에 있는가? 높은가 또는 바닥인가? 이 주가는 앞으로 어떤 흐름을 나타낼 것인가? 대부분의 투자자가 전문가에게 종목 상담을 받는 이유도 바로 이 부분을 알고 싶어서다. 이러한 가장 핵심적인 질문을 해결해주는 열쇠가 이동평균선이다. 이동평균선에 담긴 여러 의미를 속속들이 알게 된다면 주식투자에서 50%는 성공했다고 할 수 있다. 그렇지만 많은 투자자가 이를 간과하고 있다. 다음은 실제로 한 투자자와 필자가 나눈 대화이다.

**투자자:** ○○ 주식이 실적도 좋고, 큰 계약도 수주했다고 합니다. 이 종목을 매수하고 싶은데, 지금 주문해도 될까요?
**필자:** 말씀대로 실적도 좋고 우량주네요.
**투자자:** 그렇죠? 그럼 매수해야겠네요.
**필자:** 그런데 지금 주가의 위치가 어떻습니까? 제가 판단하기로는 실적이 좋다는 것과 큰 계약을 성사했다는 것은 이미 주가에 반영되어 있습니다. 단기간에 50% 넘게 상승했거든요. 주식은 싸게 사서 비싸게 팔아야 수익을 내는 법인데, 이미 많이 올랐기 때문에 팔려는 사람도 많아졌을 겁니다. 매수하기에는 위험한 구간인 듯한데, 당분간 지켜볼 필요가 있다고 생각됩니다.
**투자자:** 그래도 주위에서 이 종목 좋다고 추천하는 사람들이 한둘이 아닌데요. 제가 볼 때는 더 갈 것 같습니다.

결국 며칠 지나지 않아 그 주식은 큰 폭으로 하락했다. 이야기를 나눈 투자자가 주위의 말만 믿고 실제 매수했는지, 아니면 필자의 조언을 참고해 지켜보기만 했는지는 알 수 없다. 그런데 이 투자자는 주식투자에서 가장 중요한 사실을 모르고 있다는 것만은 분명하다. 현재 주가의 위치가 높은지 낮은지를 분석하지 않고, 오늘 이 주식이 시장에서 주목을 받고 있다는 사실과 상승 추세가 이어질 것이라는 소문에 의존해 주식을 매수하려 한다는 것이다.

그렇다면 주식의 위치는 어떻게 알 수 있을까? 이 장에서는 이동평균선에 숨겨진 비밀들을 하나씩 풀어보면서 주식의 위치를 파악하여 언제 매수하고 매도해야 하는지 알아보겠다.

# 02 이동평균선으로 알 수 있는 2가지 핵심

이동평균선 분석으로 알 수 있는 첫 번째는 현재 주가의 위치다. 매수하기에 적절한 위치에 있는지, 아니면 너무 높은지에 대한 판단 근거가 된다. 아무리 우량주라도 주가의 위치가 높다면 매수해서는 안 된다.

또 주가가 많이 상승했다고 해도 계속적으로 상승하고 있다면 절대 매도해서는 안 된다. 이것은 주가의 추이를 보아야 한다는 말인데, 이동평균선으로 알 수 있는 두 번째 핵심이다. 그네가 일정한 궤도를 기준으로 왕복운동을 하듯이 주가도 이러한 사이클 운동을 하는 것이 일반적이다. 그러므로 주식을 매매할 때는 현 시점이 하락하는 추세인지 상승하는 추세인지를 구별하는 것이 중요하다. 따라서 매수와 매도 시점을 판단할 때 위와 같은 문제에 답을 제시해주는 이동평균선의 중요성은 백 번 강조해도 지나치지 않다.

# 03 이동평균선 구하는 법

이동평균선은 매일의 종가를 산술적 평균을 내어 선으로 연결한 것이다. 앞서 말했듯이 이동평균선이 중요한 이유는 과거 자료로부터 현재의 주가 위치를 가늠할 수 있고 미래의 주가를 예측하는 데 핵심적인 자료가 되기 때문이다.

## 이동평균선의 종류

5일선, 20일선, 60일선, 120일선, 200일선 등이 있으며 증권사 HTS 화면에서 기본적으로 제공된다. 자신의 투자 성향에 따라 기간을 설정할 수도 있다.

① **5일선**: 일주일 이내의 단기적인 매매 전략을 세우는 데 사용되고, 단기 생명

선 또는 단기 추세선이라고 한다.

② **20일선**: 일주일에서 1개월까지의 중단기 매매 전략을 세우는 데 사용되고, 중기 생명선 또는 중기 추세선이라고 한다.

③ **60일선**: 1개월에서 3개월까지의 중기 매매 전략을 세우는 데 사용되고, 수급선이라고 한다.

④ **120일선**: 3개월 이상의 장기 매매 전략에 사용되고, 경기선이라고 한다.

## 이동평균 주가 구하는 법

| 기간 | 1 | 2 | 3 | 4 | 5 | 6 | ... | 20 |
|---|---|---|---|---|---|---|---|---|
| 주가 | 1,000 | 1,090 | 1,060 | 1,120 | 1,200 | 1,310 | ... | 2,520 |
| 이동평균 | | | | | 1,094 | 1,156 | ... | |

① 5일 이동평균 주가

5일째: $(1,000+1,090+1,120+1,060+1,200) \div 5 = 1,094$

6일째: $(1,090+1,060+1,120+1,200+1,310) \div 5 = 1,156$

② 20일 이동평균 주가

20일째: $(1,090+1,060+1,120+1,200+1,310+\cdots+2,520) \div 20$

③ 그 외

60일, 120일 이동평균도 같은 방법으로 계산한다.

## 이동평균 거래량

거래량 이동평균을 구하는 방법도 주가 이동평균을 구하는 방법과 유사하다. 주가 대신 거래량의 산술 평균을 구하는 것이다. 대부분의 전문 투자자는 거래량 이동평균선으로 5일선, 20일선을 사용한다. 거래량은 주가에 선행하므로 주가뿐만 아니라 거래량의 변화도 함께 봐야 더 정밀한 분석이 이루어진다.

# 04 실전 차트를 통한 이동평균선 분석

## 5일 이동평균선 (단기 생명선 또는 단기 추세선)

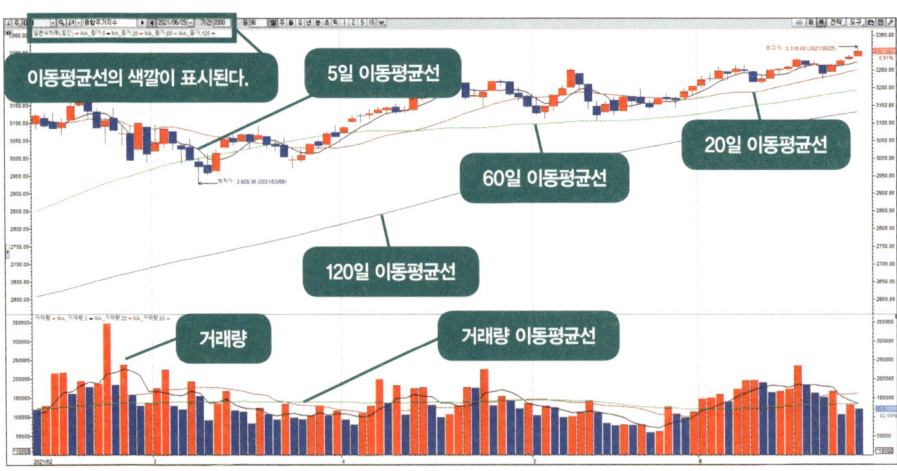

그림 3-1 차트의 구성_종합주가지수

산술적으로 일주일 동안의 가격을 평균한 것이며, 심리적으로 일주일 동안 주식을 보유하고 매매한 사람들의 마음 상태를 나타내는 단기 심리선으로 볼 수 있다. 최근 주가가 매일 상승하고 있다면 일주일 전에 매수했던 사람들은 기쁜 마음 상태에 있을 것이고, 현 시점에서 매도하기보다는 더 큰 수익을 위해 하루라도 더 주식을 보유하려 할 것이다. 반면 최근 주가가 매일 하락하고 있다면 일주일 전에 매수했던 사람들은 어두운 마음 상태에 있을 것이며, 현 시점에서 계속 보유하기보다는 손실만 주고 있는 주식을 팔고 싶어 할 것이다.

이처럼 5일선이 내포하는 의미와 추세의 원리는 아주 간단하다. 주가가 잘 올라가고 있으면 대다수 사람은 보유하고 싶어 하고, 매수 기회를 보고 있는 투자자라면 하루라도 빨리 사고 싶어 할 것이다. 그렇게 되면 당연히 매도는 없고 매수가 많아져 5일선이 계속 상승할 것이다. 주식의 가격은 수요와 공급에 따라 이루어지기 때문이다. 반면 주가가 연일 하락하고 있으면 대다수 사람은 하루라도 빨리 매도하고 싶어 하고, 매수하고자 하는 사람도 적기 때문에 매수보다 매도가 많아지면서 계속 하락하게 된다.

이처럼 5일선은 단기 추세 파악에 중요한 역할을 하므로 일주일 이내의 단기 투자자는 5일선의 흐름을 유심히 살펴야 한다. 주가가 상승한 이후 5일선을 이탈했다면 단기적으로 하락을 암시하므로 주의가 필요하다.

**Key point**

5일선은 산술적으로는 5일 동안의 종가를 평균한 가격이지만, 심리적으로는 일주일 동안 주식을 보유하고 매매한 사람들의 심리선이라 할 수 있다. 그러므로 매매 세력의 단기 의도를 파악하기 위해서는 5일선의 방향이 매우 중요하다. 5일선이 상승하고 있다는 것은 추가적인 단기 상승을, 하락하고 있다는 것은 추가적인 단기 하락을 예고한다.

## 20일 이동평균선(추세선 또는 중기 생명선)

1개월간의 평균 매매가격으로 중기 매매선, 흔히 추세선이라 부른다. 산술적으로는 20일 동안의 가격을 평균한 가격이며, 심리적으로는 20일 동안 주식을 보유하고 매매한 사람들의 심리를 나타내는 중기 심리선으로 볼 수 있다.

20일선의 기울기는 현 주가 흐름의 방향을 나타내는 지표로 추세를 보여주는데, 상승 기울기인지 하락 기울기인지 또는 횡보 상태인지에 따라 전략을 달리 세워야 한다. 주식투자에서 20일선은 가장 중요한 중단기 매매의 기준이 된다.

>  **Key point** 20일선은 1개월 동안 주식을 보유하고 매매한 사람들의 심리선이다. 20일선이 상승하고 있다는 것은 추가적인 중기 상승을, 하락하고 있다는 것은 추가적인 중기 하락을 예고한다.

## 60일 이동평균선(수급선)

3개월 동안의 주가를 평균한 가격으로 수급선이라 부른다. 이렇게 부르는 이유는 기관과 외국인이 자금 유입 여부를 결정하는 기업의 실적 발표 사이클과 연관되기 때문이다.

모든 기업은 3개월마다 반드시 실적 발표를 해야 하며, 이와 동시에 다음 분기에 대한 사업 계획을 제시한다. 투자자들은 이러한 자료를 근거로 투자 여부를 결정한다. 그런데 시장의 선도세력이라 할 수 있는 기관과 외국인은 회사의 가치와 실적을 보고 투자하기 때문에 이들에게는 기업의 실적 발표가 매수·매도의 중요한 기점이 될 수 있다. 단, 외국인과 기관은 이번 분기에 실적이 나빠도 향후 전망이 긍정적이라면 매수하는 경우가 많으며, 반대로 이번 분기의 실적이 좋아도 향후 전망이 부정적이라면 매도하는 경우도 많다.

따라서 주가가 60일선을 이탈한다면 다음 분기의 실적이 불투명하다는 전망에 의해 외국인과 기관의 물량이 출회되고 있다고 보면 된다. 같은 맥락으로 주가가 60일선을 강하게 돌파하거나 조정받을 때마다 60일선이 강력한 버팀목 역할을 한다면 향후 실적과 경기가 긍정적이라고 볼 수 있다.

 **Key point** 60일선은 다음 분기의 실적을 미리 예측할 수 있는 이동평균선이다. 60일선이 상승하고 있다는 것은 다음 분기 역시 실적이 좋을 것으로 판단된다는 것이고, 하락하고 있다면 다음 분기 실적이 악화되거나 불투명할 것으로 예상된다고 볼 수 있다.

# 120일 이동평균선(경기선)

6개월 동안의 주가를 평균한 가격으로 경기선이라 부른다. 이렇게 부르는 이유는 기업들의 반기 결산 사이클과 맞물리기 때문이다. 모든 기업은 6개월마다 반드시 실적 발표와 함께 해당 반기를 결산해야 한다. 상반기는 1~6월, 하반기는 7~12월로 구분된다.

앞에서 설명한 60일선이 외국인과 기관의 중단기 자금의 유입 여부를 결정한다면, 120일선은 반기에 대한 기업 전망을 가늠하게 해주는 이동평균선으로써 중장기 자금의 유입 여부를 결정한다.

때문에 주가가 120일선을 이탈할 경우에는 외국인과 기관을 비롯한 주식시장의 선도세력들이 일제히 부정적인 투자의견을 제시하며 실적 개선까지는 최소 6개월이라는 시간이 필요하다고 전망한다. 반면 주가가 120일선 위에 있거나 120일선을 탈환한 경우에는 실적 개선주 또는 턴어라운드 종목이라며 긍정적인 보고서를 제출하여 주가 상승에 대한 기대감을 높여준다.

> **Key point** 120일선은 6개월의 경기를 나타내는 이동평균선이다. 120일선이 상승하고 있다는 것은 향후 반기의 경기가 긍정적이라는 것을 의미하고, 하락하고 있다는 것은 향후 반기의 경기가 부정적임을 예고한다.

# 05 이동평균선, 실전에서 이렇게 활용하라

이동평균선은 주식투자에서 거래량과 함께 기술적 분석의 핵심이다. 이동평균선과 거래량, 이 두 가지를 알면 기술적 분석의 90% 이상을 안다고 할 수 있다.

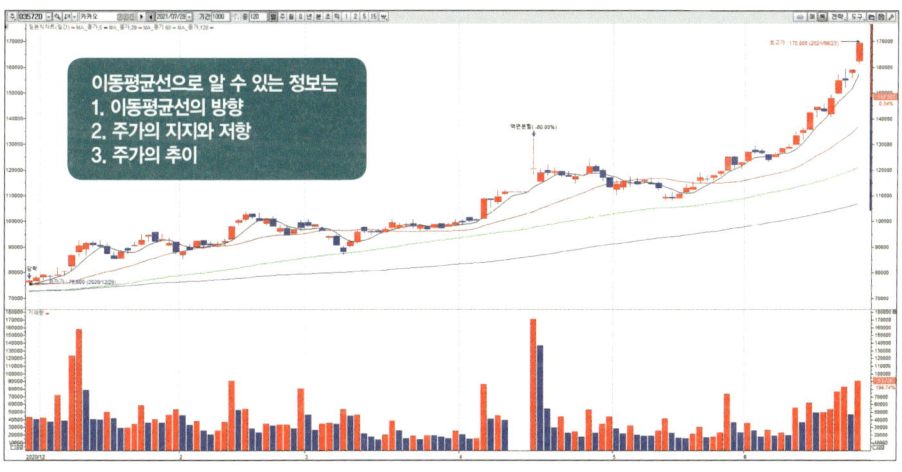

그림 3-2 카카오(035720)

이동평균선을 이용하여 현재 보유 중이거나 매수하려는 종목에 대한 의사결정을 할 수 있다. 현재 위치와 기울기, 각 선들의 배열 상태 그리고 주가와의 관계 등을 면밀히 분석하면 매수·매도의 적절한 지점을 판단할 수 있다.

## 방향으로 상승과 하락을 확인하라

이동평균선의 방향이 위로 향하고 있는지, 아래로 향하고 있는지를 살펴봄으로써 현재 주가의 방향이 하락인지 상승인지를 알 수 있다.

단기선인 5일선이 하락하고 있다면 단기 하락 추세, 상승하고 있다면 단기 상승 추세라고 말한다. 20일선이 상승하고 있으면 중단기 상승 추세, 하락하고 있으면 중단기 하락 추세라고 한다.

그림 3-3 POSCO(005490)

60일선과 장기 추세선인 120일선도 같은 방법으로 해석할 수 있다.

>  **Key point** 주가는 이동평균선의 방향대로 움직이려는 성질이 강하다. 단기 이동평균선은 단기적인 흐름을 알려주며, 중장기 이동평균선은 중기적인 주가의 방향을 알려준다.

## 지지와 저항을 예측하라

주가와 이동평균선의 위치를 비교하여 지지와 저항을 예측할 수 있다. 주가가 이동평균선 위에 있다면 밑에 있는 이동평균선이 주가가 추가적으로 하락하지 않도록 지지해주는데, 이때의 이동평균선을 지지선이라 부른다. 이와 반대로 주가가 이동평균선 밑에 있을 경우 주가가 상승하기 위해서는 이동평균선을 돌파해야 하는데, 이동평균선에 부딪쳐 되밀리는 경우가 있다. 이때의 이동평균선을 저항선이라 부른다. 이런 지지선과 저항선은 실제로 주식을 매매할 때 중요한 판단 기준이 된다.

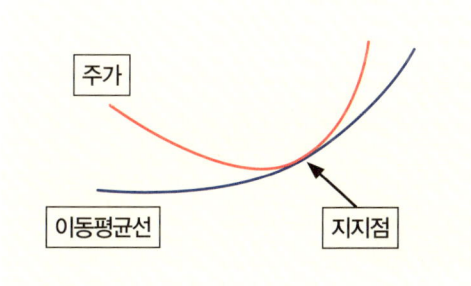

> **Key point** 이동평균선이 주가 아래 있으면 지지선이라고 하며, 이러한 위치에서 지지가 확인되면 대기 매수세의 유입으로 상승할 가능성이 크다. 매수 시점이다.

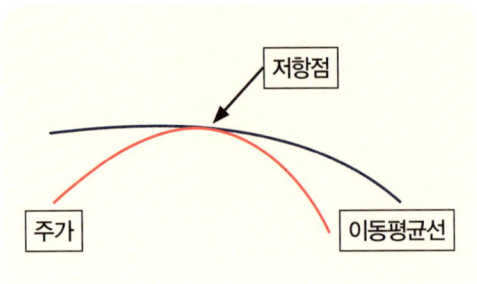

**Key point** 이동평균선이 주가보다 위에 있으면 저항선이라고 하고, 상승 시마다 저항으로 작용하여 하락 가능성이 크다. 돌파에 실패하면 강력히 매도해야 한다.

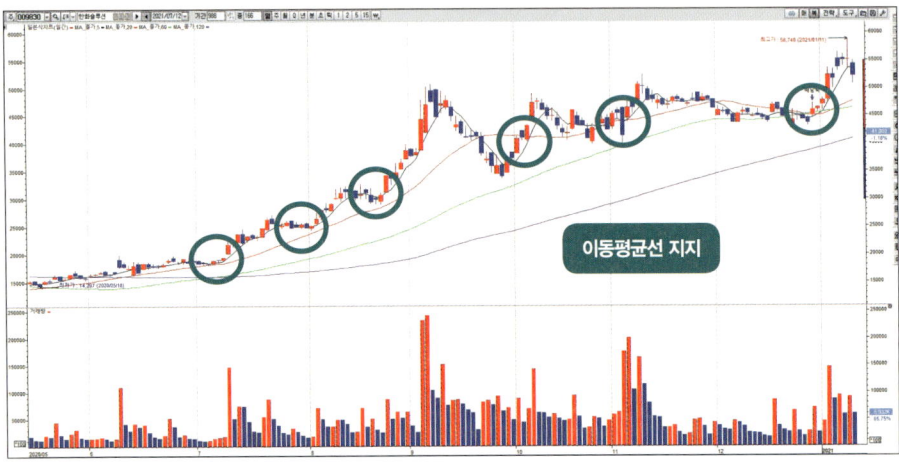

그림 3-4 한화솔루션(009830)

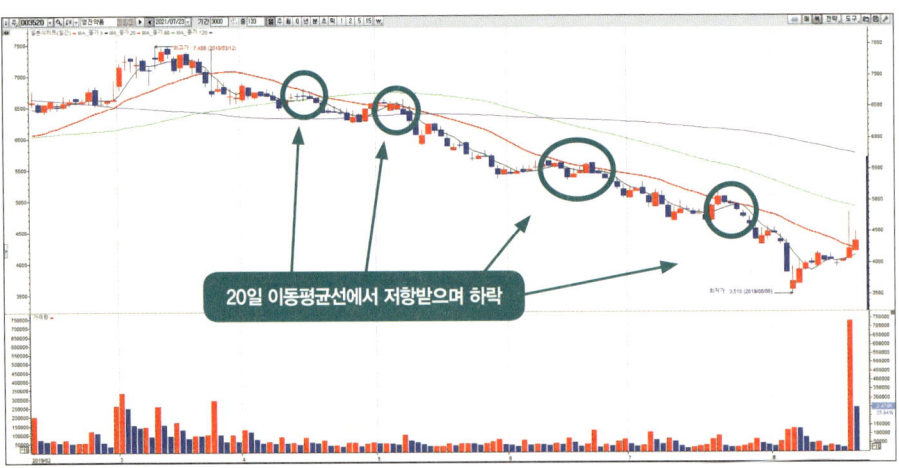

그림 3-5 영진약품(003520)

## 이동평균선의 배열 상태로 향후 추이를 판단한다

### 정배열

주가가 상승하고 있는 추세에서 나타나며, 5일선이 맨 위에 있고 20일선, 60일선, 120일선 순으로 배열된다.

- 단기 이동평균선 > 중기 이동평균선 > 장기 이동평균선

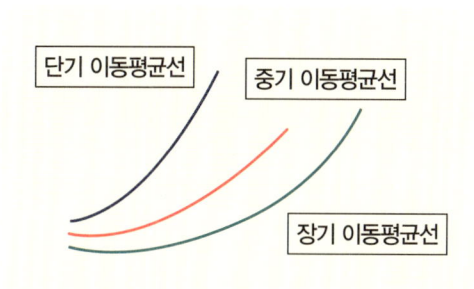

**Key point** | 정배열은 대체로 주가가 꾸준히 상승하는 흐름을 보인다. 정배열 초기 종목은 수익도 좋고 안정적이므로 신규로 매수할 종목을 선정할 때 유념하기 바란다.

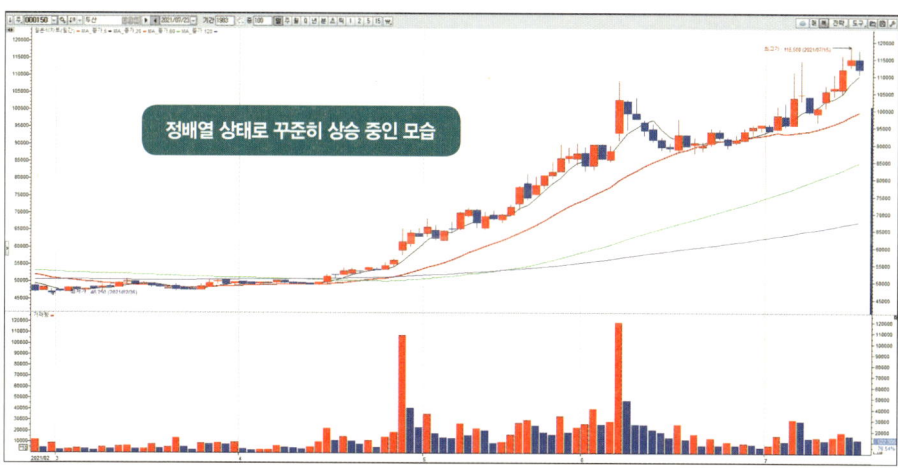

그림 3-6 두산(000150)

## 역배열

주가가 하락하고 있는 추세에서 나타나며 120일선이 맨 위에 있고 그다음으로 60일선, 20일선, 5일선 순으로 배열된다.

- 장기 이동평균선 > 중기 이동평균선 > 단기 이동평균선

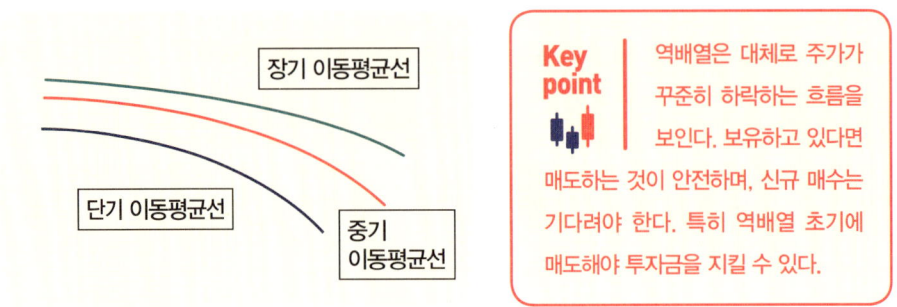

Key point | 역배열은 대체로 주가가 꾸준히 하락하는 흐름을 보인다. 보유하고 있다면 매도하는 것이 안전하며, 신규 매수는 기다려야 한다. 특히 역배열 초기에 매도해야 투자금을 지킬 수 있다.

그림 3-7 투비소프트(079970)

# 이동평균선의 골든크로스와 데드크로스

## 골든크로스

단기 이동평균선이 중장기 이동평균선을 상향 돌파하는 것을 말하며 강력한 매수 급소로 해석된다.

- 5일선이 20일선을 돌파: 단기 골든크로스
- 20일선이 60일선을 돌파: 중기 골든크로스
- 60일선이 120일선을 돌파: 장기 골든크로스

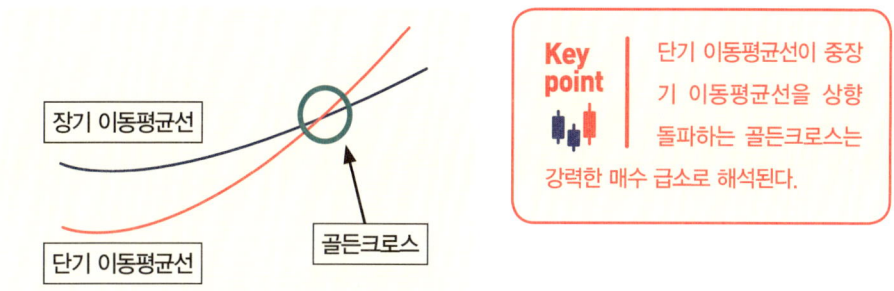

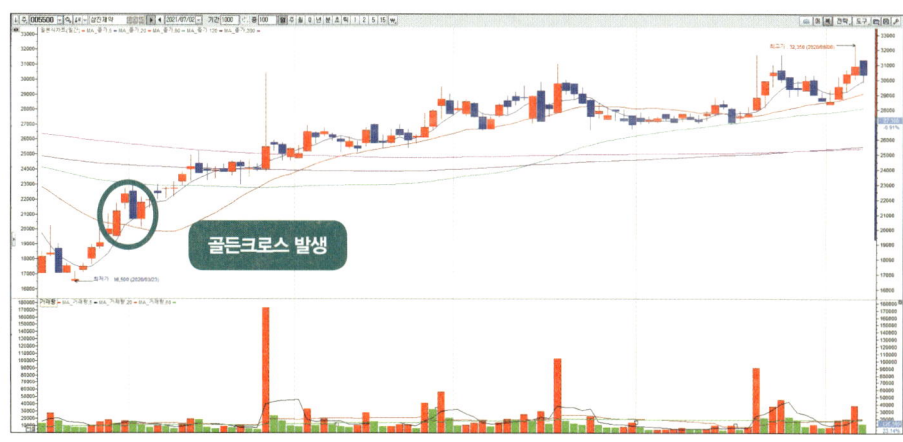

그림 3-8 삼진제약(005500)

**데드크로스**

단기 이동평균선이 중장기 이동평균선을 하향 이탈하는 것을 말하며, 강력한 매도 급소로 해석된다.

- 5일선이 20일선을 이탈: 단기 데드크로스
- 20일선이 60일선을 이탈: 중기 데드크로스
- 60일선이 120일선을 이탈: 장기 데드크로스

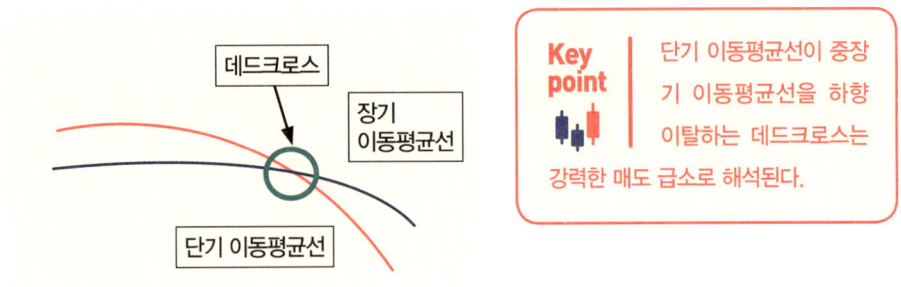

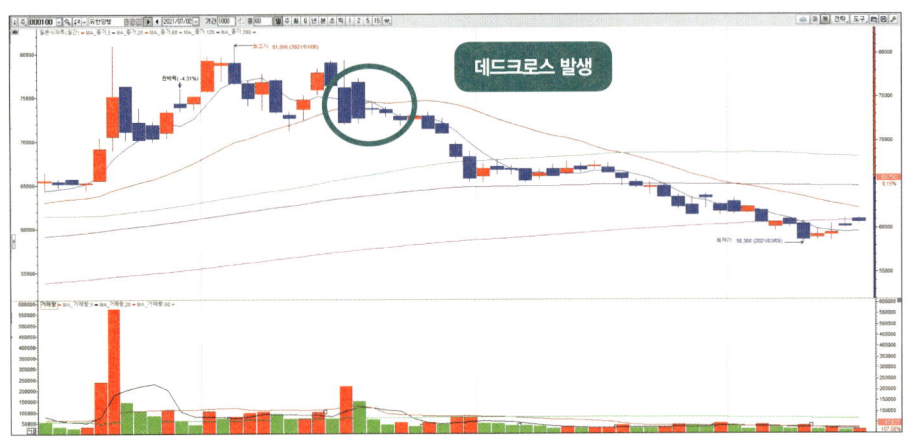

그림 3-9 유한양행

# 06 이동평균선을 이용한 핵심 매매 기법

## 5분봉을 이용한 매매

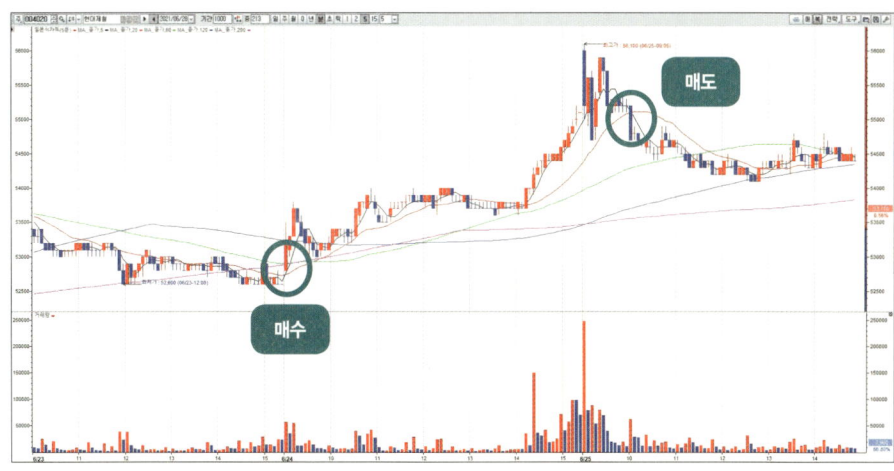

그림 3-10 현대제철(004020)_5분봉 차트

초단기 매매를 하는 투자자들이 많이 사용하는 차트는 5분봉 차트다. 일반적으로 데이트레이더가 많이 보는 차트로 5분봉을 이용해 주가의 지지와 저항, 골든크로스와 데드크로스를 확인하여 매수·매도의 신호로 판단한다.

## 30분봉을 이용한 매매

5분봉과 마찬가지로 단기 매매를 하는 투자자들이 많이 참고하는 차트가 30분봉 차트로 보통 1~3일 정도의 짧은 보유 전략에 적합하다. 30분 동안의 주가 움직임을 관찰하여 일봉 차트보다 조금 더 빠르게 최적의 매수와 매도 타이밍을 찾아 매매할 때 사용한다.

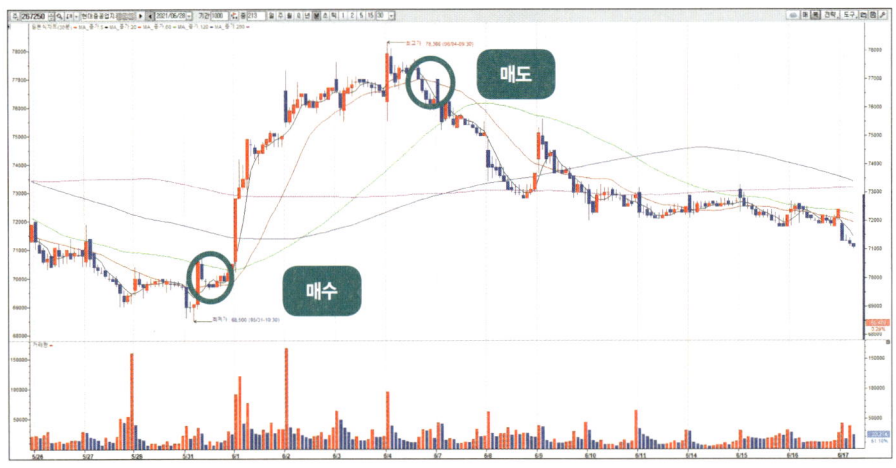

그림 3-11 현대중공업지주(267250)_ 30분봉 차트

## 주봉을 이용한 매매

주봉 차트는 분봉 차트와 달리 중장기 매매를 선호하는 투자자가 많이 이용한다. 1년 이상의 중장기 흐름을 관찰하고자 할 때 주로 참고하는 차트다.

다음은 일진머티리얼즈의 주봉 차트로 중기 골든크로스 발생 후 장기 대세 상승을 이어가는 주가의 흐름이 연출된다.

그림 3-12 일진머티리얼즈(020150)_주봉 차트

## 월봉을 이용한 매매

월봉 차트 역시 주봉 차트와 마찬가지로 중장기 투자를 할 때 참고하는 차트이다.

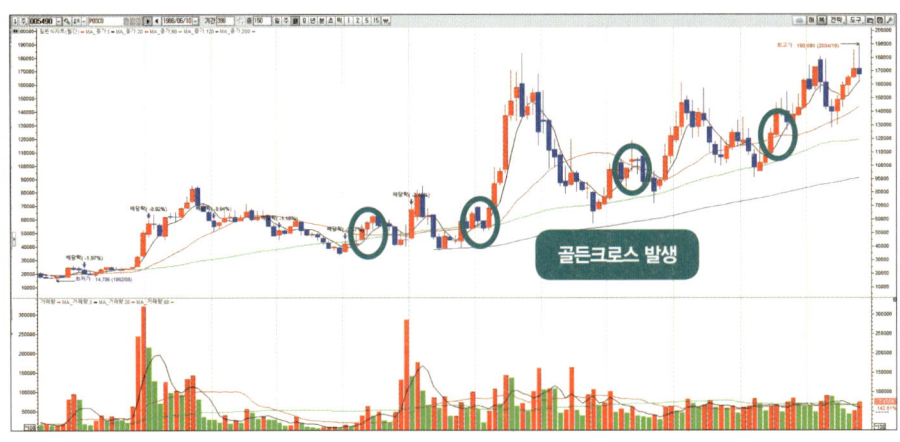

그림 3-13 POSCO_월봉 차트

# 5일선을 이용한 매매

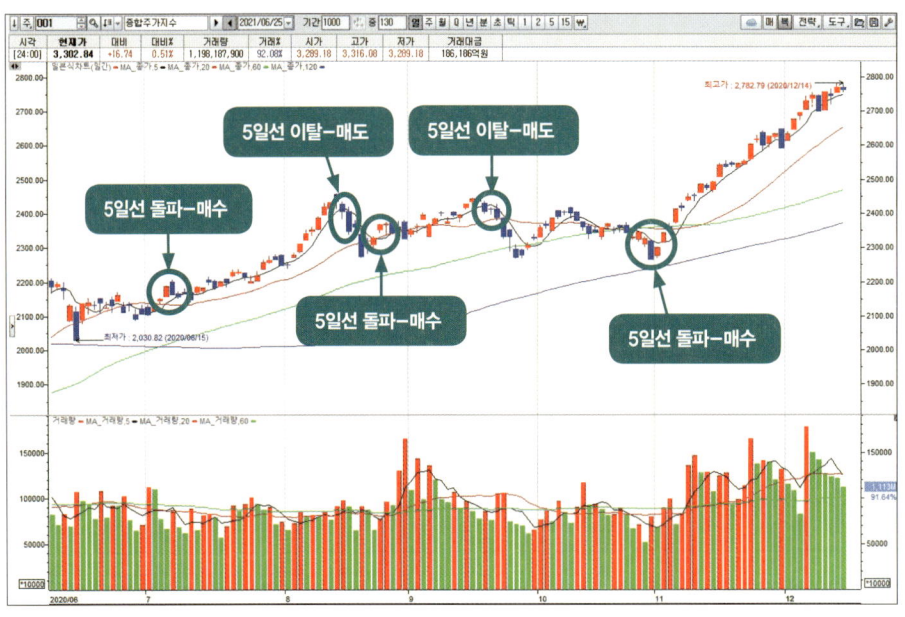

그림 3-14 종합주가지수

5일선을 이용한 매매 기법은 가장 단순하면서도 단기적으로 신뢰성이 높아 많이 사용된다. 5일선을 분석하기 위해서는 주가와 5일선의 위치를 잘 살펴봐야 한다. 단기 상승 추세는 주가가 5일선 위에서 계속 움직이려는 성질이 있는 반면, 단기 하락 추세는 주가가 5일선 밑에서 계속 움직이려는 성질을 갖는다. 때문에 상승 추세에서의 주가가 5일선을 하향 이탈하면 매도하고, 하락 추세에서의 주가가 5일선을 상향 돌파한다면 매수하는 전략이 필요하다.

>  **Key point** 주가가 5일선을 하향 이탈 시에는 단기 매도로 대응하고, 상향 돌파 시에는 단기 매수로 대응한다.

## 20일선, 60일선을 이용한 매매

그림 3-15 신한지주(0555550)

정배열 상태에서는 주가가 일시적으로 하락할 때 중기선(20일선, 60일선)이 중요한 지지선 역할을 하므로, 주가가 중기 이동평균선을 하향 이탈하지 않고 지지에 성공하면 상승 전환을 하게 된다. 반대로 역배열에서는 주가가 일시적으로 상승할 때 중기 이동평균선이 중요한 저항선 역할을 하므로, 주가가 중기선을 돌파하지 못하면 하락 전환을 하게 된다. 결국 같은 이동평균선이라도 위치에 따라 정반대의 역할을 하게 되는 것이다.

그림 3-16 동성제약(002210)

## 크로스 매매 기법

단기 이동평균선과 중기 이동평균선의 교차를 이용한 매매 기법이다. 골든크로스는 상승 전환의 신호로 강력한 분할 매수 시점이다. 반대로 데드크로스는 하락 전환의 신호로 강력한 분할 매도 시점이다.

그런데 최근 주가의 흐름을 보면 골든크로스 혹은 데드크로스가 발생한 후 주가가 다시 제자리로 돌아오는 경우가 있다. 그러므로 골든크로스나 데드크로스 발생 직후 매매하는 것보다 이후의 추이를 관찰하여 결정하는 것이 좋다. 이 판단에 도움을 주는 것이 거래량의 변화다. 따라서 크로스 매매 기법은 주가와 이동평균선, 거래량의 추이를 함께 살펴보면서 대응해야 한다.

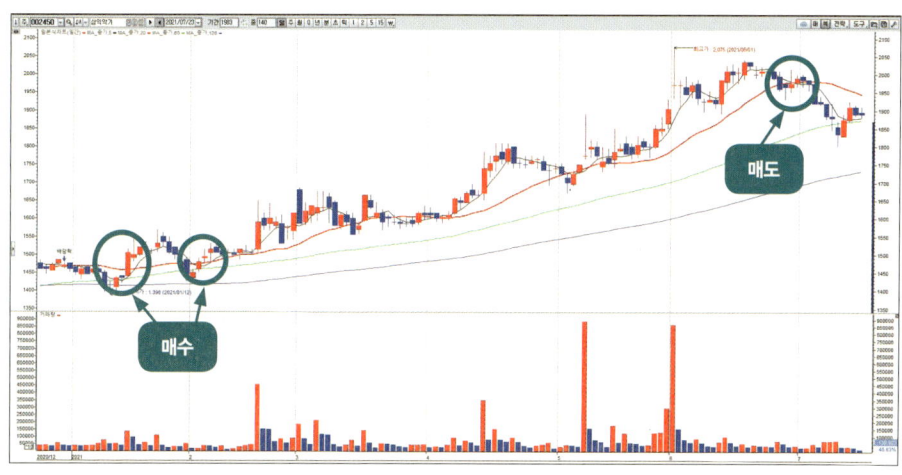

그림 3-17 삼익악기(002450)

> **Key point** 골든크로스는 향후 주가 상승을 예고하므로 적극 매수 급소가 되며, 데드크로스는 향후 주가 하락을 예고하므로 적극 매도 급소가 된다.

## 추세(트렌드) 매매 기법

추세 매매 기법은 말 그대로 추세를 따라가며 매매하는 것이다. 상승 추세, 정배열하에서는 적극적으로 매매에 동참하는 전략을 구사한다. 혹 고가에 매수하게 된 경우라 하더라도 상승 추세 안에서는 하락 조정에 대한 염려가 크지 않기 때문이다.

하락 추세, 역배열하에서는 단기 매매나 관망이 보다 유익한 투자 전략이다. 이때는 상승 기간보다 하락 기간이 더 길게 나타나는 것이 특징이다. 상승을 하더라도 기술적 반등에 그치기 때문에 단기 매매에 자신이 없는 투자자는 잠시 쉬는 것도 돈을 버는 투자 전략임을 잊어서는 안 된다.

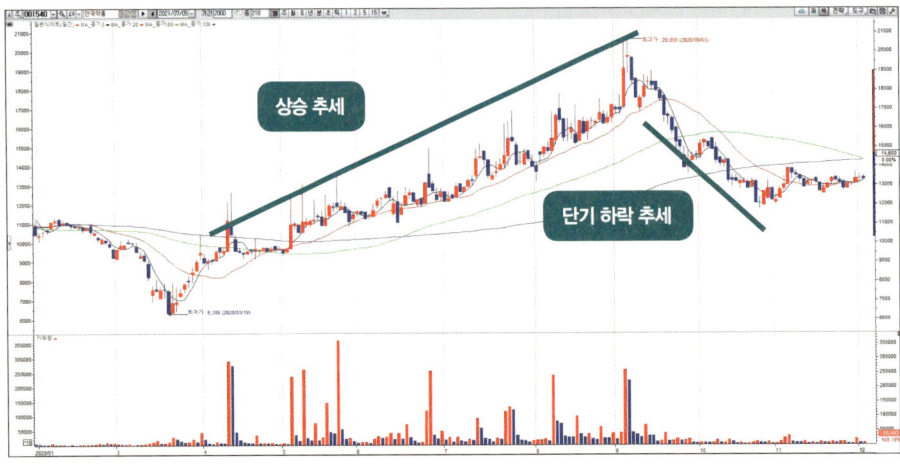

그림 3-18 안국약품(001540)

Key point | 추세는 한 번 방향이 정해지면 그 방향으로 계속 진행하려는 성질을 갖는다. 그러므로 상승 추세 기간에는 적극적으로 매수 관점에서 접근하고, 하락 추세 기간에는 관망하는 것이 좋다.

## 위치 매매 기법

위치 매매 기법은 주가의 사이클에 기반한 매매 기법이다. 주가는 생물과 같이 상승하는 시기가 있고, 상승을 마감하면 오랫동안 하락하는 시기가 있으며, 또 하락이 마감되면 오랫동안 바닥에서 횡보하며 숨을 죽이고 지낸다.

위치 매매 기법은 주가가 낮은 위치에서 매수하여 기다리는 전략으로, 시간이 많이 걸릴 수 있지만 가장 안전하고 수익이 많이 나는 투자 전략이라고 할 수 있다. 주가가 오랜 하락 끝에 횡보를 마치고 상승하는 초기에 매수하는 것이 가장 좋은 방법이다. 기업에 문제만 없다면 크게 하락한 종목은 다시 상승하기 마련이다.

그림 3-19 아이에스동서(010780)

 **Key point** 주가는 상승과 하락을 반복하는 사이클을 갖는다. 위치 매매 기법은 오랜 하락이 진행된 이후 상승하는 초기에 매수하는 전략이다. 주가의 위치가 낮은 경우 시간이 지나면 다시 상승하는 것이 당연하므로 적극적으로 매수한다.

# 07 이동평균선을 이용해 매수와 매도 시점을 파악하는 그랜빌의 8가지 법칙

그랜빌 J. E. Granville 이 고안해낸 투자 전략으로 '관성의 법칙'과 '회귀 현상'을 근거로 주가와 이동평균선의 위치를 활용하여 매매 시점을 포착하는 방법이다. 각각 이동평균선의 기준은 투자 기간에 따라 차이가 있지만, 일반적으로 단기 관점에서는 5일선과 20일선을, 중기 관점에서는 60일선, 120일선, 150일선, 200일선 등을 중시하여 매수 신호 4가지와 매도 신호 4가지 유형을 제시하였다. 이러한 유형은 주가 흐름을 예측하는 데 많은 도움이 되므로 잘 기억해두도록 한다.

> **Key point**
> 그랜빌의 법칙은 두 가지 과학적인 근거를 가지고 있다. 첫째, 주가는 관성의 법칙에 따라 움직이고 있는 방향으로 계속 진행하려는 성질이 있다. 둘째, 회귀 현상을 인용하여 이동평균선들 간의 이격이 크면 이를 축소하려는 성질을 갖는다는 것이다. 그랜빌의 법칙은 이처럼 과학적이고 객관적인 근거를 바탕으로 정립되었으며, 시장에서 많이 사용되는 매매 기법이다.

# 매수 신호의 4가지 유형

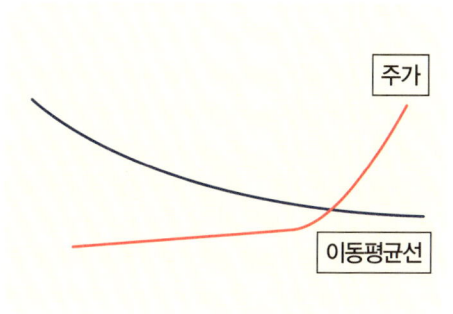

### 매수 신호 1

이동평균선이 하락한 뒤 보합이나 상승 국면으로 진입할 때 주가가 이동평균선을 아래에서 위로 돌파하는 경우 거래량이 동반되면 강력히 매수한다.

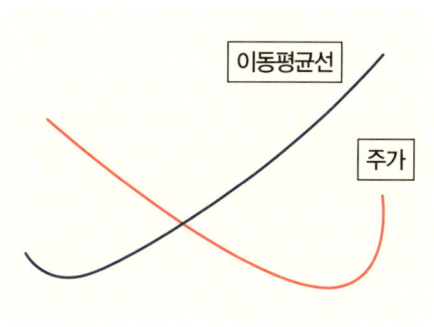

### 매수 신호 2

이동평균선이 상승 추세 중이고 주가가 이동평균선 위에 있다가 이탈한 경우 시장 상황을 좀 더 관찰한 후 매수한다. 대세상승 국면일 때는 일시적인 하락으로 볼 수 있다.

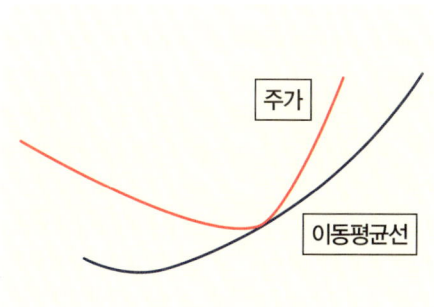

### 매수 신호 3

이동평균선이 상승 추세에 있고, 주가가 이동평균선 위에 있다가 이동평균선 근처까지 하락한 후 재상승하는 경우 눌림목으로 볼 수 있기 때문에 적극 매수한다.

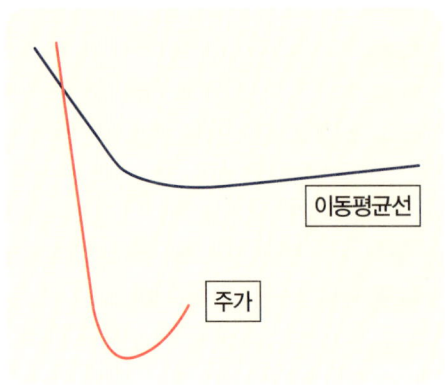

### 매수 신호 4

주가가 이동평균선 밑에서 상승 중인 이동평균선으로 접근하는 경우 이동평균선을 따라가므로 단기 매수 신호가 된다.

## 매도 신호의 4가지 유형

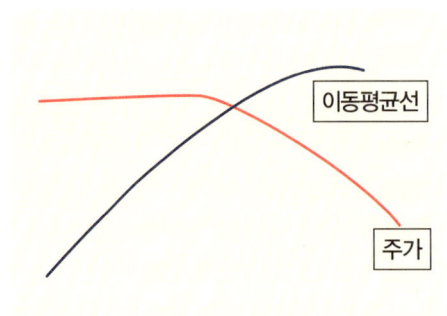

### 매도 신호 1

이동평균선이 상승하다가 횡보 또는 하락 준비 상태에 있을 때 주가가 이동평균선을 하향 돌파하는 경우 강력 매도한다.

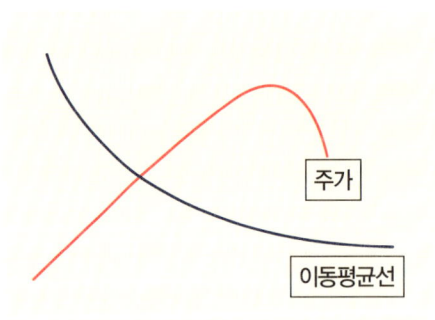

### 매도 신호 2

이동평균선이 하락 추세일 때 주가가 이동평균선을 일시적으로 상향 돌파하는 경우 기술적인 반등으로 판단하여 매수는 자제하고 매도 관점으로 접근한다.

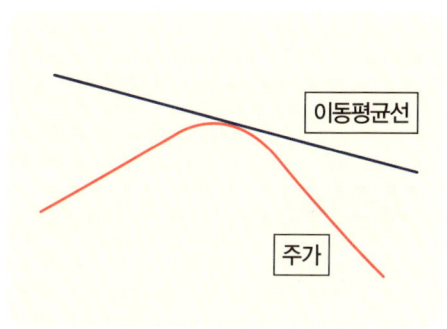

### 매도 신호 3

주가가 하락하고 있는 이동평균선을 돌파하지 못하고 이동평균선이 저항선으로 작용하는 경우 매도한다.

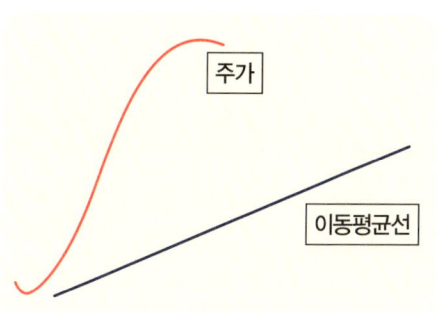

### 매도 신호 4

주가와 중장기 이동평균선 사이의 이격이 과도하게 생기면 주가는 이동평균선으로 회귀하려는 성질이 있으므로 단기적인 매도 관점으로 접근한다.

# 실전 매매 테크닉

## 매수 급소

**골든크로스 발생 시 적극 매수**

주가가 오랜 하락 후 바닥권에서 골든크로스가 발생할 때 매수에 적극 동참하자. 특히 5일선이 20일선을 돌파하는 단기 골든크로스보다 20일선이 60일선을 돌파하는 중기 골든크로스가 발생하면 신뢰도가 더 높다.

그림 3-20 현대에버다임(041440)

〈그림 3-20〉에서 보듯이 주가의 위치가 바닥권일 때 중기 골든크로스가 발생한 후 장기 상승 추세를 이어갔다. 20일선이 60일선을 상향 돌파하는 골든크로스는 앞으로 주가가 상승 전환할 것임을 예고하므로 적극 매수해야 한다.

## 매도 급소

### 데드크로스 발생 시 적극 매도

주가가 많이 상승하여 고가의 위치에 있을 때 데드크로스가 발생하면 적극 매도 관점으로 대응하자. 특히 5일선이 20일선을 하향 돌파하는 단기 데드크로스보다 20일선이 60일선을 하향 돌파하는 중기 데드크로스가 발생하면 신뢰도가 더욱 높다.

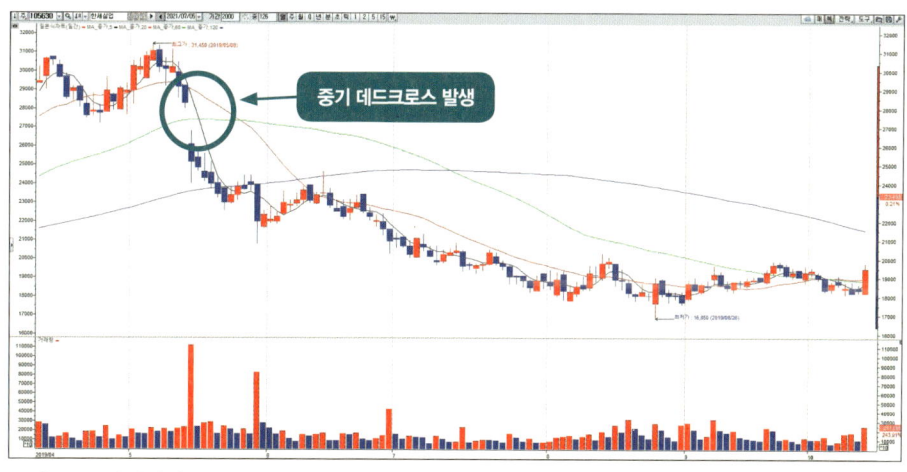

그림 3-21 한세실업(105630)

〈그림 3-21〉을 보면 5일선이 20일선, 60일선과 차례로 데드크로스하면서 20일선과 60일선도 데드크로스를 보였다. 이후 주가는 6개월 이상 장기적인 하락 추세를 이어갔다.

## 골든크로스의 진성과 가성 판별법

앞에서 골든크로스는 중단기 이동평균선이 중장기 이동평균선을 상향 돌파하는 것을 말하며, 골든크로스 발생 시 적극 매수 시점이라고 했다. 하지만 실전 투자에서는 골든크로스 발생 시마다 매수에 가담한다면 성공보다는 실패하는 경우가 많을 것이다. 왜일까?

골든크로스에도 진짜와 가짜가 있기 때문이다. 즉 의미 있는 골든크로스와 그렇지 않은 골든크로스가 있다는 얘기다. 따라서 골든크로스가 발생하기 전에 그동안 주가의 움직임과 전체적인 흐름을 꼭 체크해야 가짜 골든크로스에 현혹되지 않는다.

신뢰할 수 있는 골든크로스는 단기 이동평균선(5일선)이 중기 이동평균선(20일선)을 돌파하기 위해 최소한 3번 정도의 시도 과정이 있어야 한다. 골든크로스는 오랜 시간 동안 진행된 추세가 전환되는 시점이기 때문에 추세의 성격상 단번에 방향을 바꾼다는 것이 쉽지 않기 때문이다.

수많은 개인 투자자가 골든크로스만 보고 매수에 가담하곤 하는데, 돌파 시도가 3번 이상 진행되지 않았다면 이동평균선의 강한 저항력으로 주가가 다시 하락할 수 있기 때문에 번번이 고배를 마시게 된다.

그렇다면 왜 3차례의 시도여야 하는 걸까?

'3'이라는 숫자는 우리나라는 물론, 동양권에서 사람들의 심리를 변화시키는 데 의미 있는 숫자다. 주식시장 역시 심리적인 영향을 매우 많이 받는 곳이므로 3번 정도의 시도가 있었다면 대다수가 돌파에 대한 기대감을 갖게 되기 때문이다. 흔히 보는 일목균형표와 사께다 전법 등에서 3이라는 숫자에 의미를 두는 이유도 마찬가지다.

### 사례 1. LG

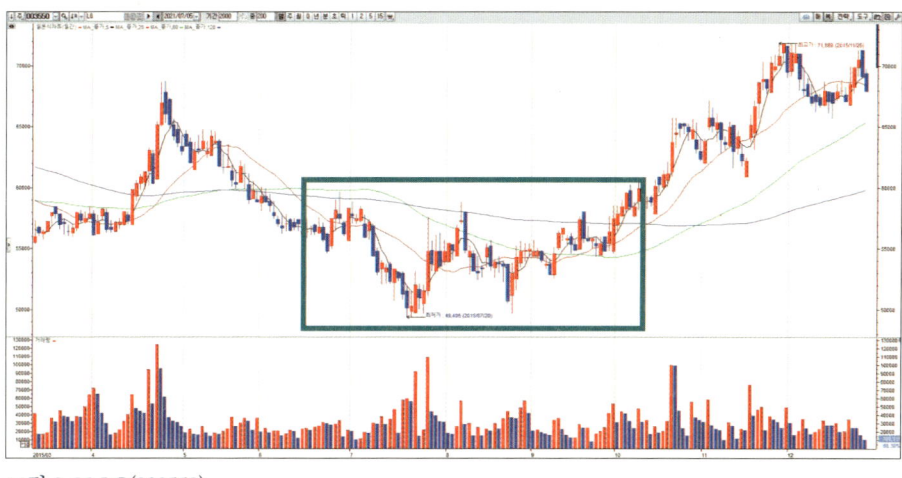

그림 3-22 LG(003550)

120일선의 저항력으로 추가 상승 시마다 매물 압박으로 밀리는 모습을 보이고 있다. 그러다 결국 3전4기로 돌파한 이후 강한 상승세를 보이는 모습이다.

## 사례 2. 메리츠화재

그림 3-23 메리츠화재(000060)

수급선인 60일선의 저항력으로 주가는 4개월 가까이 제자리걸음을 하였으나, 이후 4번째 시도에서 60일선을 돌파하며 급 상승세를 기록하였다.

# 4장

## 거래량은 주가에 앞선다

# 01 거래량은 속일 수 없다

거래량이란 주식 매매의 결과로 만들어지며 돈의 유입 여부를 분석하는 데 가장 중요한 요소다. 주가는 속일 수 있으나 거래량은 속일 수 없다는 말이 있듯이 거래량을 분석함으로써 선도세력의 움직임과 향후 주가 흐름을 예측할 수 있다. 거래량은 주가보다 한발 빠르게 움직이므로 거래량 분석은 기술적 분석에서 빼놓을 수 없는 부분이다.

거래량과 수급, 주가의 관계를 설명하기 전에 예전에 MBC에서 방영된 〈상도〉라는 드라마를 예로 잠깐 들어보겠다. 한 상인이 추석 때 쓸 제수 중 특정 물품을 시장에서 몽땅 사들여 놓고 기다렸다가 추석이 가까워오면서 품귀 현상으로 가격이 상승했을 때 되파는 것을 보았다. 이런 예는 흔히 볼 수 있는데, 바로 상품의 가격은 수급에 의해 결정된다는 것을 얘기하고 싶어서다.

주식도 수급의 논리에 의해 가격이 결정되는 대표적인 상품 중 하나라고 할 수 있다. 매수하려는 투자자가 많으면 주가는 상승할 것이고, 매도하려는 투자자가 많으면 주가는 하락하게 되는 것이다.

그리고 공방이 치열할수록 거래량은 증가하게 된다. 즉 하락이든 상승이든 거래량이 증가한다는 것은 매매하는 주체가 많다는 의미다.

참고로 거래량의 많고 적음은 종목 간 단순 비교는 의미가 없고, 해당 종목의 기존 거래량과 비교할 때만 유의미하다.

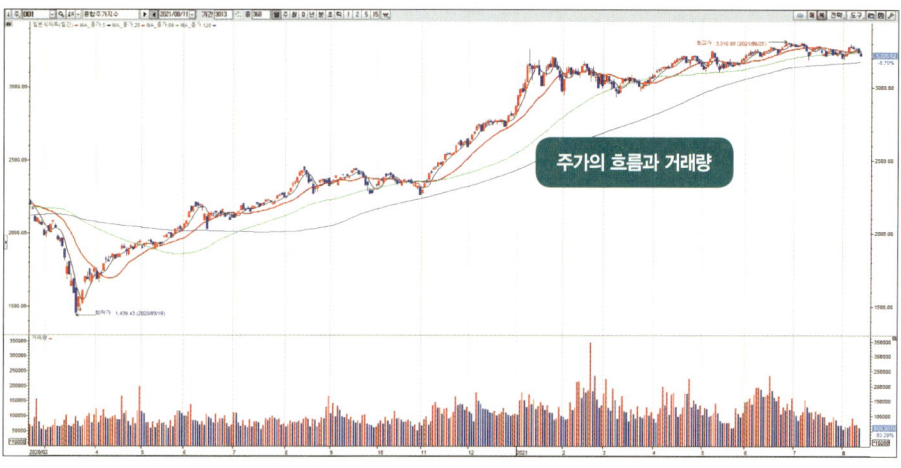

그림 4-1 종합주가지수

# 02 분산된 물량과 매집된 물량은 힘이 다르다

주가는 상품과 같은 속성을 지니고 있어 개인들이 많은 수량을 골고루 보유하고 있다면 상승하기 어렵다. 여러 개인이 보유하고 있다는 것은 언제든지 매물로 나올 수가 있어서 매수하려는 사람들이 낮은 가격에 쉽게 매수할 수 있기 때문이다. 바로 앞의 예에서도 보았던 것처럼 상품을 쉽게 구하지 못할 때 가격이 상승하는 것이다.

개인들이 골고루 분포되어 상승의 힘을 갖지 못하는 주식은 오랜 시간 하락 추세를 이어가며, 하락이 진정되고도 한참 동안 바닥을 다지며 횡보한다. 개인들은 이 기간 동안 매도하는 경우가 대부분이고, 이때 나오는 물량을 선도세력이 거둬들인다. 그리고 어느 정도의 물량이 매집되면 본격적으로 상승을 시작한다.

현명한 투자자라면 물량 매집이 끝나는 시기에 분할 매수할 것이다. 그렇다면 매집이 끝나고 상승이 임박했음을 어떻게 알 수 있을까? 가장 정확하면서도 숨길 수 없는 지표가 바로 거래량이다. 오랜 하락과 횡보를 거치면서 거래량이 줄었던 주식이 서서히 거래량이 늘기 시작했다면 관심 있게 지켜봐야 한다.

# 03 거래량으로 세력의 행보를 읽는다

거래량은 주가의 그림자이자 매수세와 매도세의 공방에 의해 나타나는 결과이다. 큰 시세를 보인 주식의 이면에는 주도세력들의 대량 매집 과정이 있었으며, 큰 폭의 하락세를 보인 주식의 이면에는 주도세력의 물량 털기 과정이 있다.

초보자는 거래량의 중요성을 잘 모르기 때문에 주가에만 신경을 쓰지만, 경험 많은 전문 투자자일수록 주가보다 거래량을 더 중요하게 생각한다. 주가는 단기적으로 비정상적으로 상승시키거나 하락시킬 수 있기 때문에 분석하는 데 어려움이 있지만 거래량은 매매 결과로 나타나는 산출물이므로 보다 정확하게 분석할 수 있다.

> **Key point** 거래량을 통해 매집의 흔적을 찾을 수 있으며, 세력의 진입과 이탈 시점을 감지할 수 있으므로 세력에게 대항하기 위해서는 거래량 분석이 필수적이다.

# 04 거래량은 주가 위치에 따라 다르게 해석된다

거래량이 증가하면 주가도 상승하고, 거래량이 감소하면 주가도 하락하는 것이 일반적인 현상이다. 하지만 여기서 반드시 짚고 넘어가야 할 것이 있다. 거래량은 주가의 위치에 따라 다르게 해석되므로, 거래량 분석은 반드시 주가의 위치와 함께 이뤄져야 한다는 것이다.

대량 거래를 예로 들어보겠다. 바닥권에서의 대량 거래는 주가 상승의 신호로 볼 수 있지만, 고가권에서의 대량 거래는 시세의 마무리 단계로 주가 하락의 신호로 해석된다. 이러한 이유 때문에 주가의 위치를 보지 않고 거래량만을 말하는 것은 아무 의미가 없다.

> **Key point**
> - 주가 바닥권에서 거래량 증가 → 조만간 주가가 오를 것을 예고한다.
> - 주가 고가권에서 거래량 증가 → 조만간 주가가 하락할 것을 예고한다.
>
> 주가가 크게 오른 상태에서 거래량이 증가한다는 것은 차익매물이 쏟아져 나온다는 의미로, 조만간 하락하게 될 것을 암시한다. 반대로 주가가 바닥권에서 거래량이 크게 증가한다는 것은 곧 주가가 상승하리라는 것을 말해주는 것이다. 기본적으로 이 두 가지 개념을 기억하고 있으면 거래량 해석의 첫발을 내디딘 셈이다.

# 05 거래량에도 사이클이 있다

거래량과 주가는 서로 깊은 연관을 가지고 움직이는데, 일반적으로 다음과 같은 사이클을 따른다.

**거래량 바닥(주가 바닥) → 거래량 증가(주가 상승) → 거래량 폭증(주가 상투) → 거래량 감소(주가 하락) → 거래량 바닥(주가 바닥)**

이와 같이 거래량이 증가하면 주가가 상승하고, 거래량이 감소하면 주가가 하락하는 것이 일반적인 흐름이다. 그런데 이에 어긋나는 흐름이 포착된다면 그 예외적인 상황을 분석하는 것이 주식투자에서 수익을 창출하는 방법이다.

주가가 상승하는데도 거래량이 증가하지 않는다거나, 주가가 하락하고 있는데도 거래량이 더 이상 줄지 않는다면 조만간 새로운 방향으로 주가가 움직일 것이라는 신호로 해석할 수 있다. 그러나 거래량 해석은 현재 주가의 위치에 따라 달라진다는 사실을 다시 한번 명확히 이해하기 바란다.

# 06 거래량 해석과 투자자 대응 전략

거래량은 세력의 진입과 이탈을 알려주는 신호라고 했다. 즉 거래량을 알면 세력의 흐름을 알 수 있다는 말이다. 흔히 세력들의 움직임이 난해해서 이를 블랙박스와 같다고 말한다. 하지만 블랙박스는 중요한 정보를 보관하고 있기 때문에 풀어내는 절차가 까다롭다는 것뿐이지 해독이 불가능한 것은 아니다.

거래량과 주가의 관계를 유형별로 분류해 자세히 분석하면서 블랙박스와 같은 세력들의 흐름을 하나씩 살펴보자. 주식에 막 입문한 초보자라 할지라도 쉽게 이해할 수 있도록 각 유형을 표로 정리했다. 이에 대한 이해가 완벽히 이루어진다면 모든 투자자에게 실제적인 도움이 될 것이라고 생각한다.

한 예로 대다수 개인 투자자는 거래량이 감소하면 주가가 하락할 것이라고 너무나 쉽게 단정해버린다. 앞서 얘기한 대로 거래량과 주가의 관계를 보면 거래량이 감소하면서 주가가 하락하는 것은 일반적인 현상이다. 그러나 거래량이 급감하면서 급등하거나 급락하는 경우도 많기 때문에 이러한 부분을 자세히 알아두기 바란다.

## 거래량에 따른 일반적인 대응 전략

| 거래량 | 주가 | 세부 주가 | 대응 전략 |
| --- | --- | --- | --- |
| 거래량 감소 | 상승 | 급등 | 보유 |
| | | 점진 상승 | 보유 |
| | 하락 | 급락 | 매도 |
| | | 점진 하락 | 매도 |
| | 횡보 | 바닥권 | 분할 매수 |
| | | 고가권 | 매도 준비 |
| 거래량 증가 | 상승 | 급등 | 보유 |
| | | 점진 상승 | 보유 |
| | 하락 | 급락 | 매도 |
| | | 점진 하락 | 매도 |
| | 횡보 | 바닥권 | 적극 매수 |
| | | 고가권 | 매도 준비 |

## 거래량 유형별 대응 전략

### 거래량 감소 → 주가 상승 → 급등

선도세력들이 물량 매집을 끝낸 후 주가를 띄우는 경우에 많이 발생한다. 장대음봉이 발생하거나 거래량이 분출되기 전까지 주가가 상승한다. 따라서 거래량을 동반한 장대음봉이 발생하기 전까지는 지속적으로 보유하는 전략으로 임한다. 그렇지만 거래량이 급등하며 음봉이 발생하는 것은 강력한 매도 신호로, 주가가 상투권에 도달했다는 것을 의미하므로 반드시 매도한 후 하락세가 멈추는 새로운 지지선이 나타나기 전까지는 관망해야 한다.

추가 하락세를 멈추는 지지선 근처에서만 재매수하는 것이 안전한 투자이며, 수익률을 높일 수 있는 매매 전략이다.

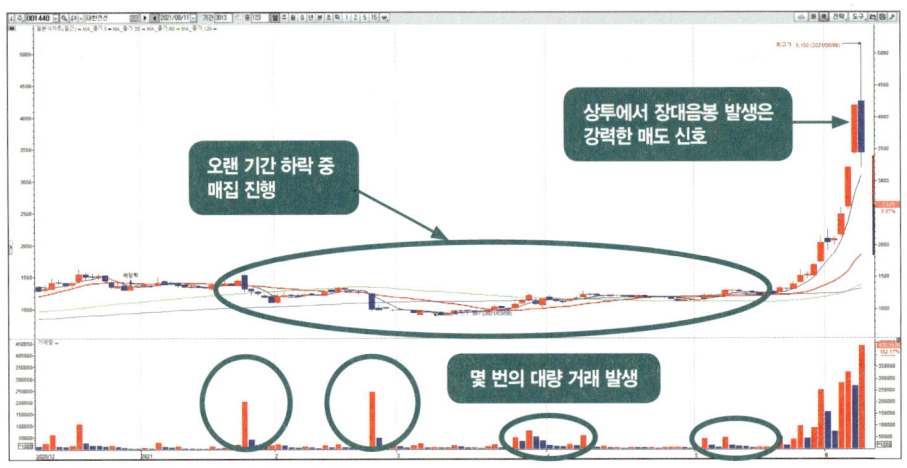

그림 4-2 대한전선(001440)

거래량은 감소하고 있으나 주가는 고점을 높이며 점진적으로 상승하다가 대량 거래 발생과 함께 급등한다.

### 거래량 감소 → 주가 상승 → 점진 상승

선도세력들이 물량을 매집 중인 경우가 많다. 거래량이 줄면 주가가 하락하는 것이 일반적인데, 이 경우는 반대이므로 몇몇 선도세력이 물량을 가지고 있지 않다면 나올 수 없는 비정상적인 차트다. 이러한 경우도 거래량이 급증하면서 하락 추세로 반전되기 전까지는 보유하는 전략이 좋다.

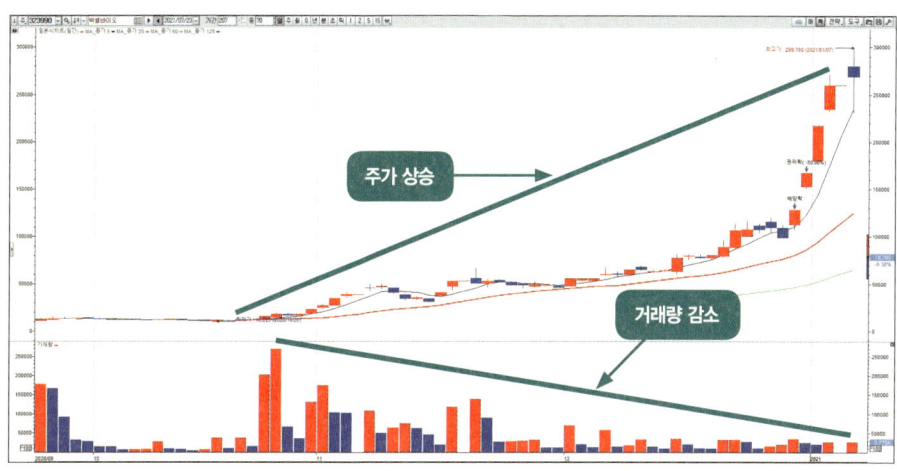

그림 4-3 박셀바이오(323990)

거래량이 감소하면서 주가가 점진적으로 상승하는 종목은 추세를 훼손하기 전까지 계속 보유해야 한다.

**거래량 감소 → 주가 하락 → 급락**

이와 같은 경우는 주가가 급상승한 후 거래량 폭증과 함께 급락 중이거나 회사의 악재가 노출되어 일부 세력이 이탈할 때 발생한다. 이렇게 급락하는 경우는 적극 매도하여 손실을 최소화해야 한다.

〈그림 4-4〉를 보면 2개월여 동안의 단기 급등 후 장대음봉과 함께 급락하는 모습이다. 거래량이 점진적으로 감소하면서 급락하는 모습을 보이면 빨리 매도하고 빠져나와야 한다.

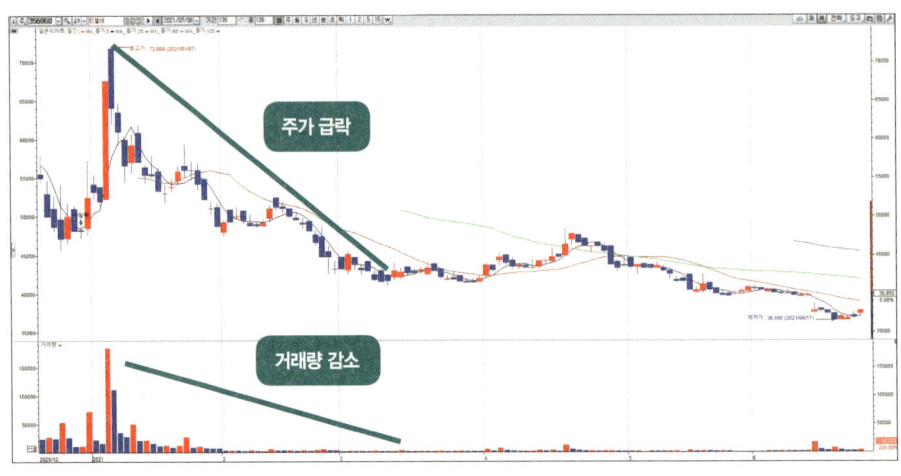

그림 4-4 티엘비(356860)

## 거래량 감소 → 주가 하락 → 점진 하락

하락 추세일 때 적은 거래량으로 주가가 일시적으로 상승하는 것은 기술적 반등인 경우가 많다. 좀 더 관찰하고 매매하는 것이 좋다.

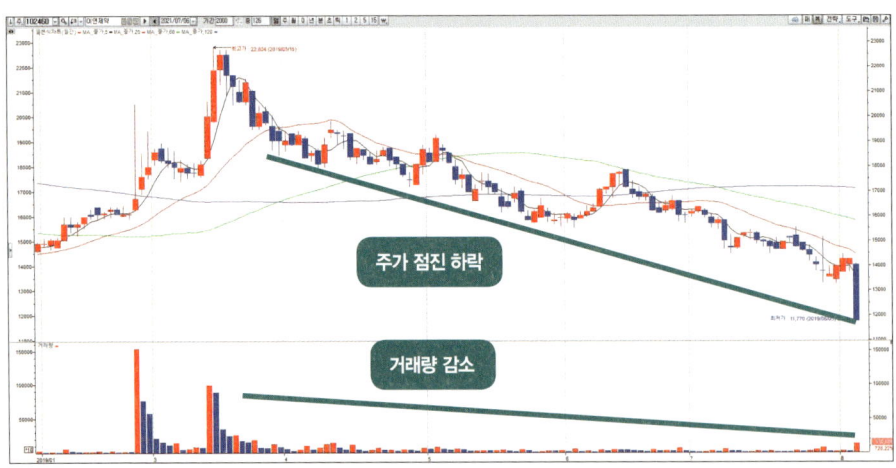

그림 4-5 이연제약(102460)

〈그림 4-5〉를 보면 2019년 3월 고점을 찍고 계속해서 하락하고 있다. 상승 추세에서 보여주었던 거래량에 비해 하락 추세에서는 거래량이 현저히 줄었다. 중간에 짧은 반등 기간이 있었지만 큰 거래량 증가가 없는 주가의 상승은 기술적 반등에 그치는 경우가 많다.

### 거래량 감소 → 주가 횡보 → 바닥권

고점 대비 많이 하락한 상태에서 주가가 더 이상 하락하지 않는 경우라면 바닥 신호로 해석될 수 있다. 이런 경우에는 분할 매수해야 한다. 거래량이 증가하면 적극 매수한다.

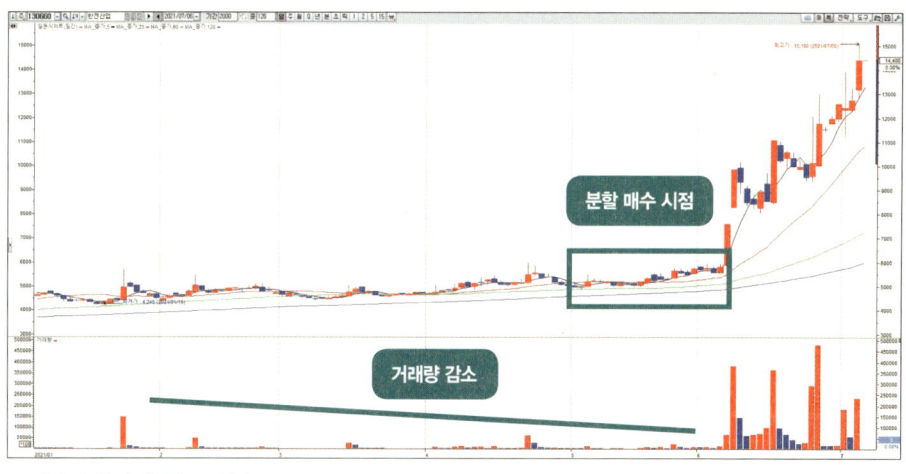

그림 4-6 한전산업(130660)

2020년 11월부터 약 7개월 동안 5,000원대를 저점으로 한 전형적인 박스권 장세로 거래량 없이 횡보하다가 2021년 6월 많은 거래량을 수반하며 초급등세를 기록했다. 이처럼 장기 하락 후 더 이상 크게 하락하지 않으며 바닥을 다지는 경우 급등할 가능성이 크다.

이런 종목은 인내심을 가지고 분할 매수로 대응한다면 큰 수익을 얻을 수 있을 것이다.

## 거래량 감소 → 주가 횡보 → 고가권

주가가 고점에서 횡보하고 있는 경우 거래량이 감소하면 하락이 임박했다는 신호로 볼 수 있기 때문에 매도로 대응하는 전략이 필요하다.

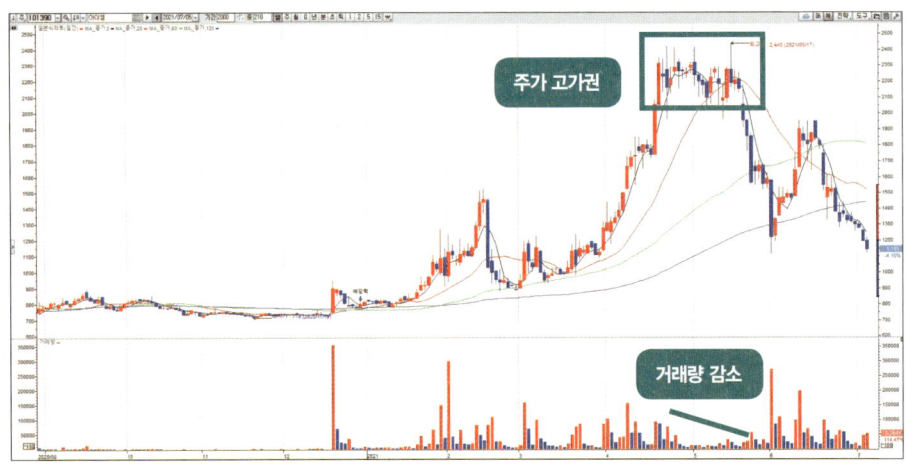

그림 4-7 아이엠(101390)

2021년 4월부터 5월까지 약 1개월 정도 고가권에서 거래량 없이 횡보하고 있다. 이 기간 동안 세력들은 고가권에서 꾸준히 물량을 정리했으며, 어느 정도 물량이 정리된 다음에는 주가가 급락했다.

만약 바닥권에서 거래가 점진적으로 증가하면서 주가가 상승하고 있다면 적극적인 매수 신호로 해석되었을 것이다. 주가 바닥권에서 거래량이 급증한다는 것은 조만간 상승으로 전환된다는 신호이기 때문이다.

그러나 〈그림 4-7〉 차트에서 보듯 저점에서부터 많이 상승한 경우라면 거래량의 움직임에 더욱 세밀한 관찰이 필요하다. 고가권에서 주가가 횡보하며 거래량이 감소한다면 상투가 임박했다는 신호로 해석되므로 매도 관점으로 접근해야 한다.

**거래량 증가 → 주가 상승 → 급등**

거래량이 증가하면서 급등 중일 경우는 활발한 손바뀜이 이루어지면서 상승한다고 할 수 있다. 이러한 경우는 추세가 이탈되기 전까지 보유하는 것이 좋으나, 점진적으로 주가가 상승하는 것에 비해 위험성이 상존한다고 할 수 있다.

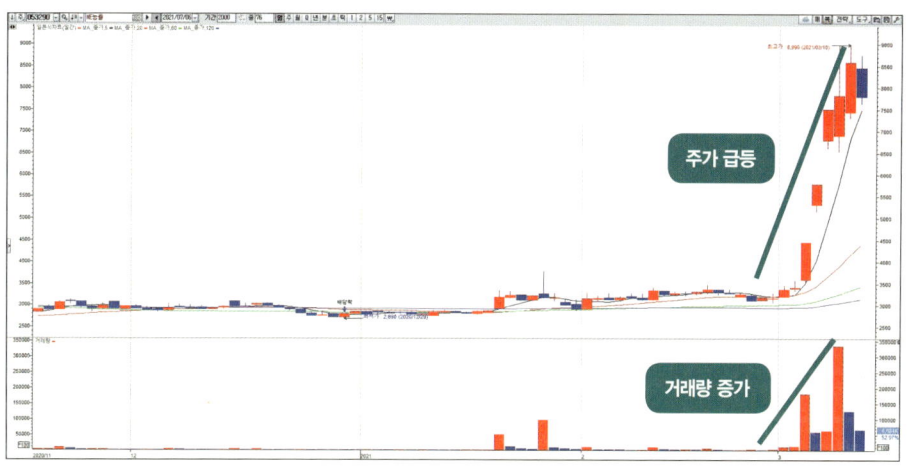

그림 4-8 NE능률(053290)

주가가 바닥에서 횡보하다가 거래량이 증가하며 상승한다. 이후 대량 거래 발생과 함께 2차 급상승하는 모습을 연출한다. 손바뀜이 활발히 일어나면서 상승하는 사례라 할 수 있다.

## 거래량 증가 → 주가 상승 → 점진 상승

거래량이 증가하면서 점진적으로 상승하는 것은 안정적인 상승으로 볼 수 있다.

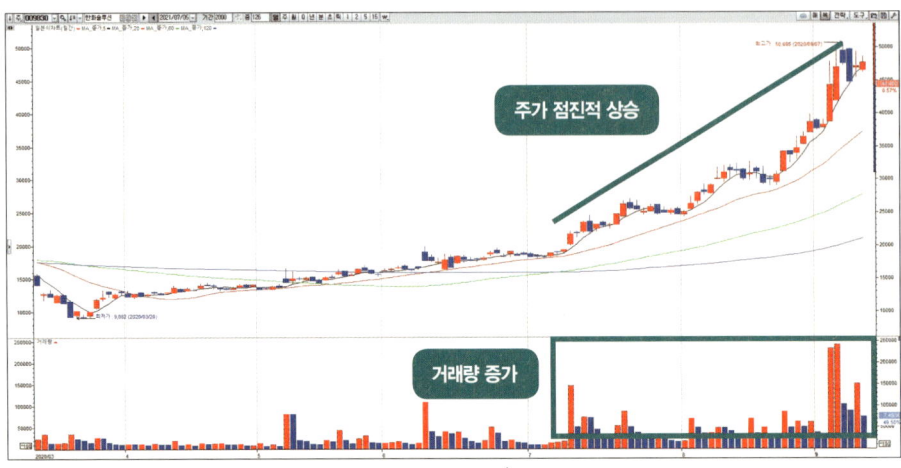

그림 4-9 한화솔루션(009830)

거래량이 증가하면서 주가가 점진적으로 상승하며 이동평균선이 정배열로 전환되고 있다. 이와 같은 경우는 손바뀜이 활발히 이루어지면서 상승하는 일반적인 흐름으로 급락 가능성이 적다. 이런 종목은 상승 추세권을 이탈하지 않을 때까지 계속 보유하는 전략이 필요하다.

## 거래량 증가 → 주가 하락 → 급락

일시적인 악재에 의해 거래량이 급증하면서 주가가 급락하는 경우가 있다. 일반적으로 이런 경우는 일시 급락 후 재반등하는 경우가 많으므로 급락 초기에는 매도 관점으로 접근하고, 급락 말기에는 매수 관점으로 대응해야 한다.

그림 4-10 진바이오텍(086060)

고점에서 거래량이 증가하며 주가가 급락한다. 급락이 시작되면 서둘러 매도해야 하지만, 하락이 멈추는 시점에서는 지지점을 확인한 후 매수 관점으로 접근한다.

### 거래량 증가 → 주가 하락 → 점진 하락

거래량이 증가하면서 주가가 지속적으로 하락하고 있다면 선도세력들이 물량을 정리하는 경우와 회사에 큰 문제가 발생하여 이러한 사실을 알고 있는 일부 세력이 매도세로 나선 경우로 볼 수 있다.

이러한 경우는 위험이 크다고 할 수 있다. 하지만 주가가 상승 추세에 있을 때 적은 거래량으로 주가가 일시적으로 하락하는 것은 단기 조정이므로 좀 더 보유하는 것이 좋다.

〈그림 4-11〉 차트를 보면 거래량 증가와 함께 주가가 하락하는 모습을 보여주고 있다. 이처럼 거래량이 증가하고 있으나 주가가 점진적으로 하락하는 것은 선도세력들이 물량을 정리하는 경우이므로 보유 주식을 정리해야 한다.

그림 4-11 코너스톤네트웍스(033110)

## 거래량 증가 → 주가 횡보 → 바닥권

거래량이 증가하고 있는데도 주가가 횡보하고 있다면 조만간 주가의 방향이 결정될 것이다. 주가가 바닥권이라면 상승으로 전환될 확률이 높기 때문에 적극적인 매수 관점이 필요하다.

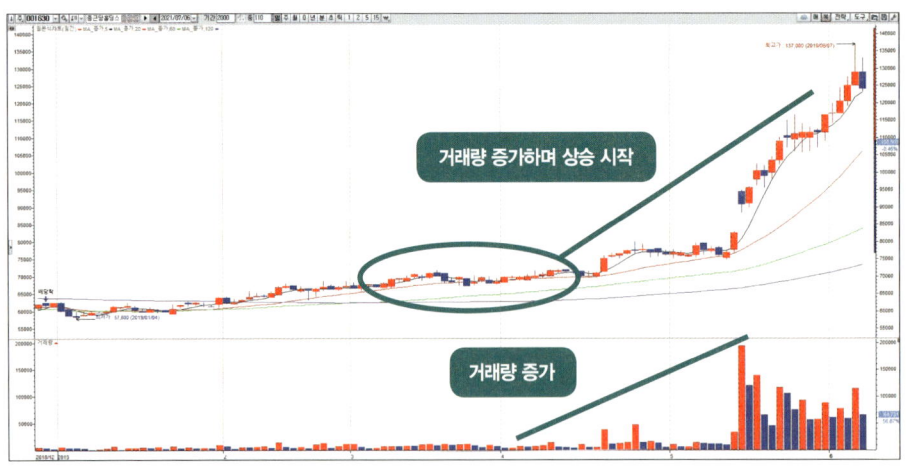

그림 4-12 종근당홀딩스(001630)

〈그림 4-12〉 종근당홀딩스 차트를 보면 주가가 바닥권에서 횡보하다가 거래량이 증가하고 있다. 이러한 모습은 주가 상승을 견인할 가능성이 크기 때문에 적극적인 매수 관점이 필요하다.

## 거래량 증가 → 주가 횡보 → 고가권

거래량이 증가하면서 하락하는 경우다. 주가가 횡보하며 거래량이 증가하는 현상은 곧 방향성이 결정될 것을 암시하는데, 주가의 위치가 고가권이라면 에너지 소진으로 하락으로 전환될 확률이 높다.

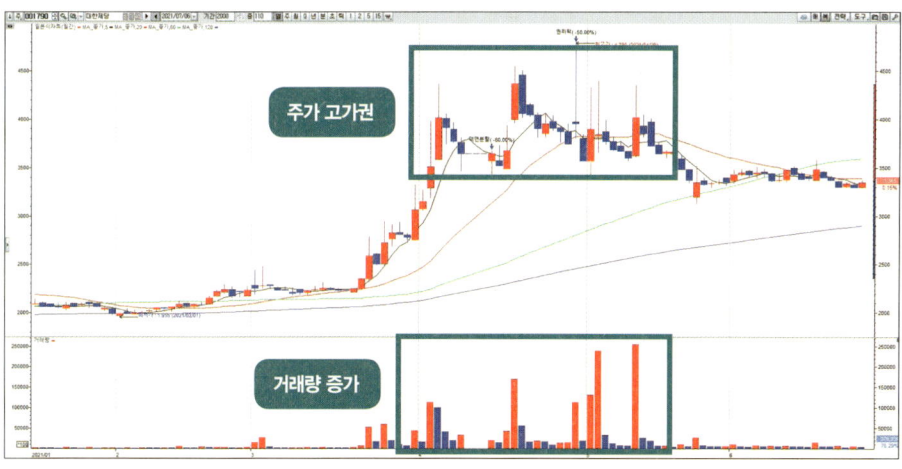

그림 4-13 대한제당(001790)

1차 급등 후 거래량이 증가하며 횡보하고 있다. 이 경우에는 추세선을 하향 이탈하는 시점에서 매도한 후 새로운 지지선을 형성할 때까지 재매수 시점을 늦춰야 한다.

# 실전 매매 테크닉

## 매수 급소

### 거래량 증가 → 주가 횡보 → 바닥권: 적극 매수

바닥권에서 거래량이 증가하는 모습을 보일 때는 적극 매수한다.

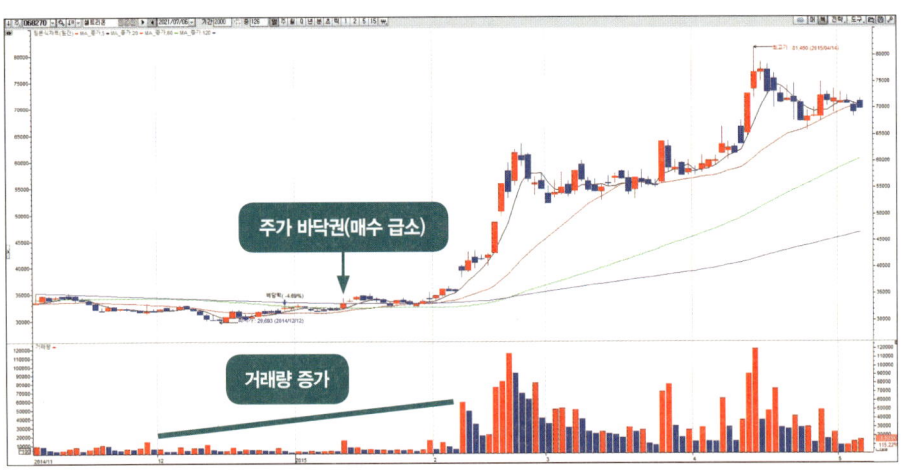

그림 4-14 셀트리온(068270)

　　주가가 바닥권에서 거래 없이 횡보하다가 거래량이 갑자기 증가하며 주가가 급등하는 모습을 볼 수 있다. 이렇게 거래량이 감소한 상태로 바닥에서 횡보하는 주식은 적극 매수해야 한다.

## 매도 급소

적극적으로 매도해야 할 유형이 몇 가지 있다. 그중 첫 번째는 주가가 갑자기 급락하는 경우이고, 두 번째는 거래량이 감소하면서 하락하는 경우이다. 두 가지 모두 적극 매도한 후 관망해야 한다.

### 거래량 증가 → 주가 하락 → 급락: 적극 매도

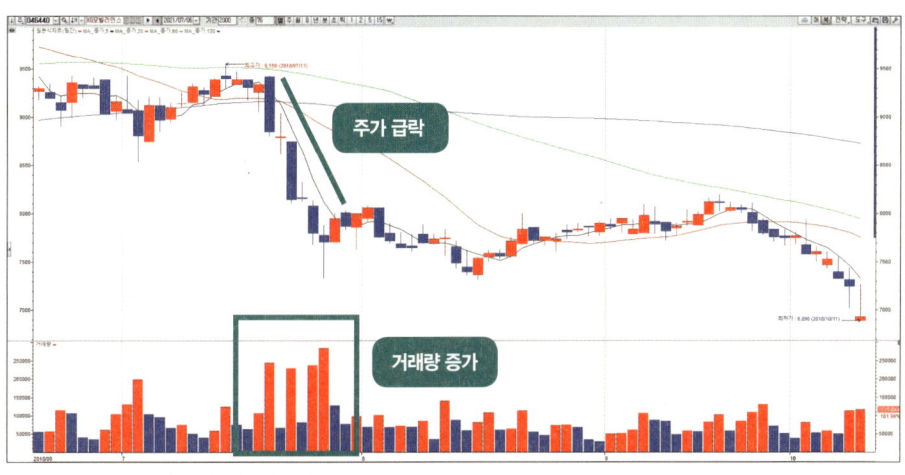

그림 4-15 KG모빌리언스(046440)

주가 고점에서 거래량이 증가하고 장대음봉이 나타나면서 하락 전환하는 모습을 볼 수 있다. 이런 종목을 보유한 투자자는 무조건 매도하여 추가 손실을 최소화해야 한다.

## 거래량 감소 → 주가 하락 → 점진 하락: 적극 매도

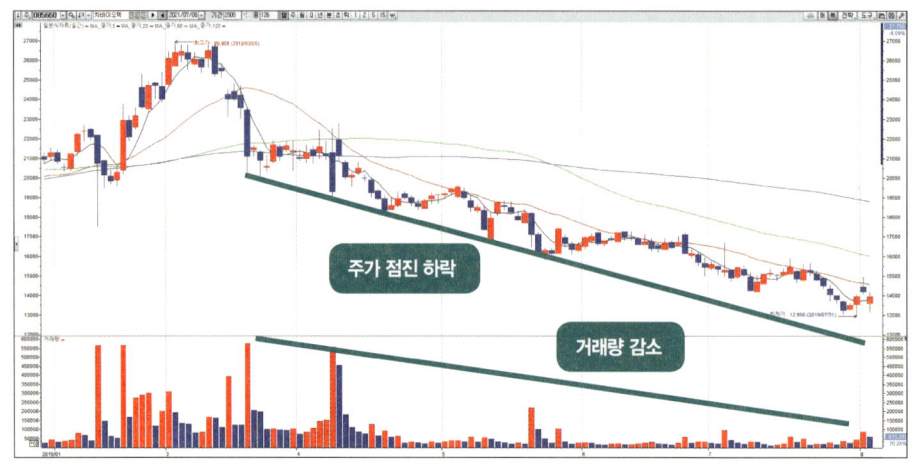

그림 4-16 차바이오텍(085660)

    주가가 고가권에 위치해 있을 때 거래량이 줄어들고 이동평균선들을 이탈하며 점진적으로 하락하는 모습이다. 거래량이 감소하면서 주가가 하락할 때는 무조건 매도하고 빠져나와야 한다.

# 5장

## 보조지표 100% 활용법

# 보조지표와 매매 포인트

보조지표는 이동평균선, 거래량, 캔들 등 주요 지표에 따라 매매 전략을 수립할 때 신뢰도를 높이기 위해 활용한다. 주요 지표의 분석 결과를 추가적으로 검증하거나 애매한 구간의 판단을 도와 매매 포인트를 확인하는 데 유용하다.

효율적인 보조지표 사용을 위해서는 많은 보조지표를 모두 아는 것이 중요한 게 아니라 자신의 투자 성향에 맞는 지표를 찾아 확실하게 내 것으로 만드는 것이 중요하다. 실전 매매에서 많은 전문 투자자도 보조지표를 활용하고 있는데, 모두 자신이 가장 선호하는 지표를 몇 가지로 압축하고 있다.

이제부터 각 보조지표들을 설명하고자 한다. 산출 공식도 자세히 설명하겠지만, 이 부분은 어떤 과정을 거쳐 이런 결과가 나오는지를 이해하는 정도로 그치고, 그보다는 각 지표의 개념과 활용 방법에 중점을 두고 익혀나가길 바란다.

# 02 이동평균선 관련 보조지표

## 스토캐스틱

### 개요

주어진 기간 중에 움직인 가격 범위에서 현재 가격이 어디에 위치하고 있는지를 알려주는 지표다. 상승 추세에서는 스토캐스틱의 값이 상한선인 100에 가까워질수록 과매수권에 진입하고 있다는 것을 알려주고, 하락 추세에서는 스토캐스틱의 값이 하한선인 0에 가까워질수록 과매도권에 진입하고 있음을 알려준다.

### 산출 공식

스토캐스틱은 %K선과 %D선으로 구성되는데 계산 방법은 다음과 같다.

- %K = $\dfrac{\text{현재가} - \text{n기간 중 최저가}}{\text{n기간 중 최고가} - \text{n기간 중 최저가}} \times 100$

- %D = %K의 n일 이동평균 값

⟨변숫값 설정 방법⟩

- 변숫값: 기간(n), %D 값 계산을 위한 기간 값
- %K: 현재 주가를 나타내는 지표로써 5일을 가장 많이 사용
- %D: %K를 n기간 동안 이동평균한 값으로 n의 값은 3을 가장 많이 사용

*변숫값은 스토캐스틱(N, M, L)에서 기간 설정값으로써 보편적으로 단기 관점(5, 3, 3), 중기 관점(12, 6, 6), 장기 관점(20, 12, 12)의 값을 설정할 수 있다.

## 활용 방법

### 과매수·과매도 판단에 의한 매매 전략 설정

앞서도 언급했듯이 스토캐스틱은 100과 0 사이에서 움직인다. 최고치인 100에 가까워질수록 다시 0의 방향으로 회귀할 가능성이 크기 때문에 이를 과매수권이라고 한다. 반대로 0에 가까워질수록 다시 100의 방향으로 전환될 가능성이 크기 때문에 과매도권이라고 한다.

시장에서는 일반적으로 스토캐스틱이 80 이상이면 과매수권에 진입한 것으로 보아 매도 관점으로 접근하고, 20 이하면 과매도권 진입 신호로 인식해 매수 관점으로 대응한다. 즉 시장가격이 과매수 상태에 들어서면 하락 반전의 가능성이 커지고, 과매도 상태에 들어서면 상승 전환의 가능성이 커지는 원리를 이용하는 것이다.

그러나 스토캐스틱의 값이 과열권에 들어섰다 해도 반드시 정점 내지 저점을 찍었다고 확신할 수는 없다. 왜냐하면 상승 추세 중에는 계속 과매수권에 있을 수 있고, 하락 추세 중에는 과매도권에 오랫동안 있을 수 있기 때문이다.

따라서 본격적인 추세 전환을 예측하기 위해서는 과매수권에서는 스토캐스틱이 고점을 하향 이탈하는 흐름인지 확인하고, 과매도권에서는 스토캐스틱이 저점을 상향 돌파하는 흐름인지를 반드시 확인해야 한다.

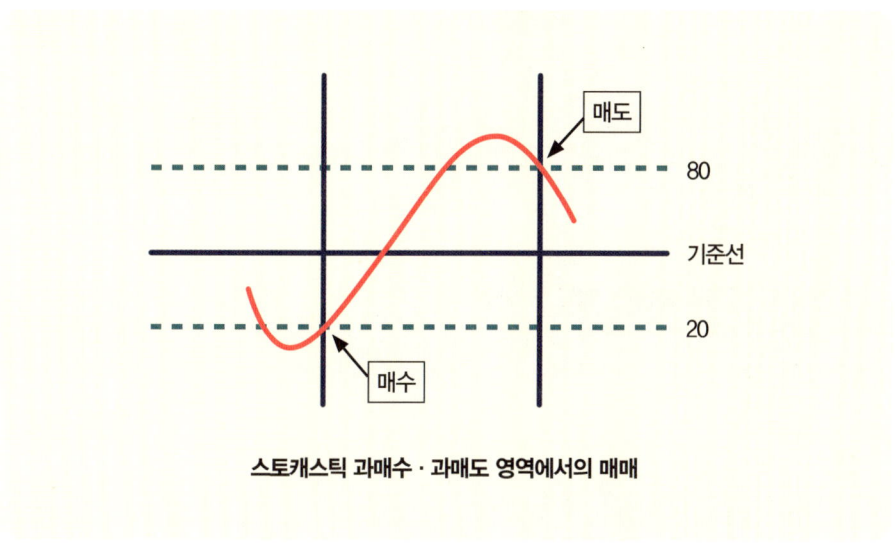

스토캐스틱 과매수 · 과매도 영역에서의 매매

## 사례 1. 과매도권을 활용한 매수 타이밍

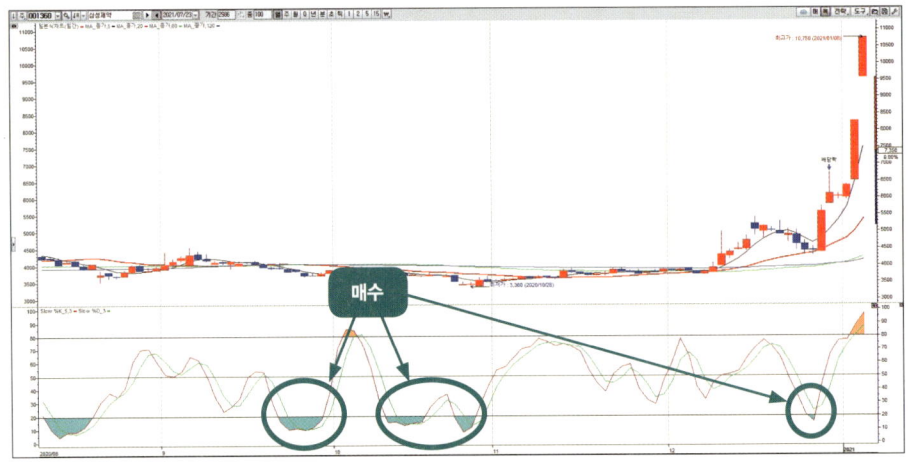

그림 5-1 삼성제약(001360)

## 사례 2. 과매수권을 활용한 매도 타이밍

그림 5-2 이퓨쳐(134060)

**%K선과 %D선의 교차를 활용한 매매 전략 설정**

%K선과 %D선의 교차를 이용하는 방법이다. 이것은 두 이동평균선의 교차를 매수·매도 타이밍의 설정에 활용하는 것인데, 앞에서 이동평균선의 교차에서 설명한 것과 유사한 맥락이다.

%K선이 %D선을 상향 돌파할 때를 매수 타이밍, %K선이 %D선을 하향 이탈할 때를 매도 타이밍이라 한다. 그러나 추세 중일 때는 빈번한 매매 신호를 유발할 수 있고, 속임형 매매로 인해 손실을 볼 가능성도 있다.

때문에 80 이상의 과매수권에서 %K선이 %D선을 하향 이탈할 때 매도하고, 20 이하의 과매도권에서 %K선이 %D선을 상향 돌파할 때 매수하는 보다 안전한 보완 전략을 구사하는 것이 바람직하다.

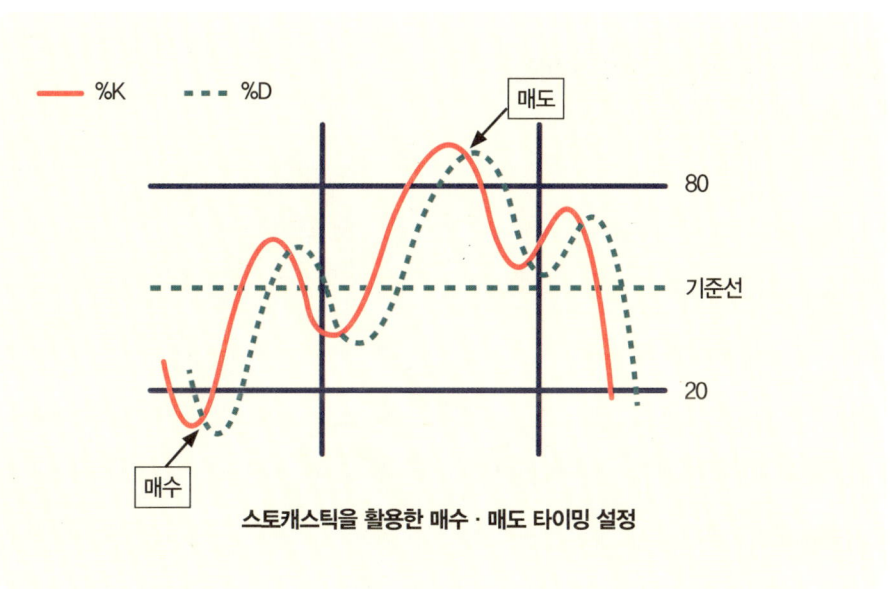

**스토캐스틱을 활용한 매수 · 매도 타이밍 설정**

## 사례 1. 교차를 활용한 매수 타이밍

그림 5-3 티에이치엔(019180)

## 사례 2. 교차를 활용한 매도 타이밍

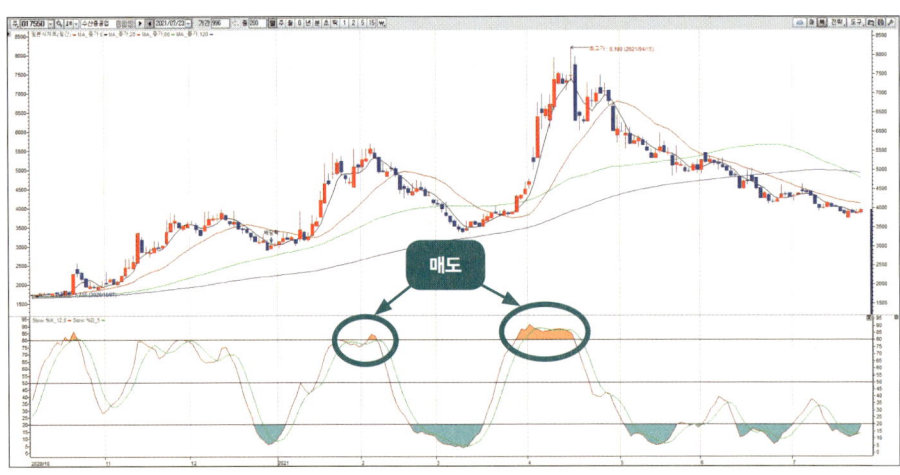

그림 5-4 수산중공업(005930)

# MACD

### 개요

MACD<sub>Moving Average Convergence & Divergence</sub>는 이동평균선을 활용하여 주가의 추세를 나타내는 보조지표다. 이 지표는 장기 이동평균선과 단기 이동평균선이 서로 멀어지면<sub>Divergence</sub> 결국 다시 가까워진다<sub>Convergence</sub>는 성질을 이용해 두 이동평균선이 가장 멀어지는 시점을 찾는 것이다.

### 산출 공식

MACD는 두 개의 선으로 구성되어 있다. 하나는 단기 이동평균선과 장기 이동평균선의 차이 값을 나타내는 MACD 선이고, 다른 하나는 MACD 선을 다시 이동평균한 시그널 선이다.

- MACD 선 = 단기 지수 이동평균 − 장기 지수 이동평균
- 시그널 선 = n일 MACD 지수 이동평균

### 활용 방법

일반적으로 MACD는 12일 이동평균선에서 26일 이동평균선을 뺀 값으로 산출되며 시그널은 9일의 MACD 지수 이동평균을 사용한다. MACD를 이용한 매매 시점은 다음과 같이 설정할 수 있다. MACD 선이 기준선인 '0' 또는 시그널 선을 상향 돌파하면 매수 신호, 하향 돌파하면 매도 신호이다.

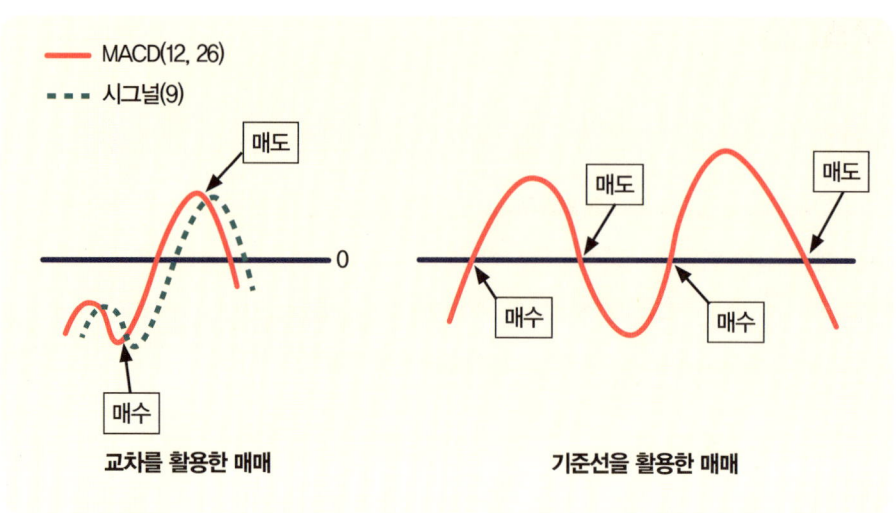

## 사례 1. MACD를 활용한 매도 타이밍

그림 5-5 보성파워텍(006910)

## 사례 2. MACD를 활용한 매수 타이밍

그림 5-6 보성파워텍(006910)

## 사례 3. 기준선을 활용한 매수 타이밍

그림 5-7 삼화전기(009470)

## 사례 4. 기준선을 활용한 매도 타이밍

그림 5-8 대한약품(023910)

# 03 거래량 관련 보조지표

## OBV

**개요**

OBV On Balance Volume 란 주가가 상승한 날의 거래량과 하락한 날의 거래량을 차감하여 만든 지표로 특히 횡보장에서 유용하다. OBV 값은 주가가 상승 추세에 있으면 상승일 거래량의 합이 하락일 거래량의 합보다 많기 때문에 증가하고, 주가가 하락 추세에 있으면 하락일 거래량의 합이 상승일 거래량의 합보다 많기 때문에 감소한다.

상승하는 경우를 주가가 'Up'한다는 의미로 'U' 마크로 나타내고, 하락하는 경우에는 주가가 'Down'한다는 의미로 'D' 마크로 표시한다.

**활용 방법**

주가가 하락하는데도 불구하고 하락일의 거래량이 적고 반등하는 날의 거래량이 많으면 OBV는 감소하지 않고 오히려 상승한다. 이런 경우 하락 추세가 멈추고 상승 추세로 전환될 가능성이 크다. 반대로 주가가 상승하는데도 불구하고 OBV가 정체되거나 하락한다면 상승 추세가 멈추고 하락으로 전환될 가능성이 크다.

- 주가 하락 시 OBV 상승 또는 횡보: 매수
- 주가 상승 시 OBV 하락 또는 횡보: 매도

그림 5-9 에이스테크(088800)

주가가 하락하고 있는데도 OBV는 크게 줄어들지 않았다. 곧이어 하락이 멈추고 상승으로 전환되었다.

# VR

## 개요

VR<sub>Volume Ratio</sub>은 OBV 선의 결점인 매매 강도를 보완하여 만들어진 지표로 일정 기간(주로 20일) 동안 주가 상승일의 거래량과 하락일의 거래량을 백분율로 나타낸 것이다.

## 산출 공식

$$VR = \frac{(상승일의 거래량 합계 + 변동이 없는 날의 거래량 합계) \times \frac{1}{2}}{(하락일의 거래량 합계 + 변동이 없는 날의 거래량 합계) \times \frac{1}{2}} \times 100$$

## 활용 방법

일반적으로 VR은 150%가 보통 수준이며, 450%를 초과하면 단기적으로 경계 신호가 되고, 70% 이하이면 단기 매입 시점으로 본다.

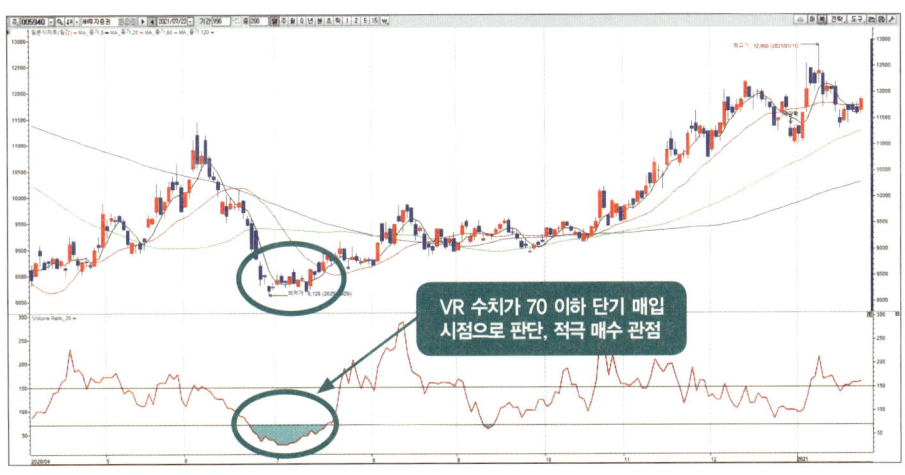

그림 5-10 NH투자증권(005940)

이 지표는 시세의 천장권에서는 일률적으로 적용하기 어렵지만, 바닥권에서 판단하는 데는 신뢰도가 매우 높다고 알려져 있다.

〈그림 5-10〉 NH투자증권의 차트를 보면 VR 지표 값이 70% 이하에서 단기 매입 신호를 나타낸다. 주가는 이 구간에서 하락을 멈추고 상승 전환하는 모습을 보인다.

# 04 가격 관련 보조지표

## 볼린저 밴드

### 개요

주가는 이동평균선을 중심으로 일정한 크기를 가지고 상승과 하락을 반복한다는 것을 전제로 만들어진 지표다. 특히 변동성을 중시하였다는 점에서 추세 파악이 용이하다는 장점을 가지고 있다.

볼린저 밴드는 이동평균선을 중심으로 표준편차 범위에 따라 상단선, 기준선, 하단선으로 구분된다. 상단선은 주가의 이동평균에서 표준편차에 적정배수를 가산한 가격을 말하고, 하단선은 감산한 가격을 말한다.

또한 횡보 구간처럼 방향성이 없을 때는 주가의 등락이 작아 밴드 역시 수축되고, 주가가 상승 또는 하락 국면처럼 뚜렷한 방향성을 갖고 움직일 때는 큰 폭의 변동성이 발생되기 때문에 밴드 역시 확장된다. 따라서 주가가 밴드의 상단선을 돌파하거나 하단선을 이탈하면 새로운 추세 전환을 예고하므로, 볼린저 밴드의 진행 방향에 따라 추세 매매를 해야 한다.

### 산출 공식
- 기준선: 20일 동안의 평균선
- 상단선: 20일 동안의 평균+(20일 동안의 표준편차×2)
- 하단선: 20일 동안의 평균-(20일 동안의 표준편차×2)

### 활용 방법
볼린저밴드는 수축·확장·진입 국면을 반복하며 움직이는 특성을 가지고 있다.

수축 국면이란 주가의 변동성이 작은 상황에서 나타나는 과정으로 조만간 주가가 큰 폭으로 상승 또는 하락할 것을 예고한다.

확장 국면은 보통 수축 이후에 나타나는 과정으로 수축 국면에서 응축한 에너지를 분출하는 시점이다. 즉 횡보 추세 이후 본격적으로 추세 전환을 하는 시점이며, 우상향으로 전환될 경우에는 적극 매수 시점이고, 반면 하락 추세로 전환될 경우에는 적극 매도 시점이 된다.

진입 국면은 확장 국면 이후 나타나는 과정으로 주가와 기준선과의 이격이 커진 상황에서 머지않아 이격이 좁혀질 것을 예고한다. 상승 추세에서는 추가 상승을 위한 숨 고르기 과정으로 볼 수 있고, 하락 추세에서는 단기 기술적인 반등(증시가 하향 추세를 보이고 있는 기간 중에 특별한 호재가 없음에도 나타나는 일시적인 가격 상승)으로 볼 수 있다.

### 사례 1. 밴드 폭을 활용한 매수 타이밍

주가가 밴드 상단선을 돌파할 경우 상승 추세로의 전환 신호로 적극 매수 타이밍이 된다. 만약 확장 국면 이후에 상단선 위에서 음봉이 발생한다면 기준선과의 이격을 좁히는 숨 고르기가 전개될 가능성이 크므로 추격 매수는 자제하고, 기존 보유자는 1차 매도로 대응한다.

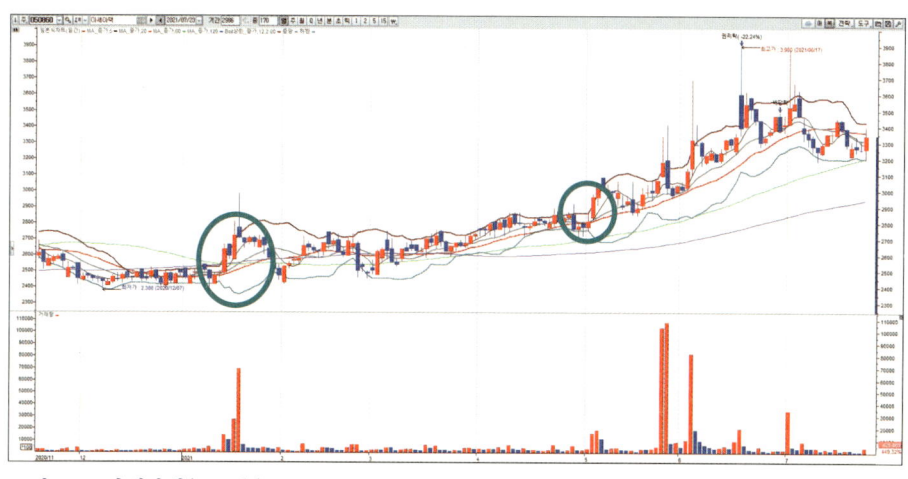

그림 5-11 아세아텍(050860)

주가의 지속적인 횡보세로 볼린저 밴드 역시 수축 국면을 보였으나 양봉으로 밴드 상단을 돌파하는 시점부터 본격적인 상승세로 전환되어 강한 상승 탄력을 보이고 있다.

### 사례 2. 밴드 폭을 활용한 매도 타이밍

주가가 밴드 하단선을 이탈할 경우에는 하락 추세로 전환한다는 신호로, 적극 매도 타이밍이 된다. 또한 확장 국면 이후 하단선 부근에서 양봉이 발생한다면 기준선과의 이격을 좁히는 기술적 반등이 나올 수 있으므로 기존 보유자는 추격매수를 자제하고 기술적인 반등을 이용하여 매도 타이밍을 잡는다.

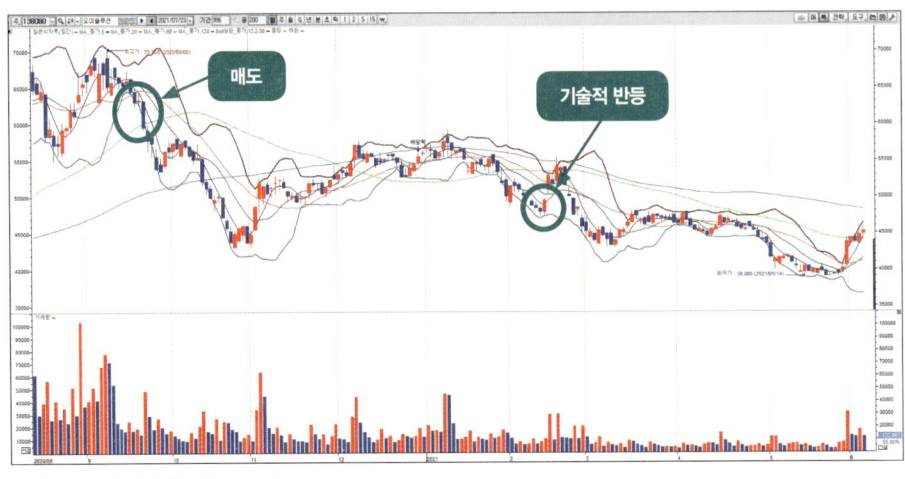

그림 5-12 오이솔루션(138080)

　　지속적인 박스권 장세로 볼린저 밴드 역시 수축 국면을 보였으나 주가가 음봉으로 밴드 하단을 이탈하자 추세 이탈에 따른 차익매물로 연일 하락세를 보이고 있다.

### 사례 3. 기준선을 활용한 매수 타이밍

상승 확장 국면 이후 단기 조정으로 최소한 기준선까지 내려오는 진입 국면을 보이게 된다. 이때 볼린저 밴드가 우상향으로 진행 중이라면 기준선이 20일선으로써 중요한 지지선 역할을 하게 되므로 1차 매수 타이밍이 된다.
　　조정이 깊어 주가가 기준선을 하향 이탈하더라도 하단선이 주가의 추가 하락을 저지하는 강력한 지지 역할을 한다. 하단선을 양봉으로 지지하는 흐름이 나타난다면 2차 매수 타이밍이다.

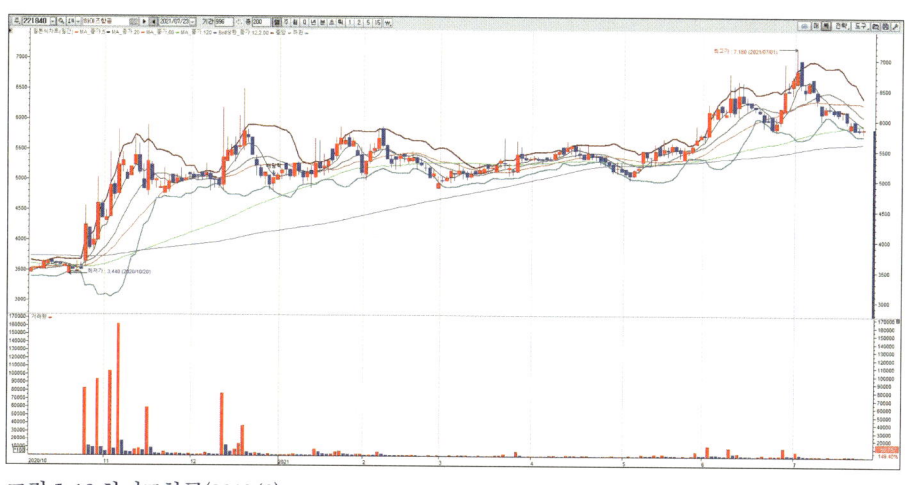

그림 5-13 하이즈항공(221840)

볼린저 밴드가 우상향 기조로 전환된 이후 기준선과 하단선이 강력한 지지선으로 작용하면서 견고한 상승세를 이어가고 있다.

### 사례 4. 기준선을 활용한 매도 타이밍

하락 확장 국면 이후 단기 반등으로 최소한 기준선까지 기술적 반등세가 나타나게 된다. 볼린저 밴드가 하향 추세로 진행 중일 때는 기준선이 20일선으로써 중요한 저항선 역할을 하므로 1차 매도 타이밍이 된다.

또한 상단선은 주가의 추가 상승을 저지하는 강력한 저항선 역할을 한다. 상단선의 저항력으로 주가가 하락할 때는 2차 매도 타이밍이다.

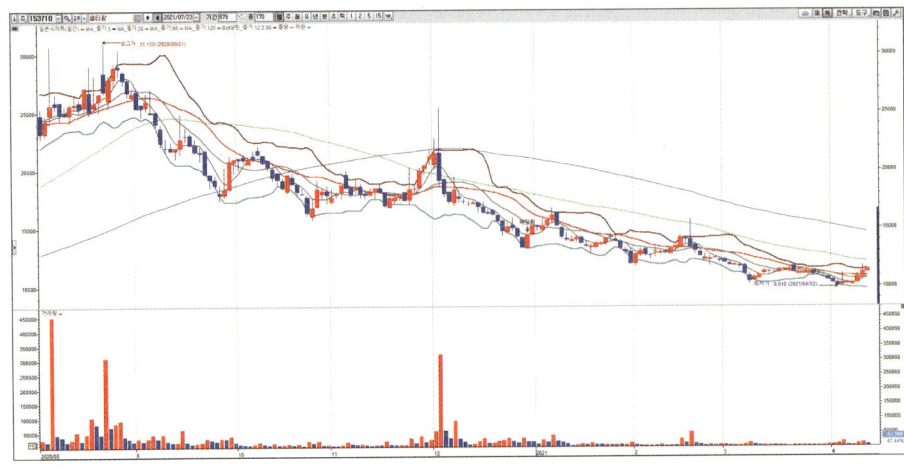

그림 5-14 옵티팜(153710)

볼린저 밴드가 하향 기조로 전환된 이후 기준선과 상단선이 강력한 저항선으로 작용해 상승은 짧고 하락은 긴 모습을 나타내고 있다.

# 이격도

### 개요

이동평균선에서 주가가 얼마나 떨어져 있는지를 나타낸 것을 이격도라 한다. 주가는 상승하거나 하락할 때 이동평균선을 기준으로 파동 운동을 한다. 이동평균선에서 멀어지게 되면 다시 가까워지려는 성질을 보이고, 가까이 있으면 멀어지려는 성질이 있는데 이를 이용하여 매매 시점을 포착할 수 있다. 또한 이격도를 통해 현재 주가가 과열 상태인지, 침체 상태인지를 확인할 수 있다.

일반적으로 20일선과 주가와의 이격도가 실전 매매에서 가장 중요하고 유용하게 사용된다. 이격도가 100%를 넘으면 주가가 이동평균선 위에 있고, 100% 이하면 주가가 이동평균선 밑에 있다는 의미다.

### 산출 공식

$$이격도 = \frac{당일주가}{n일\ 이동평균\ 주가} \times 100$$

### 활용 방법

#### 상승 추세의 강세 국면

- 이격도(20) 기준으로 98% 이하: 매수
- 이격도(20) 기준으로 108% 이상: 매도
- 이격도(60) 기준으로 95% 이하: 매수
- 이격도(60) 기준으로 115% 이상: 매도

#### 하락 추세의 약세 국면

- 이격도(20) 기준으로 92% 이하: 매수
- 이격도(20) 기준으로 102% 이상: 매도
- 이격도(60) 기준으로 88% 이하: 매수
- 이격도(60) 기준으로 108% 이상: 매도

## 사례 1. 상승 추세의 이격도를 활용한 매수 타이밍

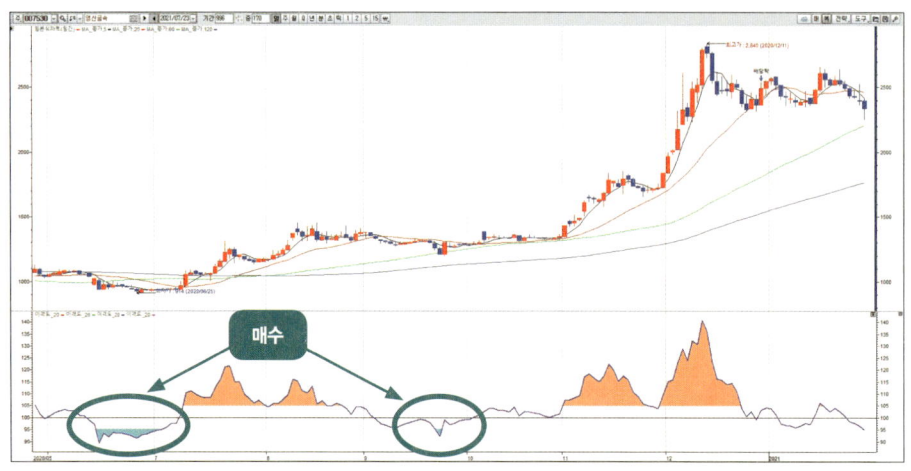

그림 5-15 영신금속(007530)

## 사례 2. 하락 추세의 이격도를 활용한 매도 타이밍

그림 5-16 하림지주(003380)

# 05 그 외 유용한 보조지표

## RSI

### 개요

RSI Relative Strenght Index 는 추세의 강도를 측정하는 지표로 현재 이어지고 있는 추세가 어느 정도의 강도를 가지고 있는지 백분율로 나타낸 것이다. RSI 지표가 '0'이라면 특정 기간 동안 계속 하락했다는 뜻이고, 반대로 '100'이라면 계속해서 상승했음을 의미한다.

### 산출 공식

$$RSI = \frac{n일간\ 상승폭\ 합계}{n일간\ 상승폭\ 합계 + n일간\ 하락폭\ 합계} \times 100$$

**활용 방법**

**RSI 선과 시그널 선을 이용한 매매**

- RSI 선이 시그널 선을 상향 교차: 매수
- RSI 선이 시그널 선을 하향 교차: 매도

**과매수, 과매도 영역을 활용한 매매**

RSI 지표가 70 이상이면 과매수권이므로 매수는 보류하고 매도를 준비한다. 30 이하이면 과매도권으로 판단하여 매도는 보류하고 매수를 준비해야 한다.

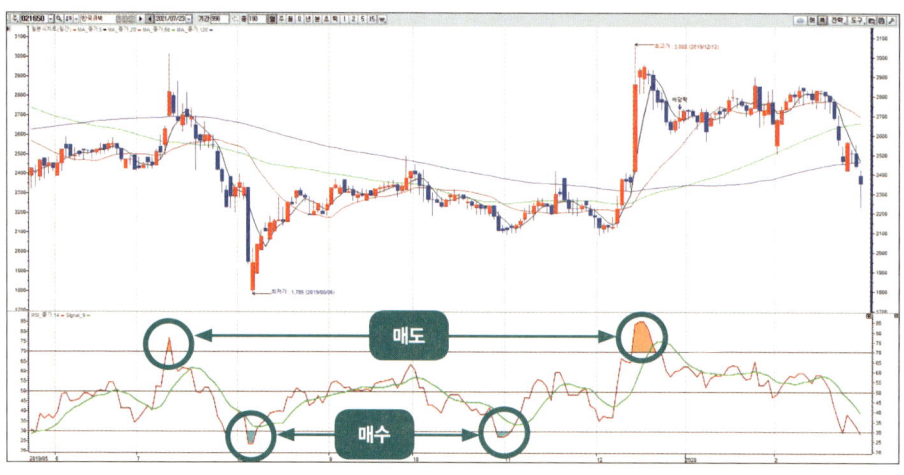

그림 5-17 한국큐빅(021650)

# 투자심리선

**개요**

투자심리선은 최근 10일(2주일) 동안 투자심리의 변화를 파악하여 과열 상태인지 침체 상태인지를 파악하는 지표다. 10일간 전일 대비 상승일수를 누계하여 10으로 나눈 후 백분율로 나타낸다.

## 산출 공식

$$투자심리(\%) = \frac{10일\ 동안\ 주가\ 상승\ 일수}{10} \times 100$$

## 활용 방법

투자심리선의 지수가 75% 이상이면 과열 상태, 25% 이하이면 침체 상태이고, 그 사이는 중립 상태이다. 따라서 75% 이상일 때는 매도 관점, 25% 이하일 때는 매수 관점으로 대응한다.

### 사례 1. 투자심리선을 활용한 매수 타이밍

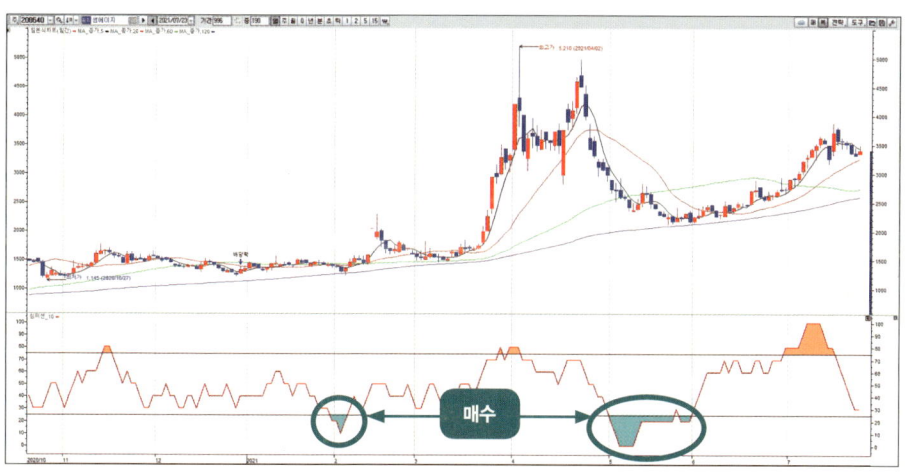

그림 5-18 썸에이지(208640)

## 사례 2. 투자심리선을 활용한 매도 타이밍

그림 5-19 현대제철(004020)

# 06 다이버전스를 이용한 매매 기법

## 다이버전스란

시장가격과 보조지표의 움직임이 일치하지 않는 것을 다이버전스라 한다. 주가는 하락하고 있는데 보조지표가 상승하고 있으면 상승 다이버전스라 하고, 반대로 주가는 상승하고 있는데 보조지표가 하락하고 있으면 하락 다이버전스라 한다.

보조지표의 값은 후행성이라는 점에서 늦은 신호를 보여준다. 하지만 이를 역으로 말한다면 후행성이기 때문에 그만큼 데이터의 변숫값이 검증되고 확실한 값이 산출된다고 할 수 있다.

이러한 이유로 시장가격과 보조지표가 다소 다르게 움직이는 경우가 종종 발생한다. 상승 다이버전스가 나타나면 주가는 하락 또는 횡보에서 상승 전환할 가능성이 크고, 하락 다이버전스가 나타나면 주가는 상승 또는 횡보를 멈추고 하락으로 전환될 가능성이 크다는 것을 예고한다.

# 다이버전스를 활용한 매매 급소

### 상승 다이버전스

주가는 고점을 낮추며 하락하고 있지만, 스토캐스틱의 시그널 선과 MACD 시그널 선이 저점을 높이며 상승하고 있다. 이렇게 상승 다이버전스가 발생하면 하락하던 주가가 상승으로 전환될 가능성이 크기 때문에 매수 관점으로 접근해야 한다.

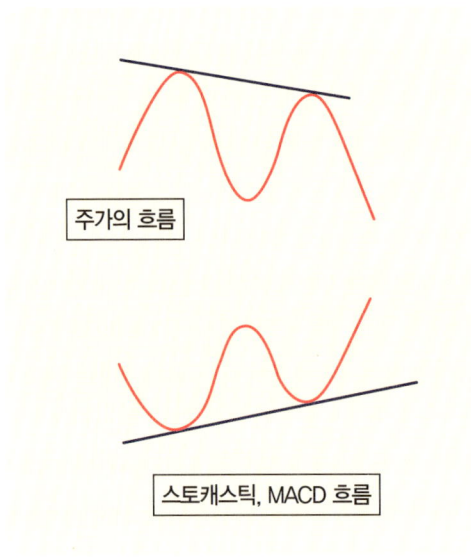

**Key point** 주가는 고점을 낮추며 하락하고 있으나 스토캐스틱, MACD, RSI가 저점을 높이며 상승 중이라면 이후 주가는 상승 전환할 가능성이 크다.

### 사례 1. 스토캐스틱에서 상승 다이버전스를 활용한 매수 타이밍

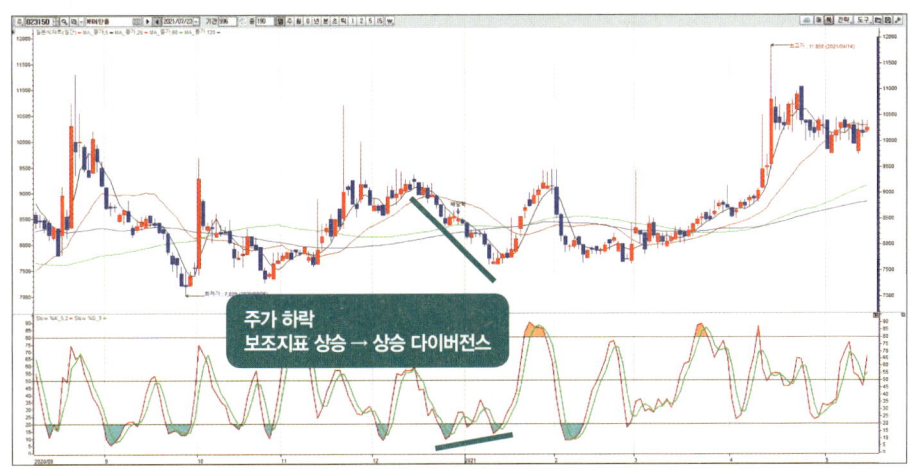

그림 5-20 MH에탄올(023150)

### 사례 2. MACD에서 상승 다이버전스를 활용한 매수 타이밍

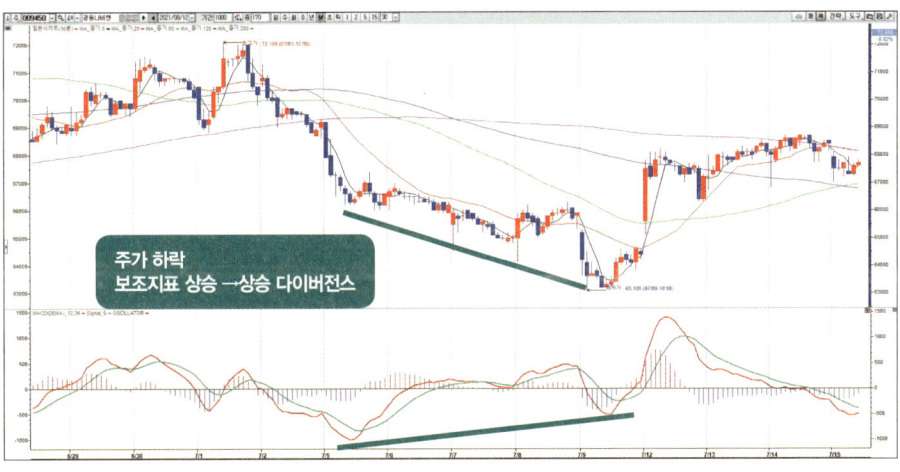

그림 5-21 경동나비엔(009450)

## 하락 다이버전스

주가가 상승 추세를 보이며 고점을 높이지만 스토캐스틱의 시그널 선과 MACD 시그널 선은 하락하고 있다. 이렇게 하락 다이버전스가 나타나면 신규 매수는 위험하며, 기존 보유자는 매도 관점으로 접근해야 한다.

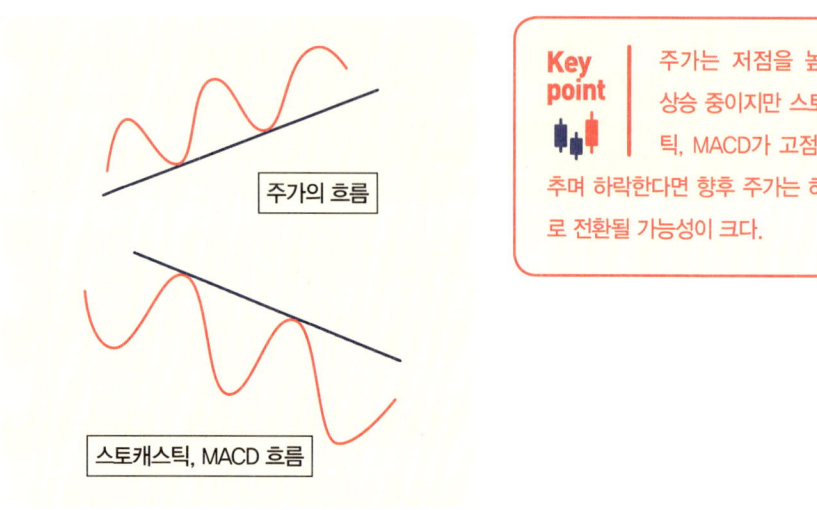

**Key point** 주가는 저점을 높이며 상승 중이지만 스토캐스틱, MACD가 고점을 낮추며 하락한다면 향후 주가는 하락으로 전환될 가능성이 크다.

### 사례 1. 스토캐스틱에서 하락 다이버전스를 활용한 매도 타이밍

그림 5-22 쌍방울(102280)

## 사례 2. MACD에서 하락 다이버전스를 활용한 매도 타이밍

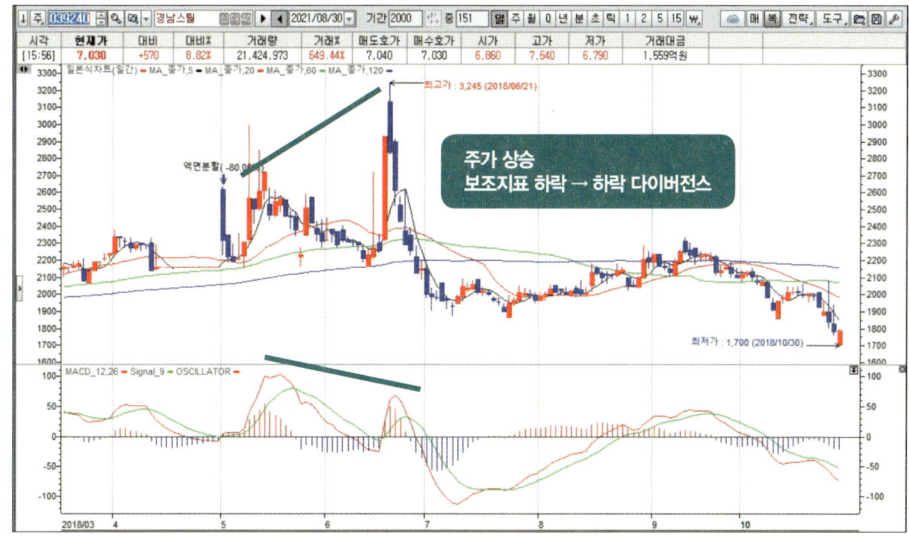

그림 5-23 경남스틸(039240)

## 실전 매매 테크닉

# 스토캐스틱

### 매수 급소: 과매도권

스토캐스틱(5, 3, 3), (10, 6, 6), (20, 12, 12) 모두 과매도권(20%)을 벗어나는 구간에서는 적극 매수해야 하는 포인트가 많다.

그림 5-24 대구백화점(006370)

그림에서처럼 스토캐스틱의 장기·중기·장기 변숫값이 모두 과매도권을 나타내며 주가가 바닥을 형성하면 매수 관점으로 대응해야 한다.

이런 구간에서는 주가의 등락이 반복되면서 점차 상승 전환할 가능성이 매우 크다.

## 매도 급소: 과매수권

스토캐스틱(5, 3, 3), (10, 6, 6), (20, 12, 12) 모두 과매수권(80%)에 진입했다면 주가는 상승 탄력이 떨어져 향후 하락할 가능성이 크기 때문에 매도 관점에서 대응해야 한다.

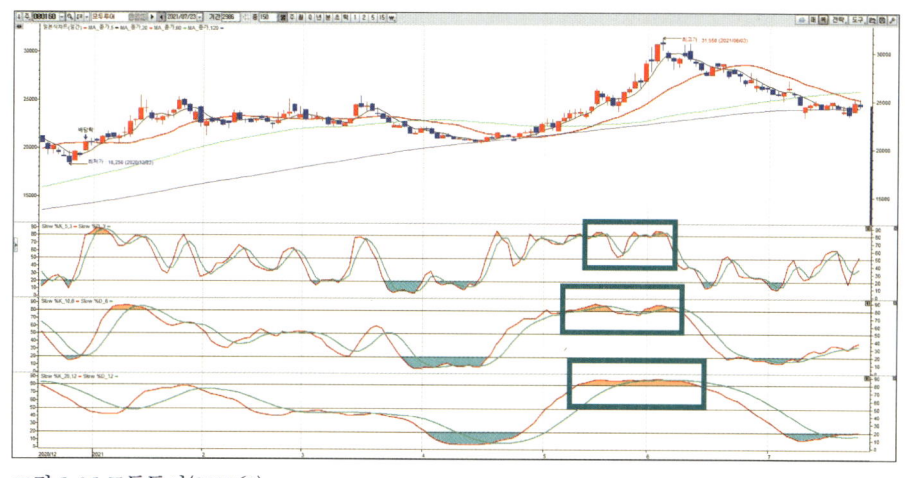

그림 5-25 모두투어(080160)

스토캐스틱의 단기·중기·장기 변숫값이 모두 과매수권에 있다가 과매수권을 벗어나면 본격적인 하락이 이어진다.

# 볼린저 밴드

### 매수 급소: 수축 국면 상단선 돌파

수축 국면 이후 주가가 상단선을 돌파할 때에는 적극 매수 타이밍이다. 수축 국면은 방향성 전환을 위해 에너지를 응축하는 구간이다. 수축 국면에 있던 주가가 상단선을 돌파할 경우에는 본격적인 상승 추세로의 전환 신호가 되며, 응축된 에너지를 분출시키는 확장 국면이 임박했음을 예고한다.

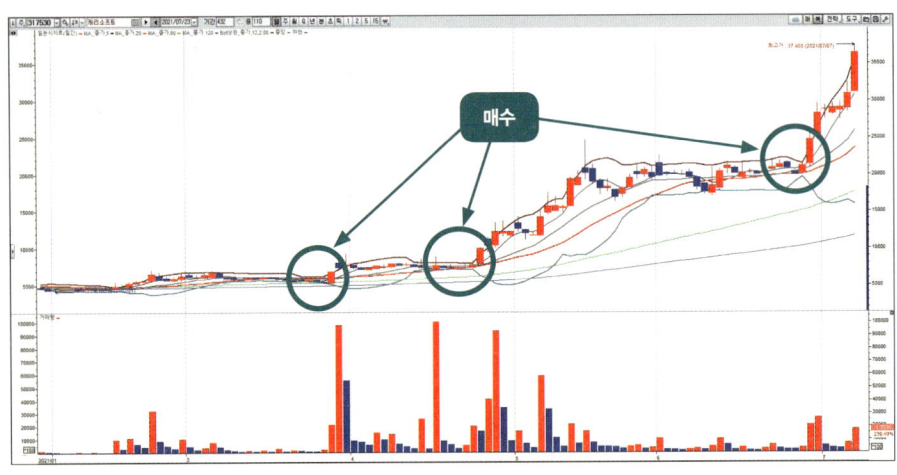

그림 5-26 캐리소프트(317530)

볼린저 밴드가 상향 기조로 전환된 이후 기준선이 강력한 지지선 역할을 하면서 강세 기조를 이어가고 있다. 주가가 상단선 위에 있을 때 음봉이 발생하면 최소한 기준선 부근까지 조정받을 수 있으므로 1차 매도 관점으로 대응한다.

## 매도 급소: 수국 축면 하단선 이탈

수축 국면 이후 주가가 하단선을 이탈할 경우에는 적극 매도 타이밍이다. 수축 국면은 강한 방향성 전환을 위해 에너지를 응축하는 구간이다. 이 국면에서 주가가 하단선을 이탈했다면 응축된 에너지가 하락 추세로 분출될 것이므로 매도 급소가 된다.

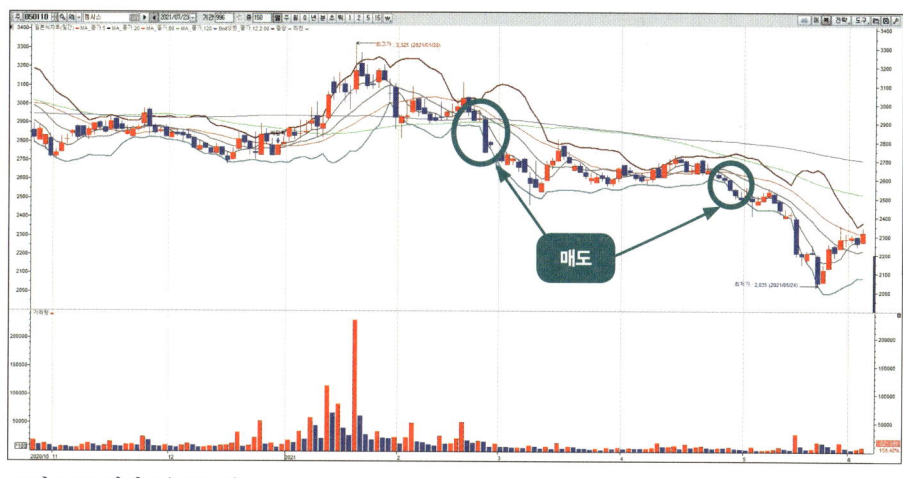

그림 5-27 캠시스(050110)

볼린저 밴드가 하향 기조로 전환된 이후 기준선과 상단선이 강력한 저항선의 역할을 하면서 약세 기조를 전개하고 있다. 주가가 하단선 부근에서 양봉을 보일 경우에는 최소한 기준선 부근까지 반등할 수 있으므로 단기 매수 관점으로 대응한다.

# 6장

## 알기 쉬운 기본적 분석

# 01 기본적 분석, 주가와 기업의 가치

과거에는 증권사 객장이나 신문을 통해 해당 업체의 정보를 알아보는 것이 대부분이었지만 인터넷이 발달하면서 이제는 많은 정보를 빠르고 쉽게 알 수 있게 되었다. 그런데 그럴수록 기술적 분석만을 맹신하는 투자자가 오히려 많아진 점은 너무나 안타까운 일이다. 현재 어떤 회사의 주가가 기업의 가치와 무관하게 형성되었더라도 결국 주가는 기업의 가치를 찾아갈 것이기 때문에 좋은 주식을 발굴하기 위해서는 기본적 분석(가치 분석)을 함께해야 한다.

기술적 분석과 기본적 분석 모두 중요하기 때문에 우선순위를 논할 수는 없지만 실과 바늘처럼 두 가지가 합쳐졌을 때 객관적이고 합리적인 선택을 할 수 있다. 기술적 분석을 통해 매수 시점을 찾았는데, 기본적 분석을 통해 기업이 저평가 상태에 있다면 강력한 매수 급소가 될 것이다. 하지만 기술적 분석으로 매수 급소에 해당되더라도 회사가 부실해 하루 앞도 내다볼 수 없는 상황이라면 아무 의미가 없다.

많은 투자자가 가치투자를 원하지만 기업 분석, 재무제표 등의 단어만 나오면 어려워하는 경향이 있다. 하지만 이 책에서는 주식투자에 꼭 필요한 핵심만 압축해서 알기 쉽게 설명했으므로 큰 도움이 될 것이다.

## 02 간단한 지표로 적정주가 확인하는 방법

주식투자는 안정성과 수익성을 함께 고려한 정석투자를 해야 꾸준한 수익을 낼 수 있다. 아무리 수익성이 높다고 하더라도 안정성이 결여된다면 최적의 투자가 아니다. 상한가를 여러 번 기록하면서 단기간에 수백 %씩 상승하던 종목도 하루아침에 부도가 나면서 거래정지가 되는 경우가 종종 있다.

피땀 흘려 모은 투자 자금이 기업의 부도로 인해 한순간에 사라져 버린다면 그야말로 눈앞이 깜깜해질 것이다. 그렇다고 이런 경우 어디서 보상을 받을 수도 없다. 주식투자에서는 수익도 손실도 모두 자신이 책임져야 한다.

그렇기 때문에 단기 투자나 장기 투자를 막론하고 매수하기 전에 최소한 기업이 부실 가능성이 있는지를 첫 번째로 확인해야 한다. 그리고 두 번째로는 그 기업의 현재 주가가 어떤 상태인지를 반드시 확인해야만 성공적인 결과를 얻을 수 있다. 기업의 주가가 고평가 상태인지, 저평가 상태인지를 확인하는 방법으로 시장가치비율(기업의 경영 활동으로 얻은 성과를 기초로 하여 시장에서 평가된 주식의 가치를 나타내는 재무비율) 분석이 있다. 재무비율 분석의 하나로 적정주가를 산출함으로써 현재 주가가 어느 위치에 있는지를 평가하는 분석 방법이다.

지금부터 시장가치비율 분석 중 가장 많이 사용되는 대표적인 지표 다섯 가지를 살펴보도록 하자.

## 주당순이익EPS = 당기순이익 / 총 주식수

주당순이익EPS, Earning Per Share 이란 1주당 얼마의 이익을 창출했는지를 나타내는 것이다. 주당순이익이 높을수록 투자 가치가 높다고 볼 수 있다. 현재 주가와 주당순이익을 비교하여 주당순이익이 높은 종목이 저평가주이다.

예 A라는 기업의 주식수가 500만 주라고 하고, 올해 당기순이익이 50억 원 발생했다면 주당순이익EPS은 1,000원이다.

## 주가수익률PER = 주가 / 주당순이익

주가수익률PER, Price Earning Ratio 은 주가가 주당순이익의 몇 배로 거래되는가를 나타내는 지표다. 보통 PER이라고 부른다. PER이 높으면 회사의 이익에 비해 주가가 상대적으로 높은 것을 뜻하며, 반대일 경우는 주가가 이익에 비하여 낮다는 뜻으로 기업의 성장성과 수익성을 파악하기 위한 지표다. 업종별로 성장도가 각각 다르기 때문에 일률적으로 적용하는 것은 무리가 있다. 동일 업종 간에 비교하여 저PER 주식을 선정해야 한다.

> 예  A라는 기업의 주식수가 500만 주라고 하고 올해 당기순이익이 50억 원 발생했다면 주당순이익EPS은 1,000원이다. 이 회사의 주가가 5,000원이라면 PER은 5가 된다.

## 주당순자산BPS = 순자산 / 주식수

주당순자산BPS, Book-value Per Share은 장부가치를 말하는데, 기업의 순자산을 발행 총주식수로 나눈 값이다. 해당 기업의 자산가치가 주가에 얼마나 반영되어 있는지를 나타내는 지표다. BPS가 높다는 것은 기업의 자산가치가 높다는 것을 의미한다.

> 예  A라는 기업의 순자산이 1000억 원이고 총주식수가 500만 주라고 한다면 주당순자산BPS은 20,000원이다.

## 주가순자산비율PBR = 주가 / 주당순자산

주가순자산비율PBR, Price Book-value Ratio은 주가가 주당순자산의 몇 배인가를 나타내는 지표로 시장가치와 장부상 가치를 비교하는 것이다. PBR이 낮고, 대주주 지분이 낮은 회사는 적대적 M&A의 대상이 되는 경우가 많다.

예 A라는 기업의 순자산이 1000억 원이고 총주식수가 500만 주라고 했을 때 위에서 주당순자산BPS을 20,000원으로 계산하였다. 현재 주가가 60,000원이라면 PBR은 3이 된다.

## 자기자본이익률ROE = (당기순이익 / 자본총계) × 100

자기자본이익률ROE, Return On Equity은 경영자가 기업에 투자된 자본을 사용하여 어느 정도의 이익을 내고 있는가를 나타내는 기업의 이익 창출 능력으로 자기자본수익률이라고도 한다. 즉 자기자본을 얼마만큼 효율적으로 운용하고 있는지를 알 수 있는 지표이다. 자기자본이익률은 높을수록 좋다.

예 A라는 기업의 자본총계가 1000억 원이고 당기순이익이 50억 원이라면 자기자본이익률은 5%이다. 쉽게 말하면 주주가 연초에 1,000원을 투자해서 50원의 순이익을 냈다는 뜻이다.

# 03 좋은 회사인지를 확인하는 재무비율 분석의 4대 지표

재무비율 분석은 재무제표상에서 중요한 항목만을 가지고 간략하게 분석한 지표로 우량주와 부실주 판별은 물론, 회사의 성장 가능성 등을 쉽게 이해할 수 있다는 장점이 있다.

## 안정성 지표

기업의 부채상환 능력과 경기변동에 대한 대처 능력을 알아보는 지표이다.

### 유동비율 = (유동자산 / 유동부채) × 100

기업이 보유하고 있는 지급 능력 또는 신용 능력을 판단하기 위한 지표로, 신용

분석 관점에서 가장 중요하다. 이 비율이 클수록 기업의 재무 유동성도 크다. 200% 이상으로 유지되는 것이 이상적이라 할 수 있다.

### 이자보상비율 = (영업이익 / 금융비용) × 100

기업의 금융비용 부담 능력을 측정하는 지표로 기업의 영업이익이 금융비용의 몇 배에 해당하는가를 나타내는 비율이다. 따라서 이자보상비율은 높을수록 좋다.

### 부채비율 = (부채총계 / 자본총계) × 100

기업의 건전성 정도를 나타내는 지표이다. 기업의 부채액은 적어도 자기자본액 이하인 것이 바람직하므로 부채비율이 100% 이하가 이상적이지만, 실제로는 아주 드문 일이다. 업종 간의 차이가 있기는 하지만 200%까지는 큰 무리가 없다고 할 수 있다.

### 비유동비율 = (비유동자산 / 자본총계) × 100

자기자본(자본총계)이 비유동자산에 어느 정도 투입되었는지를 나타내는 비율로 자본 사용의 적절성을 평가하는 지표이다. 기업의 비유동자산은 통상 자기자본(자본총계)으로 조달해야 하는 것이 당연하다고 보는 견해에 의해 이 비율을 측정한다.

## 수익성 지표

기업이 주주의 자본으로 얼마나 수익을 창출할 수 있는지를 알아보는 지표이다.

**자기자본이익률ROE = (당기순이익 / 자기자본) × 100**

타인자본을 제외한 순수 자기자본만으로 얼마만큼의 이익을 창출할 수 있는지를 알 수 있는 지표이다. 주주의 자본을 어떻게 효율적으로 운영하는지를 알아보고자 하는 것이 목적이다.

**납입자본이익률 = (당기순이익 / 납입자본) × 100**

납입자본이란 주주들이 기업의 주식을 구입하기 위해 기업에 출자한 금액을 말하는데, 납입자본이익률은 그 회사의 배당 능력을 측정하기 위한 것이다. 이 비율이 높을수록 증자 여력이나 배당 증가 여력이 높음을 의미한다.

**총자본이익률ROI = (당기순이익 / 총자본) × 100**

사업을 하기 위해 투입된 모든 자본을 고려한 지표로, 기업의 생산활동에 투입된 자본이 얼마나 효율적으로 운용되고 있는가를 판단할 수 있다. 이 비율이 높을수록 기업이 효율적으로 운영됨을 나타낸다.

**매출액순이익률 = (당기순이익 / 매출액) × 100**

매출액에 대한 당기순이익의 비율로, 이 지표를 통해 기업의 영업활동의 성과를 총괄적이고 합리적으로 파악할 수 있다.

## 활동성 지표

기업이 얼마나 활발하게 경영활동을 하고 있는지를 알아보는 지표이다.

### 총자산회전율 = 매출액 / 총자산 = 매출액 / 자산총액

기업의 총자산이 1년에 몇 번이나 회전하였는가를 알 수 있는 지표이다. 총자산회전율이 높으면 유동자산·비유동자산 등이 효율적으로 이용되고 있음을 의미하고, 낮으면 과잉 투자와 같은 비효율적인 투자를 하고 있음을 의미한다.

### 비유동자산회전율 = 매출액 / 비유동자산

영업기간 내 매출액을 토지, 건물, 기계 등 비유동자산 총액으로 나눈 것이다. 비유동자산을 얼마나 잘 활용하였는가의 여부와 비유동자산의 과대 혹은 과소 투자 여부를 평가할 수 있다.

### 재고자산회전율 = 매출액 / 재고자산

재고자산이 어느 정도의 속도로 판매되고 있는가를 나타내는 지표다. 이 비율이 낮은 기업은 수익성도 떨어진다.

## 성장성 지표

기업은 해마다 경영활동을 통해 성장한다는 가정하에 매출과 이익 등이 전년대비 얼마나 증가했는가를 알 수 있는 지표이다.

### 매출액증가율 = [(당기매출액 − 전기매출액) / 전기매출액] × 100

회사의 영업활동이 전년에 비해 얼마나 활발하게 이루어졌는가를 알 수 있다.

**영업이익증가율 = [(당기영업이익 − 전기영업이익) / 전기영업이익)] × 100**

회사의 영업이익이 전년에 비해 어느 정도 증가했는지를 알 수 있다.

**총자산증가율 = [(당기말 총자산 − 전기말 총자산) / 전기말 총자산)] × 100**

일정기간 중에 기업의 규모가 얼마나 성장했는지를 알아볼 수 있는 지표다.

# 04 지표 분석을 실전에서 쉽게 활용하는 방법

앞서 설명한 주요 경영지표가 여러 가지 공식과 함께 나열되어 있기 때문에 어렵다고 생각하는 독자도 있을 것이다. 앞의 공식들은 기본적인 이론을 설명하기 위해서 언급한 것이므로 지표의 구성 요소와 산출 과정 등을 외우는 것보다 지표의 기본 개념과 활용 방법에 주목하기를 바란다.

이를 실전에 적용하기 위해서는 전자공시 시스템에서 감사보고서를 찾아 주요 경영지표를 정리한 화면을 활용하면 된다. 전자공시 시스템뿐만 아니라 각 증권사 HTS를 검색하면 대개 이 지표들이 모두 계산되어 제출되기 때문에 그 비율이 어떤 의미를 갖는지만 이해하고 있다면 회사의 여러 측면에서의 가치를 쉽게 파악할 수 있다.

## 전자공시시스템의 [종목검색 → 감사보고서 → 주요 경영지표]를 활용한 예

### 안정성 지표

| 항목 | 산식 | 비율 | |
|---|---|---|---|
| | | 당기 | 전기 |
| 유동비율 | $\dfrac{유동자산}{유동부채} \times 100$ | 152.84%(*) | 171.51%(*) |
| 부채비율 | $\dfrac{부채총계}{자기자본} \times 100$ | 27.73% | 27.44% |
| 차입금 의존도 | $\dfrac{차입금}{총자산} \times 100$ | 0.16% | 0.20% |
| 영업이익 대비 이자보상배율 | $\dfrac{영업이익}{이자비용}$ | 141.86배 | 190.93배 |

### 수익성 지표

| 항목 | 산식 | 비율 | |
|---|---|---|---|
| | | 당기 | 전기 |
| 매출액영업이익률 | $\dfrac{영업이익}{매출액} \times 100$ | 17.76% | 14.03% |
| 매출액순이익률 | $\dfrac{당기순이익}{매출액} \times 100$ | 13.44% | 13.30% |
| 총자산순이익률 | $\dfrac{당기순이익}{총자산} \times 100$ | 14.63% | 16.19% |
| 자기자본순이익률 | $\dfrac{당기순이익}{자기자본} \times 100$ | 18.67% | 20.62% |
| 총자산 대비 영업현금흐름비율 | $\dfrac{영업활동으로 인한 현금흐름}{총자산} \times 100$ | 23.76% | 27.11% |

## 성장성 및 활동성 지표

| 항목 | 산식 | 비율 | |
|---|---|---|---|
| | | 당기 | 전기 |
| 매출액증가율 | $\dfrac{\text{당기 매출액}}{\text{전기 매출액}} \times 100 - 100$ | 2.64% | -0.30% |
| 영업이익증가율 | $\dfrac{\text{당기 영업이익}}{\text{전기 영업이익}} \times 100 - 100$ | -13.97% | -32.93% |
| 당기순이익증가율 | $\dfrac{\text{당기순이익}}{\text{전기순이익}} \times 100 - 100$ | 3.74% | -29.17% |
| 총자산증가율 | $\dfrac{\text{당기말 총자산}}{\text{전기말 총자산}} \times 100 - 100$ | 14.39% | 15.34% |
| 자산회전율 | $\dfrac{\text{매출액}}{(\text{기초 총자산} + \text{기말 총자산}) / 2}$ | 1.09회 | 1.22회 |

# 05 사업보고서에서 이것만은 꼭 확인하자

사업보고서란 그 회사의 개황, 사업의 내용, 재무에 관한 사항, 공인회계사의 감사의견 등을 기록·작성한 보고서로 기업의 모든 정보를 확인할 수 있는 자료다. 사업보고서를 비롯하여 경영 실적과 관련된 분기보고서와 반기보고서는 제출 기한이 있다.

사업보고서는 각 사업연도 결산 후 90일 이내로 제출 기한이 정해져 있다. 분기보고서는 해당 분기일의 마지막 날로부터 45일 이내, 반기보고서는 60일 이내에 제출해야 한다. 단 반기·분기보고서를 연결기준으로 작성하여 제출하는 경우에는 최초 사업연도와 그다음 사업연도에 한하여 제출기한이 15일 연장된다. 만약 기한 내에 보고서를 제출하지 못한 기업이 있다면 재무제표상 큰 문제가 발생했을 가능성이 크기 때문에 주의해야 한다.

사업보고서에는 수많은 항목이 있다. 그중에서 꼭 살펴봐야 할 항목은 무엇이며, 어떻게 분석하는지에 대해 살펴보도록 하자. 전자공시 시스템을 통해 사업보고서의 구성 요소를 보자.

1) 전자공시시스템(dart.fss.or.kr)에 접속해 확인하고 싶은 회사명 또는 종목코드를 입력해 검색한다.

2) 종목을 클릭하고 공시서류를 검색한 후 목록 중에서 최근의 보고서를 클릭한다.

3) 사업보고서 전체 항목이 좌측 메뉴로 뜬다.

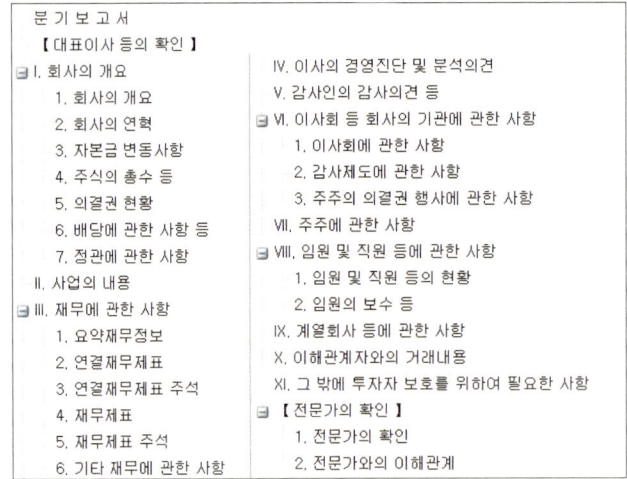

이제 꼭 확인해야 할 항목들을 중심으로 내용을 살펴보도록 하자.

## 자본금 변동 상황을 분석하자

목차의 좌측 메뉴 중 'I. 회사의 개요'를 보면 하부 항목으로 7개가 있다. 그중 '3. 자본금 변동사항'을 클릭하면 '증자(감자) 현황'과 '주식 관련 사채 발행 현황' 등 세부 항목이 나온다.

여기서 가장 세심히 살펴봐야 하는 부분이 '증자(감자) 현황'이다. 이 항목에서는 유상증자, 무상증자, 감자 등의 내역을 확인할 수 있다. 이러한 요소들은 향후 주가에 큰 영향을 미치는 부분이므로 사전 분석이 매우 중요하다.

또 한 가지 중요한 지점이 전환사채CB나 신주인수권부사채BW의 유무다. 이에 대해서는 '주식 관련 사채 발행 현황'에서 확인할 수 있다. 주식 관련 사채가 있는 경우에는 행사 가능 주식수와 행사 가능 기간을 반드시 확인해야 한다. 전환사채와 신주인수권부사채는 행사 전환 시 물량에 대한 부담과 함께 주식의 가치를 저하시키는 부정적인 요인이 될 수 있기 때문이다. 대다수의 안정적인 재무구조를 보이는 회사는 추가 자금이 필요 없기 때문에 전환사채나 신주인수권부사채를 발행하지 않는다고 보면 된다.

그럼 전환사채와 신주인수권부사채는 무엇일까?

### 전환사채

장기적인 자금조달을 위해 발행하는 채권으로, 일정기간 경과 후 소유자의 요청이 있을 때 채권 금액만큼 주식으로 전환할 수 있는 사채다.

| 종류\구분 | 회차 | 발행일 | 만기일 | 권면(전자등록)총액 | 전환대상 주식의 종류 | 전환청구가능기간 | 전환조건 전환비율(%) | 전환가액 | 미상환사채 권면(전자등록)총액 | 전환가능주식수 |
|---|---|---|---|---|---|---|---|---|---|---|
| 제1회차 무기명식 이권부 무보증 비분리형 전환사채 | 1 | 2019.01.30 | 2022.01.30 | 14,500,000,000 | 기명식 보통주 | 2020.01.30~2021.12.30 | 100.0 | 3,420 | 1,880 | - |
| 제3회차 무기명식 이권부 무보증 전환사채 | 3 | 2020.02.03 | 2023.02.03 | 4,700,000,000 | 기명식 보통주 | 2021.02.03~2023.01.03 | 100.0 | 4,442 | 3,240,000,000 | 729,401 |
| 합계 | | - | - | 19,200,000,000 | - | - | 100.0 | - | 3,240,001,880 | 729,401 |

그림 6-1 미상환 전환사채 발행 현황

먼저 전환청구가능기간을 확인한다. 현재가 전환청구가능기간이라면 언제든지 행사만 하면 바로 매물로 나올 수 있기 때문에 주의가 필요하다. 그 기간이 조만간 다가오는 경우도 마찬가지로 주의해야 한다. 추가적으로 기전환사채와 미전환사채를 비교하면서 어느 정도 행사되었는지를 파악해야 한다. 만약 기전환된 사채가 대부분이라면 권리를 행사한다 하더라도 매물 부담이 적기 때문이다. 신주인수권부사채도 같은 맥락으로 분석하면 된다.

## 신주인수권부사채

| 종류\구분 | 회차 | 발행일 | 만기일 | 권면(전자등록)총액 | 행사대상 주식의 종류 | 신주인수권 행사가능기간 | 행사조건 행사비율(%) | 행사가액 | 미상환사채 권면(전자등록)총액 | 미행사 신주 인수권 행사가능 주식수 | 비고 |
|---|---|---|---|---|---|---|---|---|---|---|---|
| 제186회 무보증 신주인수권부사채 | 186 | 2015.09.10 | 2021.04.07 | 150,000,000,000 | 보통주식 | 2015.10.10~2019.08.10 | - | - | 356,194,500 | - | 공모 |
| 제193회 무기명식 이권부 무보증 신주인수권부사채 | 193 | 2018.10.25 | 2048.10.25 | 600,000,000,000 | 보통주식 | 2019.10.25~2048.09.25 | 100 | 5,000 | 600,000,000,000 | 120,000,000 | 사모 |
| 합계 | | - | - | 750,000,000,000 | | | | | 600,356,194,500 | 120,000,000 | |

그림 6-2 미상환 신주인수권부사채 발행 현황

장기적인 자금조달을 위해 발행하는 채권으로 일정기간 경과 후 소유자의 요청이 있을 때 발행회사의 주식을 행사가격에 매입할 수 있는 사채다.

먼저 신주인수권 행사가능기간을 확인한다. 현재가 행사가능기간이라면 언제든지 행사만 한다면 바로 매물로 나올 수 있기 때문에 주의가 필요하다. 조만간 행사가능기간이 다가오는 경우도 마찬가지로 주의해야 한다. 신주인수권부사채도 기행사 신주인수권부사채와 미행사 신주인수권부사채를 비교하면서 기존에 어느 정도 행사되었는지를 파악해야 한다. 만약 기행사된 신주인수권부사채가 미행사된 신주인수권부사채보다 많다면 매물 부담이 적다.

## 전환사채와 신주인수권부사채의 차이점

전환사채는 보통 사채의 경우와 마찬가지로 일정한 이자를 받으면서 만기에 사채 금액을 상환받을 수도 있고, 미리 정한 가격을 적용해 주식으로 바꿀 수 있는 권리가 있다. 사채를 주식으로 전환하는 것이기 때문에 권리를 행사하면 사채는 없어지고 신주가 채권자에게 발행된다.

신주인수권부사채도 보통 사채와 마찬가지로 일정한 이자를 받으면서 만기에 사채 금액을 상환받을 수 있다는 점은 전환사채와 같다. 차이라면 주식 시가가 발행가액보다 높은 경우 자신에게 부여된 신주인수권을 가지고 회사 측에 신주의 발행을 청구할 권리가 있다는 점이다. 결국 채권은 그대로 둔 채 따로 돈을 내서 주식을 매입하는 것이다.

## 배당성향을 통해 배당수익률을 알아보자

'I. 회사의 개요' 중 '6. 배당에 관한 사항 등' 항목을 통해 배당성향을 확인할 수 있다. 이 메뉴를 클릭하면 '나. 최근 3사업연도 배당에 관한 사항'을 볼 수 있는데, 배당가능이익과 현금배당금, 주식배당금이 얼마나 되는지 알 수 있다.

나. 최근 3사업연도 배당에 관한 사항

| 구 분 | 주식의 종류 | 당기 제27기 | 전기 제26기 | 전전기 제25기 |
|---|---|---|---|---|
| 주당액면가액(원) | | 500 | 500 | 500 |
| (연결)당기순이익(백만원) | | 4,801 | 8,887 | 2,884 |
| (별도)당기순이익(백만원) | | 4,693 | 8,313 | 2,376 |
| (연결)주당순이익(원) | | 636 | 1,222 | 382 |
| 현금배당금총액(백만원) | | 769 | 721 | 689 |
| 주식배당금총액(백만원) | | 150 | 250 | 200 |
| (연결)현금배당성향(%) | | 16.02 | 8.11 | 23.9 |
| 현금배당수익률(%) | 보통주 | 0.77 | 1.09 | 0.96 |
| | 우선주 | - | - | - |
| 주식배당수익률(%) | 보통주 | 2.09 | 2.31 | 2.87 |
| | 우선주 | - | - | - |
| 주당 현금배당금(원) | 보통주 | 100 | 100 | 100 |
| | 우선주 | - | - | - |
| 주당 주식배당(주) | 보통주 | 0.0390036 | 0.0693332 | 0.0580462 |
| | 우선주 | - | - | - |

그림 6-3 배당에 관한 사항

## 사업의 내용을 통해 기업을 알아보자

'II. 사업의 내용'을 클릭하면 '1. 사업의 개요'에서 업계의 현황과 회사의 현황을 볼 수 있다. 전반적인 회사의 분위기나 시장점유율, 시장 특성, 신규 사업 등의 내용 및 전망이 세세히 제시되어 있다.

## Ⅱ. 사업의 내용

### 1. 사업의 개요

#### 가. 사업부문별 현황

당사는 본사를 거점으로 한국과 CE, IM 부문 산하 해외 9개 지역총괄 및 DS 부문 산하 해외 5개 지역총괄의 생산·판매법인, Harman 산하 종속기업 등 238개의 종속기업으로 구성된 글로벌 전자 기업입니다.

사업군별로 보면, Set(세트) 사업군에서는 TV를 비롯하여 모니터, 냉장고, 세탁기, 에어컨 등을 생산·판매하는 CE(Consumer Electronics) 부문과 HHP(스마트폰 등), 네트워크시스템, 컴퓨터 등을 생산·판매하는 IM(Information technology & Mobile communications) 부문이 있습니다. 부품 사업군에서는 DRAM, NAND Flash, 모바일AP 등의 제품을 생산·판매하고 있는 반도체 사업과 모바일·TV·모니터·노트북 PC용 등의 OLED 및 TFT-LCD 디스플레이 패널을 생산·판매하고 있는 DP 사업의 DS(Device Solutions) 부문으로 구성되어 있습니다. 또한, 2017년에 인수한 Harman 부문에서 디지털 콕핏(Digital Cockpit), 텔레매틱스(Telematics), 스피커 등을 생산·판매하고 있습니다.

[부문별 주요 제품]

| 부문 | | 주요 제품 |
|---|---|---|
| CE 부문 | | TV, 모니터, 냉장고, 세탁기, 에어컨 등 |
| IM 부문 | | HHP, 네트워크시스템, 컴퓨터 등 |
| DS 부문 | 반도체 사업 | DRAM, NAND Flash, 모바일AP 등 |
| | DP 사업 | 스마트폰용 OLED 패널, TV·모니터용 LCD 패널 등 |
| Harman 부문 | | 디지털 콕핏(Digital Cockpit), 텔레매틱스(Telematics), 스피커 등 |

그림 6-4 사업의 개요_삼성전자

## 생산설비를 통해 회사의 규모를 확인하자

'Ⅱ. 사업의 내용'에서 '3. 생산 및 설비에 관한 사항'에서 '생산설비의 현황 등'을 꼼꼼히 읽어 토지, 건물, 구축물의 자산 현황을 파악해야 한다. 특히 토지나 건물이 시장의 이슈가 되는 지역이라면 부동산 상승으로 인한 수혜를 볼 수 있기 때문에 더욱 세밀하게 조사해야 한다.

나. 생산설비

(단위 : 백만원)

| 구분 | 소재지 | 기초 | 증가 | 감소 | 상각 | 대체 | 국고보조금 | 기말 |
|---|---|---|---|---|---|---|---|---|
| 토지 | 인천 | 13,700 | - | - | - | - | - | 13,700 |
| 건물 | | 5,319 | - | - | 51 | - | - | 5,268 |
| 기계장치 | | 3,934 | 38 | - | 180 | - | 2 | 3,794 |
| 차량운반구 | | 47 | 24 | - | 4 | - | - | 67 |
| 공구와기구 | | 1,696 | 29 | 20 | 203 | - | 1 | 1,503 |
| 비품 | | 270 | 154 | - | 32 | - | 1 | 393 |
| 건설중인자산 | | 826 | 117 | - | - | - | - | 943 |
| 사용권자산 | | 58 | 26 | - | 10 | - | - | 74 |
| 소계 | | 25,850 | 388 | 20 | 480 | - | 4 | 25,742 |
| 토지 | 광주 | 4,089 | - | - | - | - | - | 4,089 |
| 건물 | | 6,693 | - | - | 57 | - | 7 | 6,643 |
| 기계장치 | | 6,553 | - | - | 446 | - | 19 | 6,126 |
| 차량운반구 | | 50 | - | 11 | 6 | - | - | 33 |
| 공구와기구 | | 1,353 | 111 | 1 | 129 | - | - | 1,334 |
| 비품 | | 105 | 4 | - | 10 | - | 1 | 100 |
| 건설중인자산 | | 28 | 64 | - | - | - | - | 92 |
| 소계 | | 18,871 | 179 | 12 | 648 | - | 27 | 18,417 |
| 합계 | | 44,721 | 567 | 32 | 1,128 | - | 31 | 44,159 |

그림 6-5 생산설비의 현황

# 재무제표를 분석해 실전에서 활용하자

## 실전에서 유용한 재무제표

재무제표는 재무상태표와 손익계산서 등 기업의 재정 상태를 나타낸 것으로 주식투자를 할 때 실제로 가장 많이 참고하는 자료다. 사업보고서 목차에서 'III. 재무에 관한 사항'을 보면 '4. 재무제표'를 볼 수 있다. 이 메뉴를 클릭하면 자산, 부채, 자본, 이익 등이 정리되어 있다.

## 재무제표 용어 정리

재무제표를 보기 전에 먼저 용어와 개념에 대해 알아보자.

- 자산총계 = 유동자산 + 비유동자산
- 부채총계 = 유동부채 + 비유동부채
- 자본총계 = 자본금 + 자본잉여금 + 이익잉여금 + 자본조정
- 자산총계 = 자본총계 + 부채총계
- 부채율 = (부채총계 / 자본총계) × 100

## 재무상태표 자산과 부채 항목

일정 시점 기업의 현재 재무상태를 보여주는 것으로 크게 자산, 부채, 자본으로 구성되어 있다.

(단위 : 원)

| | 제 38 기 1분기말 | 제 37 기말 |
|---|---|---|
| 자산 | | |
| Ⅰ.유동자산 | 32,382,897,617 | 31,805,152,067 |
| (1)현금및현금성자산 | 12,038,368,395 | 11,937,584,132 |
| (2)단기금융상품 | 9,000,000,000 | 8,000,000,000 |
| (3)매출채권 및 기타유동채권 | 1,544,634,608 | 1,934,767,885 |
| (4)당기손익-공정가치측정 금융자산 | 4,204,903,282 | 4,393,012,844 |
| (5)상각후원가측정유가증권 | 187,750,000 | 187,750,000 |
| (6)재고자산 | 5,354,833,157 | 5,305,653,709 |
| (7)기타유동자산 | 52,408,175 | 46,383,497 |
| Ⅱ.비유동자산 | 48,920,275,084 | 48,951,261,687 |
| (1)장기금융상품 | 3,000,000 | 3,000,000 |
| (2)당기손익-공정가치측정금융자산 | 3,539,769,648 | 3,522,580,398 |
| (3)기타포괄손익-공정가치측정금융자산 | 541,128,696 | 541,128,696 |
| (4)상각후원가측정유가증권 | 645,000 | 645,000 |
| (5)유형자산 | 31,450,794,175 | 31,469,247,283 |
| (6)투자부동산 | 12,967,189,143 | 12,987,715,943 |
| (7)무형자산 | 414,677,422 | 423,873,367 |
| (8)기타금융자산 | 3,071,000 | 3,071,000 |
| 자산총계 | 81,303,172,701 | 80,756,413,754 |
| 부채 | | |
| Ⅰ.유동부채 | 2,828,887,634 | 1,695,533,832 |
| (1)매입채무및기타채무 | 884,840,966 | 935,762,127 |
| (2)단기차입금 | 56,858,289 | 90,085,880 |
| (3)당기법인세부채 | 127,853,935 | 22,276,270 |
| (4)기타유동부채 | 1,759,334,444 | 647,409,555 |
| Ⅱ.비유동부채 | 6,721,550,721 | 6,781,239,035 |
| (1)이연법인세부채 | 6,306,850,721 | 6,366,539,035 |
| (2)기타금융부채 | 414,700,000 | 414,700,000 |
| 부채총계 | 9,550,438,355 | 8,476,772,867 |
| 자본 | | |
| Ⅰ.자본금 | 7,623,000,000 | 7,623,000,000 |
| Ⅱ.기타불입자본 | 45,295,846 | 45,295,846 |
| Ⅲ.기타자본구성요소 | (196,326,936) | (196,326,936) |
| Ⅳ.이익잉여금 | 64,280,765,436 | 64,807,671,977 |
| 자본총계 | 71,752,734,346 | 72,279,640,887 |
| 자본과부채총계 | 81,303,172,701 | 80,756,413,754 |

그림 6-6 재무상태표

### ① 유동자산

비유동자산에 대립되는 개념이다. 현금 및 1년 이내에 현금화할 수 있는 예금·받을어음·외상매출금·미수금·유가증권 등의 당좌자산과 상품·제품·반제품·원재료·재공품·저장품 등의 재고자산이 포함된다.

### ② 비유동자산

유형자산, 무형자산, 투자와 기타자산의 3종류로 이루어져 있다. 유형자산에는 건물·구조물·기계장치·토지 등이 있고, 무형자산에는 영업권·특허권 등이 있다. 투자와 기타자산에는 투자유가증권·관계회사 주식·관계회사 사채·출자금, 장기 대부금 등이 있다.

### ③ 유동부채

비유동부채에 대립되는 개념으로 단기간 내에 상환하도록 되어 있는 채무다. 지급기한이 1년이 넘는 비유동부채도 지급기한이 1년 이내가 되는 시점에서 유동부채로 대체하는 것이 일반적이다.

### ④ 비유동부채

일반적으로 지급기한이 1년이 넘는 부채이며 사채·장기 차입금·관계회사 차입금 등이 있다.

### ⑤ 자본금

기업의 소유자 또는 소유자라고 생각되는 자가 사업 밑천으로 기업에 제공한 금액이다. 자본금은 증자를 통해 증가할 수도 있고, 감자를 통해 감소할 수도 있다.

### ⑥ 자본잉여금

주식발행 초과금처럼 자본 거래에 따라 생기는 잉여금으로 회사의 영업이익 이외의 원천에서 발생하는 잉여금이다. 자본준비금·재평가적립금·국고보조금 등이 있다.

### ⑦ 이익잉여금

기업의 영업활동에서 생긴 순이익으로, 배당이나 임원 상여금 등의 형태로 사외로 유출시키지 않고 사내에 유보한 부분이다.

### ⑧ 기타자본(자본조정)

자본금, 자본잉여금, 이익잉여금의 어디에도 속하지 않는 임시적인 항목으로 자본총계에 가감하는 형식으로 기재한다.

## 손익계산서

손익계산서는 일정기간 동안 기업의 경영활동의 성과를 나타내는 회계 보고서이다.

### ① 매출액

제품 판매 또는 주요 사업활동을 통해 발생된 금액이다.

### ② 매출총이익

매출액이 아무리 많아도 매출총이익이 얼마나 되는지가 중요하다. 매출액 대비 매출총이익의 비중이 얼마나 되는지에 따라 회사의 이익 체질이 달라질 수 있기 때문이다.

(단위 : 원)

| | 제 53 기 1분기 | | 제 52 기 1분기 | |
|---|---|---|---|---|
| | 3개월 | 누적 | 3개월 | 누적 |
| 수익(매출액) | 15,572,684,319 | 15,572,684,319 | 17,532,816,780 | 17,532,816,780 |
| 매출원가 | 16,574,937,069 | 16,574,937,069 | 16,461,420,563 | 16,461,420,563 |
| 매출총이익 | (1,002,252,750) | (1,002,252,750) | 1,071,396,217 | 1,071,396,217 |
| 판매비와관리비 | 565,451,302 | 565,451,302 | 661,751,263 | 661,751,263 |
| 영업이익(손실) | (1,567,704,052) | (1,567,704,052) | 409,644,954 | 409,644,954 |
| 기타이익 | 167,983,492 | 167,983,492 | 162,851,008 | 162,851,008 |
| 기타손실 | 4,544,435 | 4,544,435 | 944,571 | 944,571 |
| 금융수익 | 10,742,199 | 10,742,199 | 28,191,401 | 28,191,401 |
| 금융원가 | 32,907,541 | 32,907,541 | 23,021,914 | 23,021,914 |
| 법인세비용차감전순이익(손실) | (1,426,430,337) | (1,426,430,337) | 576,720,878 | 576,720,878 |
| 법인세비용 | 19,263,484 | 19,263,484 | 117,043,648 | 117,043,648 |
| 당기순이익(손실) | (1,445,693,821) | (1,445,693,821) | 459,677,230 | 459,677,230 |
| 기타포괄손익 | | | | 0 |
| 총포괄손익 | (1,445,693,821) | (1,445,693,821) | 459,677,230 | 459,677,230 |
| 주당이익 | | | | |
| 　기본주당이익(손실) (단위 : 원) | (43) | (43) | 14 | 14 |
| 　희석주당이익(손실) (단위 : 원) | (43) | (43) | 14 | 14 |

그림 6-7 포괄손익계산서

### ③ 영업이익

매출액에서 제품원가와 인건비, 기타 경비 등을 차감한 나머지 금액을 영업이익이라고 한다(매출총이익-판매비와관리비). 매출총이익이 많지 않더라도 내부적으로 경비를 줄여 내실경영을 한다면 많은 영업이익을 낼 수 있다.

### ④ 영업외손익

주된 영업 이외의 활동에서 창출된 손익이다. 즉 채권 관련 투자로 발생된 배당금·이자수익·부동산 임대료 등의 수익을 합산한 항목이다.

⑤ 당기순이익

경상이익에서 특별손익(토지 매각 또는 보유주식 처분, 회사 부주의에 의해 발생된 손실)과 세금 비용을 차감한 나머지 이익을 말한다(경상이익 + 특별이익 – 특별손실 – 법인세 비용).

## 회사의 각 기관과 계열회사를 분석하자

**VI. 계열회사 등에 관한 사항**
1. 계열회사 현황
2. 관계기업 및 자회사의 지분 현황
3. 타법인 출자 현황

여기에서 핵심적인 부분은 타법인 출자 현황으로 출자한 회사의 종류와 투자 금액 및 지분율을 확인해야 한다. 예를 들어 바이오업체는 아니지만 바이오 관련 업체에 투자했다면, 향후 투자한 업체에서 신약개발 등의 관련 재료가 나왔을 때 그 지분율만큼 수혜를 볼 수 있기 때문이다.

## 주주에 대해 알아두는 것도 중요하다

**VII. 주주에 관한 사항**
1. 주주의 분포
2. 주식사무
3. 최근 6개월간의 주가 및 주식거래 실적

여기에서는 주주의 분포를 확인하는 것이 중요하다. 세부항목으로 들어가 '1. 주주의 분포'에서 최대주주 및 특수관계인 지분을 알 수 있다. 회사관계자가 아니더라도 5% 이상 지분을 보유하고 있는 일반주주 역시 주요 주주로 분류되어 소유 현황이 보고된다.

만약 최대주주와 특수관계인의 보유율이 낮고, 5% 이상 보유주주가 단순 투자 목적이 아닌 경영 참여를 원하거나, 불투명한 목적을 가지고 있다면 차후 적대적 M&A 분쟁의 소지가 될 수 있는 부분이므로 참고하길 바란다.

# 06 전자공시를 통한 기타 보고서 분석

## 감사보고서

감사보고서를 확인하는 방법은 사업보고서를 확인하는 과정과 같다. 전자공시 시스템 사이트에서 [종목 검색→감사보고서] 순으로 찾아들어가면 된다. 감사보고서에서는 '외부감사인의 감사보고서'가 함께 제출되는데, 회사 재무제표의 정확성 여부를 공인회계사가 객관적으로 감사하여 그 의견을 표시한 것이다.

### 적정의견

재무제표의 모든 항목이 적절히 작성되어 기업 회계 기준에 일치하고, 불확실한 사실이 없을 때 표시하는 경우를 말한다.

**한정의견**

회계 처리 방법과 재무제표 표시 방법 중 일부가 기업회계에 위배되거나, 재무제표의 일부 항목에서 합리적인 증거를 모두 얻지 못하고 있어 관련되는 사항이 재무제표에 영향을 주거나 줄 수 있다고 표시하는 경우를 말한다.

**부적정의견**

재무제표가 전체적으로 합리적으로 기재되지 못하고 왜곡 표시됨으로써 무의미하다고 인정되는 경우의 표시를 말한다.

**의견거절**

감사보고서를 작성하는 데 필요한 증거물을 얻지 못하여 재무제표 전체에 대한 의견 표명이 불가능한 경우, 기업 존립에 의문을 제기할 정도의 객관적인 사항이 특히 중대한 경우 또는 감사의 독립적인 감사 업무를 수행할 수 없는 경우다.

## 주요사항 보고서(자기주식취득보고서)

자기주식취득이란 기업이 발행한 주식을 회사 자금으로 취득하여 보유하는 것을 말한다. 자기주식취득 방법은 회사가 직접 참여하는 직접취득 방법과 금융기관과의 신탁 계약 체결에 의한 간접취득 방법이 있다.

| 1. 취득예정주식(주) | 보통주식 | | 20,000 | |
|---|---|---|---|---|
| | 기타주식 | | - | |
| 2. 취득예정금액(원) | 보통주식 | | 1,440,000,000 | |
| | 기타주식 | | - | |
| 3. 취득예상기간 | 시작일 | | 2020년 06월 22일 | |
| | 종료일 | | 2020년 09월 21일 | |
| 4. 보유예상기간 | 시작일 | | - | |
| | 종료일 | | - | |
| 5. 취득목적 | | 주가 안정을 통한 주주가치 제고 | | |
| 6. 취득방법 | | 유가증권시장을 통한 장내 매수 | | |
| 7. 위탁투자중개업자 | | KB증권(KB Securities co.,Ltd.) | | |
| 8. 취득 전 자기주식 보유현황 | 배당가능이익 범위 내 취득(주) | 보통주식 | 780,000 | 비율(%) | 19.50 |
| | | 기타주식 | - | 비율(%) | - |
| | 기타취득(주) | 보통주식 | - | 비율(%) | - |
| | | 기타주식 | - | 비율(%) | - |
| 9. 취득결정일 | | 2020년 06월 19일 | | |
| - 사외이사참석여부 | 참석(명) | | | 2 |
| | 불참(명) | | | 0 |
| - 감사(사외이사가 아닌 감사위원)참석여부 | | 참석 | | |
| 10. 1일 매수 주문수량 한도 | 보통주식 | | | 2,000 |
| | 기타주식 | | | - |

그림 6-8 자기주식취득 보고서

자기주식취득을 하는 이유는 크게 두 가지로 볼 수 있다. 첫 번째는 수급 조절을 통한 주가 안정 도모이고, 두 번째는 적대적 M&A를 방어하기 위해서다.

### 직접 취득과 간접 취득의 차이점

| | 직접 취득 | 신탁에 의한 간접 취득 |
|---|---|---|
| 소각 여부 | 취득 이후 소각 가능 | 취득 이후 소각 불가능 |
| 취득 기간 | 3개월 이내 | 제한 없음(연장 가능) |
| 취득 방법 | 시장 매수 및 공개 매수 | 당일 신탁회사에서 결정 |

## 주요사항 보고서(유상증자결정)

유상증자는 신주를 발행함으로써 자금을 새로 조달하여 자본금을 늘리는 것이다. 유상증자 방법은 주주우선배정 방식, 일반배정 방식, 제3자 배정 방식 등으로 분류할 수 있다. 실권주는 유상증자 청약 납입일까지 주금이 납입되지 않은 신주인수권을 말하며 보통 이사회의 결의를 통해 재발행된다.

### 주주우선배정 방식

기존 주주에게 신주를 싸게 매수할 수 있는 권리를 부여하는 방법으로 할인율에는 제한이 없다.

### 일반배정 방식

공모를 통해 불특정 다수에게 공개적으로 유상증자를 하는 방식으로 할인율은 30%로 제한하고 있다.

### 제3자 배정 방식

회사의 임원, 종업원, 거래처 등 연고관계에 있는 자 또는 특정인에게 배정하는 방식으로 할인율은 10%로 제한하고 있다.

| 1. 신주의 종류와 수 | 보통주식 (주) | | 4,500,000 | |
|---|---|---|---|---|
| | 기타주식 (주) | | - | |
| 2. 1주당 액면가액 (원) | | | 500 | |
| 3. 증자전 발행주식총수 (주) | 보통주식 (주) | | 14,896,669 | |
| | 기타주식 (주) | | - | |
| 4. 자금조달의 목적 | 시설자금 (원) | | 6,140,000,000 | |
| | 영업양수자금 (원) | | - | |
| | 운영자금 (원) | | 1,477,500,000 | |
| | 채무상환자금 (원) | | 8,800,000,000 | |
| | 타법인 증권 취득자금 (원) | | - | |
| | 기타자금 (원) | | 300,000,000 | |
| 5. 증자방식 | | | 주주배정후 실권주 일반공모 | |
| 6. 신주 발행가액 | 확정발행가 | 보통주식 (원) | | 3,715 |
| | | 기타주식 (원) | | - |
| | 예정발행가 | 보통주식 (원) | - | 확정예정일 | - |
| | | 기타주식 (원) | - | 확정예정일 | - |
| 7. 발행가 산정방법 | | | 24. 기타 투자판단에 참고할 사항 | |
| 8. 신주배정기준일 | | | 2021년 06월 17일 | |
| 9. 1주당 신주배정주식수 (주) | | | 0.32059516 | |
| 10. 우리사주조합원 우선배정비율 (%) | | | - | |
| 11. 청약예정일 | 우리사주조합 | 시작일 | - | |
| | | 종료일 | - | |
| | 구주주 | 시작일 | 2021년 07월 21일 | |
| | | 종료일 | 2021년 07월 22일 | |
| 12. 납입일 | | | 2021년 07월 29일 | |
| 13. 실권주 처리계획 | | | 24. 기타 투자판단에 참고할 사항 | |
| 14. 신주의 배당기산일 | | | 2021년 01월 01일 | |
| 15. 신주권교부예정일 | | | - | |
| 16. 신주의 상장예정일 | | | 2021년 08월 10일 | |
| 17. 대표주관회사(직접공모가 아닌 경우) | | | 한양증권 주식회사 | |
| 18. 신주인수권양도여부 | | | 예 | |
| - 신주인수권증서의 상장여부 | | | 예 | |

그림 6-9 유상증자

증자 방식에서 유상증자의 방법을 확인할 수 있다. 〈그림 6-9〉의 내용을 기준으로 말하자면, 유상증자 권한을 받은 주주들 중 7월 21~22일에 청약을 하고 7월 29일에 납입을 완료하면 8월 10일에 주당 0.32주를 더 보유하게 된다.

## 감자결정 보고서

감자는 주식회사의 자본금을 주주총회의 특별결의에 의해 감소시키는 것을 말하며 유상감자(실질적 감자)와 무상감자(형식적 감자)가 있다.

### 유상감자

사업 규모를 축소시킬 목적으로 증권시장에서 당사 발행주식을 시가나 액면금액으로 매입하여 소각하는 방법이다. 실질적으로 순자산이 감소하므로 실질적 감자라고도 한다. 일반적으로 유상감자 공시의 경우 자본금 규모의 적정화 및 회사 과잉 재산의 주주 환원 차원에서 실시한다고 제시된다.

### 무상감자

회사의 결손금을 보전하기 위해 주식의 액면금액을 줄이거나 발행된 주식수를 줄이는 방법이다. 법정 자본금은 감소하지만 그 대가를 지급하지 않으므로 순자산 금액에는 변화가 없어 형식적 감자라고도 한다.

예 자본금 50억 원, 액면가 500원, 현재가 10,000원, 총주식수 1000만 주, 시가총액 1000억 원의 주식이 있다고 하자. 총주식수를 10분의 1로 줄이는 무상감자를 실시하면 자본금 5억 원, 액면가 500원, 현재가 100,000원, 총주식수 100만 주, 시가총액 1000억 원이 된다. 즉 실제 보유주식의 가격에는 변화가 없고 회사 내부적으로 장부상의 자본금에만 변동이 생기는 것이다.

### 주식시장 일정 확인하기

한국거래소 www.krx.co.kr에 접속한다. 홈페이지 상단 메뉴 'KRX 시장 → 주식시장'을 클릭한 후 왼쪽 메뉴에서 '시장 동향 → 증시 일정'을 선택하면 월별 일정을 볼 수 있다. 또 휴장일을 선택하면 포털사이트에 검색하지 않아도 주식시장이 언제 쉬는지 확인할 수 있다. 도움이 되는 정보들이 많으니 다양하게 활용해보자.

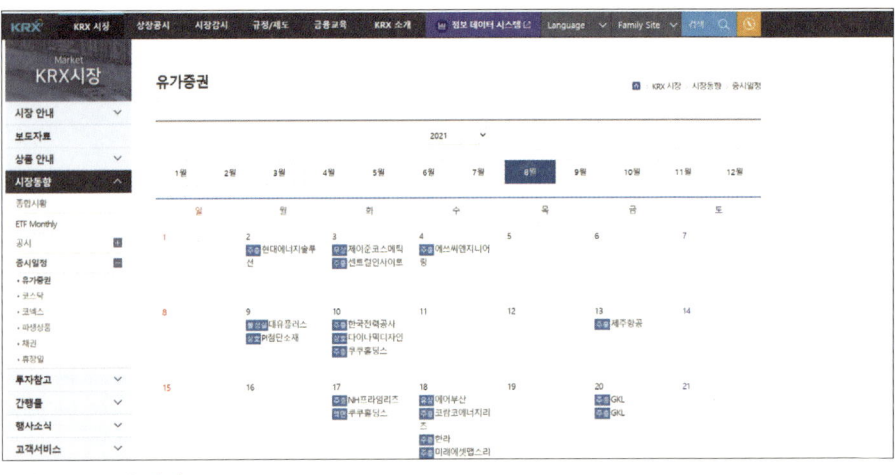

그림 6-10 증시 일정

**NOTE**

# 2부

## 실전편

# 7장

## 매수와 매도의 급소를 포착하라

# 01 타이밍이 성패를 좌우한다

앞에서도 여러 번 강조했듯이 주식투자에서 성공하기 위한 가장 간단하면서도 최고의 방법은 주식을 싸게 매수하여 비싸게 매도하는 것이다. 그러므로 수익을 내기 위해서는 언제 매수하고, 언제 매도하느냐를 아는 것이 가장 중요하다. '주식은 타이밍의 예술'이라는 말은 하도 흔해서 진부하다고 느껴질 정도다. 하지만 그 의미만큼은 아무리 시간이 흐르고 시장 상황이 변한다고 해도 여전히 중요한 가치를 지닌다.

많은 개미 투자자가 주식시장에 뛰어들었다가 실패하고 떠나는 이유는 고점에 매수하고 저점에서 손절매하기 때문이다. 매수 타이밍에 실패했더라도 매도 타이밍에 성공한다면 수익은 줄어들지라도 최소한 '깡통 계좌'의 위험은 면할 수 있다.

주가는 파동 운동을 하면서 고점과 저점을 만든다. 이러한 파동 원리에 근거하여 파동의 저점에서 매수하고, 파동의 고점에서 매도하는 매매 전략을 세우는 기법을 익혀야 한다. 대형 호재를 가지고 있거나 초우량 종목에 투자했더라도 이러한 요인들이 이미 주가에 반영되어 있다면 수익을 내기란 정말 어렵다.

투자자라면 자신만의 무기(투자 금액에 맞는 종목 선택, 기술적 분석, 내재가치 분석 등)를 가지고 있어야 한다. 주식투자를 하면서 수익 내는 방법을 하나씩 쌓아가고, 손실 나는 방법을 버려나간다면 자신만의 완전한 무기를 보유하게 될 것이다. 필자가 증권사관학교를 운영하면서 회원들의 수익률을 검증해본 결과, 주식투자의 핵심 기법들을 철저히 습득한 후에 자신에게 맞는 투자 방법으로 매매하는 회원들의 투자 수익이 안정적이며 꾸준하다는 사실을 새삼 확인한 적이 있다.

여러분은 앞에서 주식투자의 기본적인 사항들을 배웠다. 이번 장에서는 주식을 싸게 매수하여 비쌀 때 매도하는 방법을 설명하고자 한다. 이러한 기법들을 하나씩 배워나가면서 자신에게 맞는 새로운 주식투자의 무기로 다듬기를 바란다.

## 02 매매 타이밍 포착의 핵심

주식의 매매 타이밍은 현재의 주가 위치에 따라 크게 달라진다. 주가가 오랫동안 하락한 뒤 더 이상 하락하지 않고 횡보 상태라면 일반적으로 상승 탄력이 약하므로 위험성은 적지만 인내가 필요하다. 주가가 어느 정도 상승 중에 있다면 상승 탄력은 강하지만 상승한 만큼의 위험이 존재한다. 또 주가가 조만간 고가권에 접근하는 시점이라면 상승 탄력은 더욱 강해지는데, 이때는 마지막 불꽃을 태우는 단계이므로 수익은 크지만 위험도 그만큼 크다고 할 수 있다.

다음은 주가의 위치에 따른 기술적 지표의 유형별 대응 전략을 요약한 것이다. 어떠한 항목에서 최적의 매매 급소가 되는지 차근차근 살펴보자.

| 기술적 지표 | 주가 위치 | 유형 | 대응 전략 |
| --- | --- | --- | --- |
| 이동평균선 | 바닥권 | 골든크로스 | 적극 매수 |
| | | 데드크로스 | 보유 및 매수 준비 |
| | 상승 중 | 골든크로스 | 지지선 확인 후 매수, 보유 |
| | | 데드크로스 | 단기 매도 후 재접근 |
| | 고가권 | 골든크로스 | 지지선 확인 후 단기 접근<br>지지선 이탈 시 매도 |
| | | 데드크로스 | 적극 매도 |
| 거래량 | 바닥권 | 거래량 바닥 | 분할 매수 |
| | | 거래량 증가 | 매수 |
| | 상승 중 | 거래량 감소 | 보유 → 재상승 |
| | | 거래량 증가 | 매수 |
| | 고가권 | 거래량 증가 | 분할 매도 → 추세 이탈 확인 |
| | | 거래량 감소 | 추세 이탈 시 적극 매도 |

# 03 이동평균선의 매매 급소

앞에서 이동평균선을 설명하면서 말했듯이 주가가 이동평균선을 상향 돌파하는 것은 강력한 매수 신호다. 특히 주가가 오랫동안 하락하다가 바닥권에서 골든크로스가 발생한 경우라면 적극적인 매수 관점으로 접근한다.

단기적으로 빠른 매수를 원하는 투자자라면 3일선이 10일선을 돌파하는 때가 매수 타이밍이 되지만 안정적으로 매수하기 위해서는 5일선이 20일선을 돌파한 후 조정을 보이다 20일선에서 다시 지지를 받는 때가 보다 적절하다고 할 수 있다. 골든크로스 발생 후 조정을 보이는 경우가 많으므로 골든크로스 발생 시점에서 매수 준비를 한 후에 눌림목에서 매수하는 방법이 성공 확률이 높다.

> **Key point**
> ① 저항선으로 작용하는 이동평균선이 하락 중일 때 일시적으로 주가가 이동평균선을 돌파했더라도 다시 하향 이탈하는 경우가 많으므로, 이동평균선이 평행하거나 상승으로 자리를 잡은 이후에 매수해야 한다.
> ② 매수는 지지선에서 해야 하며 20일선 눌림목 매수가 가장 안전하다고 할 수 있다.

# 주가 바닥권

## 골든크로스: 적극 매수

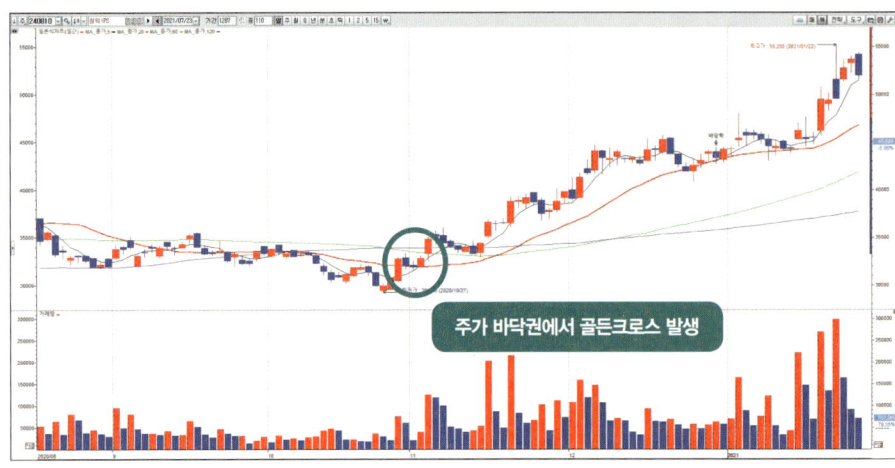

그림 7-1 원익IPS(240810)

위 그림은 원익IPS의 일봉 차트다. 원으로 표시된 부분은 지수가 20일선을 돌파한 후 5일선과 20일선의 골든크로스가 발생한 지점이다. 이후 5일선이 장기 이동평균선을 계속해서 상향 돌파하며 상승 기조를 유지하고 있다. 이처럼 바닥권에서 골든크로스가 발생할 경우에는 적극적인 매수 관점으로 대응해야 한다.

## 데드크로스: 보유 및 매수 준비

바닥권에서는 데드크로스가 발생하더라도 지지선이 가까이 있다면 중기 투자자는 보유하는 것이 좋다. 지지선을 이탈하지 않고 하방경직성을 확보하는 경우에는 중기적으로는 보유하고, 신규 매수는 준비하는 시점이다. 하지만 지지선이나 전저점을 이탈한다면 매도해야 한다.

5일선이 20일선을 상향 돌파한 후 횡보하다가 되밀려 20일선 아래로 하락했지만 전저점에 이르기 전 반등에 성공한다. 이후 상승 추세를 이어간다.

그림 7-2 에스엠(041510)

5일선이 20일선을 돌파한 후 20일선을 중심으로 등락을 되풀이하다 대량 거래와 함께 상향 돌파한다. 이후 큰 폭의 상승을 이룬 모습이다.

그림 7-3 SK텔레콤(017670)

## 주가 상승 중(단기 20% 상승)

### 골든크로스: 지지선 확인 후 매수, 보유

골든크로스가 발생한 이후 조정을 받았으나 20일선의 지지력이 확인되자 더 높은 탄력으로 2차 상승이 진행되었다.

그림 7-4 KT(030200)

### 데드크로스: 단기 매도 후 재접근

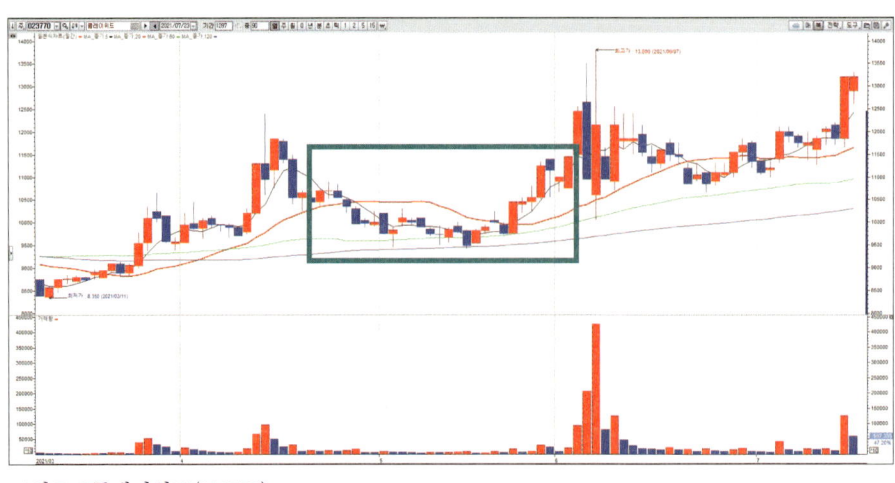

그림 7-5 플레이위드(023770)

〈그림 7-5〉를 보면 상승 추세 중 단기 데드크로스 후 횡보 흐름을 보이다가 대량 거래와 함께 골든크로스가 발생하며 상승 흐름을 이어간다.

## 주가 고가권

### 골든크로스: 지지선 확인 후 단기 접근/지지선 이탈 시 매도

단기 상승 이후 20일선을 이탈하여 하락하다가 60일선의 지지로 반등을 보였지만 이내 되밀렸다. 전저점 지지에 실패하면서 단기 급락하는 모습이다.

그림 7-6 한국콜마(161890)

### 데드크로스: 적극 매도

〈그림 7-7〉에서 원으로 표시된 부분은 주가가 지속적으로 상승세를 보인 이후 데드크로스가 발생한 시점이다. 주가 고가권에서 데드크로스 발생 시에는 매도 후 관망하는 것이 좋다.

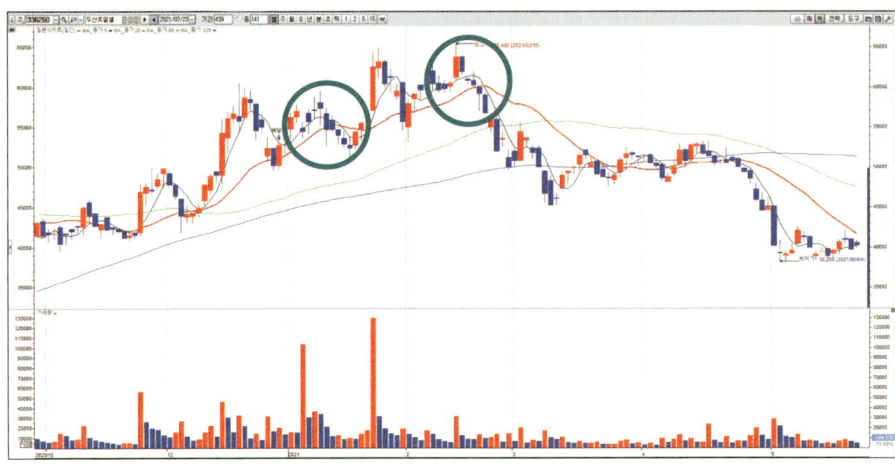

그림 7-7 두산퓨엘셀(336260)

## 04 거래량의 매매 급소

## 주가 바닥권

### 거래량 바닥

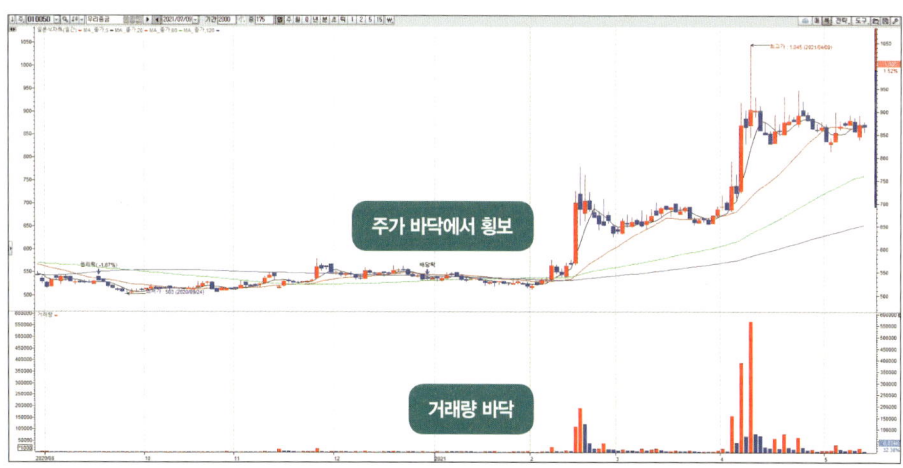

그림 7-8 우리종금(010050)

〈그림 7-8〉에서 보듯이 주가가 하락한 뒤에 더 이상 떨어지지 않고 거래량 역시 바닥권을 보이고 있다면 추이를 주목하자. 중장기 투자자는 이 시기부터 관심이 필요하며 분할 매수로 접근 가능하다. 중장기 투자에 적합한 매매 기법이라고 할 수 있다.

## 거래량 증가

주가 바닥권에서 거래량이 없다가 거래량이 증가하는 모습을 보인다면 머지않아 상승 탄력이 실릴 가능성이 크다. 그렇지만 그 시기는 종목에 따라 천차만별이므로 징후를 포착하고 매수했다면 기다리는 것이 중요하다. 특히 단기적으로 급락한 이후에 발생한 거래량 증가보다는 점진적인 하락이나 횡보 이후에 나타났을 때 신뢰도가 높다.

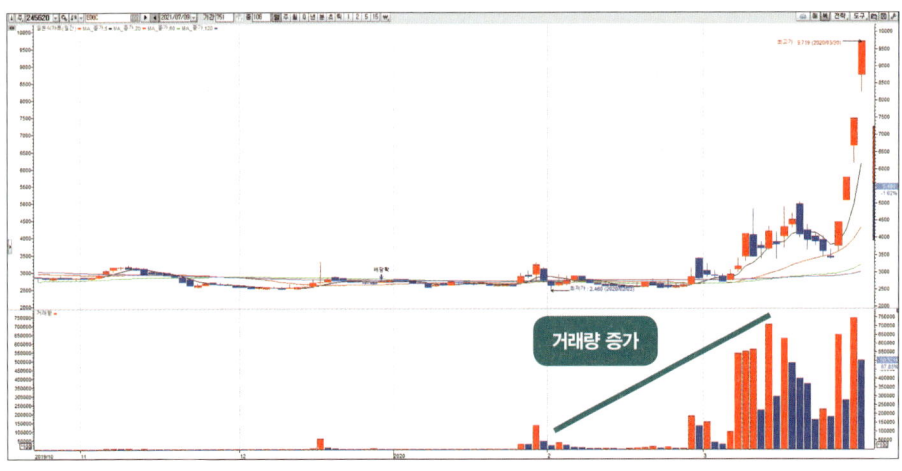

그림 7-9 EDGC(245620)

## 주가 상승 중

### 거래량 감소

선도세력들이 어느 정도 물량을 매집한 상태다. 거래량이 줄면 주가가 하락하는 것이 일반적인데 이 경우는 반대이므로, 누군가 물량을 보유하고 있지 않으면 나올 수 없는 거래로 판단할 수 있다. 이 경우 거래량이 급증하면서 하락 추세로 반전되기 전까지 보유하는 전략이 좋다.

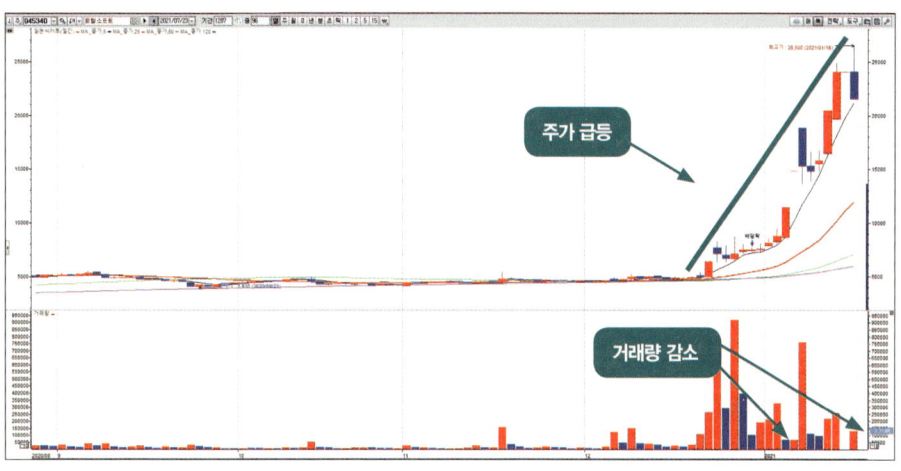

그림 7-10 토탈소프트(045340)

### 거래량 증가

거래량이 점진적으로 증가하면서 주가도 점진적으로 상승하는 것이 일반적이다. 이 경우 어느 순간 급락하게 될 염려가 많지 않으며, 하락이 시작되더라도 매도 기회가 충분히 주어진다.

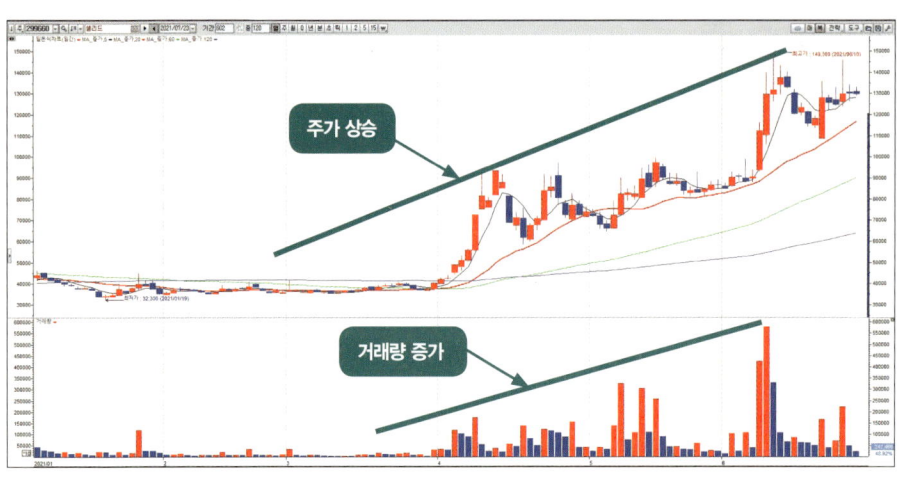

그림 7-11 셀리드(299660)

## 주가 고가권

### 거래량 증가

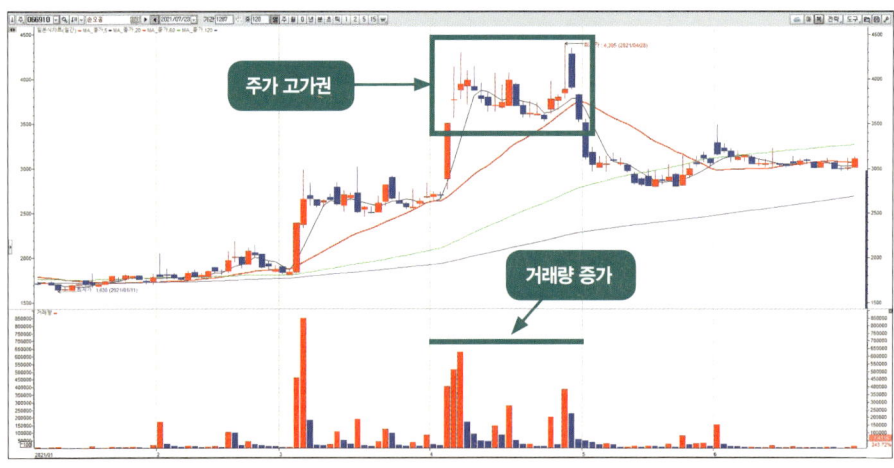

그림 7-12 손오공(066910)

거래량이 증가하면서 주가가 급등 중일 경우는 활발한 손바꿈이 이루어지면서 상승한다고 할 수 있다. 이런 모습은 추세가 이탈되기 전까지 보유하는 것이 좋으나 점진적으로 상승하는 것보다는 위험성이 있다(〈그림 7-12〉 참고).

## 거래량 감소

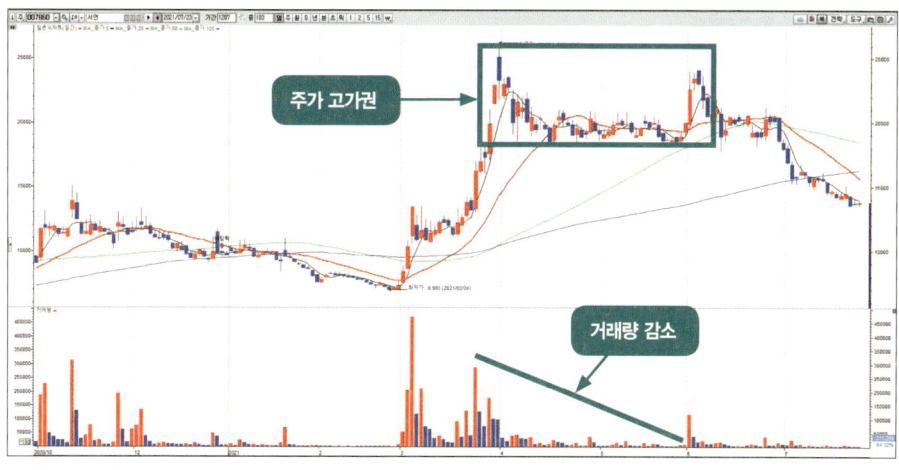

그림 7-13 서연(007860)

선도세력들이 물량을 매집한 후 주가를 띄운 경우에 많이 발생한다. 거래량이 분출되는 시점까지 주가는 상승한다. 장대음봉과 대량 거래가 나타난다면 조만간 하락하리라는 것을 예상하고 되도록 빨리 빠져나오도록 한다.

# 05 추세선과 주가 흐름

## 추세란 무엇인가

추세Trend란 가장 단순한 의미로 시장의 진행 방향Direction of market을 말하며, 주가가 이동하는 통로이자 주가의 방향성이다. '추세 분석'이란 바로 이 주가의 '진행 방향'을 분석하는 작업이다.

상승 추세, 하락 추세, 비추세(횡보 추세)로 분류할 수 있는데, 일단 형성된 추세는 반전되기 전까지는 그 방향대로 지속하려는 특성을 갖는다. 앞서도 언급했듯이 뉴턴의 제1법칙인 관성의 법칙이 적용된다. 이처럼 추세 분석은 과학적인 근거를 인용한 기법으로써 어떤 기술적 분석보다 객관적이고 신뢰도가 높아 전문 투자자들이 중요하게 사용하는 분석 기법 중 하나다.

다시 한번 강조하지만 많은 개인 투자자가 상승장에서도 손실이 발생하는 이유는 매매 타이밍을 모르고 있기 때문이다. 매매 타이밍을 결정하는 기준이 서 있지 않기 때문에 기대감으로 추격 매수했다가 공포감에 사로잡혀 손절매를 함으로써 손실을 키워가는 것이다.

재료와 실적을 겸비한 좋은 종목이라도 상승만을 계속할 수는 없다. 주가는 파동 운동을 하면서 상승과 하락을 하기 때문에 저점과 고점을 찾아서 매매해야 한다.

## 추세의 분류

### 상승 추세

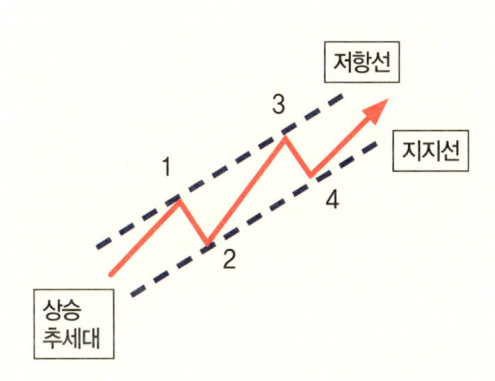

**상승 추세선 작성하기**
상승 추세선은 이전 저점과 최근에 기록한 저점을 직선으로 연결해서 오른쪽으로 길게 연장하면 된다. 저점끼리 연결한 선이 지지선이 되고, 고점끼리 연결한 선이 저항선이 된다. 둘 사이의 폭을 상승 추세대라고 한다.

연속하는 고점(1, 3번)과 연속하는 저점(2, 4번)을 연결했을 때 우상향의 기조로 진행되면 상승 추세라 한다. 상승 추세에 있는 종목을 수급 측면에서 보면 매수세가 강하다고 할 수 있다. 그동안 상승하고 있어서 매수하지 못한 대기 매수자가 조정 시에 매수하고자 하기 때문이다.

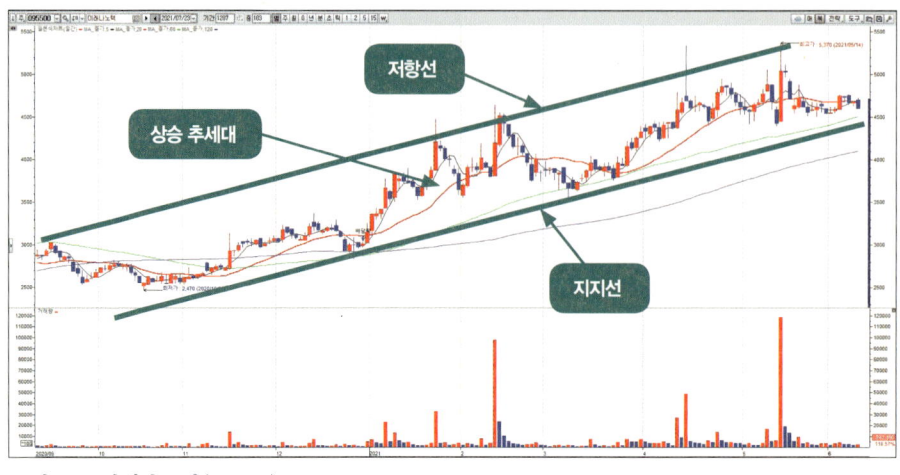

그림 7-14 미래나노텍(095500)

## 하락 추세

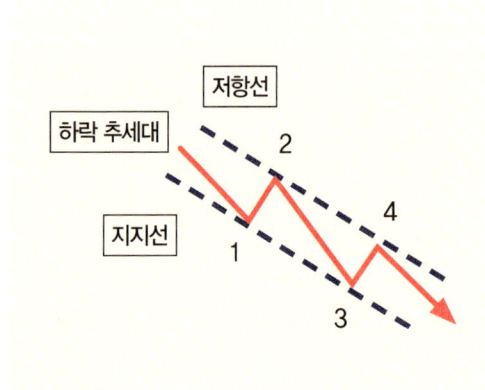

### 하락추세선 작성하기

하락 추세선은 직전에 형성된 고점과 최근 기록한 고점을 직선으로 연결해서 오른쪽으로 길게 연장하면 된다. 이때 고점끼리 연결한 선이 저항선이 되고, 저점끼리 연결한 선이 지지선이 된다. 둘 사이의 폭을 하락 추세대라고 한다.

연속하는 고점(2, 4번)들과 연속하는 저점(1, 3번)들을 연결했을 때 하향 기조로 진행되면 하향 추세라고 한다. 하락 추세에 있는 종목을 수급 측면에서 봤을 때는 매도세력이 강하다고 할 수 있다. 주가가 반등할 때마다 그동안 하락 시 매도하지 못한 대기 매도세가 기다리고 있기 때문이다.

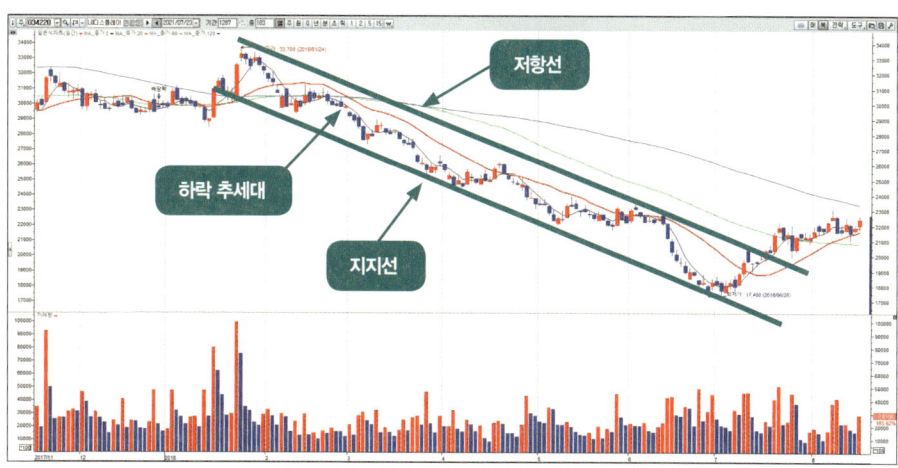

그림 7-15 LG디스플레이(034220)

## 비추세(횡보 추세, 박스권)

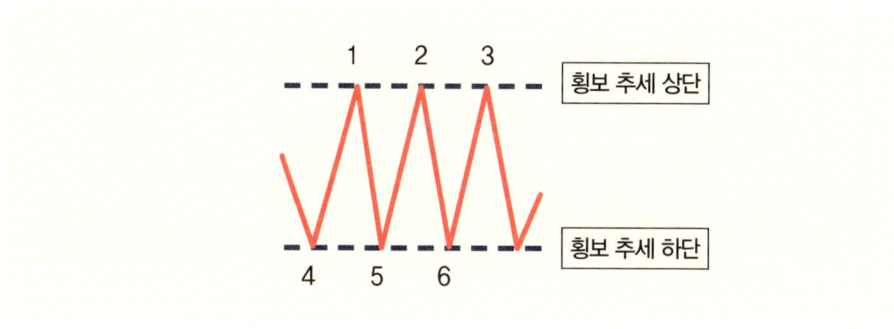

연속하는 고점(1, 2, 3번) 간의 관계와 저점(4, 5, 6번) 간의 관계가 명확하지 않으며, 거의 수평으로 등락이 반복되거나 수렴이 진행된다. 비추세의 종목을 수급 측면에서 보면 추세 하단에서는 대기 매수자들이 많아 상승하며, 추세 상단에서는 대기 매도자들이 많아 하락하게 된다고 볼 수 있다.

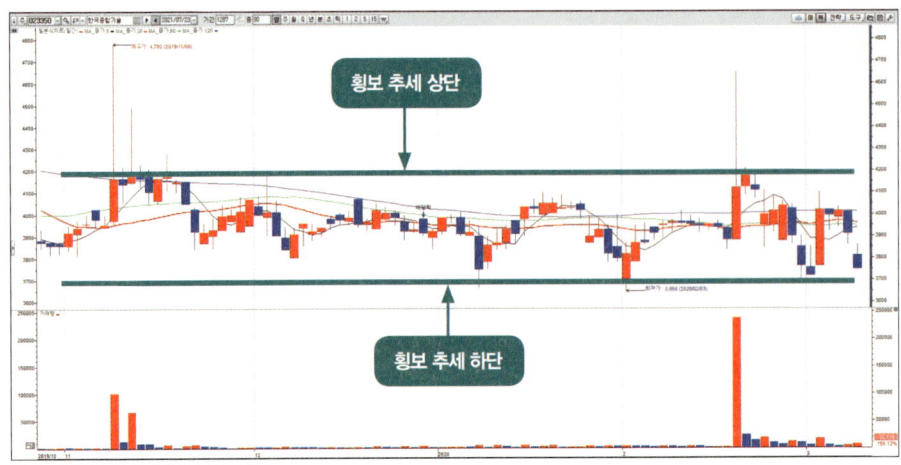

그림 7-16 한국종합기술(023350)

2019년 10월 말부터 2020년 3월 중순까지 추세대 상단에서는 대기 매도자에 의해 하락하고, 하단에서는 대기 매수자에 의해 상승하는 흐름이다. 이때를 지루한 박스권을 보이고 있다고 말한다.

# 추세선의 매매 급소

추세선에도 급소가 있는데, 반복되는 사이클을 파악했다면 지지와 저항의 지점을 잡아낼 수 있다. 이때 중요한 것은 추세선의 이탈인데, 이는 각 추세선의 성격에 따라 다음과 같이 대응하면 된다.

| 추세 | 상태 | 대응 전략 |
| --- | --- | --- |
| 상승 추세 | 추세 지속 | 보유 |
| | 추세선 이탈 | 매도 |
| 하락 추세 | 추세 지속 | 매도 |
| | 추세선 돌파 | 매수 |
| 횡보 추세 | 추세 지속 | 관망(박스권 매매) |
| | 추세선 상단 돌파 | 매수 |
| | 추세선 하단 돌파 | 매도 |

**Key point** 추세대 내에서 지지와 저항을 이용한 매매
지지선에 근접했을 때 매수하며 저항선에 근접했을 때 매도하는 전략이다. 단, 하락 추세대에서의 매매는 하향 이탈의 위험이 있으므로 세심한 주의가 필요하다.

# 상승 추세

### 상승 추세 → 추세 지속: 보유

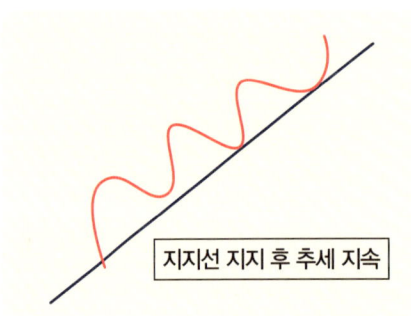

일정 기간 동안 상승세를 보이던 주가가 단기 조정 이후 추가 상승세를 이어가는 상태를 말한다. 상승 추세선 부근에서 양봉이 출현할 경우 단기 조정은 마무리되고 추가 상승세의 출발점이 되는 단기 매수 급소다.

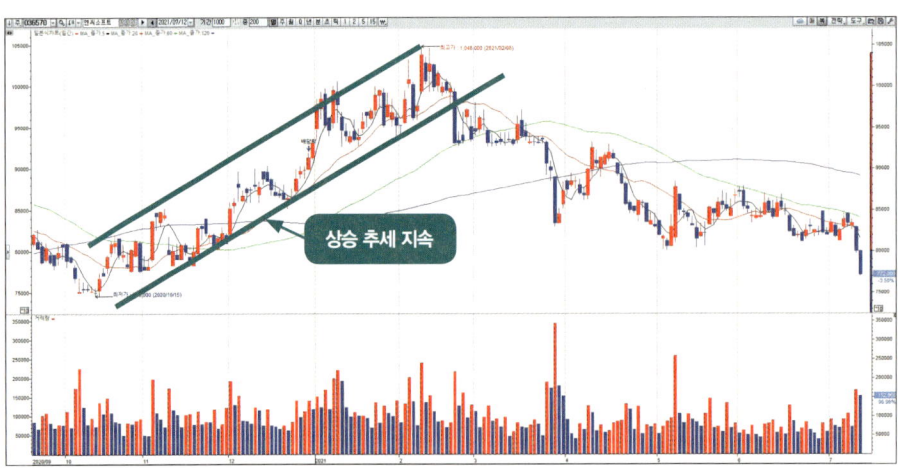

그림 7-17 엔씨소프트(036570)

주가가 단기 조정을 받을 때마다 상승 추세선이 강력한 지지선으로 작용하며 추가 상승세를 이어가고 있다.

### 상승 추세 → 추세선 이탈: 매도

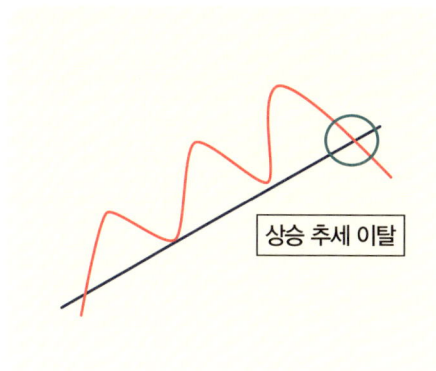

상승 추세 이탈이란 오랫동안 상승 추세를 보이던 주가가 상승 추세선에서 지지를 받지 못하고 하락하는 상태를 말한다. 하락으로 이탈되는 시점은 상승세가 마무리되며 하락 추세의 출발점이 될 수 있으므로 강력한 매도 시점이다.

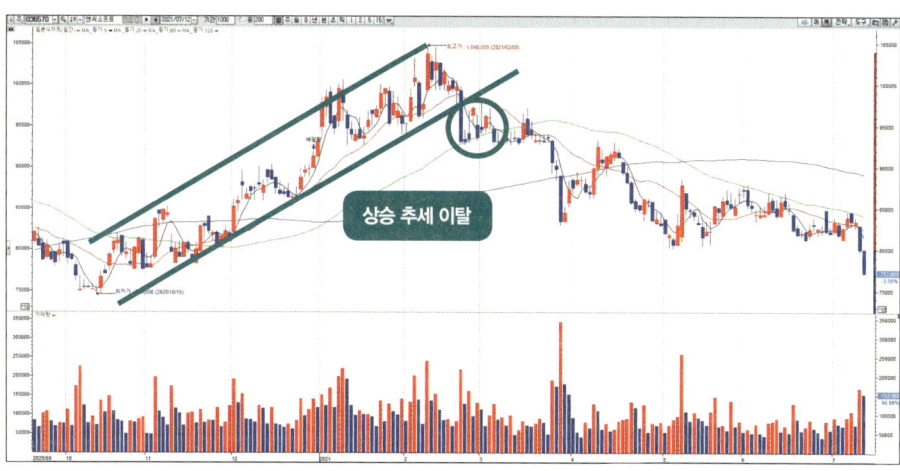

그림 7-18 엔씨소프트(03657)

주가가 강력한 지지선으로 작용하던 상승 추세선을 이탈한 이후에 하락세를 보이고 있다.

# 하락 추세

### 하락 추세 → 추세 지속: 매도

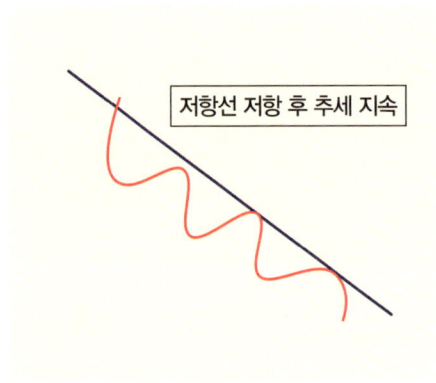

일정기간 동안 하락세를 보이던 주가가 단기 반등 이후 재차 하락세를 이어가는 상태를 말한다. 하락 추세선 부근에서 음봉이 출현했다면 단기 상승은 마무리되고 추가 하락세가 예상되는 시점이므로 단기 매도 급소가 된다.

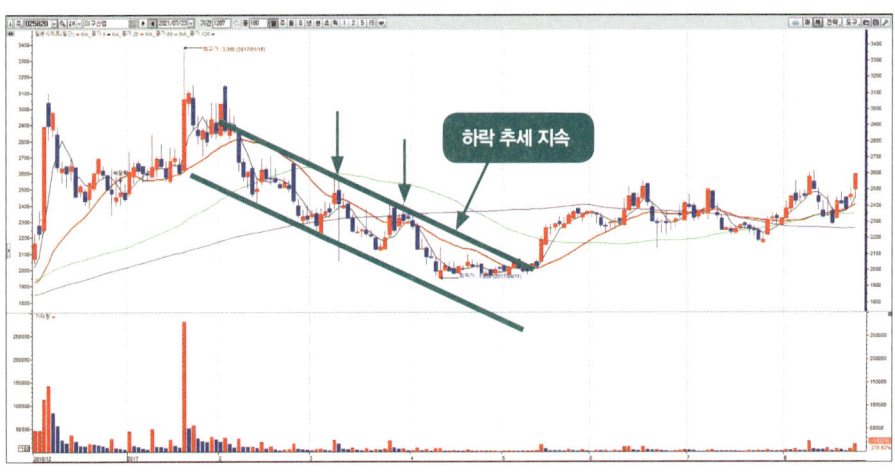

그림 7-19 이구산업(025820)

주가가 단기 반등할 때마다 하락 추세선이 강력한 저항선으로 작용하며 추가 하락세를 이어가고 있다.

### 하락 추세 → 추세선 돌파: 매수

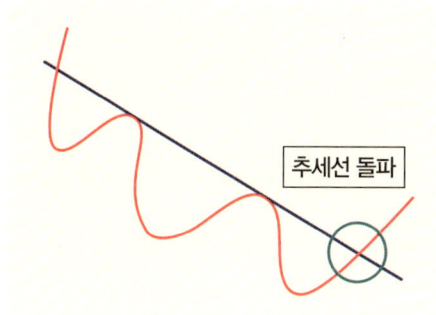

하락 추세의 전환이란 오랫동안 하락세를 보이던 주가가 하락 추세선을 돌파하는 상태를 말한다. 상승으로 돌파되는 시점은 하락세가 마무리되고 새로운 상승의 출발점이 될 수 있으므로 중요한 매수 급소가 된다.

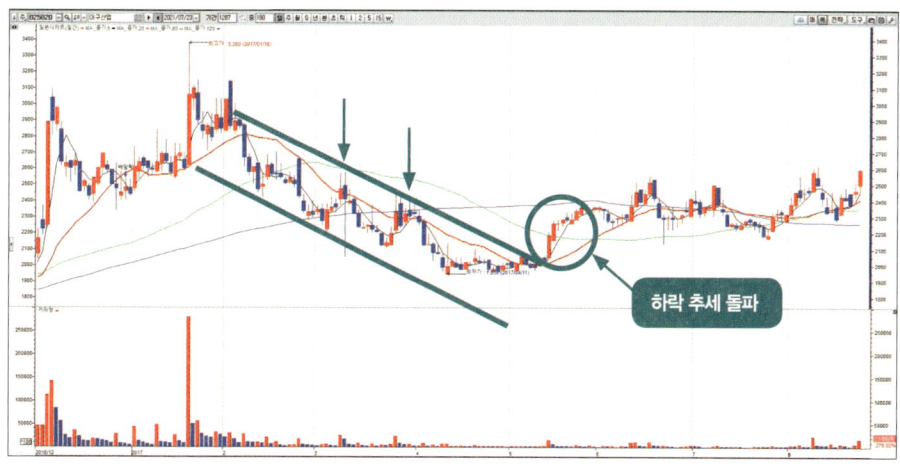

그림 7-20 이구산업(025820)

주가가 반등할 때마다 저항선에 부딪쳐 매물 압박을 받으며 다시 하락을 보였으나, 3차례의 시도 끝에 하락 추세대의 상단을 돌파하면서 하락세를 마감하고 상승으로 추세 전환에 성공했다.

# 횡보 추세

### 횡보 추세 → 추세 지속: 관망 및 박스권 매매

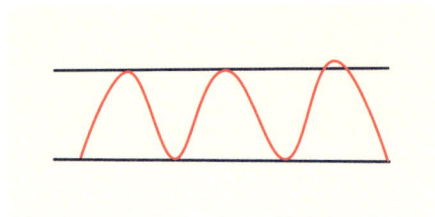

박스권은 방향을 타진하는 구간으로, 이 경우 관망하거나 추세선을 이용한 단기 매매가 가능하다.

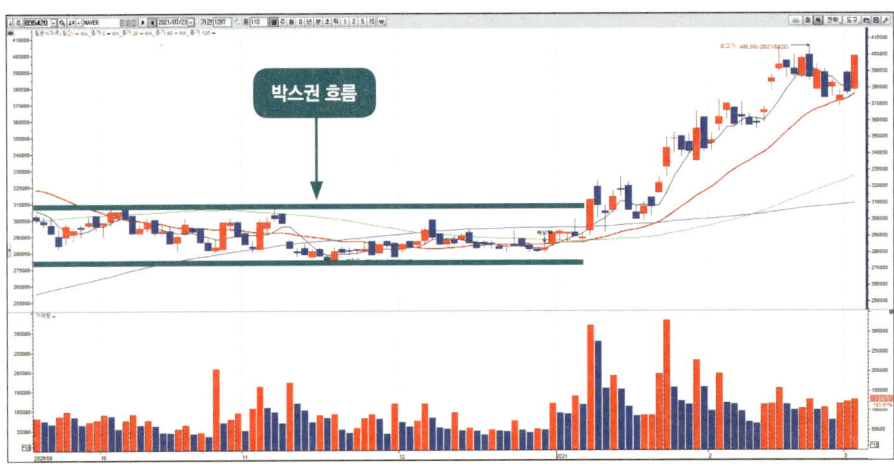

그림 7-21 NAVER(035420)

주가가 박스권 흐름을 보일 때에는 중기 투자자는 방향이 뚜렷해지기 전까지는 관망하고, 단기 투자자는 추세선 하단에서 매수하여 상단에서 매도하는 단기 매매가 유효하다.

## 횡보 추세 → 추세선 상단 돌파: 매수

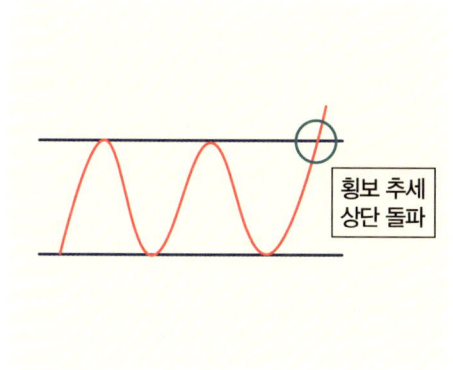

횡보 추세에서 상승 전환은 일정기간 동안 박스권을 형성하던 주가가 박스권의 상단을 돌파하는 상태를 말한다. 박스권 상단을 돌파하는 시점은 횡보 추세가 마무리되고 새로운 상승의 출발점이 될 수 있으므로 중요한 매수 급소가 된다.

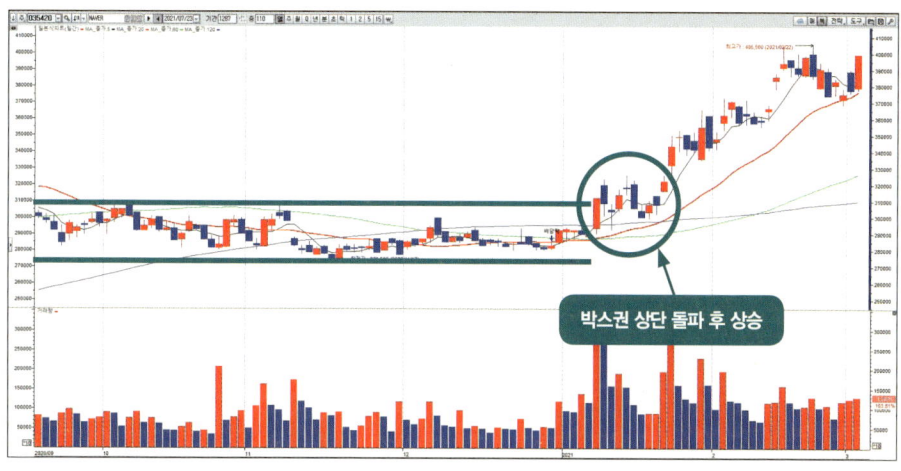

그림 7-22 NAVER(035420)

박스권 상단의 저항선을 돌파하면 상승 추세로 전환되는 출발점이 되는데, 이때 거래량이 실린 양봉이 나타났다면 상승 전환의 신뢰도가 더욱 높다.

## 횡보 추세 → 추세선 하단 이탈: 매도

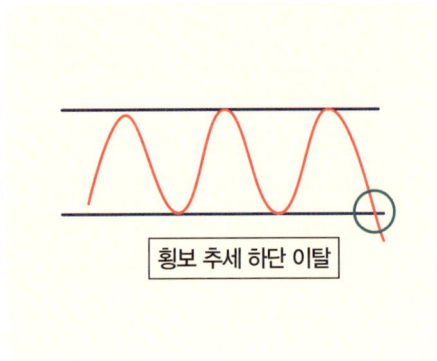

횡보 추세에서 하락 전환은 일정기간 동안 박스권을 형성하던 주가가 박스권의 하단을 이탈하는 상태를 말한다. 박스권 하단을 이탈하는 시점은 횡보 추세가 마무리되고 새로운 하락의 출발점이 될 수 있으므로 중요한 매도 급소가 된다.

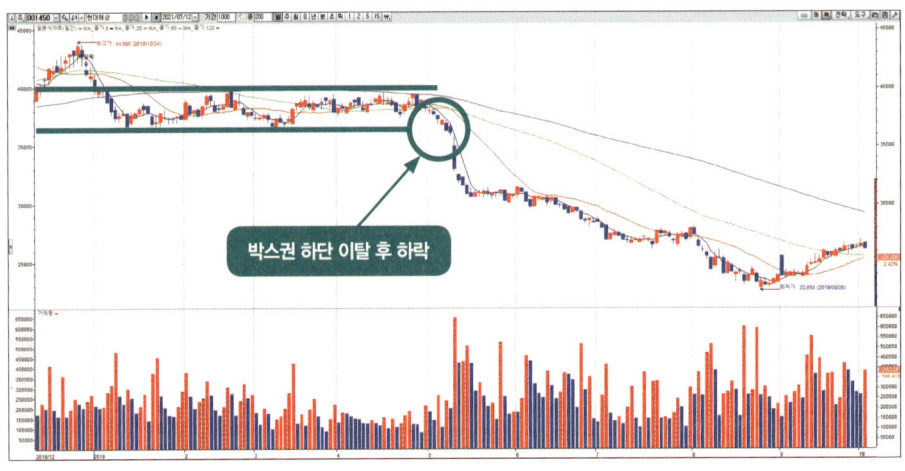

그림 7-23 현대해상(001450)

박스권 하단의 지지선을 이탈하면 하락 추세로 전환되는 출발점이 되는데, 이때 음봉이 출현한다면 신뢰도가 더욱 높다.

# 실전 매매 테크닉

## 매수 급소

### 이동평균선에서 바닥권 골든크로스

그림 7-24 토박스코리아(215480)

첫 번째 단기 골든크로스가 발생하고 다시 하락하지만 전저점을 이탈하지 않고 상승 반전하면서 두 번째 중단기 골든크로스가 발생한 후 상승한다. 첫 번째 골든크로스나 눌림목보다 두 번째 골든크로스에서 적극 매수에 동참한다.

## 주가 바닥권에서 거래량 증가

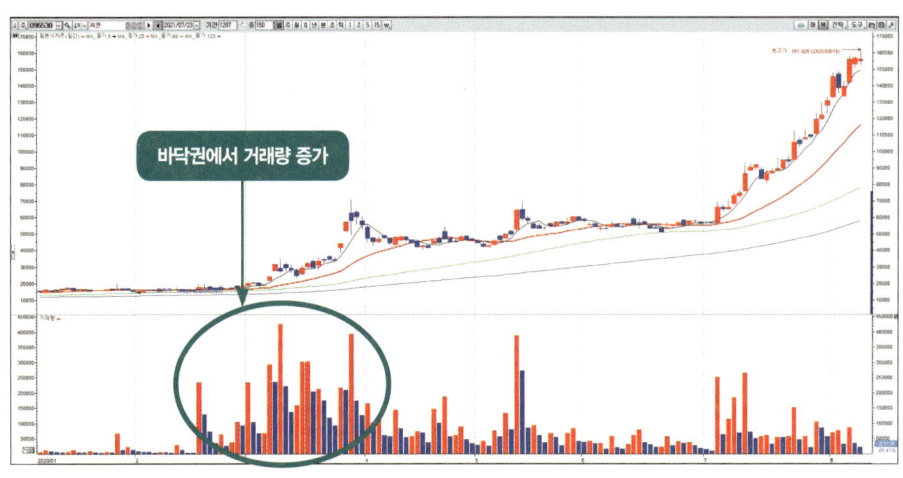

그림 7-25 씨젠(096530)

그림 7-26 한화생명(088350)

주가 바닥권에서 거래량이 증가하며 상승 전환하고 있다. 이는 주가가 싸다고 생각하여 신규 매수에 참여하는 사람이 많다는 의미이다.

## 횡보 추세선 상단 돌파

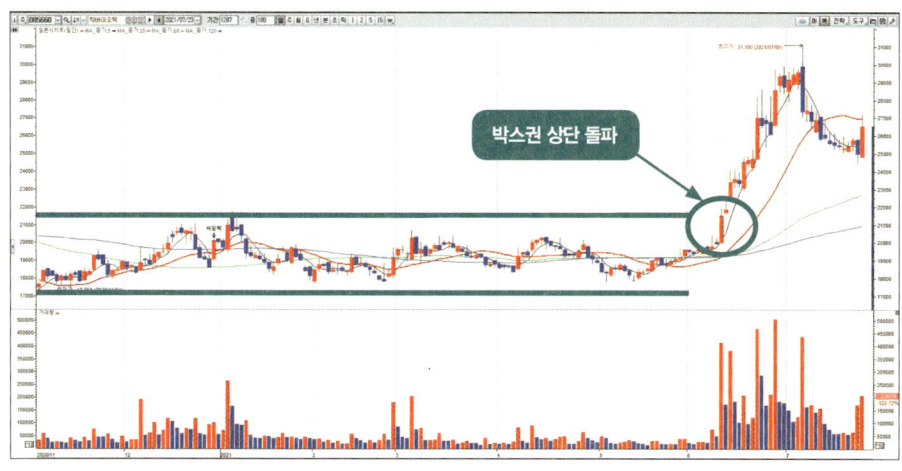

그림 7-27 차바이오텍(085660)

주가 바닥에 횡보 구간에서 거래량이 증가하며 횡보 추세선의 상단을 돌파할 때 매수 급소가 된다.

# 매도 급소

## 고가권 데드크로스

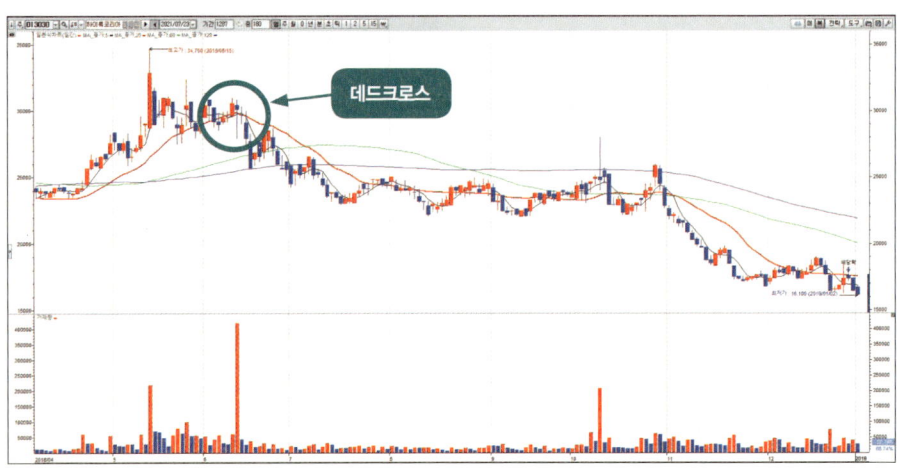

그림 7-28 하이록코리아(013030)

주가가 상승 후 고가권에서 데드크로스 발생은 주가의 방향이 향후 하락으로 전환된다는 것을 예고하므로 적극 매도해야 한다.

## 고가권 거래량 증가

그림 7-29 옵트론텍(082210)

주가가 상승할 때 거래량이 증가하는 것은 일반적인 현상이다. 그런데 고가권에서 거래량이 증가하는데도 불구하고 주가가 더 상승하지 못한다면 상투(주가가 더 올라갈 곳이 없는 높은 가격)를 의심해야 한다.

## 고가권 횡보

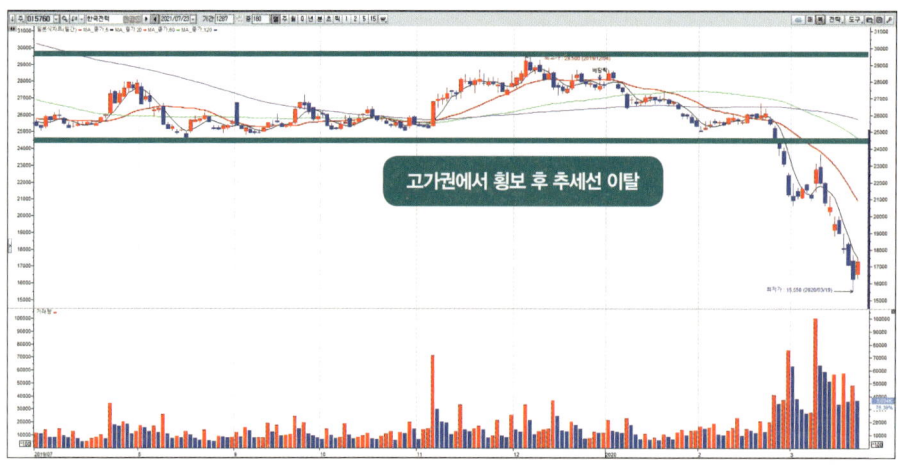

그림 7-30 한국전력(015760)

주가 상승 후 주가 고가권에서 횡보하고 있을 때 횡보 추세선의 하단을 이탈한다면 매도해야 한다. 횡보 구간의 하단 추세선은 지지 역할을 하는데, 지지선이 무너진 이후 급격한 하락으로 전환될 가능성이 크기 때문이다.

# 8장

## 추세 패턴 분석으로 승률을 높여라

# 01 신뢰도 높은 추세 패턴

추세 패턴 분석은 추세가 변화할 때마다 나타나는 여러 가지 주가 변동 패턴을 미리 정형화한 패턴에 비추어 향후 주가의 흐름을 예측하는 기법이다. 즉 과거부터 현재까지 만들어진 패턴을 토대로 매매 전략을 세우는 방법이다. 추세 패턴이 완성되면 단순 추세보다 신뢰도가 훨씬 높고 강한 방향성을 의미하므로 주가 흐름을 예측하는 데 매우 중요하다.

## 02 추세 패턴의 분류

추세 패턴에는 전환형 패턴과 지속형 패턴이 있다.

전환형 패턴은 기존에 진행되던 추세와 반대 방향으로 전환될 것을 암시하는 주가 변동 패턴이다. 상승 추세에서 하락 추세로, 하락 추세에서 상승 추세로 전환을 예고한다.

지속형 패턴은 일시적인 조정이 오더라도 추세가 한 단계 레벨업되는 주가 변동 패턴으로 기존 추세의 방향이 지속될 것을 예고한다.

지금부터 추세의 전환과 지속을 예고하는 각 패턴들에 대해 종류별로 살펴보기로 한다. 그 외의 패턴으로 L자형, 대칭 삼각형, 깃발형, 페넌트형, 다이아몬드형, 쐐기형 등도 있다.

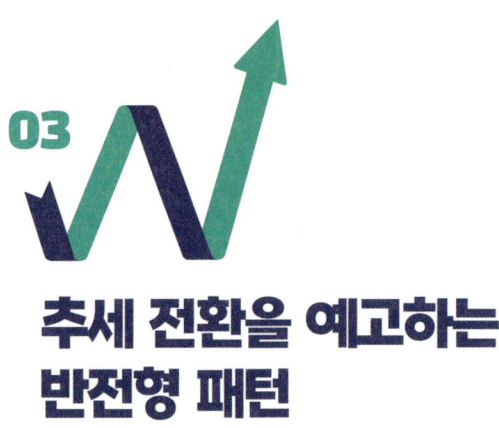

# 03 추세 전환을 예고하는 반전형 패턴

신뢰할 수 있는 반전형 패턴으로 다음과 같은 종류가 있다.

| 반전형 패턴 | |
|---|---|
| | 머리어깨형, 역머리어깨형 |
| | 원형(원형 천장형, 원형 바닥형) |
| | V자형(상승 V자형, 역V자형) |
| | 이중 패턴(이중 천장형, 이중 바닥형) |
| | 삼중 패턴(삼중 천장형, 삼중 바닥형) |

## 머리어깨형 (Head & Shoulder)

머리어깨형은 고점 3개를 형성한 후 추가 상승하지 못하고 주가가 하락하는 전형적인 반전형 패턴으로 보통 수개월에 걸쳐 만들어진다. 가운데 고점을 '머리'

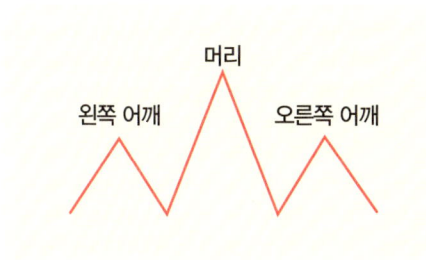

라고 하고, 양쪽 고점을 '어깨'라 하며 머리 부분이 양쪽 어깨보다 더 높게 형성된다. 이 패턴이 완성되었을 경우 중기적인 하락을 예상할 수 있다. 머리어깨형은 신뢰도가 높기 때문에 오른쪽 어깨에서 추세를 하향 이탈할 경우 반드시 매도하여 추가 위험으로부터 벗어나야 한다.

> **Key point**
> 머리어깨형은 어깨, 머리, 어깨 순으로 진행되는데 보통 머리 부근에서 매도하기는 어렵다. 이후 어떤 추세가 이어질지 판단할 수 있는 단계가 아니기 때문이다. 하지만 오른쪽 어깨에서 추세를 이탈할 경우에는 현금 확보에 주력하는 매매 전략이 필요하다.

그림 8-1 SK하이닉스(000660)

# 역머리어깨형 (역Head & Shoulder)

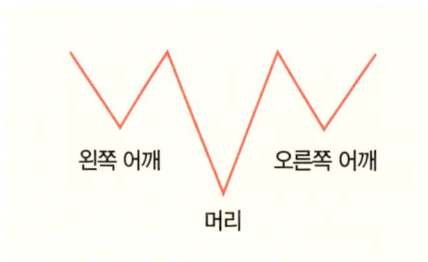

역머리어깨형은 머리어깨형을 거꾸로 뒤집어놓은 형태로, 대부분 오랫동안 하락이 진행된 후에 추세 전환 시 출현한다. 머리어깨형이 상승 추세에서 하락 추세로 반전할 때 나타나는 것과 마찬가지로, 역머리어깨형이 완성되면 하락 추세에서 상승 추세로 반전될 가능성이 크다.

>  **Key point** 역머리어깨형은 3개의 바닥을 완성하는 패턴으로 가운데 주가가 최저점을 형성한다. 역머리어깨형이 출현하면 상승 전환될 가능성이 크다고 볼 수 있으며, 신뢰도가 높은 패턴이다.

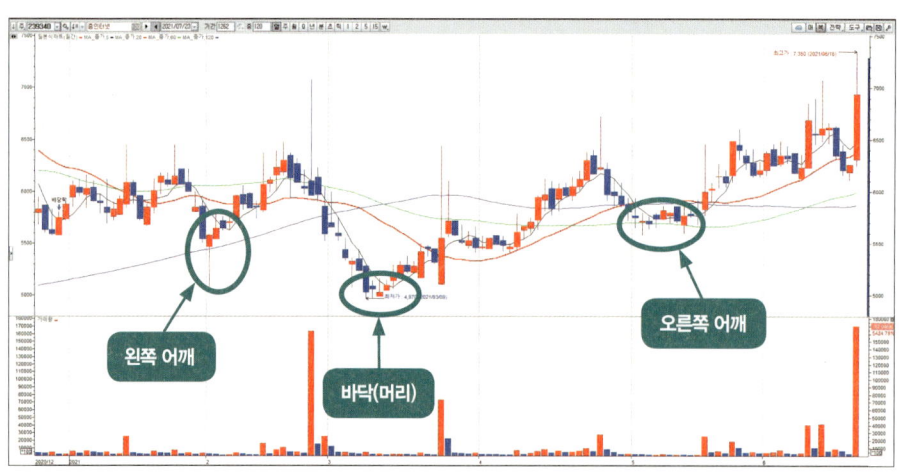

그림 8-2 줌인터넷(239340)

# 원형

### 원형 천장형(솥뚜껑형)

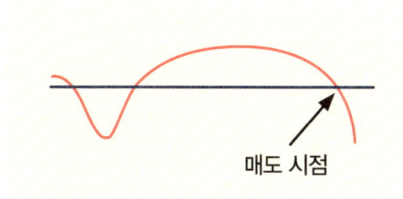

수년 혹은 수십 개월에 걸쳐 형성되는 중장기적인 성향을 가지고 있는 패턴으로 거래량이 주가와 반대방향으로 움직인다는 특성을 가지고 있다.

위 그림과 같은 형태로 진행되는데, 패턴 초기와 마지막 시점인 양 끝에서만 거래량이 수반된다는 점에서 개인 투자자들은 대응하기 힘든 패턴이라고 할 수 있다.

**Key point** 원형 천장형은 오랜 기간이 걸릴 뿐 아니라 다른 하락 패턴에 비해 하락세가 약해서 대부분의 투자자가 하락 추세를 체감하지 못한다. 그래서 가랑비 옷 젖는 형국으로 손절매 시기를 놓쳐 손실이 점점 가중될 수 있는 패턴이다.

그림 8-3 나노캠텍(091970)

## 원형 바닥형(접시형)

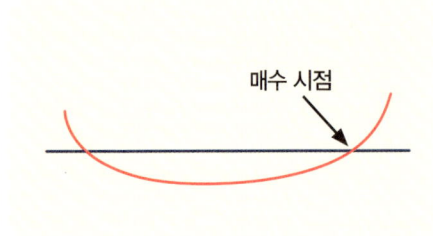

수십 개월에 걸쳐 형성되며, 거래량도 원형을 이루는 것이 특징이다. 이 원형 바닥형의 초기에는 매도세가 우세하며 주가를 지속적으로 하락시키다가 점차 매수세가 유입되어 매도세와 매수세 간에 균형을 이루게 된다. 이때 주가의 변화가 거의 없는 휴면 상태로 들어가 거래량도 줄어든다. 그 후 매수세와 거래량이 늘어 패턴의 마지막 시기에 이르면 주가가 큰 폭의 상승을 보인다. 원형 천장형과 반대의 패턴으로 패턴의 양 끝에서 거래량이 수반되면서 추세의 전환을 알린다.

 **Key point** 원형 바닥형은 비교적 오랜 기간에 걸쳐 완성되므로 단기 투자자보다는 중장기 투자자가 활용하기에 적합한 패턴이다. 일단 추세 전환이 시작되면 탄력적인 상승세를 보인다는 것이 특징이다.

그림 8-4 신일전자(002700)

# V자형

## 상승 V자형

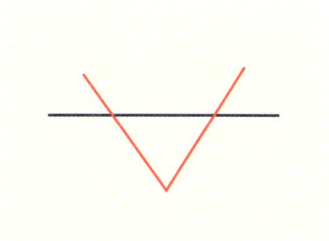

일시적인 급락에서 급격히 반전하는 패턴으로 다른 패턴들에 비해 상대적으로 단기간에 형성된다는 점에서 추세 전환 시 지속성과 신뢰도는 약하다. 외부환경(돌발변수)에 민감한 상황에서 종종 출현되는 패턴이다.

> **Key point**
> 상승 V자형 패턴은 하락 구간의 각도와 상승 구간의 각도가 동일한 대칭 구조를 가지고 있기 때문에 추세 전환 시에는 발 빠르게 대응해야 한다. 즉 급락한 속도로 급등할 가능성이 있다는 의미다.

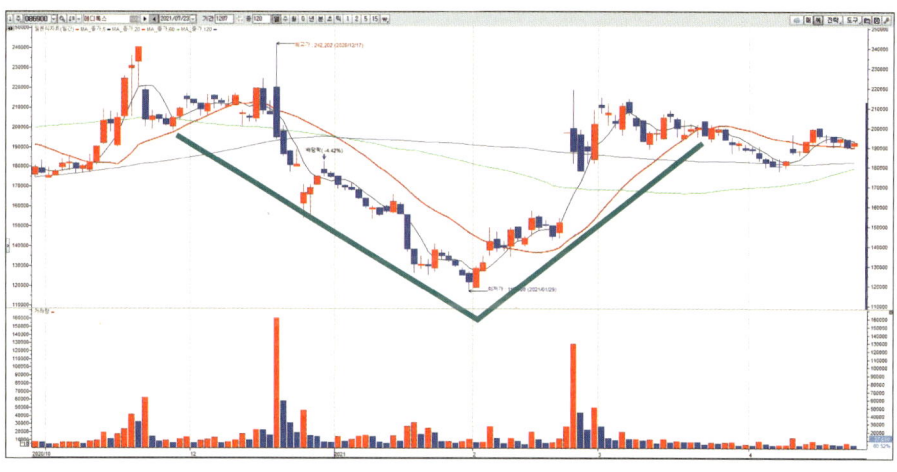

그림 8-5 메디톡스(086900)

## 역V자형(삿갓형)

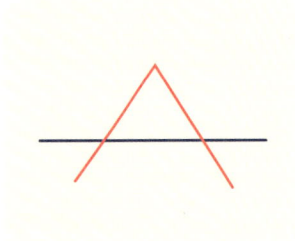

V자형과는 반대로 주가가 급등한 이후 재급락하는 패턴이다. 급등주가 고점을 형성한 이후 자주 출현하는 패턴으로 주가와 20일선 또는 60일선과의 이격이 발생한 종목에서 이 패턴이 나타날 경우 강력한 매도 급소가 된다. 주가가 급등하여 고점(봉우리)을 형성한 이후 더 이상 상승을 하지 못하면 하락으로 전환되리라는 것을 알려주는 하락 암시 패턴이다. 이 패턴이 완성되면 M자형인 이중 천장형보다 강력한 추세 전환을 예고하므로 강력 매도 관점으로 대응해야 한다.

 **Key point** | 역V자형 패턴은 상승 구간의 각도와 하락 구간의 각도가 동일한 대칭 구조를 가지고 있기 때문에 추세 전환 시에는 철저한 리스크 관리가 필요하다.

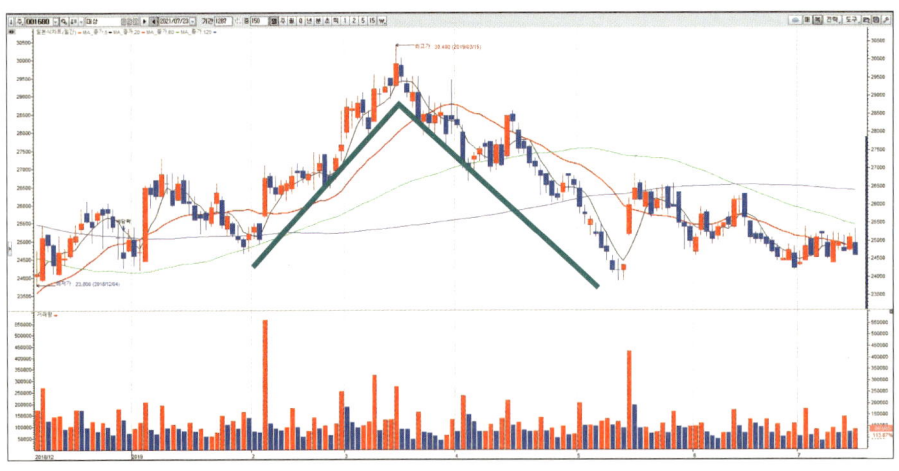

그림 8-6 대상(001680)

# 이중 패턴

### 이중 천장형(쌍봉)

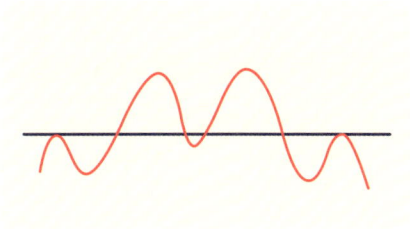

이중 천장형은 머리어깨형과 같이 자주 나타나며, 속임수도 제일 많은 패턴 가운데 하나이다. 이중 천장형은 알파벳 M자와 비슷하여 M자형이라고도 한다.

> **Key point** 고점 형성 이후 머리어깨형과는 다르게 오른쪽 어깨가 없다는 점에서 가파른 하락세로 이어진다. 매도 타이밍은 이동평균선을 참고하여 잡는다. 즉 중기 이동평균선인 20일선 이탈 시에는 매도 후 관망한다.

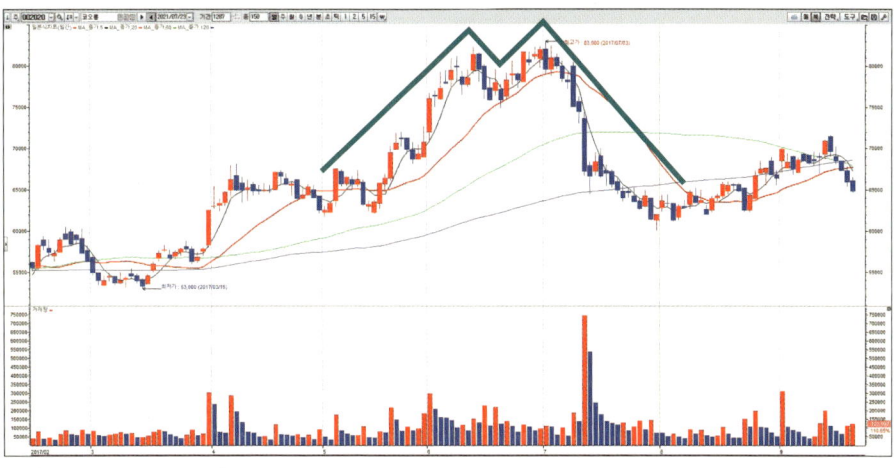

그림 8-7 코오롱(002020)

## 이중 바닥형(쌍바닥)

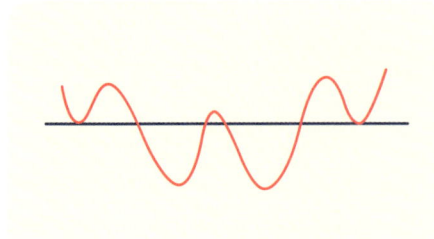

이중 바닥형은 근본적으로 이중 천장형, 즉 M자형을 거꾸로 뒤집어놓은 형태이며 목표치도 동일하게 예측할 수 있다. 역머리어깨형에 비해 추세 전환이 강력한 것이 특징이다.

이중 바닥형은 두 차례 저점을 지지한 후 반등하면서 상승 추세로 전환되는 신호로 해석된다. 두 번째 바닥에서 양봉으로 지지되는 것은 강력한 매수 신호라고 할 수 있다.

 **Key point** 이중 바닥형은 실전에서 가장 흔히 볼 수 있는 패턴이다. 유사한 패턴으로 저점을 높인 이중 바닥형이 있는데, 대응 전략은 이중 바닥형과 동일하다.

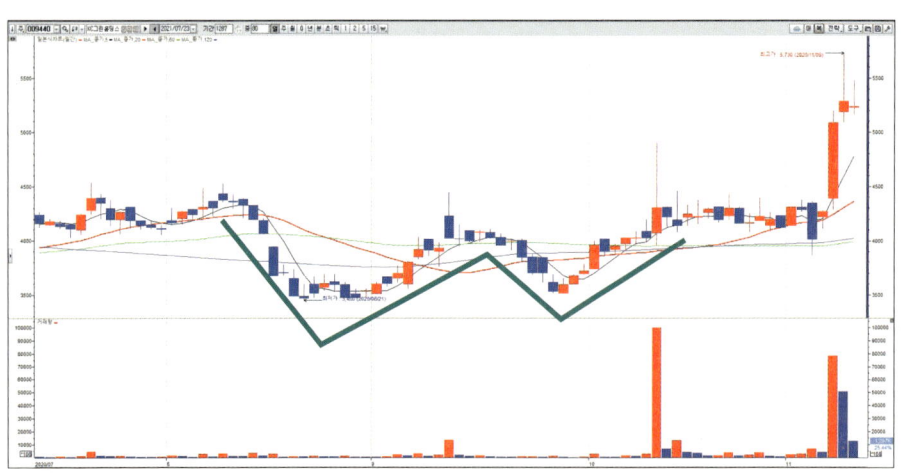

그림 8-8 KC그린홀딩스(009440)

# 삼중 패턴

### 삼중 천장형

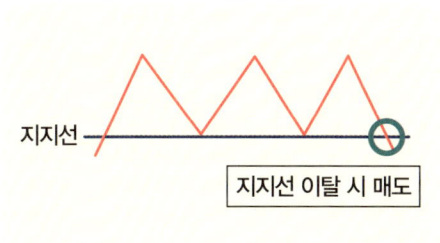

3개의 고점(봉우리)을 형성한 이후 주가가 더 이상 상승을 하지 못하면 주가는 하락한다는 내용을 전제한 하락 암시 패턴이다. 패턴 완성 시에는 M자형인 이중 천장형보다 강력한 추세 전환을 예고하므로 강력 매도 관점으로 대응해야 한다. 상승 추세로 일정한 가격대에 도달한 이후 직전 고점의 저항력으로 3번 이상 시도해도 돌파하지 못한다면 주가는 조만간 하락하게 된다.

 **Key point** 삼중 천장형에서는 최근 저점을 이탈할 경우 실망매물 출회로 거래량이 수반되는 특징을 갖고 있다. 거래량을 수반한 저점 이탈은 위험을 알려주는 강력한 매도 신호다.

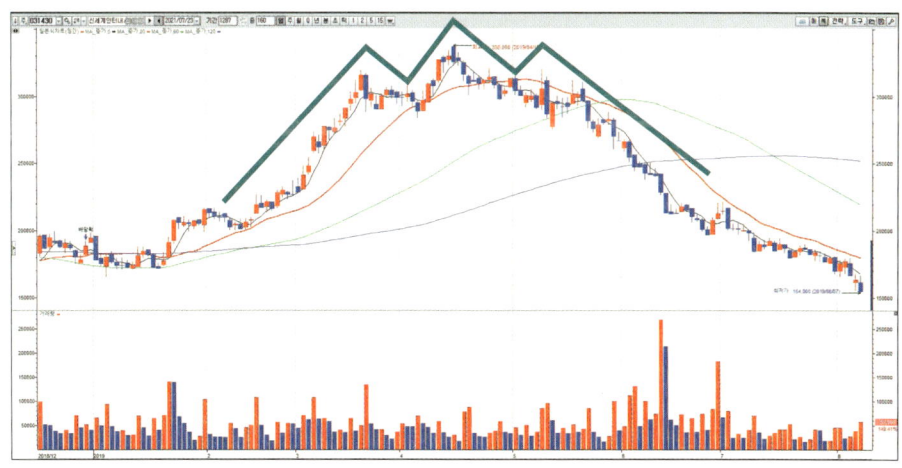

그림 8-9 신세계인터내셔널(031430)

## 삼중 바닥형

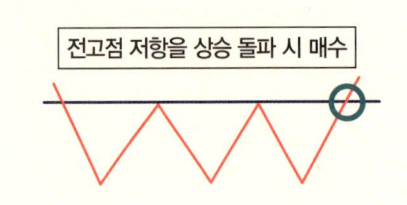

W자형인 이중 바닥형보다 더 강력한 하방경직성을 보이는 패턴으로 강한 상승 추세 전환 신호다. 매수 관점으로 접근한다.

> **Key point** 단기 바닥을 형성한 이후 주가는 일정한 등락을 반복하며 움직이는데, 첫 번째 바닥에 비해 거래량이 증가한 이후 주가가 상승할 때에는 추세 돌파의 신호이므로 적극 매수 시점이다.

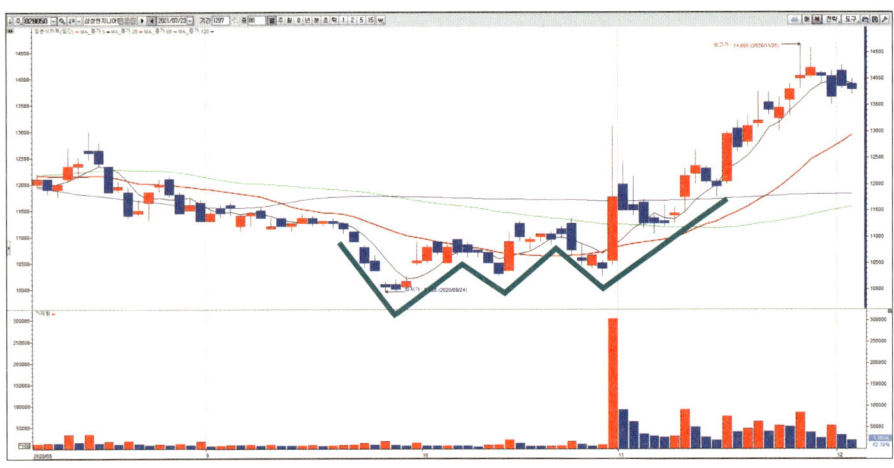

그림 8-10 삼성엔지니어링(028050)

# 04 추세 지속을 예고하는 지속형 패턴

지속형 패턴은 추세 중간에 일시적으로 숨 고르기 과정을 거친 이후 기존 추세의 방향으로 다시 움직일 것을 예고한다.

신뢰할 수 있는 지속형 패턴으로는 다음과 같은 종류가 있다.

| 지속형 패턴 | 삼각형(상승 삼각형, 하락 삼각형) |
|---|---|
| | 직사각형(상승 직사각형, 하락 직사각형)<br>N자형(상승 N자형, 하락 역N자형) |

# 삼각형

## 하락 삼각형

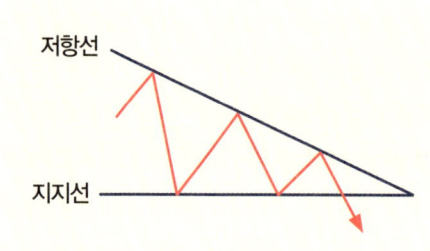

고점과 고점을 연결한 저항선은 우하향하고, 저점과 저점을 연결한 지지선이 수평선을 그리며 삼각형으로 수렴하는 패턴이다. 지지선을 하향 이탈 시 추세 하락으로 진행한다.

> **Key point** 강력한 지지대로 작용한 가격대를 이탈할 경우에는 전저점 이탈에 따른 대기 매수세의 부재로 매물 압박이 가중되므로 적극 매도한다.

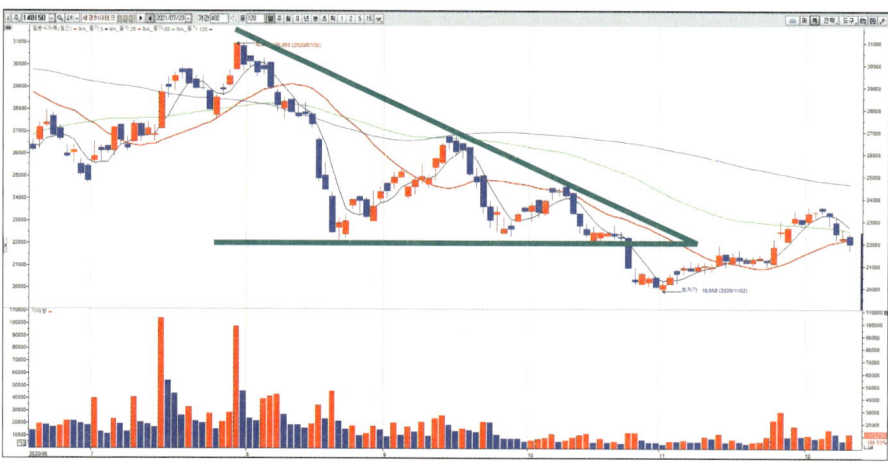

그림 8-11 세경하이테크(148150)

## 상승 삼각형

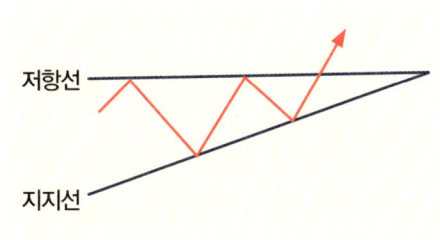

고점과 고점을 연결한 저항선은 수평선이고, 저점과 저점을 연결한 지지선은 상승하면서 수렴하는 패턴이다. 삼각형의 꼭짓점을 돌파하면 추세 상승을 예상할 수 있다.

> **Key point**  저항선과 지지선이 수렴 과정을 거친 이후 거래량이 늘어나면서 강력한 매물대 또는 고점을 돌파할 경우에는 주가의 레벨업 과정이므로 적극 매수 시점이다.

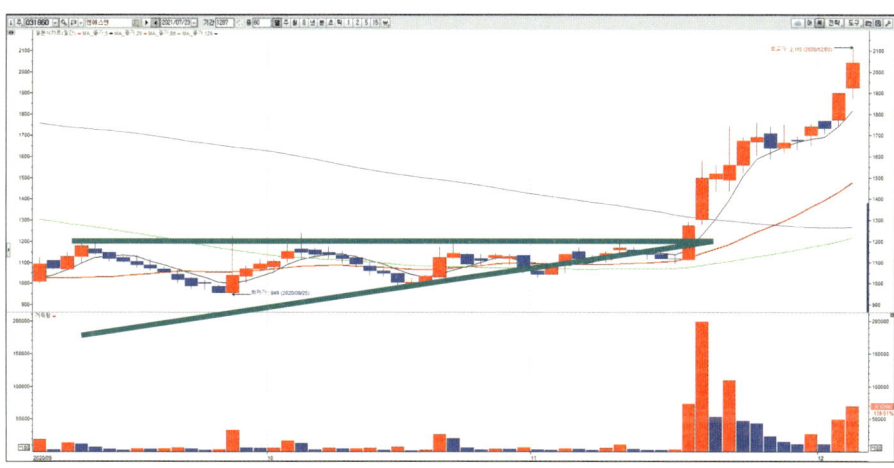

그림 8-12 엔에스앤(031860)

# 직사각형

## 하락 직사각형

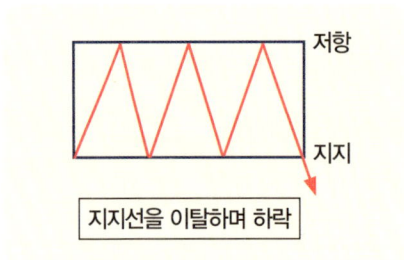

2개의 평평한 추세선 사이에서 움직임을 보이는 패턴으로 보통 1~3개월 동안 형성된다. 이 기간 동안 매수와 매도가 균형을 이루고 거래가 활발하지 못한 특징을 보인다. 이렇게 일정한 박스권에서 횡보하던 주가가 박스 하단을 이탈하면 추가 하락으로 이어진다.

 **Key point** 추세와 이동평균선은 수렴 과정 이후에는 위로든 아래로든 다시 방향성을 가지고 움직이는 특성을 가지고 있다. 그러므로 최근 강력한 지지선을 이탈 시에는 위험관리가 절대적으로 필요한 시점이므로 일단 주식보다 현금 보유 비중을 늘리는 전략이 필요하다.

그림 8-13 LS전선아시아(229640)

## 상승 직사각형

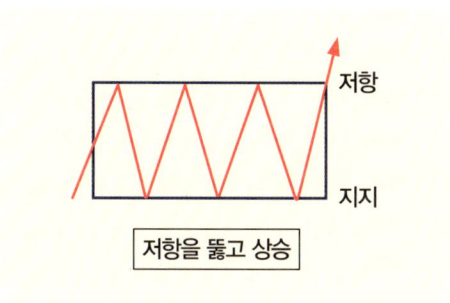

하락 직사각형 패턴의 반대로 사각형 안에서 움직이던 주가가 박스 상단을 돌파하면 상승 추세로 이어진다.

 **Key point** | 일정기간 동안 형성한 고정된 가격대를 돌파할 때에는 대기하고 있던 대량의 매물을 전부 소화하였다는 뜻이 되며 강력한 상승세를 보인다.

그림 8-14 대모(317850)

8장 추세 패턴 분석으로 승률을 높여라 **277**

# N자형

## 하락 역N자형

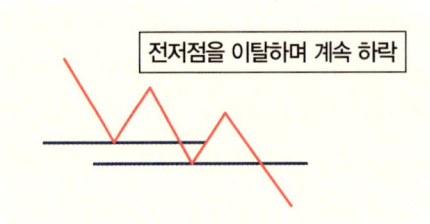

N자형이 상승하는 패턴이라면 역N자형은 하락하는 패턴이다. 하락과 짧은 반등을 반복하며 하락 추세를 이어간다.

 **Key point** 하락하던 주가가 일시적으로 반등을 보이지만 하락세를 계속해서 이어가는 패턴이다.

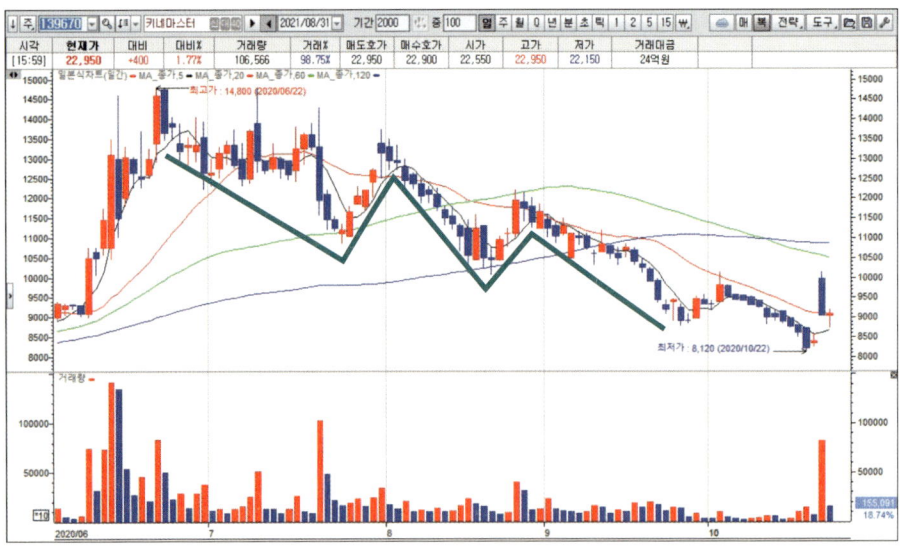

그림 8-15 키네마스터(139670)

## 상승 N자형

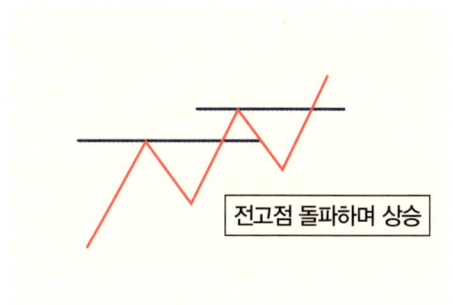

주가가 상승과 조정을 반복하면서 상승하며 N자형 모양을 나타내므로 N자형 패턴이라 부른다. 상승 후 조정 때마다 이동평균선 부근 또는 전고점 부근에서 지지를 받고 다시 상승하는 패턴이다.

 **Key point** 지속된 상승세 이후 단기 조정은 추가 상승을 위한 에너지 축적 과정으로 볼 수 있다. 중기 생명선인 20일선 또는 전고점 부근을 기준선으로 하여 지지 또는 돌파 시 매수에 가담하는 전략이 좋다.

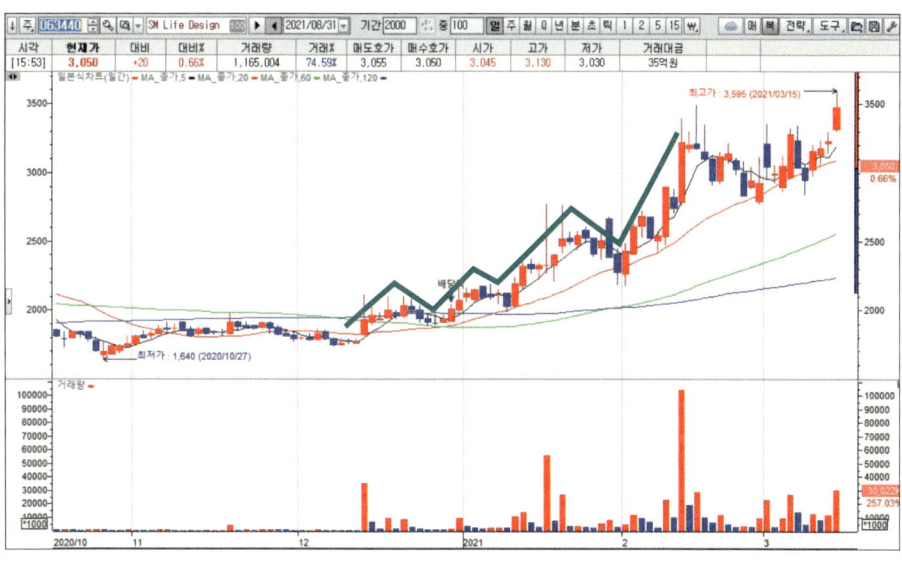

그림 8-16 SM Life Design(063440)

# 기타 패턴

## L자형

장기간의 하락세에서 하락을 멈추고 L자형 모양을 형성하면서 매도 물량 출회가 마무리되고, 저점 횡보하는 패턴이다. 향후 거래량을 수반하면서 이동평균선이 정배열로 전환될 경우에는 강한 급등세를 나타낼 가능성이 크다. 패턴 형성 기간이 길수록 이후 상승폭은 커진다.

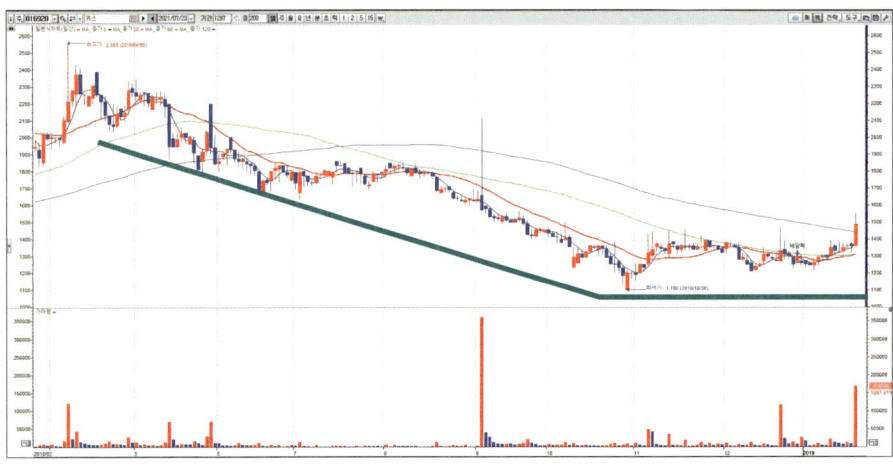

그림 8-17 카스(016920)

## 대칭삼각형

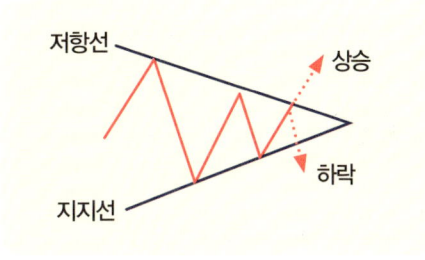

고점을 이은 선은 하락하고, 저점을 이은 선은 상승하면서 삼각형을 만든 형태다. 이때 어느 방향으로 강하게 움직이느냐에 따라 추세의 방향이 결정된다.

그림 8-18 GS건설(006360)

## 실전 매매 테크닉

## 매수 급소

### 이중 바닥형

주가가 하락을 멈추고 반등 후 다시 전저점 부근까지 조정을 받으면서 쌍바닥 모양을 만들었을 때, 전저점을 이탈하지 않고 상승 전환하는 시점이 바로 매수 급소다.

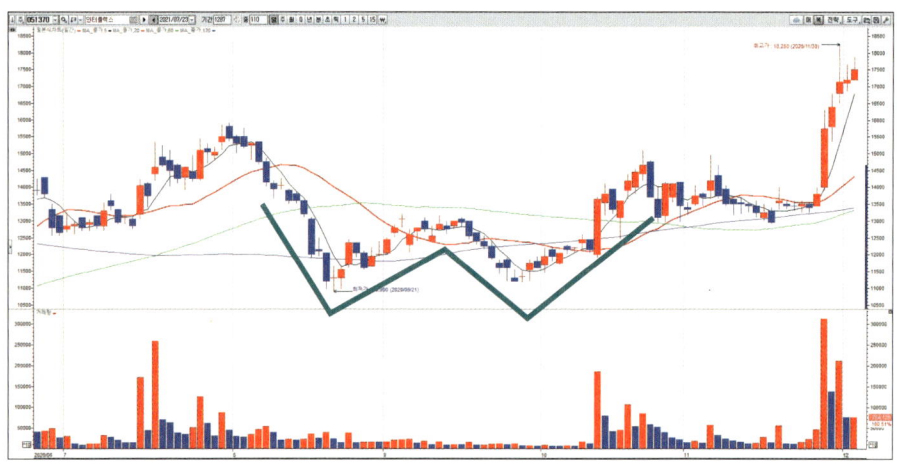

그림 8-19 인터플렉스(051370)

## 삼중 바닥형

3번의 저점 지지 후 상승하는 패턴으로, 상승 전환 시점이 매수 급소다.

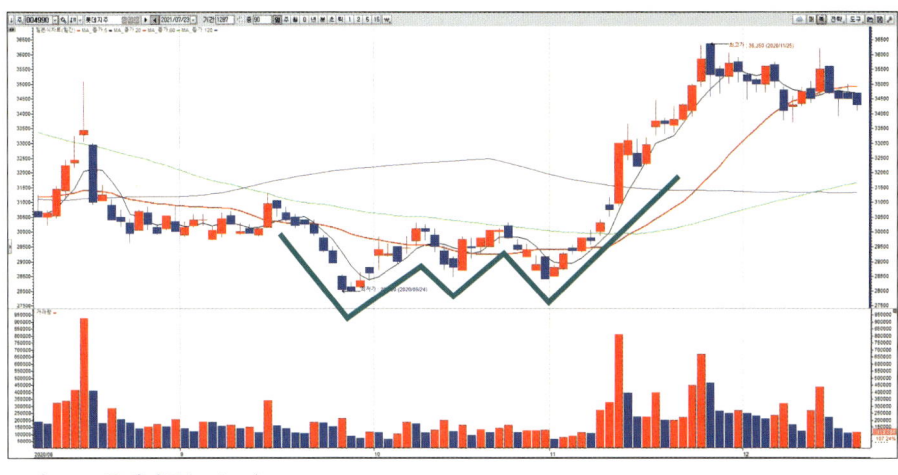

그림 8-20 롯데지주(004990)

## 상승 직사각형

하락 중 지지와 저항을 반복하다 저항선을 강하게 돌파하는 시점이 매수 급소다.

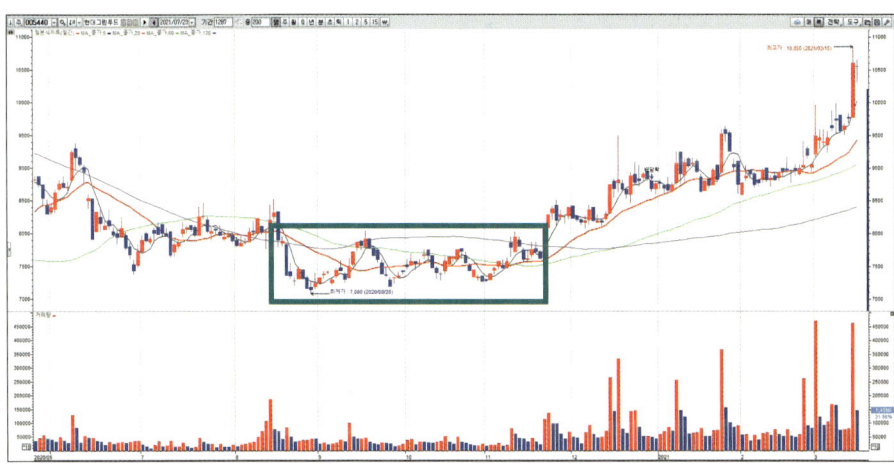

그림 8-21 현대그린푸드(005440)

# 매도 급소

### 이중 천장형

주가가 2번의 고점을 형성 후 추가 상승하지 못하고 하락 전환하는 시점이 이 패턴의 매도 급소다. 두 번째 상승에서 전고점을 돌파하지 못하면 무조건 매도해야 한다.

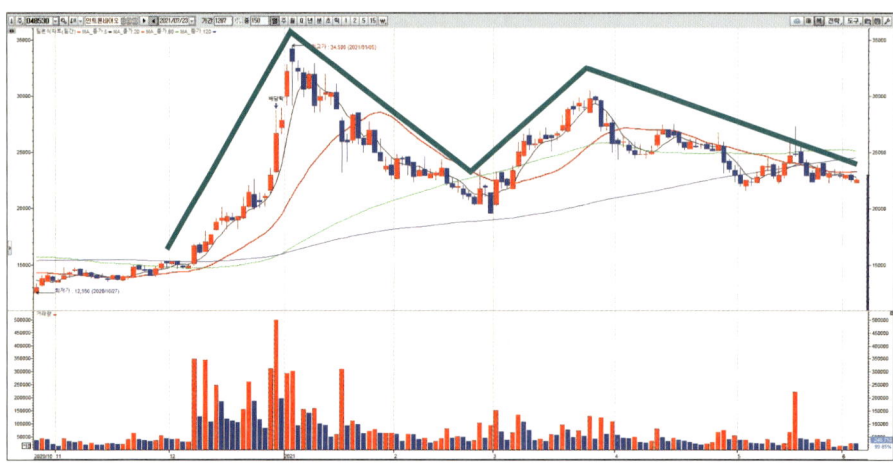

그림 8-22 인트론바이오(048530)

## 삼중 천장형

전고점 돌파 실패하는 시점이 매도 급소다.

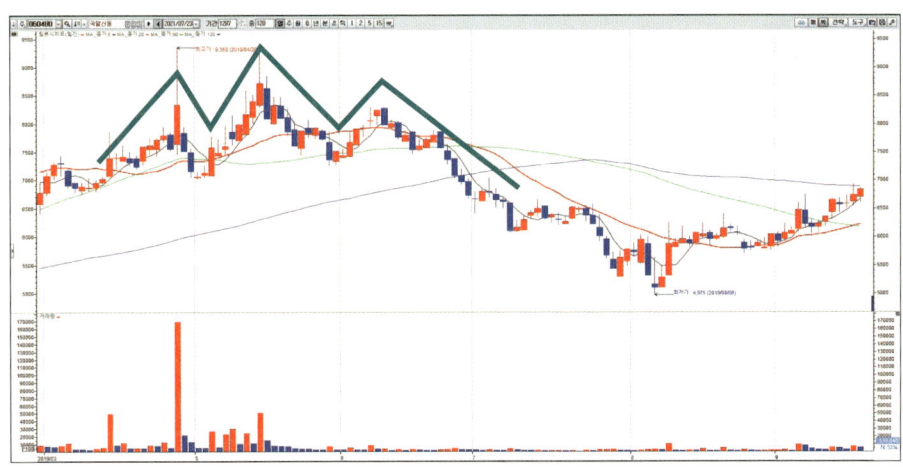

그림 8-23 국일신동(060480)

## 하락 직사각형

상승과 하락을 반복하던 주가가 하단 지지선을 이탈하는 지점이 매도 급소다.

그림 8-24 하이트진로(000080)

# 9장

## 외국인과 기관 따라잡기

## 01 외국인, 기관 투자자는 누구인가

우리나라 주식시장은 막대한 자금력을 앞세운 외국인들에 의해 좌우되고 있다는 사실을 투자자라면 이미 잘 알고 있을 것이다. 그렇다면 외국인 투자자는 누구인가? 외국계 투자은행, 외국계 증권사, 외국계 법인 및 금융회사 등을 일반적으로 외국인 투자자라고 한다.

또 기관 투자자는 보통 투자신탁회사, 증권사, 은행, 뮤추얼펀드, 연기금, 헤지펀드 같은 거대 자금을 운용하는 국내 법인 등을 일컫는 말이다.

막대한 자금력을 가지고 있는 외국인과 기관 투자자들은 단기 차익을 노린 매매보다는 기업가치를 중심으로 중장기 투자를 한다는 점에서 매매에 연속성을 보이는 경향이 강하다. 따라서 이들이 매수하고 있는 종목이나 매도하는 종목들을 잘 파악하여 그 흐름에 동참한다면 안정적으로 수익을 낼 수 있는 포트폴리오를 구성할 수 있다. 외국인과 기관들은 자금력뿐만 아니라 정보력에서도 우세하기 때문에 그들과 유사한 포트폴리오를 구성할 수 있다면 성공의 확률을 높이는 한 방법이 될 것이다.

# 02 외국인과 기관 투자자의 매매 종목 포착 방법

외국인이나 기관 투자자들과 유사한 포트폴리오를 구성하기 위해서는 최근 특정 종목에 대해 외국인과 기관들의 매매 동향을 추적해 매집 중인지, 아니면 매도 중인지를 먼저 파악한다.

외국인과 기관들의 매매 동향을 알아보는 방법은 2가지가 있다. 첫 번째는 사용하고 있는 HTS에서 기관, 외국인 종목별 동향이라는 화면을 통해 확인할 수 있다.

## 외국인과 기관 투자자의 매매 동향 확인 방법

다음은 대신증권 HTS 화면이다. 메인화면 좌측 상단에 있는 돋보기 옆에 숫자를 입력할 수 있는 버튼이 있다. 거기에 '7216'을 입력하면 다음과 같은 화면을 볼 수 있다. 증권사마다 입력하는 번호가 각각 다르다.

| 날 짜 | 종 가 | 대 비 | 대비율 | 거래량 | 기 관 | | 외 국 인 | | |
|---|---|---|---|---|---|---|---|---|---|
| | | | | | 기간누적 | 일별순매매 | 일별순매매 | 지분율 | |
| 2021/08/20 | 63,900 | -1,600 | -2.44% | 339,330 | 366,491 | | | 12.67% | |
| 2021/08/19 | 65,500 | -700 | -1.06% | 1,116,754 | 366,491 | 68,477 | 16,236 | 12.67% | |
| 2021/08/18 | 66,200 | -1,100 | -1.63% | 1,075,959 | 298,014 | 11,542 | 45,563 | 12.59% | |
| 2021/08/17 | 67,300 | -4,000 | -5.61% | 1,221,647 | 286,472 | 25,370 | -2,471 | 12.58% | |
| 2021/08/13 | 71,300 | -2,200 | -2.99% | 774,655 | 261,102 | -4,808 | -118,944 | 12.46% | |
| 2021/08/12 | 73,500 | 1,400 | 1.94% | 1,079,272 | 265,910 | 28,330 | 131,809 | 12.69% | |
| 2021/08/11 | 72,100 | 500 | 0.70% | 1,289,473 | 237,580 | -29,390 | -83,463 | 12.47% | |
| 2021/08/10 | 71,600 | 800 | 1.13% | 1,044,259 | 266,970 | 36,692 | 82,593 | 12.67% | |
| 2021/08/09 | 70,800 | -500 | -0.70% | 516,593 | 230,278 | 23,141 | -17,985 | 12.45% | |
| 2021/08/06 | 71,300 | -1,000 | -1.38% | 646,878 | 207,137 | -20,220 | -92,401 | 12.48% | |
| 2021/08/05 | 72,300 | | 0.00% | 705,335 | 227,357 | 45,502 | -48,189 | 12.67% | |
| 2021/08/04 | 72,300 | -900 | -1.23% | 609,562 | 181,855 | -18,531 | -151,244 | 12.76% | |
| 2021/08/03 | 73,200 | 1,300 | 1.81% | 732,344 | 200,386 | -3,396 | -11,950 | 13.01% | |
| 2021/08/02 | 71,900 | 1,900 | 2.71% | 1,110,537 | 203,782 | 33,559 | 133,186 | 13.04% | |
| 2021/07/30 | 70,000 | -2,000 | -2.78% | 901,380 | 170,223 | -26,253 | -19,749 | 12.79% | |
| 2021/07/29 | 72,000 | | 0.00% | 753,019 | 196,476 | -5,494 | 76,010 | 12.90% | |
| 2021/07/28 | 72,000 | -2,700 | -3.61% | 1,285,068 | 201,970 | -105,342 | -104,748 | 12.78% | |
| 2021/07/27 | 74,700 | 900 | 1.22% | 1,147,729 | 307,312 | 58,464 | 69,876 | 12.94% | |
| 2021/07/26 | 73,800 | -2,200 | -2.89% | 1,126,163 | 248,848 | -22,361 | 2,621 | 12.79% | |
| 2021/07/23 | 76,000 | -200 | -0.26% | 873,525 | 271,209 | -31,512 | 34,478 | 12.78% | |
| 2021/07/22 | 76,200 | -2,500 | -3.18% | 1,546,826 | 302,721 | -126,698 | 19,419 | 12.73% | |
| 2021/07/21 | 78,700 | -1,400 | -1.75% | 1,406,556 | 431,419 | -62,565 | -111,363 | 12.66% | |
| 2021/07/20 | 80,100 | 2,700 | 3.49% | 2,544,337 | 493,984 | 73,141 | 214,885 | 12.97% | |
| 2021/07/19 | 77,400 | 200 | 0.26% | 2,012,656 | 420,843 | -24,802 | 7,375 | 12.48% | |
| 2021/07/16 | 77,200 | -5,400 | -6.54% | 2,765,768 | 445,645 | 39,770 | -63,823 | 12.44% | |
| 2021/07/15 | 82,600 | -3,200 | -3.73% | 1,996,007 | 405,875 | -76,741 | -27,143 | 12.61% | |
| 2021/07/14 | 85,800 | 2,000 | 2.39% | 2,588,697 | 482,616 | -55,607 | 29,117 | 12.61% | |
| 2021/07/13 | 83,800 | -4,200 | -4.77% | 2,784,477 | 538,223 | -19,158 | 14,470 | 12.49% | |
| 2021/07/12 | 88,000 | | 0.00% | 2,215,021 | 557,381 | -53,583 | -17,906 | 12.44% | |
| 2021/07/09 | 88,000 | -2,500 | -2.76% | 7,586,843 | 610,964 | 56,255 | -324,794 | 12.45% | |
| 2021/07/08 | 90,500 | 700 | 0.78% | 10,127,193 | 554,708 | -28,497 | -392,360 | 13.05% | |
| 2021/07/07 | 89,800 | 10,900 | 13.81% | 8,419,448 | 583,205 | 101,967 | 277,105 | 13.93% | |
| 2021/07/06 | 78,900 | -3,300 | -4.01% | 1,962,593 | 481,238 | 26,465 | -26,568 | 13.41% | |
| 2021/07/05 | 82,200 | -1,800 | -2.14% | 1,534,418 | 454,773 | 20,828 | -7,043 | 13.45% | |
| 2021/07/02 | 84,000 | -1,500 | -1.75% | 1,894,967 | 433,945 | -12,675 | -107,078 | 13.47% | |
| 2021/07/01 | 85,500 | 2,800 | 3.39% | 4,975,700 | 446,620 | 15,849 | -122,553 | 13.66% | |
| 2021/06/30 | 82,700 | 1,100 | 1.35% | 2,051,511 | 430,771 | -173 | -17,545 | 13.84% | |
| 2021/06/29 | 81,600 | -2,200 | -2.63% | 1,839,592 | 430,944 | -26,473 | 62,506 | 13.80% | |

그림 9-1 대신증권 HTS 화면

# 외국인과 기관 투자자의 매매 동향 확인 방법 2

한국거래소 사이트 www.krx.co.kr 에서 상단 KRX정보데이터시스템을 클릭한다. 그 다음 종목검색란에 해당 종목을 입력하고 [거래실적-투자자별 거래실적(개별종목)-일별추이]를 클릭하면 최근 외국인과 기관 투자자들의 매매 동향을 살펴볼 수 있다. 종목과 기간, 거래대금 등도 바로 수정하여 검색이 가능하다.

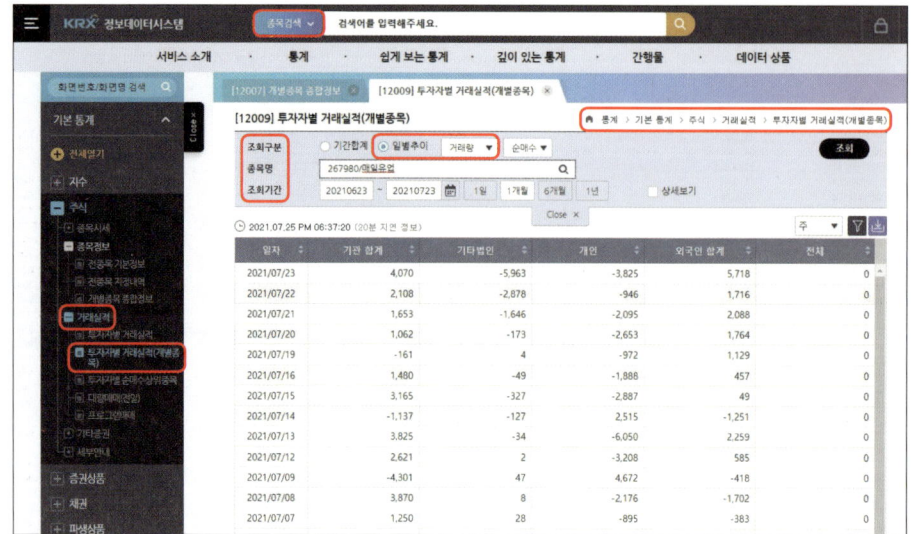

그림 9-2 매일유업 투자자별 거래실적

# 03 외국인과 기관의 매매 종목 초기 발굴법

## 외국인과 기관의 매집 종목 포착 방법

① 외국인의 매집 여부를 확인하기 위해서는 최소한 일주일 정도 순매수한 종목을 선정해야 한다.
② 외국인들의 매수 강도를 확인하기 위해서는 일주일 동안 매수세 우위를 뜻하는 양봉의 개수가 많아야 한다.
③ 돈의 흐름이라고 할 수 있는 거래량이 증가 추세를 보여야 하고, 첫 매수 시점보다는 5일 이동평균선이 상승 추세로 전환되고 있어야 한다.

## 외국인과 기관의 매도 종목 포착 방법

① 자금력이 막강한 외국인들의 매수에도 불구하고 3일 연속 음봉으로 마감한다면 매수세가 약화되고 있다는 증거로 추가 매수는 자제하고 위험관리에 주력해야 한다.

② 외국인이 매도세로 전환하면서 5일 이동평균선을 이탈한다면 차익실현 물량이라고 볼 수 있으므로 신규 매수는 금물이다.

③ 외국인의 매수세에도 거래량이 위축된다면 더욱더 경계 신호라고 할 수 있다.

# 04 외국인, 기관의 매매 실전 사례 1

우리나라 주식시장에서 외국인이 차지하는 비중은 30%대를 넘는다. 여기에 쌍벽을 이루는 기관과 함께 우리 주식시장에서 막강한 영향력을 행사하는 양대 산맥인 것이다. 이 두 매매 세력의 매집과 매도 사례를 보며 그 영향력이 실로 어느 정도인지, 그리고 그들의 매집 종목을 파악하는 방법은 무엇인지에 대해 알아보자.

## 외국인 매집 사례

### 사례 1. 씨젠

〈그림 9-3〉은 분자진단 전문기업 씨젠의 주가 모습이다. 2019년 11월부터 외국인들의 매수세가 꾸준히 증가하며 주가가 상승 랠리를 보였다.

국내 주식시장에서 외국인들이 매집하면 주가가 어떤 흐름을 보이는지 증명해주는 사례라 할 수 있다.

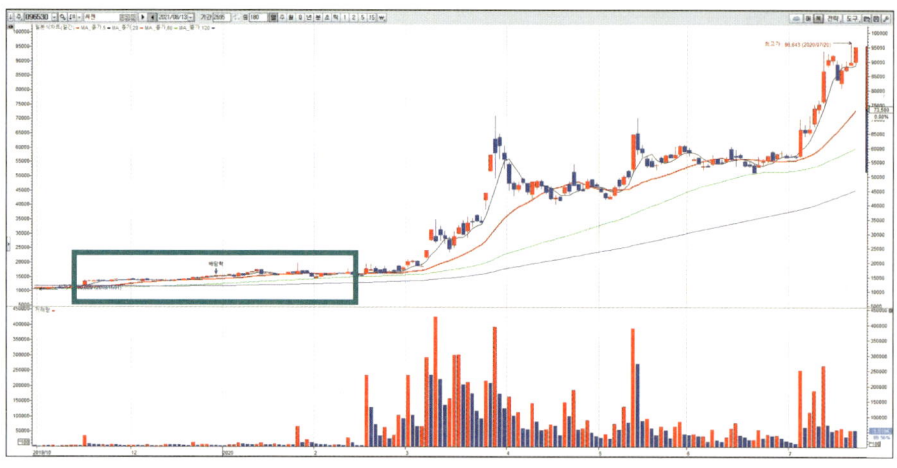

그림 9-3 씨젠(096530)

| 날 자 | 종 가 | 대 비 | 대비율 | 거래량 | 외국인 일별순매매 | 외국인 지분율 |
|---|---|---|---|---|---|---|
| 2019/12/19 | 14,825 ▲ | 703 | 4.98% | 651,863 | 111,103 | 22.27% |
| 2019/12/18 | 14,122 ▼ | -150 | -1.05% | 128,816 | 915 | 21.87% |
| 2019/12/17 | 14,272 ▲ | 276 | 1.97% | 210,271 | 57,438 | 21.85% |
| 2019/12/16 | 13,996 ▲ | 100 | 0.72% | 276,836 | 34,031 | 21.55% |
| 2019/12/13 | 13,895 ▲ | 226 | 1.65% | 280,188 | 92,218 | 21.42% |
| 2019/12/12 | 13,669 ▼ | -100 | -0.73% | 305,678 | 18,493 | 21.07% |
| 2019/12/11 | 13,770 ▲ | 50 | 0.36% | 383,815 | 64,917 | 21.00% |
| 2019/12/10 | 13,720 ▼ | -175 | -1.26% | 152,927 | 3,710 | 20.76% |
| 2019/12/09 | 13,895 | | 0.00% | 147,146 | 23,230 | 20.75% |
| 2019/12/06 | 13,895 ▲ | 50 | 0.36% | 107,092 | 14,347 | 20.66% |
| 2019/12/05 | 13,845 ▼ | -201 | -1.43% | 291,747 | 27,826 | 20.61% |
| 2019/12/04 | 14,046 ▲ | 251 | 1.82% | 158,083 | 53,473 | 20.50% |
| 2019/12/03 | 13,795 ▼ | -150 | -1.08% | 201,048 | 49,996 | 20.29% |
| 2019/12/02 | 13,946 ▼ | -201 | -1.42% | 235,634 | 5,876 | 20.08% |
| 2019/11/29 | 14,147 ▲ | 376 | 2.73% | 219,904 | 38,562 | 20.05% |
| 2019/11/28 | 13,770 ▼ | -100 | -0.72% | 138,397 | 37,491 | 20.00% |
| 2019/11/27 | 13,870 ▼ | -201 | -1.43% | 169,563 | 11,285 | 19.86% |
| 2019/11/26 | 14,071 ▲ | 125 | 0.90% | 274,704 | 19,161 | 19.80% |
| 2019/11/25 | 13,946 ▲ | 477 | 3.54% | 320,034 | 29,702 | 19.73% |
| 2019/11/22 | 13,468 ▲ | 50 | 0.37% | 163,158 | 6,850 | 19.64% |
| 2019/11/21 | 13,418 ▼ | -150 | -1.11% | 281,687 | 77,618 | 19.61% |
| 2019/11/20 | 13,569 ▼ | -100 | -0.73% | 256,330 | 33,258 | 19.31% |
| 2019/11/19 | 13,669 ▲ | 100 | 0.74% | 340,321 | 45,444 | 19.18% |
| 2019/11/18 | 13,569 ▲ | 75 | 0.56% | 464,682 | 84,907 | 19.01% |
| 2019/11/15 | 13,493 ▲ | 1,834 | 15.73% | 1,786,229 | 117,060 | 18.63% |

그림 9-4 일별 외국인 매매 현황_씨젠

## 사례 2. 파세코

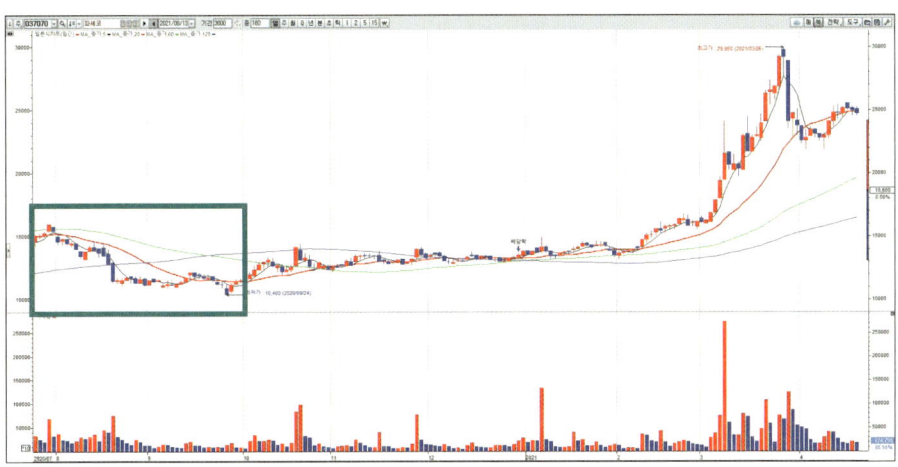

그림 9-5 파세코(037070)

| 날 짜 | 종 가 | 대 비 | 대비율 | 거래량 | 외국인 일별순매매 | 지분율 |
|---|---|---|---|---|---|---|
| 2020/09/01 | 11,550 ▲ | 400 | 3.59% | 123,394 | 33,490 | 1.82% |
| 2020/08/31 | 11,150 ▼ | -450 | -3.88% | 129,956 | -660 | 1.58% |
| 2020/08/28 | 11,600 ▲ | 300 | 2.65% | 199,603 | 27,317 | 1.58% |
| 2020/08/27 | 11,300 ▼ | -400 | -3.42% | 244,182 | -3,655 | 1.39% |
| 2020/08/26 | 11,700 ▼ | -50 | -0.43% | 141,033 | 6,890 | 1.42% |
| 2020/08/25 | 11,750 ▲ | 200 | 1.73% | 181,247 | 29,690 | 1.37% |
| 2020/08/24 | 11,550 | | 0.00% | 248,607 | 63,801 | 1.15% |
| 2020/08/21 | 11,550 ▲ | 100 | 0.87% | 313,861 | 49,024 | 0.70% |
| 2020/08/20 | 11,450 ▼ | -1,350 | -10.55% | 746,459 | 8,329 | 0.35% |
| 2020/08/19 | 12,800 ▼ | -650 | -4.83% | 404,038 | 19,082 | 0.29% |
| 2020/08/18 | 13,450 ▼ | -250 | -1.82% | 448,821 | -9,269 | 0.15% |
| 2020/08/14 | 13,700 ▼ | -200 | -1.44% | 214,944 | 984 | 0.22% |
| 2020/08/13 | 13,900 ▼ | -250 | -1.77% | 357,926 | -11,512 | 0.21% |
| 2020/08/12 | 14,150 ▲ | 350 | 2.54% | 307,628 | -27,418 | 0.29% |
| 2020/08/11 | 13,800 ▲ | 400 | 2.99% | 267,274 | 20,774 | 0.49% |
| 2020/08/10 | 13,400 ▼ | -600 | -4.29% | 302,265 | 3,052 | 0.34% |
| 2020/08/07 | 14,000 ▼ | -450 | -3.11% | 213,804 | 1,995 | 0.32% |
| 2020/08/06 | 14,450 | | 0.00% | 181,263 | 5,793 | 0.30% |
| 2020/08/05 | 14,450 ▼ | -350 | -2.36% | 227,289 | -1,907 | 0.26% |
| 2020/08/04 | 14,800 ▲ | 250 | 1.72% | 239,497 | 5,085 | 0.28% |
| 2020/08/03 | 14,550 ▼ | -850 | -5.52% | 372,735 | 13,692 | 0.27% |
| 2020/07/31 | 15,400 ▼ | -550 | -3.45% | 320,574 | -12,562 | 0.17% |

그림 9-6 일별 외국인 매매 현황_ 파세코

〈그림 9-5〉는 가전제품 전문기업 파세코의 주가 모습이다. 2020년 8월경 주가가 하락하는데도 불구하고 외국인들은 점진적인 매수세를 보이며 꾸준히 매집했다. 이러한 매집 과정이 이어지면서 주가는 상승으로 전환해 20일선을 타고 견고한 상승세를 보였다.

## 외국인 매도 사례

### 사례 1. 서원인텍

다음은 정보통신장비 업체인 서원인텍의 주가 흐름이다. 단기적으로 큰 상승을 보인 후 횡보하던 중 외국인들의 물량이 출회되면서 주가가 하락하는 모습이다.

그림 9-7 서원인텍(093920)

| 날 짜 | 종 가 | 대 비 | 대비율 | 거래량 | 외국인 일별순매매 | 지분율 |
|---|---|---|---|---|---|---|
| 2021/03/04 | 7,630 ▼ | -230 | -2.93% | 255,563 | -33,496 | 8.14% |
| 2021/03/03 | 7,860 ▲ | 170 | 2.21% | 106,424 | -12,886 | 8.32% |
| 2021/03/02 | 7,690 ▼ | -110 | -1.41% | 318,601 | -49,495 | 8.39% |
| 2021/02/26 | 7,800 ▼ | -230 | -2.86% | 565,014 | -223,617 | 8.66% |
| 2021/02/25 | 8,030 ▲ | 100 | 1.26% | 259,002 | -86,272 | 9.86% |
| 2021/02/24 | 7,930 ▼ | -450 | -5.37% | 280,588 | -42,000 | 10.32% |
| 2021/02/23 | 8,380 ▼ | -200 | -2.33% | 156,822 | -43,599 | 10.55% |
| 2021/02/22 | 8,580 ▼ | -150 | -1.72% | 143,891 | -19,931 | 10.78% |
| 2021/02/19 | 8,730 ▼ | -140 | -1.58% | 152,106 | -30,356 | 10.89% |
| 2021/02/18 | 8,870 ▼ | -220 | -2.42% | 201,787 | -14,849 | 11.05% |
| 2021/02/17 | 9,090 ▲ | 140 | 1.56% | 324,521 | -10,607 | 11.13% |
| 2021/02/16 | 8,950 ▲ | 200 | 2.29% | 129,301 | 25,690 | 11.19% |
| 2021/02/15 | 8,750 ▲ | 140 | 1.63% | 89,972 | 24,115 | 11.05% |
| 2021/02/10 | 8,610 | | 0.00% | 79,432 | -3,311 | 10.92% |
| 2021/02/09 | 8,610 ▼ | -210 | -2.38% | 120,201 | -30,338 | 10.94% |
| 2021/02/08 | 8,820 ▼ | -210 | -2.33% | 90,740 | -28,209 | 11.10% |
| 2021/02/05 | 9,030 ▲ | 120 | 1.35% | 162,209 | 23,075 | 11.26% |
| 2021/02/04 | 8,910 ▼ | -150 | -1.66% | 156,149 | -24,386 | 11.13% |
| 2021/02/03 | 9,060 ▲ | 600 | 7.09% | 306,032 | 19,684 | 11.26% |
| 2021/02/02 | 8,460 ▲ | 60 | 0.71% | 139,927 | -7,784 | 11.16% |
| 2021/02/01 | 8,400 ▼ | -20 | -0.24% | 146,707 | -6,681 | 11.20% |
| 2021/01/29 | 8,420 ▼ | -610 | -6.76% | 331,830 | -35,571 | 11.24% |
| 2021/01/28 | 9,030 ▼ | -330 | -3.53% | 251,785 | -25,643 | 11.43% |
| 2021/01/27 | 9,360 ▲ | 60 | 0.65% | 420,871 | -32,980 | 11.56% |

그림 9-8 외국인 매매 현황_서원인텍

## 사례 2. 휴비스

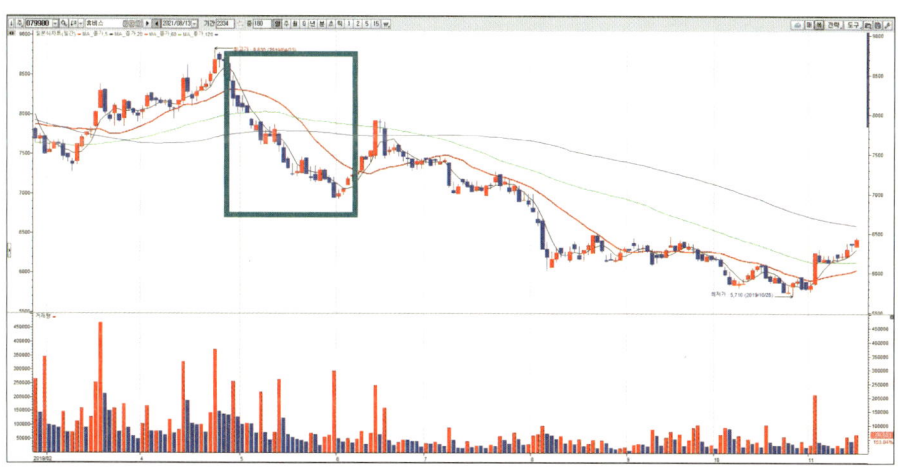

그림 9-9 휴비스(079980)

휴비스는 국내 화학섬유 1위 기업이다. 2019년 5월을 기점으로 외국인들이 보유 물량을 줄이기 시작하면서 지속적으로 하락 흐름을 나타냈다. 외국인의 움직임을 주시하고 있었다면 매수와 매도 시점을 잘 파악할 수 있었음을 알려주는 사례다.

| 날짜 | 종가 | 대비 | 대비율 | 거래량 | 외국인 일별순매매 | 외국인 지분율 |
|---|---|---|---|---|---|---|
| 2019/06/03 | 7,000 ▲ | 50 | 0.72% | 51,789 | -4,786 | 5.16% |
| 2019/05/31 | 6,950 ▼ | -190 | -2.66% | 294,886 | 26,368 | 5.15% |
| 2019/05/30 | 7,140 ▼ | -40 | -0.56% | 63,600 | -7,284 | 5.05% |
| 2019/05/29 | 7,180 ▼ | -120 | -1.64% | 55,797 | -8,384 | 5.05% |
| 2019/05/28 | 7,300 ▲ | 130 | 1.81% | 27,578 | 293 | 5.07% |
| 2019/05/27 | 7,170 ▼ | -30 | -0.42% | 65,365 | 4,024 | 5.04% |
| 2019/05/24 | 7,200 ▼ | -50 | -0.69% | 69,900 | -4,216 | 4.98% |
| 2019/05/23 | 7,250 ▼ | -170 | -2.29% | 39,331 | -11,346 | 5.00% |
| 2019/05/22 | 7,420 ▲ | 140 | 1.92% | 43,754 | -9,555 | 5.03% |
| 2019/05/21 | 7,280 ▲ | 40 | 0.55% | 47,585 | -7,848 | 5.06% |
| 2019/05/20 | 7,240 ▼ | -80 | -1.09% | 54,507 | -1,700 | 5.08% |
| 2019/05/17 | 7,320 ▼ | -70 | -0.95% | 65,826 | -9,967 | 4.99% |
| 2019/05/16 | 7,390 ▼ | -220 | -2.89% | 125,369 | -8,477 | 5.01% |
| 2019/05/15 | 7,610 ▼ | -200 | -2.56% | 263,371 | -39,782 | 5.01% |
| 2019/05/14 | 7,810 ▲ | 90 | 1.17% | 73,616 | -18,652 | 5.16% |
| 2019/05/13 | 7,720 ▼ | -30 | -0.39% | 46,627 | -17,898 | 5.21% |
| 2019/05/10 | 7,750 ▲ | 80 | 1.04% | 72,909 | -12,603 | 5.27% |
| 2019/05/09 | 7,670 ▼ | -190 | -2.42% | 218,745 | -38,006 | 5.30% |
| 2019/05/08 | 7,860 | | 0.00% | 70,559 | 3,814 | 5.41% |
| 2019/05/07 | 7,860 ▼ | -160 | -2.00% | 102,994 | -14,921 | 5.40% |
| 2019/05/03 | 8,020 ▼ | -70 | -0.87% | 104,944 | -19,289 | 5.45% |
| 2019/05/02 | 8,090 ▼ | -10 | -0.12% | 101,591 | -6,116 | 5.50% |

그림 9-10 일별 외국인 매매 현황_휴비스

# 기관 매수 사례

**사례 1. 대우조선해양**

〈그림 9-11〉 대우조선해양 차트를 보면 2020년 11월부터 기관의 꾸준한 매수에 힘입어 불과 5개월 만에 70%에 가까운 큰 폭의 상승세를 보였다.

그림 9-11 대우조선해양(042660)

| 날짜 | 종가 | 대비 | 대비율 | 거래량 | 기관 기간누적 | 기관 일별순매매 |
|---|---|---|---|---|---|---|
| 2020/12/11 | 28,500 ▲ | 550 | 1.97% | 840,344 | 1,361,544 | 70,437 |
| 2020/12/10 | 27,950 ▲ | 300 | 1.08% | 502,427 | 1,291,107 | 54,140 |
| 2020/12/09 | 27,650 ▲ | 100 | 0.36% | 266,846 | 1,236,967 | 20,214 |
| 2020/12/08 | 27,550 ▼ | -600 | -2.13% | 379,098 | 1,216,753 | 1,211 |
| 2020/12/07 | 28,150 ▲ | 200 | 0.72% | 491,922 | 1,215,542 | -22,985 |
| 2020/12/04 | 27,950 ▲ | 500 | 1.82% | 693,175 | 1,238,527 | 62,197 |
| 2020/12/03 | 27,450 ▼ | -100 | -0.36% | 431,076 | 1,176,330 | -79,872 |
| 2020/12/02 | 27,550 ▼ | -50 | -0.18% | 365,720 | 1,256,202 | -13,283 |
| 2020/12/01 | 27,600 ▲ | 550 | 2.03% | 654,044 | 1,269,485 | 20,748 |
| 2020/11/30 | 27,050 ▼ | -200 | -0.73% | 711,761 | 1,248,737 | 6,261 |
| 2020/11/27 | 27,250 ▲ | 250 | 0.93% | 448,294 | 1,242,476 | 39,419 |
| 2020/11/26 | 27,000 ▼ | -250 | -0.92% | 389,997 | 1,203,057 | -29,872 |
| 2020/11/25 | 27,250 ▲ | 500 | 1.87% | 998,503 | 1,232,929 | -42,127 |
| 2020/11/24 | 26,750 ▼ | -300 | -1.11% | 772,496 | 1,275,056 | -11,278 |
| 2020/11/23 | 27,050 ▲ | 1,550 | 6.08% | 2,212,852 | 1,286,334 | 191,320 |
| 2020/11/20 | 25,500 ▲ | 500 | 2.00% | 399,307 | 1,095,014 | -16,490 |
| 2020/11/19 | 25,000 ▼ | -950 | -3.66% | 705,184 | 1,111,504 | -82,663 |
| 2020/11/18 | 25,950 ▼ | -700 | -2.63% | 577,994 | 1,194,167 | 20,526 |
| 2020/11/17 | 26,650 ▲ | 500 | 1.91% | 1,268,831 | 1,173,641 | 39,063 |
| 2020/11/16 | 26,150 ▲ | 1,950 | 8.06% | 1,739,443 | 1,134,578 | 260,521 |
| 2020/11/13 | 24,200 ▲ | 200 | 0.83% | 590,004 | 874,057 | 41,988 |
| 2020/11/12 | 24,000 ▼ | -400 | -1.64% | 402,942 | 832,069 | 178 |
| 2020/11/11 | 24,400 ▲ | 100 | 0.41% | 577,681 | 831,891 | 94,543 |
| 2020/11/10 | 24,300 ▲ | 450 | 1.89% | 730,946 | 737,348 | 104,515 |
| 2020/11/09 | 23,850 ▲ | 1,250 | 5.53% | 621,940 | 632,833 | 117,793 |

그림 9-12 기관 투자자 일별 매매 추이_ 대우조선해양

## 사례 2. 현대차

2018년 10~11월에 큰 폭의 하락세를 보인 후 기관의 매수세가 강화되어 단기간에 하락폭을 채우는 모습이다. 기관의 저가 매수에 동참하였다면 큰 수익을 얻을 수 있었을 것이다.

그림 9-13 현대차(005380)

투자자별(잠정) | 투자자별종합(잠정) | 투자자별(확정) | 일별 매매추이 | 평균가 분석

005380 현대차 누적기간 사용자지정 2018/11/15 ~ 2019/07/05 조회 상세 편집

| 날 짜 | 종 가 | 대 비 | 대비율 | 거래량 | 기 관 | |
|---|---|---|---|---|---|---|
| | | | | | 기간누적 | 일별순매매 |
| 2019/01/10 | 123,000 | | 0.00% | 648,837 | 1,001,736 | 137,510 |
| 2019/01/09 | 123,000 ▲ | 3,500 | 2.93% | 846,392 | 864,226 | 115,107 |
| 2019/01/08 | 119,500 ▼ | -1,000 | -0.83% | 582,117 | 749,119 | -18,622 |
| 2019/01/07 | 120,500 ▲ | 1,000 | 0.84% | 428,416 | 767,741 | 44,138 |
| 2019/01/04 | 119,500 ▲ | 3,000 | 2.58% | 1,326,978 | 723,603 | 501,959 |
| 2019/01/03 | 116,500 ▲ | 2,500 | 2.19% | 608,591 | 221,644 | 75,794 |
| 2019/01/02 | 114,000 ▼ | -4,500 | -3.80% | 565,493 | 145,850 | -17,886 |
| 2018/12/28 | 118,500 | | 0.00% | 398,062 | 163,736 | -21,060 |
| 2018/12/27 | 118,500 ▼ | -1,500 | -1.25% | 458,613 | 184,796 | -72,534 |
| 2018/12/26 | 120,000 ▼ | -3,000 | -2.44% | 550,552 | 257,330 | 30,566 |
| 2018/12/24 | 123,000 ▲ | 500 | 0.41% | 301,455 | 226,764 | 86,596 |
| 2018/12/21 | 122,500 ▲ | 1,000 | 0.82% | 643,918 | 140,168 | 96,798 |
| 2018/12/20 | 121,500 ▼ | -1,500 | -1.22% | 682,779 | 43,370 | 105,748 |
| 2018/12/19 | 123,000 ▲ | 5,000 | 4.24% | 841,175 | -62,378 | 54,131 |
| 2018/12/18 | 118,000 ▲ | 1,500 | 1.29% | 889,260 | -116,509 | 155,699 |
| 2018/12/17 | 116,500 | | 0.00% | 602,835 | -272,208 | -51,833 |
| 2018/12/14 | 116,500 ▼ | -2,000 | -1.69% | 534,429 | -220,375 | -25,959 |
| 2018/12/13 | 118,500 | | 0.00% | 1,093,587 | -194,416 | -15,206 |
| 2018/12/12 | 118,500 ▲ | 7,000 | 6.28% | 1,558,536 | -179,210 | 291,079 |
| 2018/12/11 | 111,500 ▲ | 1,000 | 0.90% | 372,363 | -470,289 | 35,549 |
| 2018/12/10 | 110,500 ▼ | -500 | -0.45% | 367,098 | -505,838 | 62,346 |
| 2018/12/07 | 111,000 ▲ | 500 | 0.45% | 566,780 | -568,184 | 19,266 |
| 2018/12/06 | 110,500 ▲ | 3,000 | 2.79% | 896,541 | -587,450 | 274,556 |
| 2018/12/05 | 107,500 | | 0.00% | 519,108 | -862,006 | 12,293 |

그림 9-14 일별 기관 매매 현황_현대차

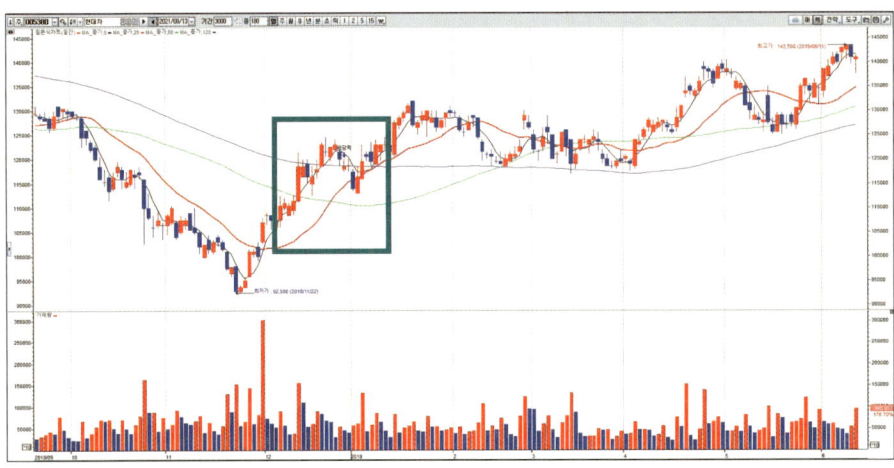

# 외국인, 기관의 매매 실전 사례 2

외국인과 기관은 코스닥 우량주들도 꾸준히 매매하고 있으며, 그 영향력은 유가증권시장에서와 같다. 이 두 매매 세력의 코스닥 주식 매매 사례를 통해 외국인과 기관 따라잡기의 맥을 짚어보자. 외국인과 기관의 쌍글이 매수 사례도 말미에 첨부하였다.

## 외국인 매수 사례

### 사례 1. LG전자

2020년 7월경부터 외국인들이 대량으로 매수했다. 특히 7월 14일, 15일 양일간 100만 주가 넘게 사들였다. 주가가 횡보하는 중에도 꾸준히 지분을 늘이며 급등하는 모습을 보였다.

그림 9-15 LG전자(066570)

| 날짜 | 종가 | 대비 | 대비율 | 거래량 | 외국인 일별순매매 | 지분율 |
|---|---|---|---|---|---|---|
| 2020/08/12 | 87,300 ▲ | 4,300 | 5.18% | 2,704,977 | 296,522 | 34.08% |
| 2020/08/11 | 83,000 ▼ | -2,700 | -3.15% | 1,684,857 | -112,735 | 33.96% |
| 2020/08/10 | 85,700 ▲ | 8,500 | 11.01% | 3,706,582 | 340,517 | 34.02% |
| 2020/08/07 | 77,200 | | 0.00% | 759,800 | 95,257 | 33.81% |
| 2020/08/06 | 77,200 ▼ | -1,100 | -1.40% | 899,941 | -16,725 | 33.74% |
| 2020/08/05 | 78,300 ▲ | 400 | 0.51% | 1,197,933 | 219,113 | 33.75% |
| 2020/08/04 | 77,900 ▲ | 3,900 | 5.27% | 1,738,014 | 307,707 | 33.61% |
| 2020/08/03 | 74,000 ▲ | 3,300 | 4.67% | 1,183,563 | 248,996 | 33.42% |
| 2020/07/31 | 70,700 ▼ | -1,400 | -1.94% | 851,076 | -21,881 | 33.27% |
| 2020/07/30 | 72,100 ▲ | 100 | 0.14% | 735,701 | -89,653 | 33.28% |
| 2020/07/29 | 72,000 ▼ | -500 | -0.69% | 804,210 | 90,014 | 33.34% |
| 2020/07/28 | 72,500 ▼ | -1,100 | -1.49% | 975,596 | 85,199 | 33.16% |
| 2020/07/27 | 73,600 ▼ | -500 | -0.67% | 568,984 | -9,639 | 33.11% |
| 2020/07/24 | 74,100 | | 0.00% | 698,830 | 157,500 | 33.11% |
| 2020/07/23 | 74,100 ▼ | -900 | -1.20% | 759,138 | 164,979 | 33.02% |
| 2020/07/22 | 75,000 ▲ | 100 | 0.13% | 801,570 | 254,031 | 32.92% |
| 2020/07/21 | 74,900 ▼ | -1,100 | -1.45% | 912,127 | 166,016 | 32.76% |
| 2020/07/20 | 76,000 ▲ | 300 | 0.40% | 901,831 | 225,790 | 32.66% |
| 2020/07/17 | 75,700 ▲ | 1,200 | 1.61% | 1,266,762 | 82,475 | 32.52% |
| 2020/07/16 | 74,500 ▼ | -400 | -0.53% | 1,184,023 | 124,661 | 32.47% |
| 2020/07/15 | 74,900 ▲ | 4,100 | 5.79% | 2,504,840 | 737,790 | 32.39% |
| 2020/07/14 | 70,800 ▲ | 2,300 | 3.36% | 1,780,194 | 309,273 | 31.94% |
| 2020/07/13 | 68,500 ▲ | 300 | 0.44% | 569,857 | 82,028 | 31.75% |
| 2020/07/10 | 68,200 ▲ | 500 | 0.74% | 781,290 | 150,057 | 31.70% |
| 2020/07/09 | 67,700 ▲ | 1,300 | 1.96% | 984,866 | 195,468 | 31.61% |

그림 9-16 일별 외국인 매매 현황_LG전자

## 사례 2. 유바이오로직스

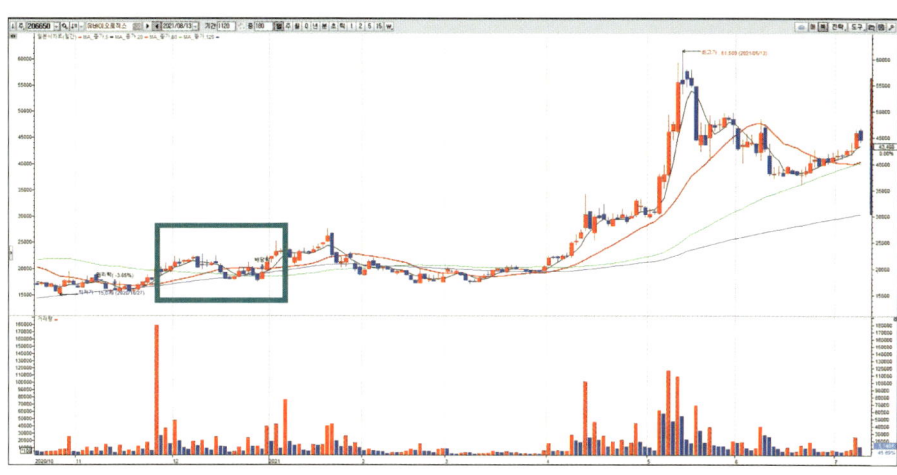

그림 9-17 유바이오로직스(206650)

| 날짜 | 종가 | 대비 | 대비율 | 거래량 | 외국인 일별순매매 | 지분율 |
|---|---|---|---|---|---|---|
| 2020/12/30 | 21,300 ▲ | 1,950 | 10.08% | 3,969,853 | 193,107 | 4.75% |
| 2020/12/29 | 19,350 ▲ | 1,500 | 8.40% | 820,974 | 121,548 | 4.12% |
| 2020/12/28 | 17,850 ▼ | -950 | -5.05% | 1,208,106 | 9,390 | 3.73% |
| 2020/12/24 | 18,800 ▼ | -1,400 | -6.93% | 1,208,021 | 29,502 | 3.70% |
| 2020/12/23 | 20,200 ▲ | 1,200 | 6.32% | 2,348,473 | 71,891 | 3.60% |
| 2020/12/22 | 19,000 ▼ | -550 | -2.81% | 566,465 | -18,684 | 3.37% |
| 2020/12/21 | 19,550 ▲ | 1,050 | 5.68% | 1,108,004 | 6,501 | 3.43% |
| 2020/12/18 | 18,500 ▲ | 450 | 2.49% | 490,337 | 22,826 | 3.41% |
| 2020/12/17 | 18,050 ▼ | -100 | -0.55% | 461,499 | -9,704 | 3.33% |
| 2020/12/16 | 18,150 ▼ | -1,200 | -6.20% | 1,172,568 | 50,712 | 3.37% |
| 2020/12/15 | 19,350 ▼ | -1,700 | -8.08% | 1,254,188 | 19,131 | 3.20% |
| 2020/12/14 | 21,050 ▼ | -50 | -0.24% | 2,515,180 | -129,883 | 3.14% |
| 2020/12/11 | 21,100 ▲ | 400 | 1.93% | 730,912 | 23,377 | 3.56% |
| 2020/12/10 | 20,700 ▼ | -50 | -0.24% | 978,764 | -14,833 | 3.49% |
| 2020/12/09 | 20,750 ▲ | 500 | 2.47% | 2,008,866 | 29,542 | 3.53% |
| 2020/12/08 | 20,250 ▼ | -1,900 | -8.58% | 1,303,724 | -16,450 | 3.44% |
| 2020/12/07 | 22,150 ▲ | 550 | 2.55% | 1,892,335 | 59,842 | 3.49% |
| 2020/12/04 | 21,600 ▲ | 100 | 0.47% | 793,130 | 27,551 | 3.30% |
| 2020/12/03 | 21,500 ▲ | 500 | 2.38% | 1,065,345 | 74,497 | 3.21% |
| 2020/12/02 | 21,000 ▼ | -250 | -1.18% | 1,977,155 | 42,006 | 2.96% |
| 2020/12/01 | 21,250 ▲ | 800 | 3.91% | 4,781,343 | 189,772 | 2.83% |
| 2020/11/30 | 20,450 ▲ | 600 | 3.02% | 1,573,802 | 256,914 | 2.21% |
| 2020/11/27 | 19,850 ▲ | 400 | 2.06% | 3,670,807 | 22,752 | 1.38% |
| 2020/11/26 | 19,450 ▼ | -750 | -3.71% | 2,714,845 | 12,563 | 1.30% |

그림 9-18 일별 외국인 매매 현황_유바이오로직스

2020년 말부터 4개월가량 외국인들은 연일 매수 강도를 높여갔다. 매집이 마무리된 이후 주가는 탄력적인 상승세를 보이며 상승 랠리를 이어가고 있다.

## 외국인 매도 사례

### 사례 1. BGF리테일

그림 9-19 BGF리테일(282330)

BGF리테일은 보유지분율에서 볼 수 있는 것처럼 외국인이 선호하는 종목이었으나 2020년 4월 말부터 외국인들의 매도량이 증가하면서 수급상에 불균형이 생겼다. 이후 주가는 연일 하락세를 보이다가 결국 하락 추세로 전환되었다.

| 날짜 | 종가 | 대비 | 대비율 | 거래량 | 외국인 일별순매매 | 지분율 |
|---|---|---|---|---|---|---|
| 2020/06/05 | 154,500 | | 0.00% | 36,080 | -16,467 | 32.24% |
| 2020/06/04 | 154,500 ▼ | -3,000 | -1.90% | 58,191 | -15,147 | 32.34% |
| 2020/06/03 | 157,500 ▼ | -2,000 | -1.25% | 51,577 | -5,889 | 32.42% |
| 2020/06/02 | 159,500 ▼ | -2,500 | -1.54% | 33,445 | -8,109 | 32.46% |
| 2020/06/01 | 162,000 ▼ | -5,000 | -2.99% | 41,530 | -5,060 | 32.50% |
| 2020/05/29 | 167,000 ▲ | 11,500 | 7.40% | 74,107 | 30,253 | 32.52% |
| 2020/05/28 | 155,500 ▼ | -1,500 | -0.96% | 31,933 | 3,238 | 32.35% |
| 2020/05/27 | 157,000 ▲ | 500 | 0.32% | 37,664 | -1,848 | 32.33% |
| 2020/05/26 | 156,500 ▼ | -500 | -0.32% | 31,565 | -6,472 | 32.34% |
| 2020/05/25 | 157,000 ▲ | 1,500 | 0.96% | 30,339 | -9,991 | 32.38% |
| 2020/05/22 | 155,500 ▼ | -3,000 | -1.89% | 33,934 | -5,647 | 32.44% |
| 2020/05/21 | 158,500 ▲ | 1,000 | 0.63% | 32,127 | -2,058 | 32.47% |
| 2020/05/20 | 157,500 ▼ | -3,500 | -2.17% | 47,527 | -9,779 | 32.48% |
| 2020/05/19 | 161,000 ▲ | 2,500 | 1.58% | 55,805 | 7,195 | 32.54% |
| 2020/05/18 | 158,500 ▲ | 500 | 0.32% | 23,811 | -3,317 | 32.50% |
| 2020/05/15 | 158,000 ▲ | 2,000 | 1.28% | 61,413 | 12,624 | 32.51% |
| 2020/05/14 | 156,000 ▲ | 4,500 | 2.97% | 90,118 | 6,959 | 32.44% |
| 2020/05/13 | 151,500 ▲ | 2,500 | 1.68% | 60,799 | 625 | 32.40% |
| 2020/05/12 | 149,000 ▼ | -1,000 | -0.67% | 46,939 | -2,940 | 32.39% |
| 2020/05/11 | 150,000 ▼ | -500 | -0.33% | 46,462 | -4,504 | 32.41% |
| 2020/05/08 | 150,500 ▼ | -10,000 | -6.23% | 162,984 | -44,766 | 32.43% |
| 2020/05/07 | 160,500 ▲ | 1,000 | 0.63% | 41,199 | -14,730 | 32.69% |
| 2020/05/06 | 159,500 ▲ | 6,000 | 3.91% | 71,067 | -43,577 | 32.78% |
| 2020/05/04 | 153,500 ▼ | -4,500 | -2.85% | 55,079 | -13,285 | 33.03% |
| 2020/04/29 | 158,000 ▼ | -1,000 | -0.63% | 21,517 | -3,049 | 33.10% |
| 2020/04/28 | 159,000 ▲ | 500 | 0.32% | 50,434 | -3,939 | 33.11% |
| 2020/04/27 | 158,500 ▲ | 10,000 | 6.73% | 137,872 | -51,776 | 33.14% |

그림 9-20 일별 외국인 매매 현황_BGF리테일

### 사례 2. 서울옥션

2018년 10월 고점을 형성함과 함께 외국인들의 순매도가 증가하며 주가가 하락하는 모습이다. 단기간에 5%가 넘는 지분이 빠져나가면서 주가에 미치는 영향이 컸다.

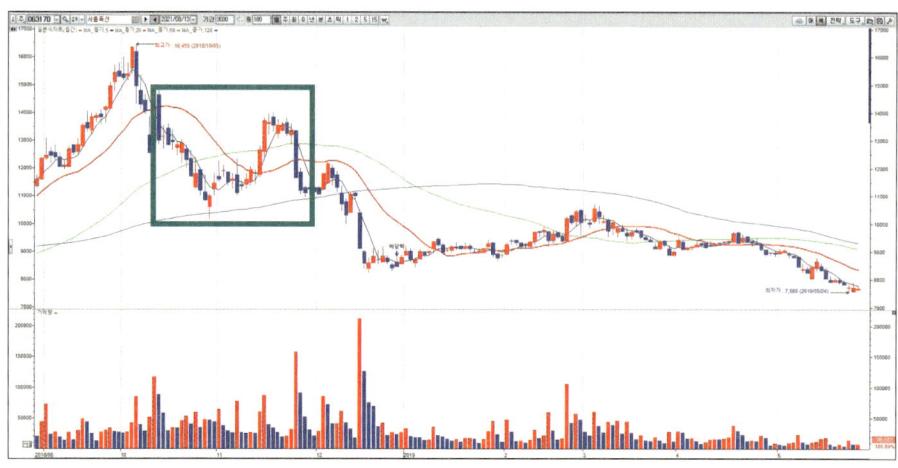

그림 9-21 서울옥션(063170)

| 날자 | 종가 | 대비 | 대비율 | 거래량 | 외국인 일별순매매 | 지분율 |
|---|---|---|---|---|---|---|
| 2018/11/19 | 13,550 ▼ | -100 | -0.73% | 343,144 | -81,227 | 12.48% |
| 2018/11/16 | 13,650 ▼ | -50 | -0.36% | 394,881 | -89,882 | 12.94% |
| 2018/11/15 | 13,700 ▲ | 1,050 | 8.30% | 869,455 | -791 | 13.46% |
| 2018/11/14 | 12,650 ▲ | 850 | 7.20% | 607,160 | -57,090 | 13.32% |
| 2018/11/13 | 11,800 ▼ | -150 | -1.26% | 256,944 | -62,097 | 13.54% |
| 2018/11/12 | 11,950 ▲ | 350 | 3.02% | 266,640 | -67,752 | 13.91% |
| 2018/11/09 | 11,600 ▲ | 250 | 2.20% | 258,979 | -21,639 | 14.31% |
| 2018/11/08 | 11,350 ▲ | 250 | 2.25% | 268,838 | 34,176 | 14.43% |
| 2018/11/07 | 11,100 ▼ | -500 | -4.31% | 775,927 | -13,769 | 14.23% |
| 2018/11/06 | 11,600 ▲ | 100 | 0.87% | 265,385 | -23,040 | 14.31% |
| 2018/11/05 | 11,500 ▼ | -400 | -3.36% | 299,620 | -37,455 | 14.39% |
| 2018/11/02 | 11,900 ▲ | 300 | 2.59% | 381,979 | -81,424 | 14.84% |
| 2018/11/01 | 11,600 ▲ | 150 | 1.31% | 642,662 | -152,072 | 15.32% |
| 2018/10/31 | 11,450 ▲ | 450 | 4.09% | 447,669 | -55,779 | 16.22% |
| 2018/10/30 | 11,000 ▲ | 150 | 1.38% | 471,607 | 18,273 | 16.59% |
| 2018/10/29 | 10,850 ▼ | -350 | -3.13% | 474,039 | -14,013 | 16.48% |
| 2018/10/26 | 11,200 ▼ | -600 | -5.08% | 349,450 | -15,026 | 16.44% |
| 2018/10/25 | 11,800 ▲ | 100 | 0.85% | 594,119 | 71,867 | 16.53% |
| 2018/10/24 | 11,700 ▼ | -600 | -4.88% | 405,141 | 1,001 | 16.10% |
| 2018/10/23 | 12,300 ▼ | -600 | -4.65% | 532,568 | -35,051 | 16.45% |
| 2018/10/22 | 12,900 ▲ | 50 | 0.39% | 459,845 | -5,910 | 16.72% |
| 2018/10/19 | 12,850 ▼ | -100 | -0.77% | 339,944 | -6,240 | 16.90% |
| 2018/10/18 | 12,950 ▲ | 100 | 0.78% | 345,577 | -32,057 | 16.83% |
| 2018/10/17 | 12,850 ▼ | -300 | -2.28% | 296,356 | -8,595 | 17.05% |
| 2018/10/16 | 13,150 ▲ | 150 | 1.15% | 589,276 | -48,290 | 17.10% |
| 2018/10/15 | 13,000 ▼ | -1,450 | -8.13% | 884,146 | -211,646 | 17.47% |

그림 9-22 일별 외국인 매매 현황_ 서울옥션

# 기관 매수 사례

## 사례 1. NHN

그림 9-23 NHN(181710)

투자자별(잠정) | 투자자별종합(잠정) | 투자자별(확정) | 일별 매매추이 | 평균가 분석

181710 NHN 누적기간 3개월 2021/04/28 ~ 2021/07/23 조회 상세 편집

| 날 짜 | 종 가 | 대 비 | 대비율 | 거래량 | 기관 기간누적 | 기관 일별순매매 |
|---|---|---|---|---|---|---|
| 2021/06/30 | 83,400 ▲ | 1,100 | 1.34% | 135,537 | 219,883 | 25,004 |
| 2021/06/29 | 82,300 ▲ | 100 | 0.12% | 108,554 | 194,879 | 31,092 |
| 2021/06/28 | 82,200 ▲ | 1,500 | 1.86% | 164,281 | 163,787 | 8,115 |
| 2021/06/25 | 80,700 ▼ | -200 | -0.25% | 163,898 | 155,672 | -809 |
| 2021/06/24 | 80,900 ▲ | 2,600 | 3.32% | 437,219 | 156,481 | 5,658 |
| 2021/06/23 | 78,300 ▲ | 1,600 | 2.09% | 121,894 | 150,823 | -691 |
| 2021/06/22 | 76,700 ▲ | 500 | 0.66% | 45,672 | 151,514 | 2,810 |
| 2021/06/21 | 76,200 ▼ | -2,700 | -3.42% | 134,601 | 148,704 | 2,905 |
| 2021/06/18 | 78,900 |  | 0.00% | 83,685 | 145,799 | 14,173 |
| 2021/06/17 | 78,900 ▼ | -100 | -0.13% | 107,904 | 131,626 | 12,931 |
| 2021/06/16 | 79,000 ▲ | 600 | 0.77% | 113,985 | 118,695 | 16,895 |
| 2021/06/15 | 78,400 ▲ | 1,200 | 1.55% | 117,941 | 101,800 | 12,335 |
| 2021/06/14 | 77,200 ▲ | 700 | 0.92% | 80,116 | 89,465 | 14,918 |
| 2021/06/11 | 76,500 ▼ | -100 | -0.13% | 89,125 | 74,547 | 6,175 |
| 2021/06/10 | 76,600 ▲ | 1,900 | 2.54% | 184,741 | 68,372 | 8,456 |
| 2021/06/09 | 74,700 ▼ | -1,000 | -1.32% | 79,823 | 59,916 | 18,963 |
| 2021/06/08 | 75,700 ▼ | -400 | -0.53% | 49,053 | 40,953 | 7,527 |
| 2021/06/07 | 76,100 ▲ | 200 | 0.26% | 87,373 | 33,426 | 18,434 |
| 2021/06/04 | 75,900 ▲ | 1,000 | 1.34% | 102,265 | 14,992 | 8,934 |
| 2021/06/03 | 74,900 ▼ | -100 | -0.13% | 65,289 | 6,058 | 18,987 |
| 2021/06/02 | 75,000 ▲ | 1,000 | 1.35% | 112,213 | -12,929 | 17,873 |
| 2021/06/01 | 74,000 ▲ | 800 | 1.09% | 112,321 | -30,802 | 16,189 |
| 2021/05/31 | 73,200 ▲ | 600 | 0.83% | 66,856 | -46,991 | 972 |
| 2021/05/28 | 72,600 ▲ | 900 | 1.26% | 48,654 | -47,963 | 17,335 |

그림 9-24 일별 기관 매매 현황_NHN

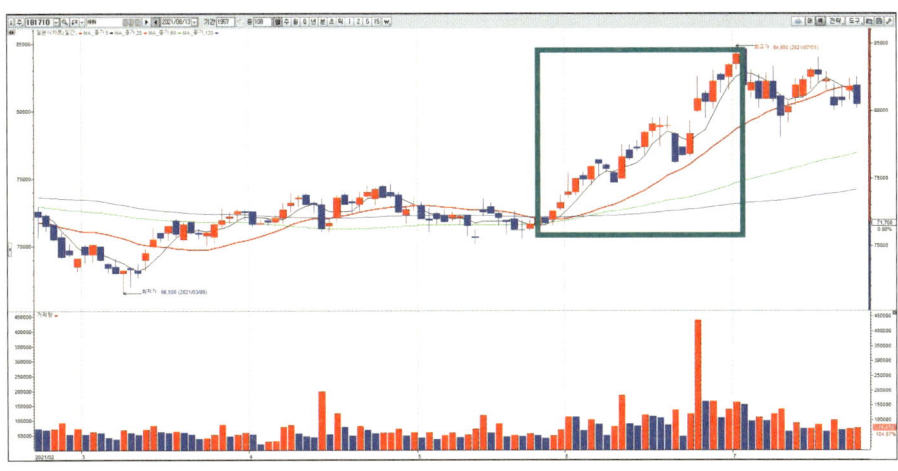

NHN은 게임, 결제, 엔터테인먼트 등의 사업을 하는 IT 기업이다. 2021년 5월 말 AI 반도체와 클라우드 서비스의 확대, PC 웹보드의 실적 기대감으로 기관들이 연일 매수세를 보이며 주가가 상승하였다.

### 사례 2. 금호석유

금호석유는 금호석유화학의 NB라텍스가 코로나19로 인해 수요가 증가하고 다양한 사업영역의 수익성 개선세가 지속될 것으로 기대된다. 기관의 순매수로 주가가 꾸준히 상승하고 있다.

그림 9-25 금호석유(011780)

| 날짜 | 종가 | 대비 | 대비율 | 거래량 | 기관 기간누적 | 기관 일별순매매 |
|---|---|---|---|---|---|---|
| 2020/06/10 | 76,900 ▲ | 700 | 0.92% | 139,745 | 1,404,795 | 4,258 |
| 2020/06/09 | 76,200 ▼ | -1,700 | -2.18% | 151,088 | 1,400,537 | 17,680 |
| 2020/06/08 | 77,900 ▲ | 1,500 | 1.96% | 231,103 | 1,382,857 | 67,515 |
| 2020/06/05 | 76,400 ▲ | 200 | 0.26% | 146,259 | 1,315,342 | 14,606 |
| 2020/06/04 | 76,200 ▲ | 2,000 | 2.70% | 473,140 | 1,300,736 | 75,286 |
| 2020/06/03 | 74,200 ▲ | 3,200 | 4.51% | 490,051 | 1,225,450 | 66,053 |
| 2020/06/02 | 71,000 ▼ | -700 | -0.98% | 99,082 | 1,159,397 | -26,421 |
| 2020/06/01 | 71,700 ▲ | 800 | 1.13% | 86,972 | 1,185,818 | 6,030 |
| 2020/05/29 | 70,900 | | 0.00% | 163,211 | 1,179,788 | -2,567 |
| 2020/05/28 | 70,900 ▼ | -2,600 | -3.54% | 192,277 | 1,182,355 | -14,546 |
| 2020/05/27 | 73,500 ▲ | 500 | 0.68% | 200,814 | 1,196,901 | 4,735 |
| 2020/05/26 | 73,000 ▲ | 1,900 | 2.67% | 188,992 | 1,192,166 | 73,994 |
| 2020/05/25 | 71,100 ▲ | 700 | 0.99% | 128,935 | 1,118,172 | 54,137 |
| 2020/05/22 | 70,400 ▼ | -2,200 | -3.03% | 280,728 | 1,064,035 | -70,399 |
| 2020/05/21 | 72,600 ▲ | 700 | 0.97% | 172,114 | 1,134,434 | 6,826 |
| 2020/05/20 | 71,900 ▼ | -600 | -0.83% | 176,568 | 1,127,608 | -39,439 |
| 2020/05/19 | 72,500 ▼ | -600 | -0.82% | 369,658 | 1,167,047 | -3,952 |
| 2020/05/18 | 73,100 ▲ | 1,800 | 2.52% | 210,228 | 1,170,999 | 88,013 |
| 2020/05/15 | 71,300 ▼ | -300 | -0.42% | 125,748 | 1,082,986 | 7,334 |
| 2020/05/14 | 71,600 ▲ | 700 | 0.99% | 221,409 | 1,075,652 | 34,808 |
| 2020/05/13 | 70,900 ▲ | 1,200 | 1.72% | 247,407 | 1,040,844 | 9,576 |
| 2020/05/12 | 69,700 ▼ | -1,400 | -1.97% | 220,643 | 1,031,268 | 21,857 |
| 2020/05/11 | 71,100 ▼ | -1,000 | -1.39% | 681,802 | 1,009,411 | -14,328 |
| 2020/05/08 | 72,100 ▼ | -800 | -1.10% | 311,621 | 1,023,739 | -2,668 |
| 2020/05/07 | 72,900 ▲ | 3,500 | 5.04% | 390,709 | 1,026,407 | 90,171 |

그림 9-26 일별 기관 매매 현황_ 금호석유

## 기관 매도 사례

### 사례 1. 하이트진로

2020년 사회적 거리두기 여파로 실망성 매물이 증가했다. 여기에 기관의 지속적인 매도로 인한 보유비중 축소가 더해져 주가도 약세 흐름을 지속하고 있다.

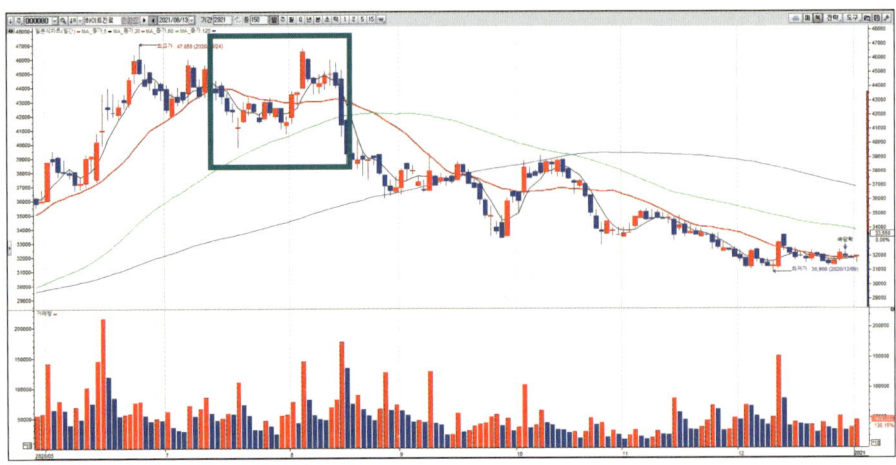

그림 9-27 하이트진로(000080)

| 날짜 | 종가 | 대비 | 대비율 | 거래량 | 기관 기간누적 | 기관 일별순매매 |
|---|---|---|---|---|---|---|
| 2020/08/19 | 38,900 ▼ | -400 | -1.02% | 730,813 | -2,609,890 | -283,426 |
| 2020/08/18 | 39,300 ▼ | -2,050 | -4.96% | 1,327,397 | -2,326,464 | -340,446 |
| 2020/08/14 | 41,350 ▼ | -2,750 | -6.24% | 1,758,970 | -1,986,018 | -313,341 |
| 2020/08/13 | 44,100 ▼ | -850 | -1.89% | 803,274 | -1,672,677 | -60,670 |
| 2020/08/12 | 44,950 ▲ | 150 | 0.33% | 675,316 | -1,612,007 | 77,658 |
| 2020/08/11 | 44,800 ▲ | 500 | 1.13% | 471,469 | -1,689,665 | 31,719 |
| 2020/08/10 | 44,300 | | 0.00% | 488,329 | -1,721,384 | -87,963 |
| 2020/08/07 | 44,300 ▼ | -300 | -0.67% | 553,619 | -1,633,421 | -46,440 |
| 2020/08/06 | 44,600 ▼ | -1,900 | -4.09% | 806,005 | -1,586,981 | 1,215 |
| 2020/08/05 | 46,500 ▲ | 2,850 | 6.53% | 1,444,373 | -1,588,196 | 268,656 |
| 2020/08/04 | 43,650 ▲ | 150 | 0.34% | 422,821 | -1,856,852 | 52,979 |
| 2020/08/03 | 43,500 ▲ | 1,950 | 4.69% | 769,702 | -1,909,831 | 85,575 |
| 2020/07/31 | 41,550 | | 0.00% | 558,864 | -1,995,406 | -110,231 |
| 2020/07/30 | 41,550 ▼ | -1,000 | -2.35% | 539,444 | -1,885,175 | -60,281 |
| 2020/07/29 | 42,550 ▲ | 350 | 0.83% | 227,629 | -1,824,894 | -5,847 |
| 2020/07/28 | 42,200 ▼ | -750 | -1.75% | 364,298 | -1,819,047 | -78,548 |
| 2020/07/27 | 42,950 ▲ | 1,350 | 3.25% | 459,433 | -1,740,499 | -38,444 |
| 2020/07/24 | 41,600 ▼ | -700 | -1.65% | 298,905 | -1,702,055 | -74,433 |
| 2020/07/23 | 42,300 ▼ | -600 | -1.40% | 309,510 | -1,627,622 | -111,872 |
| 2020/07/22 | 42,900 ▲ | 500 | 1.18% | 538,119 | -1,515,750 | -130,497 |
| 2020/07/21 | 42,400 ▲ | 1,200 | 2.91% | 718,745 | -1,385,253 | -220,206 |
| 2020/07/20 | 41,200 ▼ | -1,100 | -2.60% | 1,092,949 | -1,165,047 | -282,825 |
| 2020/07/17 | 42,300 ▼ | -50 | -0.12% | 569,282 | -882,222 | -321,573 |
| 2020/07/16 | 42,350 ▼ | -1,000 | -2.31% | 585,996 | -560,649 | -222,167 |
| 2020/07/15 | 43,350 ▼ | -300 | -0.69% | 503,585 | -338,482 | -179,498 |

그림 9-28 일별 기관 매매 현황_ 하이트진로

## 사례 2. 매일유업

그림 9-29 매일유업(267980)

그림 9-30 일별 기관 매매 현황_매일유업

| 날짜 | 종가 | 대비 | 대비율 | 거래량 | 기관 기간누적 | 기관 일별순매매 |
|---|---|---|---|---|---|---|
| 2020/08/12 | 75,000 ▲ | 100 | 0.13% | 41,038 | -133,264 | -20,960 |
| 2020/08/11 | 74,900 ▲ | 300 | 0.40% | 37,112 | -112,304 | -15,771 |
| 2020/08/10 | 74,600 ▼ | -700 | -0.93% | 34,346 | -96,533 | -10,338 |
| 2020/08/07 | 75,300 | | 0.00% | 24,580 | -86,195 | -7,528 |
| 2020/08/06 | 75,300 ▲ | 200 | 0.27% | 25,800 | -78,667 | -10,682 |
| 2020/08/05 | 75,100 ▲ | 700 | 0.94% | 17,428 | -67,985 | -4,586 |
| 2020/08/04 | 74,400 ▲ | 1,400 | 1.92% | 27,443 | -63,399 | -11,667 |
| 2020/08/03 | 73,000 ▼ | -1,200 | -1.62% | 25,843 | -51,732 | -11,895 |
| 2020/07/31 | 74,200 ▼ | -1,000 | -1.33% | 32,355 | -39,837 | -13,895 |
| 2020/07/30 | 75,200 ▼ | -100 | -0.13% | 17,818 | -25,942 | -7,092 |
| 2020/07/29 | 75,300 ▼ | -400 | -0.53% | 26,686 | -18,850 | -19,376 |
| 2020/07/28 | 75,700 ▲ | 200 | 0.26% | 21,969 | 526 | -4,012 |
| 2020/07/27 | 75,500 | | 0.00% | 12,689 | 4,538 | -2,913 |
| 2020/07/24 | 75,500 ▼ | -400 | -0.53% | 17,506 | 7,451 | 839 |
| 2020/07/23 | 75,900 ▼ | -200 | -0.26% | 17,705 | 6,612 | -2,310 |
| 2020/07/22 | 76,100 ▼ | -200 | -0.26% | 27,820 | 8,922 | -15,736 |
| 2020/07/21 | 76,300 ▼ | -900 | -1.17% | 45,326 | 24,658 | -10,734 |
| 2020/07/20 | 77,200 ▼ | -300 | -0.39% | 18,867 | 35,392 | -8,002 |
| 2020/07/17 | 77,500 ▼ | -500 | -0.64% | 15,783 | 43,394 | -6,543 |
| 2020/07/16 | 78,000 ▼ | -600 | -0.76% | 20,039 | 49,937 | -9,048 |
| 2020/07/15 | 78,600 ▲ | 400 | 0.51% | 19,883 | 58,985 | -6,342 |
| 2020/07/14 | 78,200 ▲ | 200 | 0.26% | 17,969 | 65,327 | 598 |
| 2020/07/13 | 78,000 ▲ | 500 | 0.65% | 15,430 | 64,729 | -6,227 |
| 2020/07/10 | 77,500 ▼ | -1,300 | -1.65% | 17,393 | 70,956 | -3,833 |
| 2020/07/09 | 78,800 ▼ | -300 | -0.38% | 26,381 | 74,789 | -13,533 |

국내 대표적인 유제품 업체인 매일유업의 주가 흐름이다. 2020년 6월 고점에서 데드크로스 발생 후 기관의 지속적인 매도 물량으로 하락폭이 커지고 있음을 보여주고 있다.

## 외국인과 기관의 쌍끌이 매수 사례(유가증권시장)

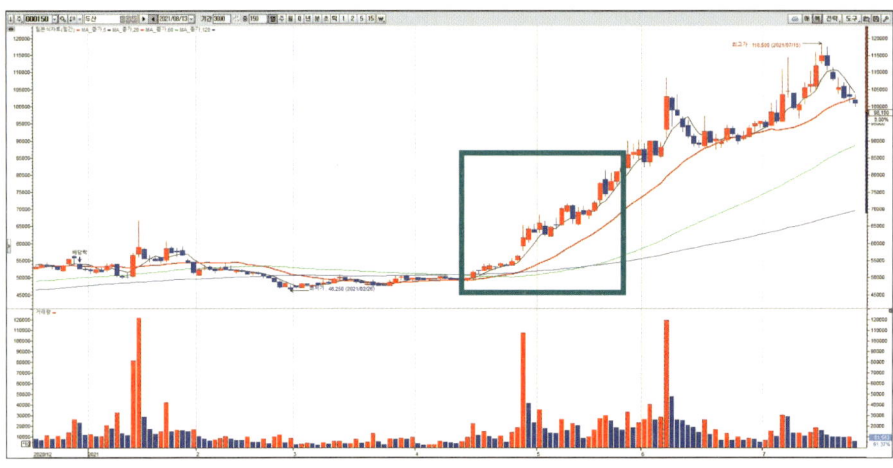

그림 9-31 두산(000150)

2021년 4월부터 기관과 외국인의 쌍끌이 순매수가 이어지면서 주가가 2배 이상 급등했다. 두산은 코스피의 우량종목 중 하나로 기관과 외국인이 선호하는 종목이다.

투자자별(잠정) | 투자자별종합(잠정) | 투자자별(확정) | 일별 매매추이 | 평균가 분석

000150 두산 누적기간 사용자지정 2020/05/13 ~ 2021/07/23 조회 상세 편집

| 날짜 | 종가 | 대비 | 대비율 | 거래량 | 기관 | | 외국인 | |
|---|---|---|---|---|---|---|---|---|
| | | | | | 기간누적 | 일별순매매 | 일별순매매 | 지분율 |
| 2021/05/25 | 81,000 ▲ | 2,800 | 3.58% | 189,750 | 1,070,084 | 7,882 | 27,644 | 9.42% |
| 2021/05/24 | 78,200 ▲ | 3,700 | 4.97% | 250,163 | 1,062,202 | 3,649 | 10,495 | 9.25% |
| 2021/05/21 | 74,500 ▼ | -3,200 | -4.12% | 302,263 | 1,058,553 | -31,573 | 5,178 | 9.18% |
| 2021/05/20 | 77,700 ▲ | 5,900 | 8.22% | 273,040 | 1,090,126 | 68,643 | 10,551 | 9.15% |
| 2021/05/18 | 71,800 ▲ | 2,300 | 3.31% | 165,481 | 1,021,483 | 23,969 | 28,029 | 9.09% |
| 2021/05/17 | 69,500 ▲ | 1,000 | 1.46% | 100,863 | 997,514 | 21,609 | 12,448 | 8.92% |
| 2021/05/14 | 68,500 ▼ | -700 | -1.01% | 90,058 | 975,905 | 13,081 | -7,953 | 8.84% |
| 2021/05/13 | 69,200 ▲ | 2,000 | 2.98% | 206,512 | 962,824 | 13,247 | 54,012 | 8.89% |
| 2021/05/12 | 67,200 ▼ | -3,800 | -5.35% | 225,187 | 949,577 | 12,053 | -51,680 | 8.55% |
| 2021/05/11 | 71,000 ▲ | 900 | 1.28% | 161,270 | 937,524 | 1,194 | 7,004 | 8.86% |
| 2021/05/10 | 70,100 ▲ | 4,800 | 7.35% | 267,434 | 936,330 | 36,860 | 29,831 | 8.82% |
| 2021/05/07 | 65,300 ▲ | 600 | 0.93% | 135,050 | 899,470 | -13,509 | 12,992 | 8.64% |
| 2021/05/06 | 64,700 ▲ | 2,000 | 3.19% | 138,774 | 912,979 | 11,354 | 14,479 | 8.55% |
| 2021/05/04 | 62,700 ▼ | -3,200 | -4.86% | 178,237 | 901,625 | -20,060 | 14,824 | 8.46% |
| 2021/05/03 | 65,900 ▲ | 2,700 | 4.27% | 354,628 | 921,685 | 5,987 | 17,308 | 8.38% |
| 2021/04/30 | 63,200 ▼ | -1,000 | -1.56% | 231,586 | 915,698 | 84,658 | -33,660 | 8.27% |
| 2021/04/29 | 64,200 ▲ | 2,600 | 4.22% | 412,950 | 831,040 | 127,460 | -14,790 | 8.38% |
| 2021/04/28 | 61,600 ▲ | 5,400 | 9.61% | 1,076,502 | 703,580 | 75,007 | 103,365 | 8.47% |
| 2021/04/27 | 56,200 ▲ | 1,500 | 2.74% | 188,616 | 628,573 | 72,990 | -15,539 | 7.85% |
| 2021/04/26 | 54,700 ▲ | 1,300 | 2.43% | 143,225 | 555,583 | 33,226 | 13,899 | 7.94% |
| 2021/04/23 | 53,400 ▼ | -700 | -1.29% | 53,141 | 522,357 | 3,810 | -10,822 | 7.86% |
| 2021/04/22 | 54,100 ▲ | 1,000 | 1.88% | 112,744 | 518,547 | 1,107 | 24,573 | 7.88% |
| 2021/04/21 | 53,100 ▼ | -300 | -0.56% | 82,447 | 517,440 | 15,131 | -6,018 | 7.73% |
| 2021/04/20 | 53,400 ▲ | 300 | 0.56% | 107,642 | 502,309 | 9,009 | -15,124 | 7.77% |
| 2021/04/19 | 53,100 ▲ | 1,100 | 2.12% | 150,046 | 493,300 | 41,231 | -553 | 7.86% |
| 2021/04/16 | 52,000 ▲ | 400 | 0.78% | 114,297 | 452,069 | 61,722 | -31,033 | 7.86% |

그림 9-32 일별 기관, 외국인 매매 현황_두산

## 외국인과 기관의 쌍끌이 매수 사례(코스닥)

SFA반도체는 반도체 후공정 분야인 반도체 조립 및 TEST 제품을 생산하는 기업이다. 삼성전자, Micron, SK하이닉스 등 유명 반도체 업체들에게 최첨단 반도체 패키징 솔루션을 제공하고 있다. SFA반도체는 2019년 10월부터 두 달 이상 기관과 외국인들의 쌍끌이 순매수가 이어지면서 주가가 상승하기 시작하여 2배 이상 급등하였다.

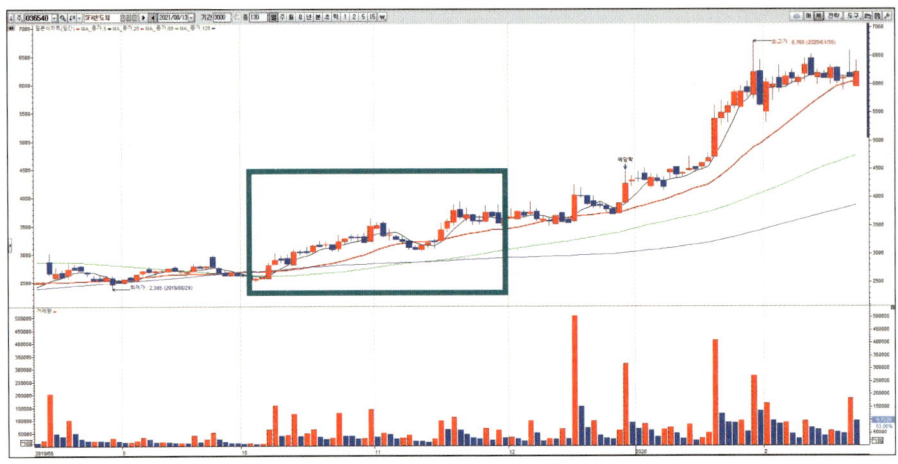

그림 9-33 SFA반도체(036540)

| 날짜 | 종가 | 대비 | 대비율 | 거래량 | 기관 기간누적 | 기관 일별순매매 | 외국인 일별순매매 | 외국인 지분율 |
|---|---|---|---|---|---|---|---|---|
| 2019/11/19 | 3,775 ▲ | 200 | 5.59% | 11,282,911 | 5,195,220 | 766,382 | 859,729 | 9.87% |
| 2019/11/18 | 3,575 ▲ | 145 | 4.23% | 6,266,784 | 4,428,838 | 220,068 | 395,143 | 9.26% |
| 2019/11/15 | 3,430 ▲ | 220 | 6.85% | 9,873,242 | 4,208,770 | 773,725 | 828,746 | 8.98% |
| 2019/11/14 | 3,210 ▲ | 10 | 0.31% | 2,644,101 | 3,435,045 | 502,291 | -181,721 | 8.40% |
| 2019/11/13 | 3,200 ▲ | 50 | 1.59% | 1,378,036 | 2,932,754 | 42,679 | 61,882 | 8.44% |
| 2019/11/12 | 3,150 ▲ | 75 | 2.44% | 1,813,590 | 2,890,075 | 194,994 | -126,886 | 8.40% |
| 2019/11/11 | 3,075 ▼ | -35 | -1.13% | 1,840,796 | 2,695,081 | -2,937 | -124,590 | 8.49% |
| 2019/11/08 | 3,110 ▼ | -110 | -3.42% | 4,215,203 | 2,698,018 | -844,779 | 879,240 | 8.58% |
| 2019/11/07 | 3,220 ▼ | -40 | -1.23% | 3,043,953 | 3,542,797 | -263,221 | 195,240 | 7.96% |
| 2019/11/06 | 3,260 ▼ | -80 | -2.40% | 2,703,114 | 3,806,018 | 20,459 | 57,095 | 7.84% |
| 2019/11/05 | 3,340 ▲ | 20 | 0.60% | 4,406,902 | 3,785,559 | -141,215 | -27,057 | 7.71% |
| 2019/11/04 | 3,320 ▼ | -185 | -5.28% | 5,005,964 | 3,926,774 | -340,737 | -613,364 | 7.70% |
| 2019/11/01 | 3,505 ▲ | 5 | 0.14% | 3,496,615 | 4,267,511 | 202,783 | -29,875 | 8.13% |
| 2019/10/31 | 3,500 ▲ | 295 | 9.20% | 14,198,548 | 4,064,728 | 55,709 | 1,865,355 | 8.16% |
| 2019/10/30 | 3,205 ▼ | -85 | -2.58% | 2,919,682 | 4,009,019 | -225,434 | 362,232 | 6.85% |
| 2019/10/29 | 3,290 ▲ | 10 | 0.30% | 2,654,950 | 4,234,453 | 228,852 | 282,787 | 6.63% |
| 2019/10/28 | 3,280 ▲ | 10 | 0.31% | 3,872,702 | 4,005,601 | 687,290 | -72,689 | 6.44% |
| 2019/10/25 | 3,270 ▲ | 50 | 1.55% | 3,899,524 | 3,318,311 | 199,777 | -81,115 | 6.54% |
| 2019/10/24 | 3,220 ▲ | 145 | 4.72% | 12,902,083 | 3,118,534 | 147,874 | 688,165 | 6.62% |
| 2019/10/23 | 3,075 ▼ | -95 | -3.00% | 3,058,761 | 2,970,660 | -84,445 | 280,513 | 6.14% |
| 2019/10/22 | 3,170 ▲ | 35 | 1.12% | 2,596,537 | 3,055,105 | 73,617 | 299,153 | 5.98% |
| 2019/10/21 | 3,135 ▼ | -10 | -0.32% | 3,506,102 | 2,981,488 | 323,818 | -369,664 | 5.78% |
| 2019/10/18 | 3,145 ▲ | 120 | 3.97% | 6,376,186 | 2,657,670 | 381,032 | 790,742 | 6.04% |
| 2019/10/17 | 3,025 | | 0.00% | 4,882,577 | 2,276,638 | 412,174 | -267,266 | 5.33% |
| 2019/10/16 | 3,025 ▼ | -15 | -0.49% | 3,592,775 | 1,864,464 | 156,291 | -169,271 | 5.52% |
| 2019/10/15 | 3,040 ▲ | 215 | 7.61% | 12,469,205 | 1,708,173 | 365,281 | 543,733 | 5.47% |

그림 9-34 일별 기관, 외국인 매매 현황_SFA반도체

# 실전 매매 테크닉

## 매수 급소

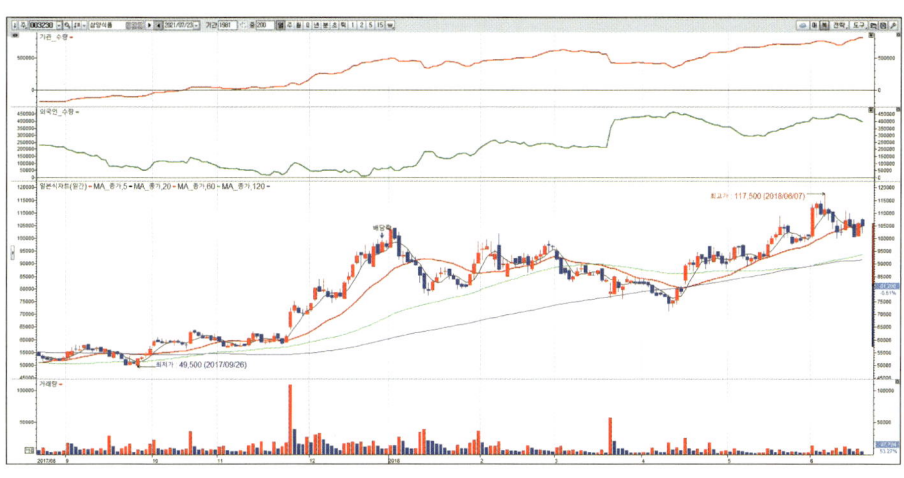

그림 9-35 삼양식품(003230)

외국인과 기관의 매집 종목을 포착하는 방법을 알아두자.

1) 외국인이나 기관들이 꾸준히 매수하는 종목에 관심을 둔다.
2) 주가가 등락을 반복하더라도 외국인이나 기관의 물량이 줄어들지 않고 오히려 증가하는지 관찰한다.
3) 기술적 흐름을 면밀히 분석하여 이동평균선의 골든크로스 시점이나 주가가 양봉으로 마감하며 5일선 위로 상승할 때 매수 시점으로 접근한다.

# 매도 급소

그림 9-36 키네마스터(139670)

외국인과 기관의 매도 종목을 포착하는 방법을 알아두자.

1) 외국인이나 기관의 매도가 연속되고 있는지 확인한다.

2) 순매수 일수보다 순매도 일수가 많고, 기술적 흐름상 데드크로스가 발생하거나 주가가 음봉을 나타내며 이동평균선을 하향 이탈하는지 확인한다.

3) 해당 종목의 매도 사유가 될 만한 악재가 있는지 알아본다.

# 10장

## 증권사관학교 소장, 종목 발굴 이렇게 한다
_ 신규주

# 01 신규 상장주, 어떤 점이 유리한가

주식은 수급으로 움직인다. 아무리 좋은 재료가 있다 하더라도 수급이 뒷받침되지 않는다면 주가는 상승할 수 없다. 일반적으로 주식이 상장된 이후 오랜 기간이 지나면 누가 얼마만큼 보유하고 있는지를 알기 쉽지 않다. 물론 전자공시 시스템에서 주주 분포와 외국인과 기관이 보유한 지분율로 어느 정도는 알 수 있지만 그 외의 물량은 파악하기 어렵다.

더욱이 대부분 중소형주의 경우에는 외국인과 기관들에게 관심 밖이기 때문에 이들의 지분율만 가지고 수급을 분석하기에는 부족한 부분이 많다. 이 경우 보통은 최대주주 및 특수관계인 지분율과 5% 이상 보유한 개인 및 투자업체, 전환사채 및 제3자 배정 유상증자 물량 등을 파악하여 수급을 분석한다. 그렇다 하더라도 그 이외의 물량을 개인 투자자들이 파악하는 것은 불가능에 가깝다.

반면 신규 상장주는 각 주체별 보유 수량이 명백하게 분석되므로 수급 상황을 쉽게 판단할 수 있다. 그러므로 이들에 대한 분석을 통해 급등 가능한 종목을 초기에 발굴하는 데 유리하다.

# 02 먼저 주식 분포를 확인하라

신규 상장주는 구주와 신주로 구성된다.

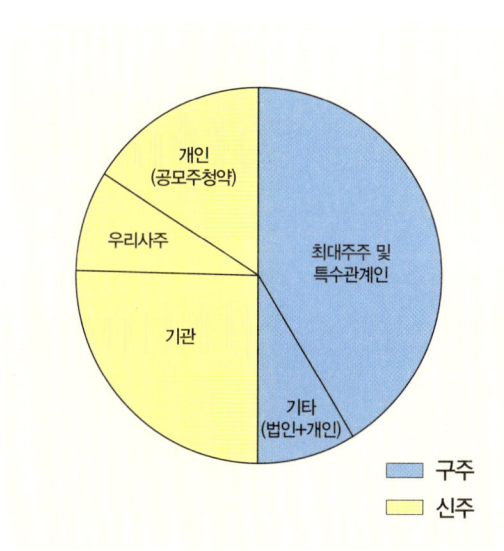

- 전체 주식수 = 구주 + 신주
- 구주 = 최대주주 및 특수관계인 + 기타(법인 + 개인)
  → 공모 전에 이미 형성되어 있는 주식
- 신주 = 기관 + 개인(공모주 청약) + 우리사주
  → 공모 당시 형성되는 주식

# 구주 분석

## 최대주주 및 특수관계인의 주식수

특수관계인은 최대주주의 친인척이나 출자 관계가 있는 사람 또는 법인을 말한다. 일반적으로 최대주주 주식은 특별한 공시가 나오지 않는 한 초기 일정기간 보호예수된다. 통상적으로 6개월~2년 동안 보호예수에 묶여 있고, 변동이 있는 경우 지분변동 사항이 공시된다. 결국 상장 직후에는 최대주주 주식은 매도할 수 없으므로 약정기간 동안은 주가에 영향을 미치지 않는다고 볼 수 있다.

→ **보호예수:** 신규 상장이나 유상증자 실시 등의 경우, 대량의 매물 부담으로 주가가 급락하는 것을 방지하여 개인 투자자를 보호하기 위해 최대주주 등이 보유한 주식을 일정기간 동안 매도하지 못하게 한 제도다.

## 기타 주식

기타 주식은 법인이나 개인으로 나눌 수 있다. 기타 주식에서도 보호예수가 걸릴 수 있는데 보통 상장된 이후 1개월부터 6개월 보호예수가 가장 많다. 특별한 공시가 나오지 않으면 보호예수가 해제되는 때에 매물화될 수 있는 주식이라고 보면 된다. 그러므로 이 시점에서 공시를 확인하는 것이 중요하다.

## 신주(공모주) 분석

### 기관 주식(고수익 증권 등 + 기관 투자자)

전체 공모 주식수에서 조합배정 주식과 일반 청약자 주식을 제외한 부분이 기관 주식이라고 할 수 있다. 기관 주식은 고수익 증권 등과 일반기관을 포함한 것이다. 일정기간 매도하지 않겠다는 확약서를 제출한 경우를 제외하고는 대부분 기관 주식은 등록 직후 바로 나올 수 있는 물량이기 때문에 수급에 악영향을 줄 수 있다. 이렇게 된다면 결국 기관 물량 해소가 수급 안정성의 관건이 된다. 즉 기관 보유주식은 일반 청약 수량이나 조합배정 수량과 다르게 집중적인 매물로 나올 수 있기 때문에 어느 정도 해소된 시점에서 관심을 갖는 것이 좋다.

### 개인 주식(일반 청약 주식)

개인 물량의 대부분은 등록되기 전 공모주 청약기간에 받은 물량이기 때문에 분산되어 있으며, 수급에 큰 영향을 미치지 않는다.

### 우리사주 주식(조합배정 주식)

우리사주 물량은 회사 직원에게 배정된 주식으로 특별한 공시가 없는 한 일반적으로 1년 동안 보호예수에 걸리기 때문에 등록 후 1년 동안은 주가에 영향을 미치지 않는다.

# 03 신규주 분석 핵심 포인트

## 최대주주 보유율

일반적으로 최대주주 보유율이 너무 높아도 주가에는 부담이 될 수 있다. 하지만 신규 종목의 경우 수급 측면에서는 이 비율이 높으면 높을수록 좋다고 할 수 있다. 특별한 공시가 없는 한 약정기간 동안 보호예수를 받으므로 바로 매물로 형성되지 않기 때문이다.

## 기관 물량 소화 여부

결국 수급에 가장 영향을 많이 미치는 부분이 기관 물량이라고 볼 수 있기에 전체 기관 물량 중에서 어느 정도가 소화되었는지 파악할 필요가 있다. 기관의 물량이 대부분 소화되었을 때가 매매의 급소가 될 수 있으며, 이 시점에서 이동평균선과 거래량 등을 활용한 기술적 분석으로 매수 급소를 찾아 매수한다.

## 기타 수량 중 보호예수 여부

최대주주 및 특수관계인과 우리사주 주식이 매물화될 수 있는 시기는 보호예수가 끝나는 시점부터이다. 이를 제외하고 구주 중에서 기타 법인·개인이 보유하고 있는 수량 중에서 보호예수 기간이 1~3개월 정도가 적용되는 경우도 있다. 기타의 보호예수가 풀려서 출회되는 시점도 주의가 필요하다.

# 04 신규주의 공학적 기관 물량 파악 기법

공학적이라는 단어를 붙인 것은 차트보다는 기업 분석과 수량 계산까지 필요하기 때문이다. 요즘 신규 상장주는 여러 가지 까다로운 상장 요건을 충족해야 한다. 이는 투자자 입장에서 볼 때 그만큼 투자 안정성이 높아졌다는 말이다.

보호예수 기간이 끝나지 않은 코스닥 신규 상장주(상장된 후 1년 이내의 종목에 한함)의 경우에는 공모 당시 발생되는 공모기관사의 참여 물량이 있다. 일정기간이 지난 후 이 물량이 출회되고 그 이후 주가가 많이 하락하였거나 거래량으로 볼 때 매집 흔적이 있을 경우에는 점진적 상승 또는 급등주가 되기도 한다.

다만 모든 코스닥 신규 상장 종목이 상승하지는 않고, 현재 설명하고 있는 여러 요인이 충족되었을 때 가능하다. 그러므로 현 시점에서 공개하는 신규주의 물량 파악 기법은 신규주 투자에 큰 도움이 될 것이다.

## 반드시 알아야 할 참고 사이트

앞서 소개했던 전자공시 시스템(dart.fss.or.kr)에서 신규 상장주의 구주, 신주에서 매물화될 수 있는 수량을 파악할 수 있다. DART 첫 페이지 검색창에서 회사명을 입력하고 기간은 전체로 설정한 후 검색을 클릭한다.

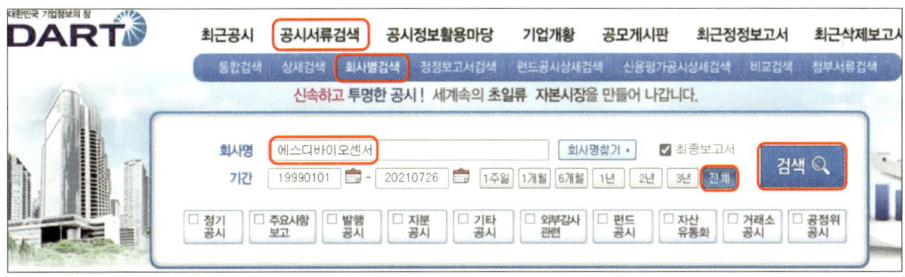

또는 상단의 [공시서류 검색 → 회사별 검색]에서 같은 방법으로 회사공시 페이지를 확인한다. 나열된 보고서 중에서 투자설명서와 증권발행실적보고서를 통해 보호예수 물량과 기관확약분 등의 세부내용을 파악할 수 있다.

## 보호예수 물량 확인하기

[투자설명서 ➜ III. 투자위험요소]에서 '유통가능주식수'에 대한 부분을 찾는다. 〈그림 10-1〉의 '유통가능주식수 등의 현황'에서 유통제한 물량을 보면 최대주주 등의 수량이 6,937만 3,792주이고 매각 제한 기간은 상장 후 6개월~1년이다.

그림 10-1 유통가능주식수 등의 현황_에스디바이오센서

## 기관확약분 확인하기

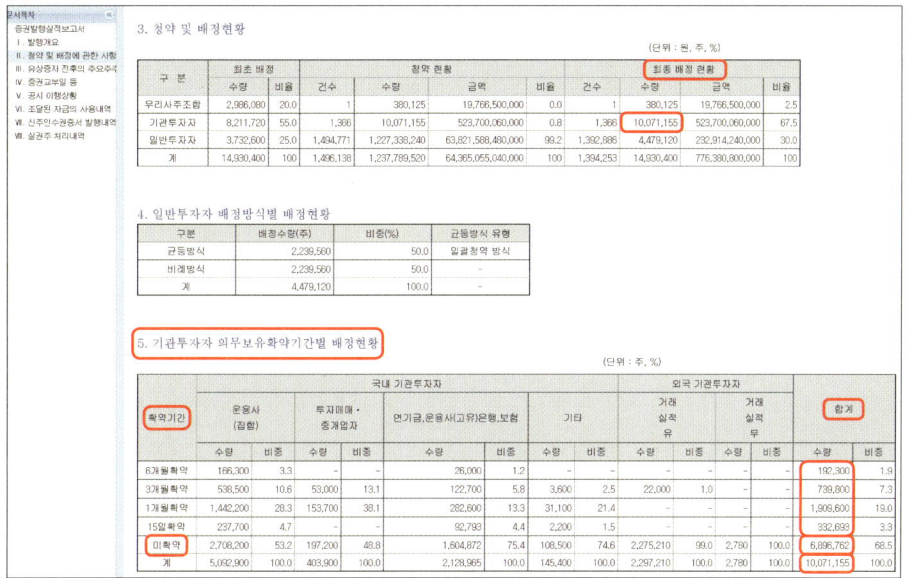

그림 10-2 기관 투자자 의무보호확약기간별 배정 현황

[증권발행실적보고서 ➡ II. 청약 및 배정에 관한 사항]에서 '3. 청약 및 배정 현황'을 보면 기관투자자의 최종 배정 수량이 1,007만 1,155주이다. 이 중에서 미확약이라고 되어 있는 689만 6,762주는 바로 매물화될 수 있고, 15일에서 6개월이 지나는 시점부터 317만 4,393주가 순차적으로 매물화되는 수량이다.

## 신규주의 물량 관련 매수 타이밍 포착 방법

일반적인 신규주 매수 타이밍 포착 방법은 다음을 기준으로 설정한다.

1) 최대주주를 제외한 보호예수 물량이나 기관보유 수량 중 2/3 이상이 매도된 상태일 것
2) 기관의 대량 매물에도 주가가 하락하지 않을 것
3) 주가가 바닥에서 기술적으로 매수 급소에 있을 것

## 신규주의 급등 사례

주식은 바닥권에서 매수해야 큰 수익을 낼 수 있으며 기술적 분석상 매수 신호가 발생해야 한다. 주가가 바닥이고 기술적 흐름이 좋은 상태에서 의무보유물량까지 소화된 상태라면 상승을 위한 완벽한 조건을 갖추었다고 할 수 있다. 그러므로 이러한 3가지 조건을 만족하는 신규 상장주가 있다면 크게 상승할 가능성이 있다고 볼 수 있다. 다음은 그 조건을 모두 충족한 실제 사례들이다.

### 사례 1. 카카오게임즈

| | [유통가능주식수 등의 현황] | | | |
|---|---|---|---|---|
| | 구분 | 공모 후 주식수 | 공모 후 지분율 | 상장 후 매도제한 기간 |
| 유통제한물량 | 최대주주등 | 39,264,301주 | 53.64% | 6개월 |
| | 제3자 배정자 | 781,460주 | 1.07% | 6개월 |
| | 자발적 보호예수 | 8,367,650주 | 11.43% | 3개월 ~ 6개월 |
| | 상장주선인 | 70,000주 | 0.10% | 1개월 |
| | 우리사주조합 우선배정 | 1,522,088주 | 2.08% | 1년 |
| | 소계 | 50,005,499주 | 68.31% | - |
| 유통가능물량 | 기타 주주 | 8,721,320주 | 11.91% | - |
| | 공모 주주 | 14,477,912주 | 19.78% | - |
| | 소계 | 23,199,232주 | 31.69% | - |
| | 합계 | 73,204,731주 | 100.00% | - |

그림 10-3 유통가능주식수 등의 현황_카카오게임즈

### 3. 청약 및 배정현황

(단위 : 원, 주, %)

| 구 분 | 최초 배정내역 | | 청약현황 | | | | 배정현황 | | | |
|---|---|---|---|---|---|---|---|---|---|---|
| | 수량 | 비율 | 건수 | 수량 | 금액 | 비율 | 건수 | 수량 | 금액 | 비율 |
| 일반투자자 | 3,200,000 | 20.00 | 418,261 | 4,879,524,920 | 117,108,598,080,000 | 99.74 | 330,864 | 3,200,000 | 76,800,000,000 | 20.00 |
| 기관투자자 | 11,277,912 | 70.49 | 1,745 | 11,277,912 | 270,669,888,000 | 0.23 | 1,745 | 11,277,912 | 270,669,888,000 | 70.49 |
| 우리사주조합 | 1,522,088 | 9.51 | 1 | 1,522,088 | 36,530,112,000 | 0.03 | 1 | 1,522,088 | 36,530,112,000 | 9.51 |
| 계 | 16,000,000 | 100.00 | 420,007 | 4,892,324,920 | 117,415,798,080,000 | 100.00 | 332,610 | 16,000,000 | 384,000,000,000 | 100.00 |

주) 금번 공모시 공동대표주관회사와 인수회사를 자기 또는 관계인수인으로 하는 총 45개의 집합투자회사등에게 「증권 인수업무 등에 관한 규정」제9조의2에 의거하여 112,779주를 배정하였습니다.

### 4. 기관투자자 의무보유확약기간별 배정현황

| 확약기간 | 배정수량(주) | 비중(%) |
|---|---|---|
| 6개월 확약 | 1,062,670 | 9.42 |
| 3개월 확약 | 2,581,680 | 22.89 |
| 1개월 확약 | 4,359,047 | 38.65 |
| 15일 확약 | 181,375 | 1.61 |
| 미확약 | 3,093,140 | 27.43 |
| 합계 | 11,277,912 | 100.00 |

그림 10-4 기관 투자자 의무보유확약기간별 배정 현황_카카오게임즈

위의 표에서 보면 상장 1개월 후부터 1년까지 의무보유자의 물량이 순차적으로 출회될 수 있음을 알 수 있다.

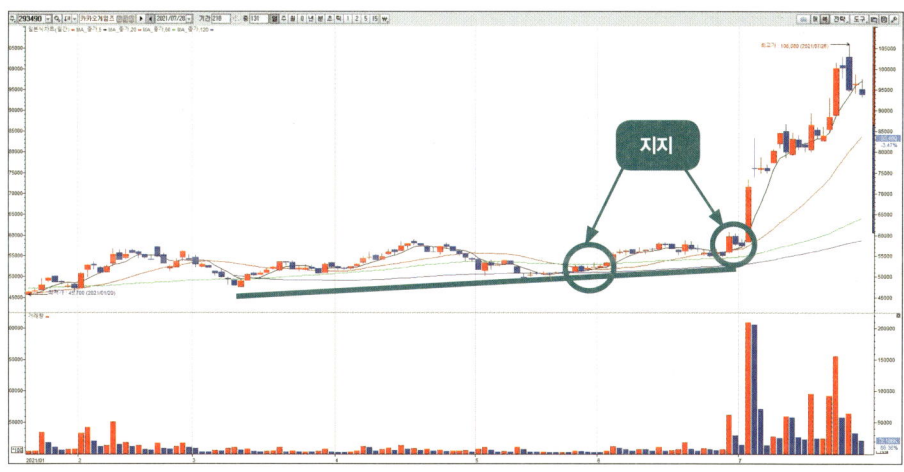

그림 10-5 카카오게임즈(293490)

2020년 9월 상장하고 대량의 보호예수 물량이 풀리는 3월 중순부터 주가가 바닥을 높여가며 지지대를 만들었다. 기관이 확약한 1,127만 7,912주 중 2/3의 물량 760만 2,987 시점부터 주가가 더 이상 하락하지 않고 모든 이동평균선을 돌파하며 상승한다. 이후 6월 말부터 급등하며 기관도 매수에 동참하였다.

투자자별(잠정) | 투자자별종합(잠정) | 투자자별(확정) | 일별 매매추이 | 평균가 분석

293490 | 카카오게임즈 | 누적기간 1년 | 2020/09/10 ~ 2021/07/28 | 조회 | 상세 | 편집

| 날짜 | 종가 | 대비 | 대비율 | 거래량 | 기관 | |
|---|---|---|---|---|---|---|
| | | | | | 기간누적 | 일별순매매 |
| 2021/06/01 | 52,500 ▲ | 200 | 0.38% | 274,023 | -7,602,987 | -3,813 |
| 2021/05/31 | 52,300 ▲ | 200 | 0.38% | 304,867 | -7,599,174 | -9,113 |
| 2021/05/28 | 52,100 ▲ | 800 | 1.56% | 328,488 | -7,590,061 | -4,441 |
| 2021/05/27 | 51,300 ▼ | -1,100 | -2.10% | 466,499 | -7,585,620 | -15,755 |
| 2021/05/26 | 52,400 ▲ | 1,300 | 2.54% | 531,381 | -7,569,865 | -17,130 |
| 2021/05/25 | 51,100 ▲ | 200 | 0.39% | 265,382 | -7,552,735 | 1,950 |
| 2021/05/24 | 50,900 ▼ | -100 | -0.20% | 267,655 | -7,554,685 | -7,546 |
| 2021/05/21 | 51,000 ▲ | 300 | 0.59% | 254,722 | -7,547,139 | -1,756 |
| 2021/05/20 | 50,700 ▼ | -200 | -0.39% | 264,765 | -7,545,383 | -4,247 |

그림 10-6 기관 일별 매매 현황_카카오게임즈

## 사례 2. 박셀바이오

**나. 상장 이후 유통물량 출회에 따른 위험**

최대주주등의 의무보유기간은 코스닥시장 상장규정 상 상장일로부터 1년이나, 상장 이후 안정적인 경영 및 투자자보호 조치 차원에서 당사의 최대주주인 이제중 사내이사와 특수관계인 이준행 공동대표이사는 의무보유기간을 2년 추가하여 상장일로부터 3년간 보유주식 전량을 의무보유합니다. 공모주식 및 상장주선인 의무인수 주식을 포함하여 당사의 보통주 상장예정주식수 7,523,000주 중 유통제한 물량은 3,590,589주로 47.73%입니다. 최대주주인 이제중 사내이사와 특수관계인 이준행 공동대표이사의 보유지분 1,718,940주(22.85%, 상장 후 3년), 이제완 등 특수관계인 3인의 보유지분 344,930주(4.59%, 상장 후 1년), 박기원 등 자발적 의무보유자 4인의 보유지분 298,910주(3.97%, 상장 후 1년), 벤처금융 및 전문투자자의 보유지분 1,065,629주(14.16%, 상장 후 1개월) 및 상장주선인 의무보유분 29,555주(0.39%, 상장 후 3개월), 우리사주조합 보유지분 132,625주(1.76%, 2020.11.27까지 한국증권금융 의무예탁)는 매각이 제한되는 주식입니다. 위의 물량을 제외한 보통주 3,932,411주(52.27%)는 상장 직후 유통가능물량입니다. 최대주주등 및 벤처금융 등의 의무보유기간이 종료되는 경우 추가적인 물량출회 등으로 인하여 주식가격이 하락할 수 있습니다.

그림 10-7 상장 이후 유통물량 출회에 따른 위험_박셀바이오

3. 청약 및 배정현황

(단위 : 원, 주, %)

| 구 분 | 최초 배정내역 | | 청약현황 | | | | 배정현황 | | | |
|---|---|---|---|---|---|---|---|---|---|---|
| | 수량 | 비율 | 건수 | 수량 | 금액 | 비율 | 건수 | 수량 | 금액 | 비율 |
| 기관투자자 | 788,128 | 80.00 | 294 | 788,128 | 23,643,840,000 | 3.98 | 294 | 788,128 | 23,643,840,000 | 80.00 |
| 일반투자자 | 197,032 | 20.00 | 2,872 | 19,002,640 | 570,079,200,000 | 96.02 | 2,860 | 197,032 | 5,910,960,000 | 20.00 |
| 계 | 985,160 | 100.00 | 3,166 | 19,790,768 | 593,723,040,000 | 100.00 | 3,154 | 985,160 | 29,554,800,000 | 100.00 |

주) 금번 공모시 「증권 인수업무 등에 관한 규정」 제9조의2에 의거 관계인수인으로 구분되는 기관은 총 1개 기관으로, 동 기관은 수요예측 시 가격제시를 하지 않았으며, 각 기관 별 배정 수량은 기관투자자 배정 수량의 1% 이내로 배정하였습니다.

4. 기관투자자 의무보유확약기간별 배정현황

| 확약기간 | 배정수량(주) | 비중(%) |
|---|---|---|
| 3개월 확약 | 6,300 | 0.80 |
| 1개월 확약 | 81,416 | 10.33 |
| 15일 확약 | 21,510 | 2.73 |
| 미확약 | 678,902 | 86.14 |
| 합계 | 788,128 | 100.00 |

그림 10-8 기관 투자자 의무보유확약기간별 배정 현황_박셀바이오

위의 표에서 보면 상장 후부터 1개월에 기관확약 물량의 대부분이 매물로 나올 가능성이 있고, 특수관계인 등의 보유지분은 보호예수가 끝나는 1년 이후에 출회될 수 있음을 알 수 있다.

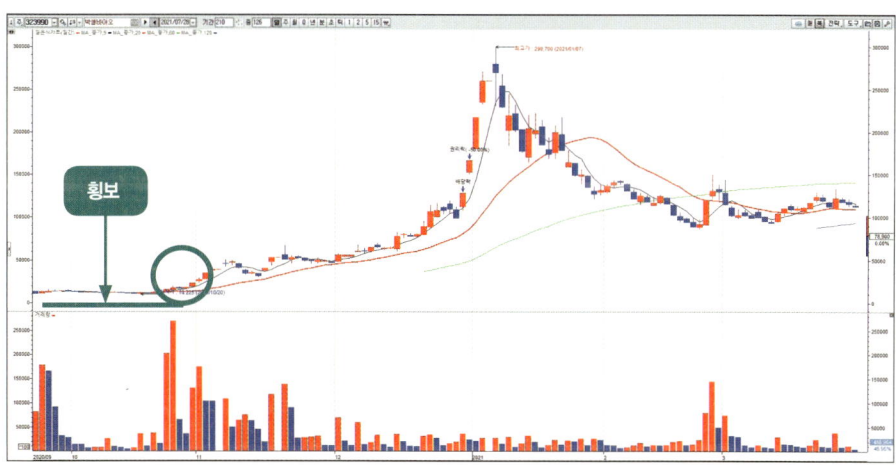

그림 10-9 박셀바이오(323990) 1

차트를 보면 상장 후 1개월까지 매물을 흡수하며 횡보하고 그 후 급등한다. 당분간은 물량에 대한 부담감이 낮다.

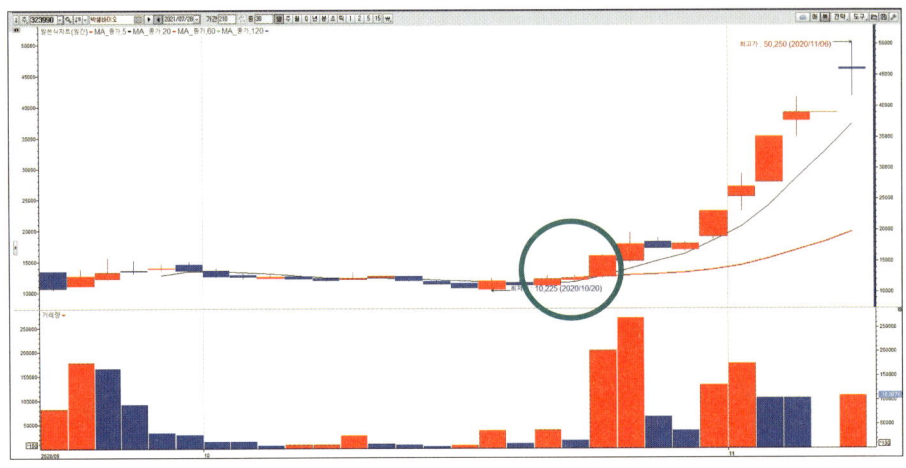

그림 10-10 박셀바이오 2

캔들과 이동평균선에서도 골든크로스를 만들며 정확하게 매수 급소를 알려주고 있다.

# 신규주 기간별 매매 기법

신규 상장주는 이동평균선이 제대로 생성되지 않은 상태이므로 일반적인 기술적 분석을 적용할 수 없다. 그러므로 신규주 나름의 방식으로 분석해야 하는데, 상장 이후 기간에 따른 매매가 중요하다. 기간에 따른 매매 기법은 앞에서 설명한 신규주 물량 파악법과 접목한다면 성공 확률을 더욱 높일 수 있다.

## 신규 상장 후 일주일 이내

몇몇 투자자는 신규 상장 초기에 매수하여 큰 손실을 보기도 한다. 현 단계는 이동평균선이 전혀 없기 때문에 매매하기가 힘들며, 고수익의 기회가 될 수도 있지만 고위험에 노출될 수도 있는 단계다. 초기에 급등하는 종목이 있는가 하면, 하루 상한가를 기록했다가 큰 폭으로 하락하는 종목이 있다.

그러므로 신규 상장 후 일주일 이내에는 가급적 매수에 가담하지 않는 것이 좋으며, 신규 매수를 하더라도 전일 종가를 이탈하지 않는 종목으로 압축하는 것이 중요하다. 전일 종가를 이탈한다면 매도하고 관망하는 것이 안정적인 투자 방법이라 할 수 있다.

만일 초기에 매매하고자 한다면 최소한 기관의 매도가 있는지를 먼저 파악해야 한다. 기관은 공모 전과 공모 시에 상당히 많은 수량을 배정받기 때문에 확약이 걸리지 않는 한 매물로 바로 나올 수 있는 주요 주체이기 때문이다.

## 상장 이후 바로 상승하는 패턴

명신산업은 전체 유통 주식에서 보호예수 물량이 약 70%에 이르렀다. 때문에 매물 부담이 없어 단기간에 매집할 수 있는 유형이다.

그림 10-11 상장 후 유통제한 및 유통가능주식수 현황_명신산업

## 4. 기관투자자 의무보유확약기간별 배정현황

| 확약기간 | 배정수량(주) | 비중(%) |
|---|---|---|
| 6개월 확약 | 348,298 | 3.69 |
| 3개월 확약 | 2,099,319 | 22.24 |
| 1개월 확약 | 1,776,912 | 18.83 |
| 15일 확약 | 350,030 | 3.71 |
| 미확약 | 4,862,715 | 51.53 |
| 합계 | 9,437,274 | 100.00 |

그림 10-12 기관 투자자 의무보유확약기간별 배정 현황_명신산업

〈그림 10-11〉을 보면 보면 상장 전에 발행한 전환사채도 확인할 수 있다.

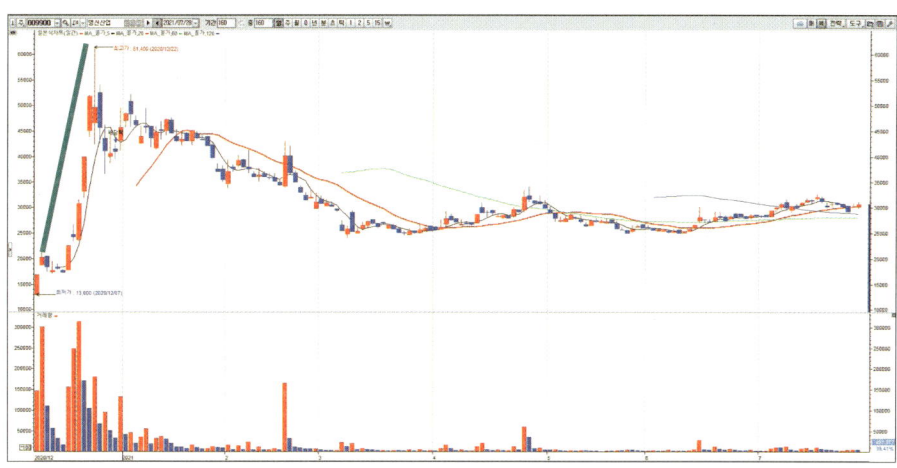

그림 10-13 명신산업(009900)

역시 신규 상장 후 일주일이 넘게 탄력적인 상승세를 보였다.

## 상장 이후 바로 하락하는 패턴

[상장 후 유통가능 물량 세부내역]

(단위: 주, %)

| 구분 | | 주주명 | 종류 | 공모후 주주명부 | | 유통가능 | | 유통불가능 | | 매각제한 기간 |
|---|---|---|---|---|---|---|---|---|---|---|
| | | | | 주식수 | 지분율 | 주식수 | 지분율 | 주식수 | 지분율 | |
| 유통제한물량 | 최대주주 등 | 하춘욱 | 보통주 | 3,478,000 | 34.06% | - | - | 3,478,000 | 34.06% | 1년 |
| | | 이은주 | 보통주 | 267,895 | 2.62% | - | - | 267,895 | 2.62% | 1년 |
| | | 이현일 외 7명 | 보통주 | 87,805 | 0.86% | - | - | 87,805 | 0.86% | 6개월 |
| | | 최대주주등 소계 | | 3,833,700 | 37.54% | - | - | 3,833,700 | 37.54% | - |
| | 기타 | 우리사주조합 | 보통주 | 231,400 | 2.27% | - | - | 231,400 | 2.27% | 2021.08.09 |
| | | 미래에셋대우 | 신주인수권 | 160,000 | 1.57% | - | - | 160,000 | 1.57% | 3개월 |
| | | 기타 소계 | - | 391,400 | 3.83% | - | - | 391,400 | 3.83% | - |
| | | 유통제한물량 소계 | | 4,225,100 | 41.37% | - | - | 4,225,100 | 41.37% | - |
| 상장직후 유통가능 물량 | 5%이상 주주 | ㈜너브 | 보통주 | 1,385,130 | 13.56% | 1,385,130 | 13.56% | - | - | - |
| | 기타주주 | 황호성 외 59명 | 보통주 | 2,141,440 | 20.97% | 2,141,440 | 20.97% | - | - | - |
| | | 오퍼스무림헬스케어 신기술사업투자조합 | 전환사채 | 384,466 | 3.76% | 384,466 | 3.76% | - | - | - |
| | | 기술보증기금 | 우선주 | 408,900 | 4.00% | 408,900 | 4.00% | - | - | - |
| | | 최운주 외 5명 | 주식매수선택권 | 67,400 | 0.66% | 67,400 | 0.66% | - | - | - |
| | | 공모주식 | 보통주 | 1,600,000 | 15.87% | 1,600,000 | 15.87% | - | - | - |
| | | 상장직후유통가능물량 계 | | 5,987,336 | 58.63% | 5,987,336 | 58.63% | - | - | - |

그림 10-14 상장 후 유통가능 물량 세부내역_씨앤투스성진

### 5. 기관투자자 의무보유확약기간별 배정현황

| 확약기간 | 배정수량(주) | 비중(%) |
|---|---|---|
| 6개월 확약 | 25,940 | 2.03 |
| 3개월 확약 | 11,570 | 0.90 |
| 1개월 확약 | 850 | 0.07 |
| 15일 확약 | 6,630 | 0.52 |
| 미확약 | 1,235,010 | 96.49 |
| 합계 | 1,280,000 | 100.00 |

그림 10-15 기관 투자자 의무보유확약기간별 배정 현황_씨앤투스성진

상장 직후 유통 가능 물량이 보호예수 물량보다 많은 것을 알 수 있다.

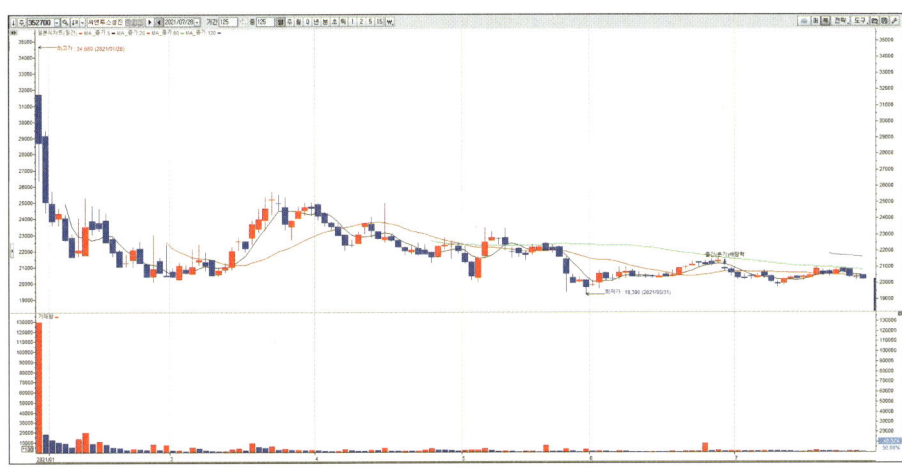

그림 10-16 씨앤투스성진(352700)

상장 이후에 기관 투자자와 외국인에서 100만 주가 바로 매물로 출회되면서 줄곧 하락세를 보이고 있다.

투자자별(잠정) | 투자자별종합(잠정) | 투자자별(확정) | 일별 매매추이 | 평균가 분석

352700 씨앤투스성진 누적기간 1년 2021/01/28 ~ 2021/07/28 조회 상세 편집

| 날 짜 | 종 가 | 대 비 | 대비율 | 거래량 | 기관 | | 외국인 | |
|---|---|---|---|---|---|---|---|---|
| | | | | | 기간누적 | 일별순매매 | 일별순매매 | 지분율 |
| 2021/02/15 | 22,550 ▼ | -850 | -3.63% | 766,182 | -859,348 | 7,840 | | 0.18% |
| 2021/02/10 | 23,400 ▲ | 50 | 0.21% | 1,050,597 | -867,188 | -22,711 | -1,209 | 0.18% |
| 2021/02/09 | 23,350 ▼ | -150 | -0.64% | 828,644 | -844,477 | -17,924 | -632 | 0.21% |
| 2021/02/08 | 23,500 ▲ | 1,450 | 6.58% | 1,969,050 | -826,553 | 3,471 | 1,808 | 0.21% |
| 2021/02/05 | 22,050 ▲ | 400 | 1.85% | 1,347,033 | -830,024 | -13,120 | -3,728 | 0.19% |
| 2021/02/04 | 21,650 ▼ | -1,050 | -4.63% | 522,649 | -816,904 | 2,475 | -9,338 | 0.24% |
| 2021/02/03 | 22,700 ▼ | -1,600 | -6.58% | 888,540 | -819,379 | 1,082 | -4,409 | 0.34% |
| 2021/02/02 | 24,300 ▲ | 450 | 1.89% | 973,148 | -820,461 | 11,203 | 97 | 0.39% |
| 2021/02/01 | 23,850 ▼ | -1,200 | -4.79% | 1,218,458 | -831,664 | 4,203 | -16,084 | 0.38% |
| 2021/01/29 | 25,050 ▼ | -3,650 | -12.72% | 1,816,955 | -835,867 | -34,605 | -5,998 | 0.56% |
| 2021/01/28 | 28,700 ▼ | -3,000 | -9.46% | 12,927,407 | -801,262 | -801,262 | -198,619 | 0.62% |

그림 10-17 기관 일별 매매 현황_씨앤투스성진

# 신규 상장 후 일주일~1개월

신규 상장 후 일주일 이후부터 1개월 이내에도 기관의 물량으로 변동성이 크게 나타날 수 있다. 현 단계는 5일 이동평균선이 생성된 상태로 매물을 저지하는 단기적인 힘은 형성되었다고 할 수 있다. 이러한 점에서 신규 상장 후 5일선을 지지하거나 혹은 전저점을 이탈하지 않고 상승하는 종목이라면 매수해도 되지만, 5일선이나 전저점을 이탈한다면 서둘러 매도하고 관망하는 것이 안전한 투자 방법이다. 이 시기 신규 매수 시에는 단기 추세선인 5일선과 전저점을 이탈하지 않는 종목으로 압축하는 것이 매우 중요하다.

## 5일선이나 전저점을 깨지 않고 상승하는 패턴

| 가능여부 | 구분 | | 주식의 종류 | 공모 후 주식수 | 공모 후 지분율 | 상장 후 매도 제한 기간 | 비고 |
|---|---|---|---|---|---|---|---|
| [유통가능주식수 등의 현황] | | | | | | | |
| 유통제한물량 | 최대주주 | SK이노베이션㈜ | 보통주 | 43,633,432주 | 61.20% | 상장일로부터 6개월 | (주2) |
| | 기존주주 | 프리미어슈페리어(유) | 보통주 | 6,274,160주 | 8.80% | 상장일로부터 6개월 | (주3) |
| | 공모주주 | 우리사주조합 | 보통주 | 4,278,000주 | 6.00% | 상장일로부터 1년 | (주4) |
| | 소계 | | | 54,185,592주 | 76.00% | - | |
| 유통가능물량 | 공모 주주 | | 보통주 | 17,112,000주 | 24.00% | - | |
| | 소계 | | | 17,112,000주 | 24.00% | - | |
| | 합계 | | | 71,297,592주 | 100.00% | - | |

그림 10-18 유통가능주식수 등의 현황_SK아이테크놀로지

SK아이테크놀로지는 총 유통물량의 70% 이상이 보호예수로 묶여 있어 1개월 이후부터 6개월까지는 물량에 대한 부담감은 낮다.

## 5. 기관투자자 의무보유확약기간별 배정현황

| 확약기간 | 배정수량(주) | 비중(%) |
|---|---|---|
| 6개월 확약 | 3,020,988 | 24.9 |
| 3개월 확약 | 2,087,672 | 17.2 |
| 1개월 확약 | 2,700,264 | 22.2 |
| 15일 확약 | 35,922 | 0.3 |
| 미확약 | 4,304,198 | 35.4 |
| 합계 | 12,149,044 | 100.0 |

그림 10-19 기관 투자자 의무보유확약기간별 배정 현황_SK아이테크놀로지

| 날짜 | 종가 | 대비 | 대비율 | 거래량 | 기관 기간누적 | 기관 일별순매매 | 외국인 일별순매매 | 지분율 |
|---|---|---|---|---|---|---|---|---|
| 2021/06/14 | 148,000 | -9,500 | -6.03% | 740,629 | 1,226,957 | 20,683 | -122,180 | 4.93% |
| 2021/06/11 | 157,500 | 15,000 | 10.53% | 1,458,033 | 1,206,274 | 467,482 | -229,269 | 5.05% |
| 2021/06/10 | 142,500 | 500 | 0.35% | 493,039 | 738,792 | 136,347 | -84,380 | 5.32% |
| 2021/06/09 | 142,000 | -1,000 | -0.70% | 223,769 | 602,445 | 38,316 | -12,735 | 5.43% |
| 2021/06/08 | 143,000 |  | 0.00% | 243,816 | 564,129 | 5,365 | -1,995 | 5.41% |
| 2021/06/07 | 143,000 | -4,500 | -3.05% | 469,107 | 558,764 | -1,061 | -85,187 | 5.42% |
| 2021/06/04 | 147,500 | -2,000 | -1.34% | 276,515 | 559,825 | 50,060 | -42,060 | 5.54% |
| 2021/06/03 | 149,500 |  | 0.00% | 294,278 | 509,765 | 29,459 | 21,011 | 5.60% |
| 2021/06/02 | 149,500 | -500 | -0.33% | 397,954 | 480,306 | 22,953 | 75,444 | 5.57% |
| 2021/06/01 | 150,000 | 1,000 | 0.67% | 497,546 | 457,353 | 5,242 | 110,331 | 5.46% |
| 2021/05/31 | 149,000 | 4,000 | 2.76% | 628,140 | 452,111 | 35,436 | 103,782 | 5.31% |
| 2021/05/28 | 145,000 | 3,000 | 2.11% | 716,415 | 416,675 | 85,247 | 13,765 | 5.16% |
| 2021/05/27 | 142,000 | 500 | 0.35% | 298,994 | 331,428 | 9,032 | 925 | 5.14% |
| 2021/05/26 | 141,500 | -500 | -0.35% | 298,091 | 322,396 | 24,141 | -35,094 | 5.14% |
| 2021/05/25 | 142,000 | -500 | -0.35% | 300,026 | 298,255 | 18,586 | -1,196 | 5.19% |
| 2021/05/24 | 142,500 | -1,000 | -0.70% | 368,061 | 279,669 | 35,660 | 16,118 | 5.19% |
| 2021/05/21 | 143,500 | 1,500 | 1.06% | 468,288 | 244,009 | 51,703 | -15,093 | 5.17% |
| 2021/05/20 | 142,000 | -2,000 | -1.39% | 585,820 | 192,306 | 8,335 | -33,843 | 5.19% |
| 2021/05/18 | 144,000 | 6,000 | 4.35% | 1,474,901 | 183,971 | 20,196 | 99,980 | 5.24% |
| 2021/05/17 | 138,000 | -3,000 | -2.13% | 931,047 | 163,775 | 11,300 | -40,677 | 5.10% |
| 2021/05/14 | 141,000 | -3,000 | -2.08% | 1,510,892 | 152,475 | 1,098 | -149,014 | 5.15% |
| 2021/05/13 | 144,000 | -3,500 | -2.37% | 1,853,703 | 151,377 | 35,253 | -19,856 | 5.36% |
| 2021/05/12 | 147,500 | -7,000 | -4.53% | 4,973,674 | 116,124 | 33,341 | -552,513 | 5.39% |
| 2021/05/11 | 154,500 | -55,500 | -26.43% | 11,320,278 | 82,783 | 82,783 | -2,071,088 | 4.94% |

그림 10-20 기관 일별 매매 현황_SK아이테크놀로지

상장 첫날 외국인 투자자의 대량 물량이 출회되며 주가는 장대음봉과 함께 하락하였다. 기관의 미확약 물량 등의 매도가 나올 수 있음에도 기관은 꾸준하게

매수를 늘려가며 주가를 견인하고 있다. 앞으로 기관만 매도하지 않으면 실제 대량 매도를 할 주체는 없다는 것이고 주가는 크게 상승할 수 있다는 의미이다.

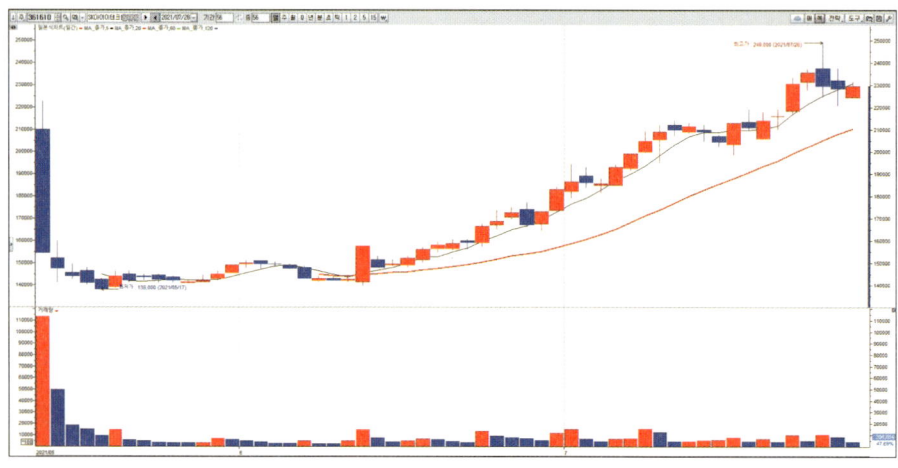

그림 10-21 SK아이테크놀로지(361610)

5일선은 잠깐 이탈하였지만 전저점을 깨지 않고 바닥을 지지하였다. 이후 5일선을 지지하며 꾸준히 상승하는 모습이다.

## 5일선을 이탈한 후 전저점을 깨며 하락하는 패턴

| 4. 기관투자자 의무보유확약기간별 배정현황 | | |
|---|---|---|
| 확약기간 | 배정수량(주) | 비중(%) |
| 6개월 확약 | 1,511 | 0.04 |
| 3개월 확약 | 154,586 | 4.44 |
| 1개월 확약 | 106,906 | 3.07 |
| 15일 확약 | 26,789 | 0.77 |
| 미확약 | 3,190,208 | 91.68 |
| 합계 | 3,480,000 | 100.00 |

그림 10-22 기관 투자자 의무보유확약기간별 배정 현황_교촌에프앤비

[상장 후 유통제한 및 유통가능주식수 현황]

(단위: 주)

| 구분 | | 관계 | 주주명 | 종류 | 공모 전 | | 공모 후 | | 매각제한기간 | 비고 |
|---|---|---|---|---|---|---|---|---|---|---|
| | | | | | 주식수 | 지분율 | 주식수 | 지분율 | | |
| 유통제한 물량 | 최대주주등 | 최대주주 | 권원강 | 보통주 | 20,002,643 | 94.66% | 18,262,643 | 72.49% | 6개월 | - |
| | | 대표이사 | 소진세 | 보통주 | 200,000 | 0.95% | 200,000 | 0.79% | | - |
| | | 특수관계인 | 이해수 외 6인 | 보통주 | 57,318 | 0.27% | 57,318 | 0.23% | | - |
| | | 최대주주등 소계 | | | 20,259,961 | 95.87% | 18,519,961 | 73.52% | - | - |
| | 기타 | 우리사주조합 | | 보통주 | 639,040 | 3.02% | 639,040 | 2.54% | 2020.12.26 | 주1 |
| | | | | 보통주 | - | - | 1,160,000 | 4.60% | 1년 | |
| | | 우리사주조합 계 | | 보통주 | 639,040 | 3.02% | 1,799,040 | 7.14% | - | |
| | | 주식매수선택권 | | 보통주 | 209,225 | 0.99% | 209,225 | 0.83% | - | 주2 |
| | | 유통제한물량 소계 | | 보통주 | 848,265 | 4.01% | 20,528,226 | 81.49% | - | |
| 상장직후 유통가능 물량 | - | - | IPO 공모주주 | 보통주 | - | - | 4,640,000 | 18.42% | - | |
| | | | 소액주주 | 보통주 | 23,539 | 0.11% | 23,539 | 0.09% | - | 주3 |
| | | 상장직후 유통가능물량 소계 | | | - | - | 4,663,539 | 18.51% | - | |
| 합계 | | | | | 21,131,765 | 100.00% | 25,191,765 | 100.00% | - | - |

그림 10-23 상장 후 유통제한 및 유통가능주식수 현황_교촌에프앤비

외국인과 기관 모두 뚜렷한 매수세가 보이지 않는 교촌에프앤비의 수급이다.

| 날짜 | 종가 | 대비 | 대비율 | 거래량 | 기관 기간누적 | 기관 일별순매매 | 외국인 일별순매매 | 외국인 지분율 |
|---|---|---|---|---|---|---|---|---|
| 2020/12/15 | 21,350 ▲ | 450 | 2.15% | 408,163 | -2,190,288 | -795 | -1,453 | 0.11% |
| 2020/12/14 | 20,900 ▼ | -100 | -0.48% | 196,198 | -2,189,493 | -28,079 | 9,225 | 0.12% |
| 2020/12/11 | 21,000 ▲ | 200 | 0.96% | 130,811 | -2,161,414 | -98 | 3 | 0.08% |
| 2020/12/10 | 20,800 ▼ | -250 | -1.19% | 133,331 | -2,161,316 | 8,299 | 374 | 0.08% |
| 2020/12/09 | 21,050 ▼ | -150 | -0.71% | 197,076 | -2,169,615 | 1,304 | -448 | 0.08% |
| 2020/12/08 | 21,200 ▼ | -550 | -2.53% | 255,287 | -2,170,919 | -2,129 | -1,720 | 0.08% |
| 2020/12/07 | 21,750 ▲ | 550 | 2.59% | 670,731 | -2,168,790 | 620 | -5,721 | 0.09% |
| 2020/12/04 | 21,200 ▲ | 450 | 2.17% | 1,121,844 | -2,169,410 | 9,691 | -3,737 | 0.11% |
| 2020/12/03 | 20,750 ▼ | -550 | -2.58% | 337,573 | -2,179,101 | -83 | 7,265 | 0.12% |
| 2020/12/02 | 21,300 ▼ | -100 | -0.47% | 278,389 | -2,179,018 | -640 | 303 | 0.10% |
| 2020/12/01 | 21,400 ▼ | -550 | -2.51% | 374,643 | -2,178,378 | 358 | -2,074 | 0.09% |
| 2020/11/30 | 21,950 ▼ | -850 | -3.73% | 433,569 | -2,178,736 | -904 | -2,702 | 0.10% |
| 2020/11/27 | 22,800 ▲ | 100 | 0.44% | 388,414 | -2,177,832 | -19,549 | -7,825 | 0.11% |
| 2020/11/26 | 22,700 | | 0.00% | 603,587 | -2,158,283 | -945 | 1,475 | 0.15% |
| 2020/11/25 | 22,700 ▼ | -950 | -4.02% | 756,704 | -2,157,338 | -11,313 | 2,187 | 0.14% |
| 2020/11/24 | 23,650 ▼ | -550 | -2.27% | 585,339 | -2,146,025 | -1,204 | -5,359 | 0.13% |
| 2020/11/23 | 24,200 ▼ | -350 | -1.43% | 711,571 | -2,144,821 | -271 | 9,423 | 0.15% |
| 2020/11/20 | 24,550 ▼ | -400 | -1.60% | 649,720 | -2,144,550 | -1,349 | 6,526 | 0.11% |
| 2020/11/19 | 24,950 ▲ | 200 | 0.81% | 2,695,127 | -2,143,201 | 14,247 | -12,830 | 0.09% |
| 2020/11/18 | 24,750 ▼ | -650 | -2.56% | 1,876,607 | -2,157,448 | -5,726 | -14,966 | 0.14% |
| 2020/11/17 | 25,400 ▼ | -3,000 | -10.56% | 4,178,576 | -2,151,722 | -7,098 | 11,706 | 0.20% |
| 2020/11/16 | 28,400 ▼ | -1,050 | -3.57% | 5,786,188 | -2,144,624 | 74 | -1,551 | 0.15% |
| 2020/11/13 | 29,450 ▼ | -1,550 | -5.00% | 29,097,076 | -2,144,698 | -5,122 | 4,035 | 0.16% |
| 2020/11/12 | 31,000 ▲ | 7,150 | 29.98% | 29,468,029 | -2,139,576 | -2,139,576 | -668,391 | 0.14% |

그림 10-24 기관, 외국인 일별 매매 현황_교촌에프앤비

차트를 보면 첫날 기관과 외국인의 대량 매도가 나왔음에도 상한가를 기록하였지만 다음 날부터 음봉이 발생하며 밀리는 모습이다. 신규 상장 이후 5일선에 밀리며 3개월 정도를 반등다운 반등 없이 하락만 지속한 모습이다. 이후 단기간의 상승이 있었지만 추세의 방향이 잡히지 않고 다시 횡보하고 있다.

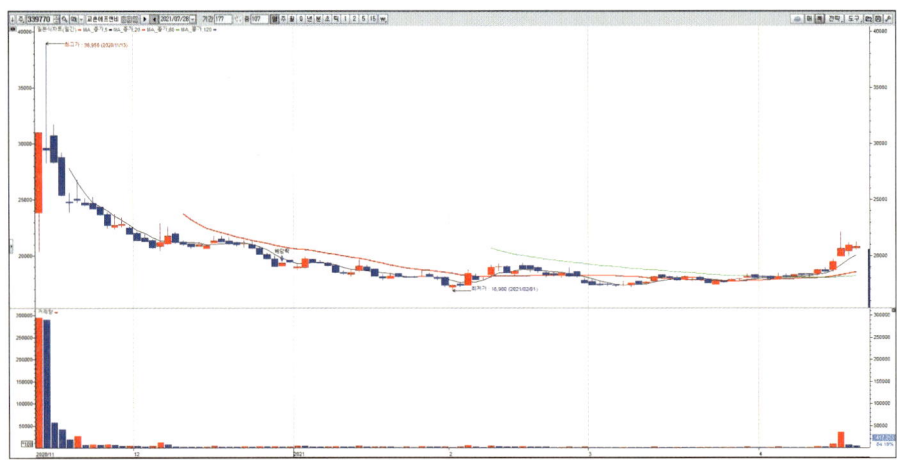

그림 10-25 교촌에프앤비(339770)

## 신규 상장 후 1개월~3개월

신규 상장 후 1개월 이후부터 3개월 이내에는 비교적 변동성이 줄어들며 안정화되는 시점이다. 하지만 기관확약 물량이 해제되면서 급락이 가능한 시점이기도 하므로 이 부분을 체크해야 한다. 현 단계는 5일선과 20일선이 생성된 상태로 기관확약 물량 소진 시에는 하락을 지지하는 힘이 다소 강하게 나타날 수 있다.

　기관 물량이 소진된 이후에 고점 대비 많이 하락한 상태에서 20일선과 5일선이 밀집되는 시점이거나 쌍바닥을 완성하는 시점이라면 신규 매수에 좋은 위치다.

## 상승하는 패턴

[유통가능주식수 등의 현황]

(단위 : 주)

| 구분 | | | 공모후 주식수 | 공모후 지분율 | 의무보유기간 |
|---|---|---|---|---|---|
| 유통제한물량 | 보통주 | 최대주주 등 | 1,101,870 | 35.16% | 상장일로부터 1년 |
| | | 대표이사 및 임원의 특수관계자 (자진보호예수) | 69,980 | 2.23% | |
| | | 기관투자자 | 545,240 | 17.40% | 상장일로부터 1개월 |
| | | 상장주선인의무인수분(주1) | 9,600 | 0.31% | 상장일로부터 3개월 |
| | | 우리사주조합(주2) | 29,000 | 0.93% | 상장일로부터 1년 |
| | | 소계 | 1,755,690 | 56.02% | - |
| 상장직후 유통가능물량 | 보통주 | 기존 주주 | 1,087,470 | 34.70% | - |
| | | 공모 주주 | 291,000 | 9.28% | - |
| | | 소계 | 1,378,470 | 43.98% | - |
| 합계 | | | 3,134,160 | 100.00% | - |

그림 10-26 유통가능주식수 등의 현황_넥스틴

### 4. 기관투자자 의무보유확약기간별 배정현황

| 확약기간 | 배정수량(주) | 비중(%) |
|---|---|---|
| 6개월 | 72,175 | 31.795 |
| 3개월 | 21,373 | 9.415 |
| 1개월 | 72 | 0.032 |
| 미확약 | 133,380 | 58.758 |
| 합계 | 227,000 | 100.000 |

그림 10-27 기관 투자자 의무보유확약기간별 배정 현황_넥스틴

2020년 10월 8일 상장한 넥스틴은 기존주주 물량 중 108만 7,470주와 기관 물량이 1개월 이후에 의무보호가 끝나고 나면 대주주인 최대주주의 물량을 제외하고는 매물이 거의 없다.

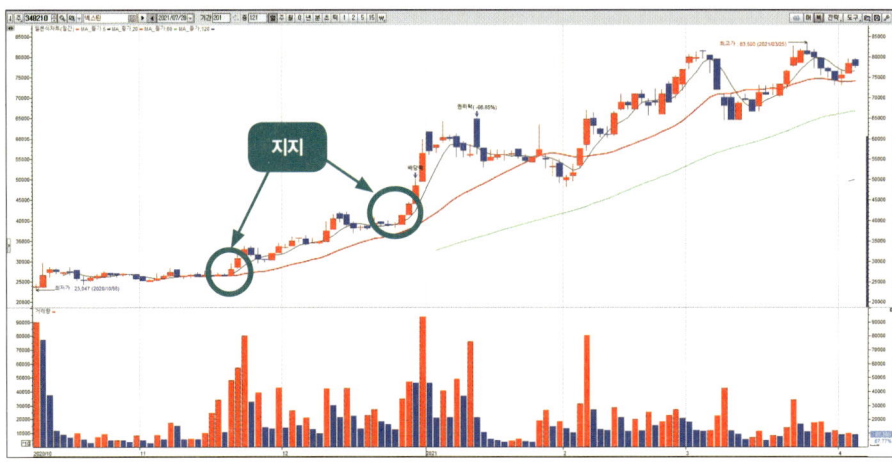

그림 10-28 넥스틴(348210)

차트를 보면 상장 후부터 큰 하락 없이 20일선을 지지하고 1개월 시점에 나오는 물량들을 흡수하며 본격적인 상승 추세로 전환했다.

## 하락하는 패턴

> **사. 상장 이후 유통물량 출회에 따른 위험**
>
> 공모주식을 포함한 당사의 상장예정주식수는 9,688,732주이며, 상장 후 기준 최대주주등의 보유 물량 및 직원, 임원 가족의 보호예수물량, 상장주선인 의무인수분 등을 포함한 보호예수물량은 5,511,152주로 상장예정주식수 기준 56.88%입니다. 상장 후 당사의 최대주주(오광근 대표) 및 2대주주(이태화 이사)의 보유 주식 3,550,000주는 상장일로부터 2년 6개월간 한국예탁결제원에 보호예수됩니다. 또한, 최대주주등에 속한 당사 임원 손석우, 심동수, 강호석의 보유주식 280,020주는 상장일로부터 2년간, 이우진 CFO의 보유주식 69,990주는 상장일로부터 6개월간 한국예탁결제원에 보호예수됩니다. 추가로 당사 직원 및 임원가족의 보유 주식 1,569,990주는 상장일로부터 2년간 한국예탁결제원에 보호예수됩니다. 또한 상장주선인의 의무인수분 41,152주는 3개월간 한국예탁결제원에 보호예수됩니다.
> 따라서, 공모 시 당사의 유통가능물량은 4,177,580주로 이는 공모 후 기준 43.12%입니다. 해당 물량은 상장일부터 매도가 가능하여 주가가 하락할 수 있습니다. 다만, 동 유통가능물량은 향후 기관투자자의 의무보유확약 등의 사유로 인하여 변동될 수 있습니다. 이 외에도 청약 시 기관투자자 등의 실권이 발생하는 경우, 일반투자자에게 동 실권 물량이 추가로 배정되어 개인별 배정 물량이 증가할 수 있습니다. 투자자께서는 이 점을 유의하시기 바랍니다.

그림 10-29 상장 이후 유통물량 출회에 따른 위험_앱코

### 3. 청약 및 배정현황

(단위 : 원, 주, %)

| 구 분 | 최초 배정내역 | | 청약현황 | | | | 배정현황 | | | |
|---|---|---|---|---|---|---|---|---|---|---|
| | 수량 | 비율 | 건수 | 수량 | 금액 | 비율 | 건수 | 수량 | 금액 | 비율 |
| 기관투자자 | 2,005,600 | 80.0 | 1,352 | 2,005,600 | 48,736,080,000 | 0.4 | 1,352 | 2,005,600 | 48,736,080,000 | 80.0 |
| 일반투자자 | 501,400 | 20.0 | 25,596 | 490,438,980 | 11,917,667,214,000 | 99.6 | 25,063 | 501,400 | 12,184,020,000 | 20.0 |
| 계 | 2,507,000 | 100.0 | 26,948 | 492,444,580 | 11,966,403,294,000 | 100.0 | 26,415 | 2,507,000 | 60,920,100,000 | 100.0 |

주) 금번 공모시 「증권 인수업무 등에 관한 규정」 제9조의2에 의거 관계인수인으로 구분되는 기관은 총 1개 기관으로, 동 기관은 수요예측 시 가격제시를 하지 않았으며, 각 기관 별 배정 수량은 기관투자자 배정 수량의 1% 이내로 배정하였습니다.

### 4. 기관투자자 의무보유확약기간별 배정현황

| 확약기간 | 배정수량(주) | 비중(%) |
|---|---|---|
| 6개월 | 700 | 0.03 |
| 3개월 | 21,510 | 1.07 |
| 1개월 | 22,015 | 1.10 |
| 15일 | 13,048 | 0.65 |
| 미확약 | 1,948,327 | 97.14 |
| 합계 | 2,005,600 | 100.00 |

그림 10-30 기관 투자자 의무보유확약기간별 배정 현환_앱코

앱코는 최대주주 및 특수관계자의 물량을 제외하고는 기관 물량과 구주주의 물량이 상장 직후 유통이 가능하다. '청약 및 배정 현황'에서 보더라도 기관 투자자의 비율이 80%나 되는데 확약이 거의 없다.

| 날 짜 | 종 가 | 대 비 | 대비율 | 거래량 | 기관 기간누적 | 기관 일별순매매 |
|---|---|---|---|---|---|---|
| 2021/07/28 | 22,150 ▲ | 50 | 0.23% | 21,167 | -1,578,230 | |
| 2021/07/28 | 22,150 ▲ | 50 | 0.23% | 21,167 | -1,578,230 | |
| 2021/07/27 | 22,100 ▼ | -200 | -0.90% | 47,977 | -1,578,230 | -2,775 |
| 2021/07/26 | 22,300 ▼ | -600 | -2.62% | 35,189 | -1,575,455 | -2,386 |
| 2021/07/23 | 22,900 ▲ | 350 | 1.55% | 25,115 | -1,573,069 | |
| 2021/07/22 | 22,550 | | 0.00% | 26,253 | -1,573,069 | -33 |
| 2021/07/21 | 22,550 ▼ | -50 | -0.22% | 23,866 | -1,573,036 | -2,000 |
| 2021/07/20 | 22,600 ▼ | -400 | -1.74% | 36,521 | -1,571,036 | -606 |
| 2021/07/19 | 23,000 ▲ | 200 | 0.88% | 75,856 | -1,570,430 | 346 |
| 2021/07/16 | 22,800 ▼ | -450 | -1.94% | 42,590 | -1,570,776 | |
| 2021/07/15 | 23,250 ▼ | -150 | -0.64% | 29,862 | -1,570,776 | |
| 2021/07/14 | 23,400 ▲ | 100 | 0.43% | 36,646 | -1,570,776 | |
| 2021/07/13 | 23,300 | -200 | -0.87% | 25,036 | -1,570,776 | |
| 2020/12/04 | 30,150 ▼ | -1,300 | -4.13% | 1,446,064 | -1,221,046 | -5,821 |
| 2020/12/03 | 31,450 ▲ | 2,550 | 8.82% | 8,171,741 | -1,215,225 | 9,981 |
| 2020/12/02 | 28,900 ▼ | -1,250 | -4.15% | 12,960,603 | -1,225,206 | -1,225,206 |

그림 10-31 기관 일별 매매 현황_앱코

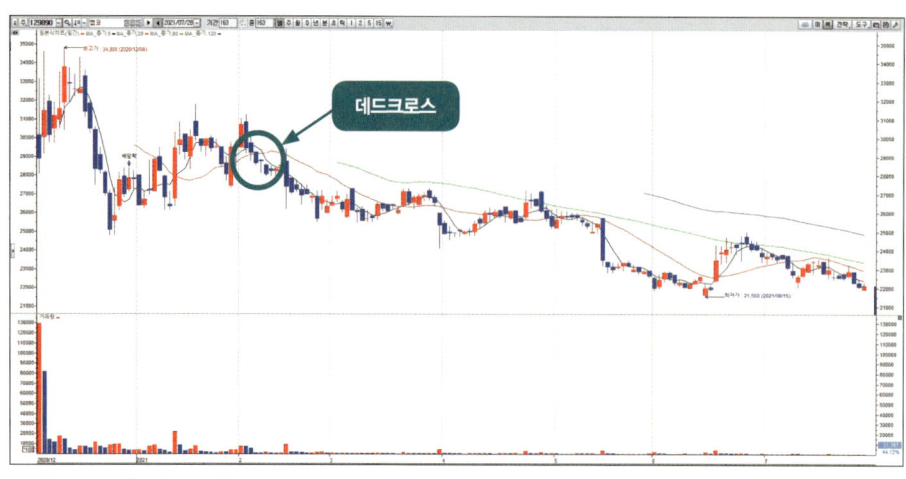

그림 10-32 앱코(129890)

상장하면서 단기적인 상승 흐름을 보였으나 다시 급락을 맞으며 공모가 24,300원까지 급락했다. 다시 반등하는 모습을 보였으나 물량에 대한 부담감 때문인지 금세 다시 하락 추세로 방향을 틀었다. 이후 데드크로스가 발생하며 20일선에 밀리며 하락하고 있다.

## 신규 상장 후 3개월~6개월

신규 상장 후 3개월 이후부터 6개월 이내에는 변동성이 현격히 줄어들며 안정화되는 시점이다. 현 단계는 5일선, 20일선, 60일선이 생성된 상태로 고점 대비 많이 하락한 상태에서 횡보한다면 추가 하락을 지지하는 힘이 비교적 강하다고 할 수 있다.

고점 대비 하락폭이 커 60일선, 20일선, 5일선이 밀집된 시점이거나 쌍바닥을 완성하는 시점이라면 신규 매수 접근이 좋은 위치다.

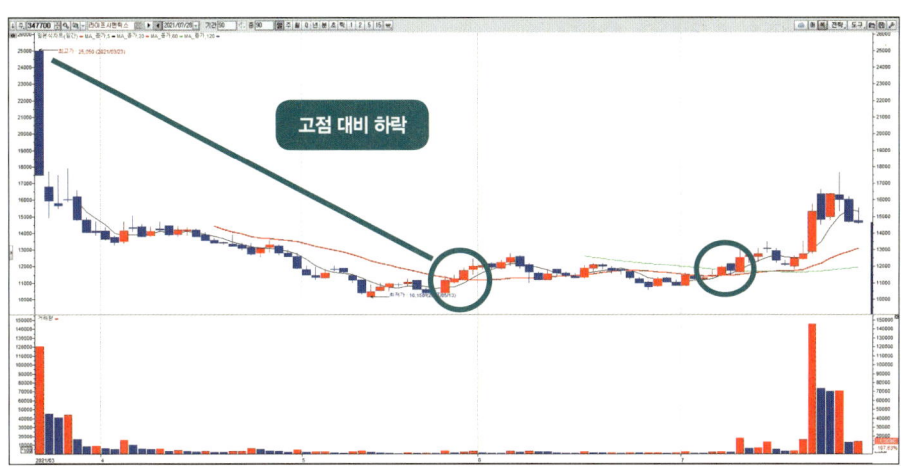

그림 10-33 라이프시맨틱스(347700)

고점 대비 많이 하락한 후 골든크로스를 형성한 다음 횡보하다 5일선, 20일선, 60일선을 정확하게 지지하며 양봉이 나오며 상승 추세로 전환하였다.

그림 10-34 미디어젠(279600)

신규 상장 3개월에서 6개월 이내 이동평균선이 밀집된 후 상승으로 추세 전환한 경우다.

## 신규 상장 6개월 이후

신규 상장 6개월 이후에는 변동성이 거의 사라지는 구간이다. 현 단계는 5일선, 20일선, 60일선, 120일선이 생성된 상태로 중장기적인 흐름을 알 수 있다. 현 위치가 고점 대비 많이 하락하여 모든 이동평균선이 밀집되었다면 적극적인 매수 타이밍이 될 수 있으며 신규 상장주를 가장 안전하게 매수할 수 있는 위치다.

차트를 보면 신규 상장 후 정확하게 6개월이 되는 시점에서 모든 이동평균선이 밀집된 후 상승으로 전환하고 있다. 상장 당시 주가를 크게 웃돌며 상승을 이어가고 있다.

그림 10-35 네오크레마(311390)

# 11장

## 증권사관학교 소장, 종목 발굴 이렇게 한다
_ 테마주

# 01 시장의 중심 테마주에 주목하라

주식시장은 살아 있는 동물과도 같다. 그러나 이 동물은 어떤 때는 온순하며 어떤 때는 맹수가 되기도 한다. 주식이란 동물처럼 얼마나 잘 길들이냐에 따라 자신에게 이롭게도 되고 해롭게도 된다. 주식을 길들이는 최고의 방법은 투자자가 주식에 맞추는 것이다. 즉 급변하는 시장의 변화에 순응하고 맞춰가야 수익을 낼 수 있고 손실을 줄일 수 있다. 그 가장 대표적인 예가 테마주 매매다.

주식시장에는 테마주에 투자해서 크게 수익을 낸 사람들이 많다. 테마주는 한번 상승을 시작하면 단기간에 급등하는 경우가 많기 때문이다. 또한 테마주는 대부분 한번 상승했던 테마가 또다시 상승하는 반복성을 갖고 있으며 여러 테마군이 순환되면서 상승하는 순환성을 보이기도 한다. 바로 이 테마주를 공략하여 수익을 내는 방법에서도 시장에 순응하는 것이 가장 중요하다.

지금도 주식시장에는 투자자들에게 이슈가 되는 새로운 테마가 계속해서 생겨나고 있다. 그런데 이 테마주는 상승 초기에 매수하는 것이 흔들리지 않고 많은 수익을 낼 수 있는 방법이다. 늦게 참여한 경우 약간의 흔들기에도 불안하여 매수·매도를 반복할 소지가 있기 때문이다. 많은 수익을 안겨주는 테마주, 발굴 기법과 매매 타이밍에 대해 알아보자.

# 02 테마주 발굴 핵심 포인트

## 테마주로 등록된 종목들에 관심을 가져야 한다

| 테마명 | 종목수 | 상승 | 하락 | 상승비율 | 등락률 | 기간수익률 | 테마구성주요종목 |
|---|---|---|---|---|---|---|---|
| 셋톱박스 | 5 | 3 | 1 | 60.0% ▲ | 6.17% | 8.67% | 가온미디어, 홈캐스트 |
| 슈퍼박테리아 | 2 | 1 | 1 | 50.0% ▲ | 1.40% | 4.44% | 인트론바이오, 동아쏘시 |
| 반도체_후공정소재 | 7 | 2 | 4 | 28.6% ▲ | 0.74% | 3.85% | 엠케이전자, 코리아써키 |
| 금형/몰드베이스 | 4 | 2 | 1 | 50.0% ▼ | 0.91% | 3.52% | 우진플라임, 에이테크솔 |
| 탄소섬유 | 2 | 1 | 1 | 50.0% ▼ | 0.64% | 2.95% | 태광산업, 효성 |
| 의료기기_치아 | 5 | 2 | 3 | 40.0% ▲ | 0.32% | 2.40% | 신흥, 오스템임플란트 |
| 부탄가스 | 2 | 1 | 1 | 50.0% ▲ | 0.23% | 2.36% | 태양, 대륙제관 |
| 의료기기_안과 | 3 | 2 | 1 | 66.7% ▲ | 1.71% | 2.18% | 휴비츠, 삼영무역 |
| 라면 | 3 | 2 | 1 | 66.7% ▲ | 0.46% | 1.95% | 농심, 삼양식품 |
| 보험_손해보험 | 8 | 5 | 3 | 62.5% ▲ | 0.22% | 1.91% | 메리츠화재, 현대해상 |
| 전자결제_B2B | 4 | 2 | 1 | 50.0% ▲ | 1.69% | 1.68% | 아이마켓코리아, 이상네 |
| 의복_OEM | 5 | 3 | 2 | 60.0% ▼ | 0.22% | 1.54% | 영원무역, 신성통상 |
| 강관 | 6 | 2 | 3 | 33.3% ▲ | 0.35% | 1.45% | 동양철관, 금강공업 |
| 바이오_진단/백신 | 7 | 3 | 4 | 42.9% ▲ | 0.14% | 1.40% | 신흥, 엑세스바이오 |
| 제과스낵 | 4 | 3 | 1 | 75.0% ▲ | 0.41% | 1.20% | 오리온홀딩스, 농심 |
| 엔지니어링 플라스틱 | 3 | 1 | 1 | 33.3% ▼ | 0.25% | 0.86% | 코오롱플라스틱, HDC현 |
| 은행 | 7 | 2 | 5 | 28.6% ▼ | 0.91% | 0.78% | DGB금융지주, BNK금융지 |
| 주류 | 7 | 1 | 5 | 14.3% ▼ | 0.30% | 0.76% | 롯데칠성, 무학 |
| 합금철 | 2 | 1 | 1 | 50.0% ▲ | 0.08% | 0.36% | 동일산업, 이스트아시아 |
| 배합사료 | 10 | 3 | 6 | 30.0% ▼ | 0.31% | 0.35% | 우성사료, 한일사료 |

그림 11-1 테마 정보 화면

〈그림 11-1〉은 증권사 HTS에서 테마 정보 화면이다. 이처럼 테마는 종류도 다양하고 종목 수도 많으므로 정리된 데이터가 필요하다. 각 증권사 HTS에서는 대부분의 테마를 정리해 제공한다. 이 자료들을 충분히 활용하여 테마들에 익숙해질 수 있도록 자주 살펴보아야 한다.

## 강세를 보이는 상승 초기에 동참한다

당일의 상승 테마 흐름은 주식투자에서 상당히 중요하다. 시장이 크게 상승한다 해도 전 종목이 일제히 상승하기보다는 강세를 보이는 테마가 따로 있기 때문에 시장 흐름을 알지 못한다면 소외되는 경우가 많다.

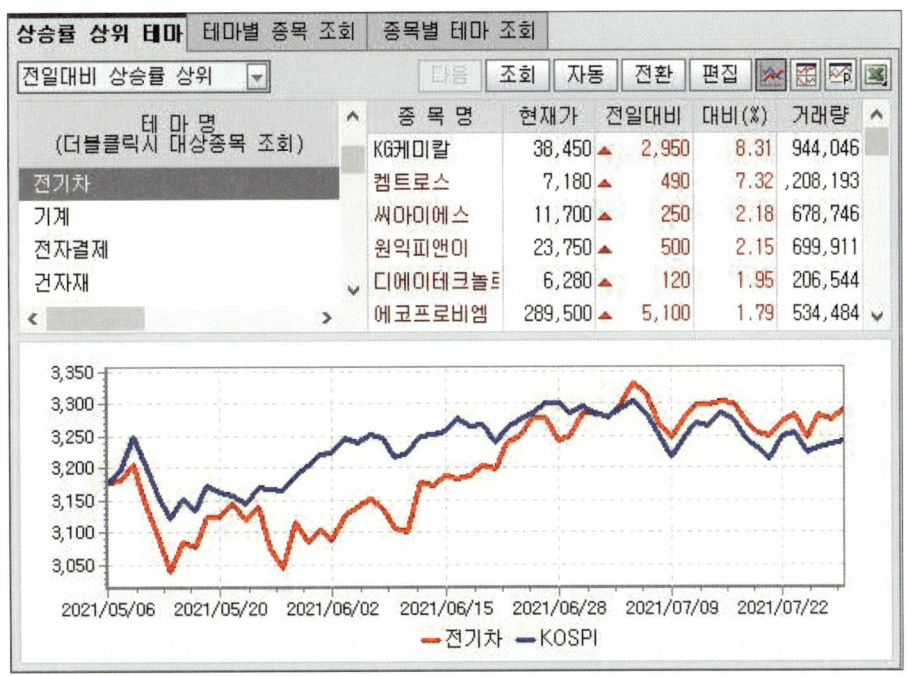

그림 11-2 강세 테마 확인

그렇지만 한 종목씩 조회해서 시장 흐름을 파악하려 한다면 많은 시간이 소요될 뿐 아니라 판단 착오도 생길 수 있다. 최근 각 증권사 HTS에서는 강세 테마를 조회할 수 있는 메뉴도 제공하고 있다. 이를 확인하여 시장의 흐름을 읽는 것이 빠르고 정확한 방법이다. 그리고 조회된 강세 테마가 바닥권에서 양호한 기술적 흐름을 보이고 있다면 적극 매수한다.

〈그림 11-2〉처럼 증권사 HTS 화면의 테마별 종목을 보면 된다.

## 강세종목의 공통점을 찾는다

시장의 흐름을 감지하는 것은 시장의 중심에 설 수 있는 방법이다. 강세 종목들의 공통점을 찾는다면 현재 시장의 흐름을 알 수 있다. 테마군의 모든 종목이 동반 상승하기 전에 한두 종목이 먼저 상승하는 경우가 많다. 먼저 상승하는 종목들의 유사점을 분석함으로써 시장의 움직임과 함께 테마 형성 가능성도 분석할 수 있다. 이러한 개별 종목의 움직임으로 시장 테마를 포착한다면 다른 투자자보다 한발 먼저 매수할 수 있다.

〈그림 11-3〉처럼 증권사 HTS 화면에서 강세 종목을 검색하면 된다.

| 순위 | 종목명 | 현재가 | 전일대비 | 전일대비율 | 거래량 | 거래대금(만원) |
|---|---|---|---|---|---|---|
| 1 | 퀀타매트릭스 | 19,300 ↑ | 4,450 | 29.97% | 2,778,460 | 4,950,290 |
| 2 | 가온미디어 | 17,700 ↑ | 4,050 | 29.67% | 20,049,116 | 31,579,002 |
| 3 | 지나인제약 | 1,615 ▲ | 335 | 26.17% | 120,601,214 | 18,547,087 |
| 4 | 조비 | 32,850 ▲ | 6,000 | 22.35% | 5,540,430 | 17,405,414 |
| 5 | 인포바인 | 27,700 ▲ | 4,800 | 20.96% | 247,891 | 690,164 |
| 6 | 셀레믹스 | 20,800 ▲ | 3,450 | 19.88% | 3,204,703 | 6,614,487 |
| 7 | 세종메디칼 | 28,800 ▲ | 4,300 | 17.55% | 2,759,602 | 7,530,714 |
| 8 | 국전약품 | 9,410 ▲ | 1,220 | 14.90% | 42,086,240 | 39,519,607 |
| 9 | 아즈텍WB | 4,545 ▲ | 570 | 14.34% | 61,047,871 | 27,867,317 |
| 10 | 올리패스 | 12,550 ▲ | 1,250 | 11.06% | 1,451,395 | 1,816,005 |
| 11 | 링크제니시스 | 10,150 ▲ | 1,010 | 11.05% | 5,801,950 | 6,032,691 |
| 12 | 미코바이오메드 | 16,600 ▲ | 1,600 | 10.67% | 1,153,344 | 1,898,073 |
| 13 | 아이에스이커머스 | 4,000 ▲ | 375 | 10.34% | 7,579,246 | 3,373,642 |
| 14 | 코이즈 | 3,120 ▲ | 290 | 10.25% | 3,663,989 | 1,153,750 |
| 15 | 덕성우 | 34,100 ▲ | 3,000 | 9.65% | 150,535 | 509,704 |
| 16 | 엠케이전자 | 20,500 ▲ | 1,700 | 9.04% | 8,288,759 | 17,033,178 |
| 17 | 멜파스 | 2,600 ▲ | 210 | 8.79% | 14,161,907 | 3,693,711 |
| 18 | KG케미칼 | 38,450 ▲ | 2,950 | 8.31% | 944,046 | 3,558,482 |
| 19 | 아시아종묘 | 8,760 ▲ | 670 | 8.28% | 2,965,228 | 2,509,391 |

그림 11-3 강세 종목 조회

# 03 대장주와 주변주 어떻게 다른가

## 대장주의 특징

대장주는 테마주 내에서 가장 강한 흐름을 보이며 하락할 때도 가장 늦게 하락하는 것이 일반적이다. 주변주들이 하락할 때도 상승세를 유지하는 강한 힘을 보이는 경우가 많으며 테마 내의 다른 종목들보다 더 상승하고 덜 하락한다.

그러므로 테마주를 매매할 때는 대장주를 공략하는 것이 안전하고 수익률 측면에서도 더 좋다고 할 수 있다. 테마주 매매 시 테마 내에서도 대장주가 가끔 바뀌는 경우도 있으므로 시기별로 이를 파악하는 것도 중요하다.

## 주변주의 특징

주변주는 대장주의 움직임에 민감하게 반응하며 동반 상승하는 종목들이다. 대장주보다는 상승 탄력이 많이 떨어진다. 투자자가 명심해야 할 사항은 주변주는 대장주를 따라 상승한 이후에 대장주가 조금만 하락하더라도 큰 폭으로 하락한다는 것이다.

단, 주변주는 대장주보다 늦게 움직이므로 매수 급소를 쉽게 찾을 수 있다는 장점이 있다. 그래서 어떤 테마의 대장주가 움직이면 그 테마군의 주변주를 살펴보는 것도 좋은 매매 전략이 된다. 하지만 상승 초기에는 수익을 낼 수 있으나 어느 정도 상승한 후라면 주변주 매매는 피하는 것이 좋다.

## 대장주와 주변주의 예

코로나19 진단키트 관련주로 다음 두 종목을 비교해보자.

첫 번째 차트(〈그림 11-4〉 참고)는 코스닥 A사다. 2020년 6월 말부터 상승을 시작했다. 두 번째 차트(〈그림 11-5〉 참고)는 코스닥 B사로 2020년 8월 말 본격 상승을 시작했다. 대장주가 상승하며 강한 이슈가 되자 이로 인해 관련주들이 뒤늦게 상승 대열에 합류하며 강한 시세를 분출하고 있다.

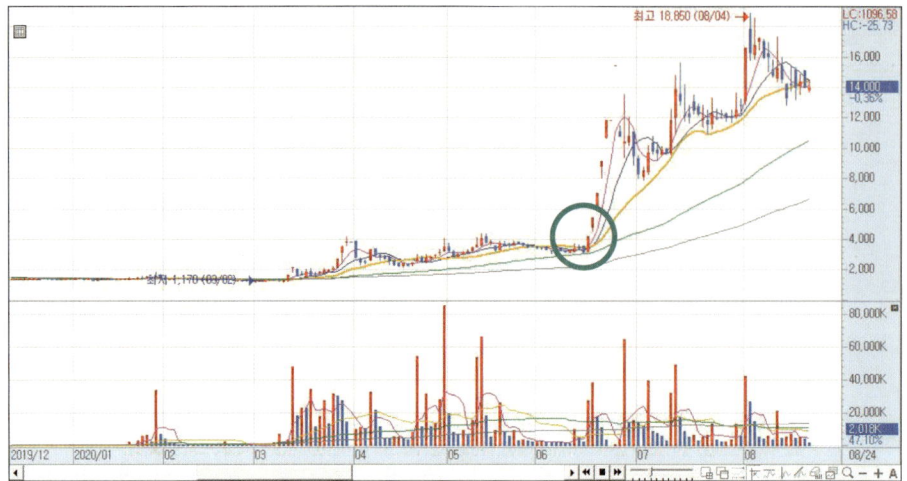

그림 11-4 코스닥 A사

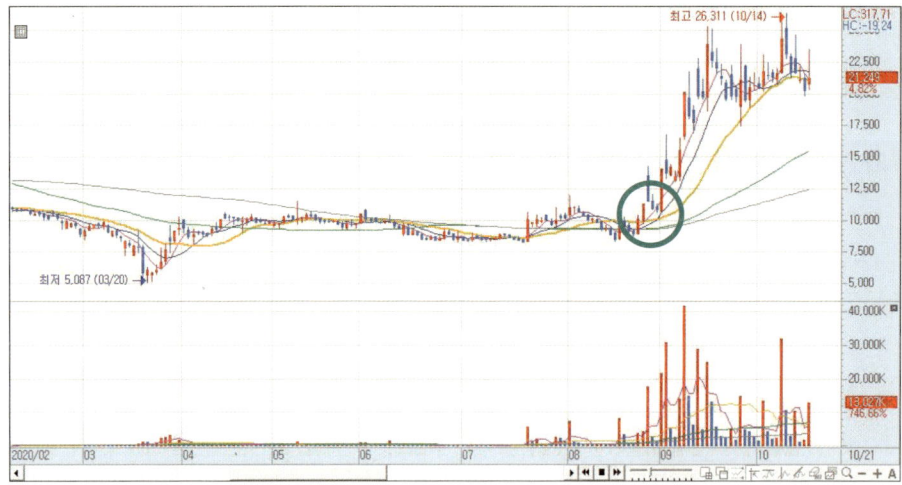

그림 11-5 코스닥 B사

# 04 한국 증시 주요 테마 34선

테마주는 강한 순환성을 가지고 있다. 이전에 크게 상승한 종목이 하락하여 바닥에 있을 때는 적극적인 관심이 필요하다. 특히 순환성이 강한 계절성 테마주와 경기순환 주기와 관련 있는 테마주는 항상 관심권에 두었다가 바닥권 매수 급소에서 매수한다면 큰 수익이 가능하다. 다음에 제시하는 그룹들은 최근 강세를 보인 테마를 위주로 선정한 것이다.

## 1. 전기차부품 관련주

전기를 동력으로 움직이는 자동차로 연료를 소비하지 않고, 친환경적인 작동 원리로 소음도 없고 유해물질을 배출하지 않아 차세대 자동차로 각광을 받고 있다. 이미 테슬라를 비롯하여 우리나라에서도 현대, 기아차에서 전기차를 출시 판매 중이다. 정부에서도 적극적으로 보조금 혜택을 지원하면서 전기차 구매를 독려하고 있어 매출 증가로 이어질 전망이다.

**관련 종목**

현대차, 기아, 우리산업, 에스엘, 성창오토텍, 센트랄모텍, 대유에이텍, 우수AMS, 계양전기, 덕양산업, 삼기, 세원, 두올, 티에이치엔, 한온시스템, 현대공업

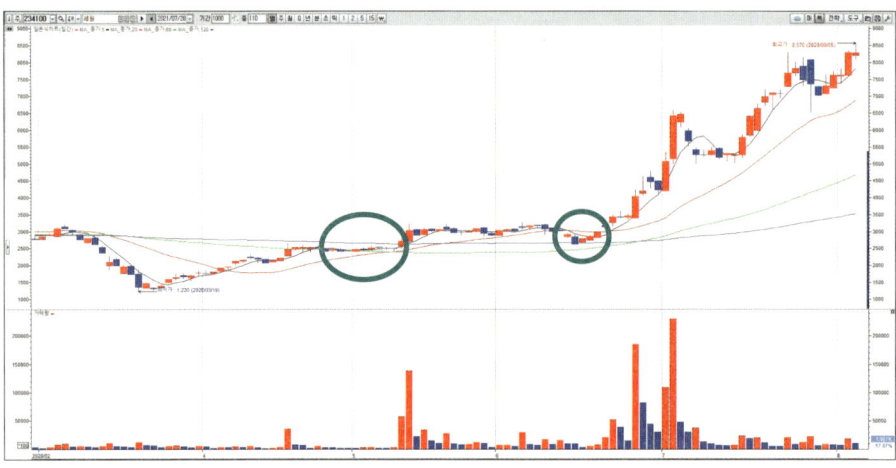

그림 11-6 세원(234100)

전기차의 헤더콘덴서를 공급하는 세원은 미국의 전기차 생산업체 루시드모터스 관련주이기도 하다. 본격적인 전기차 생산 기대감에 급상승세를 보였다.

## 2. 원자력발전 관련주

핵분열 연쇄반응을 통하여 발생한 에너지로 만든 수증기를 터빈발전기에 돌려

전기를 생산하는 발전방식으로, 우리나라는 고리 1호기를 최초로 21기의 원자력발전소를 가동 중이다. 특히 신재생에너지 단계를 넘어가기 위해서는 소형원자로(SMR) 개발이 필수적으로 세계 각국이 뛰어들고 있다. 우리나라는 한미 정상회담을 통해 수출협력을 모색하고 있다.

**관련 종목**

두산중공업, 한전산업, 한전기술, 서전기전, 비에이치아이, 보성파워텍, 우리기술, 오르비텍, 우진, 에너토크, 일진파워, 한신기계, 광명전기, 이디티, 삼영엠텍, SNT에너지

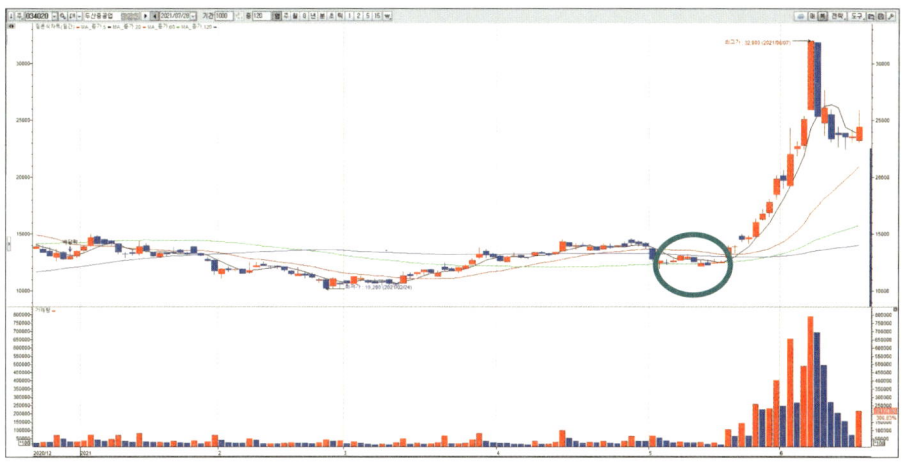

그림 11-7 두산중공업(034020)

두산중공업은 소형 원전 개발 글로벌 본격화와 한미원전 수출협력의 이슈를 받으면서 급등을 보였다. 특히 대선 주요 공약정책으로 꼽히면서 그 상승세가 가파르게 나타났다.

## 3. 디지털화폐 관련주

디지털 방식으로 사용하는 형태의 화폐로 화폐 발행비용을 줄이고 지불수단의 편의성 제고를 추구할 수 있다. 그리고 중앙기관에서 관리가 용의하여 중국, 일본, 미국, 유럽에서도 본격적으로 상용화를 위해 추진 중이다. 특히 중국에서는 이미 2000만 명이 넘는 이용자 모의 테스트를 진행 중이며, 우리나라도 2021년 8~9월에 모의 테스트를 준비 중이다.

### 관련 종목

케이씨티, 한네트, 로지시스, 케이씨에스, 한국전자금융, 한국컴퓨터, 이니텍, 누리플렉스

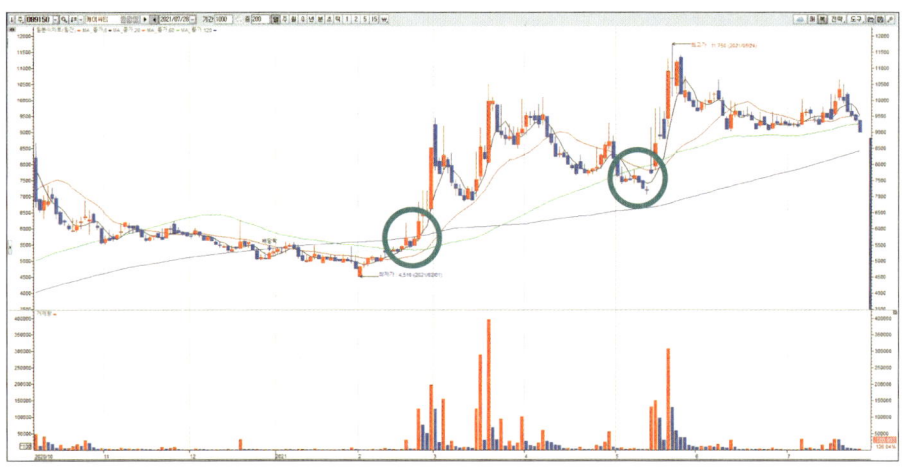

그림 11-8 케이씨티(089150)

케이씨티는 2021년 옐런 재무장관의 디지털화폐 기대감 발언으로 인해 주목을 받았으며 한국은행이 8월 모의실험을 위해 우선협상 대상자를 선정한다는 소식에 관련주로 급등하는 모습을 보였다.

## 4. 코로나19 관련주

코로나19는 2019년 12월 중국 우한에서 처음 발생한 이후 전 세계로 확산된 질병으로 새로운 유형의 코로나바이러스에 의한 호흡기 감염질환이다. 2020년 2월 12일 WHO에서 공식명칭을 COVID-19로 발표했다. 2021년 발생 2년째 감염이 확산이 되고 있으며 변이 바이러스로 4차 팬더믹이 진행 중에 있다.

**관련 종목**

씨젠, 셀트리온제약, 신풍제약, 창해에탄올, 옵티팜, 에이비프로바이오, 진원생명과학, 휴마시스, 진매트릭스, 멕아이씨에스, 피씨엘, 알서포트, 영풍제지, 비트컴퓨터, GH신소재, 대영포장, 바이오니아

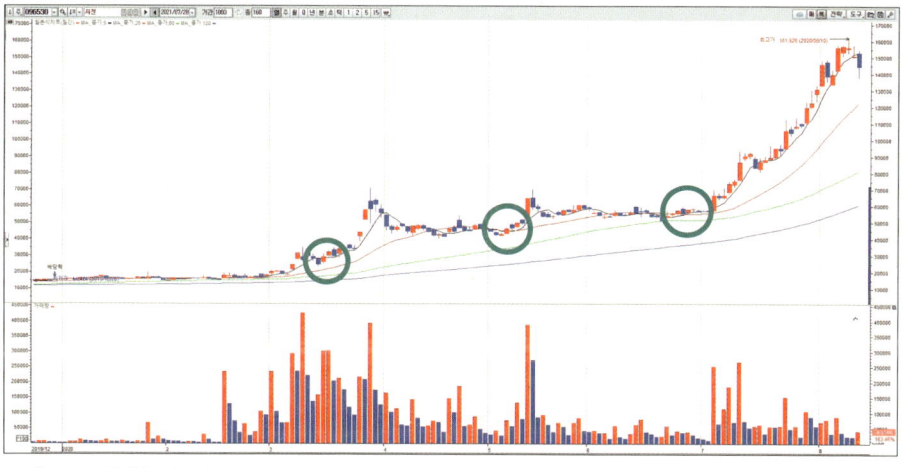

그림 11-9 씨젠(096530)

씨젠은 2020년 국내에 코로나19가 확산되면서 진단키트 수요가 증가하게 되자 급등하는 모습을 보였다. 영업이익이 전년 대비 2,900% 이상 증가하면서 크게 상승했다.

## 5. OTT 관련주

개방된 인터넷을 통하여 방송 프로그램, 영화 등 미디어 콘텐츠를 제공하는 서비스로 일명 인터넷을 통해 볼 수 있는 TV 서비스이다. 넷플릭스 이후 왓챠, 웨이브, 디즈니플러스, 아마존TV 등 세계 각국의 OTT 경쟁은 여전히 진행 중이며 관련된 종목과 OTT에 제공할 콘텐츠가 관련주로 분류된다.

### 관련 종목

알로이스, 위지윅스튜디오, 덱스터, LG헬로비전, NEW, 케이티알파, 알티캐스트, 초록뱀미디어, IHQ

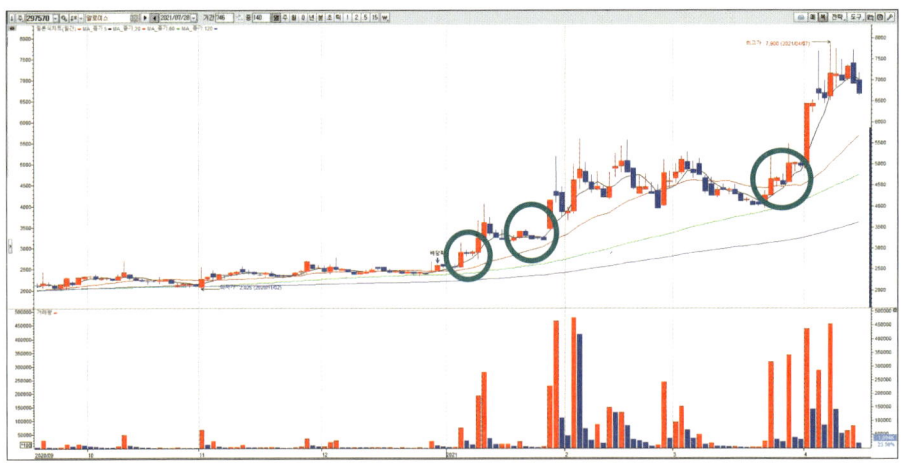

그림 11-10 알로이스(297570)

알로이스는 OTT 이용자 수가 급증하게 되자 급격한 상승을 보였다. 특히 OTT 플랫폼에 관계없이 셋톱박스가 필요하다는 점에 주목을 받았다.

## 6. 2차전지 관련주

충전을 통해 반영구적으로 사용하는 전지로 특히 전기차 생산에 필수 재료이자 많은 배터리의 필요성으로 인해 테마로 형성되었다. 우리나라가 적극 투자를 하여 LG에너지솔루션이 세계 1위이며, 삼성SDI와 SK이노베이션에서도 경쟁력을 갖추고 있다. 미래의 전기차 시대에 K-배터리의 전망이 기대된다.

**관련 종목**

LG화학, 삼성SDI, SK이노베이션, 포스코케미칼, 대주전자재료, 나라엠앤디, 신성델타테크, 코스모신소재, 에코프로비엠, 씨아이에스, 나인테크, 켐트로스, TCC스틸, 삼진엘앤디, 하나기술

그림 11-11 LG화학(051910)

중국의 CATL과 세계 1위 배터리 시장 점유율 경쟁을 하는 LG화학은 테슬라 모델 Y, 폭스바겐 ID.4, 스코다 ENYAQ 등에 배터리를 공급하고 있다.

## 7. 저출산(엔젤산업) 관련주

우리나라는 2021년 기준 합계 출산율 0.84명으로 OEDC를 넘어 전 세계 최하위권이며, 세계 최초로 국가 단위 출산율 0.85.미만을 기록하였다. 2020년부터 자연인구감소가 시작되었다. 이에 인구절벽 현상을 막기 위해 정부에서는 주요 과제로 출산장려 정책을 발표하고 있으며 대선 주요 공략 중 하나이다.

### 관련 종목

매일유업, 남양유업, 아가방컴퍼니, 제로투세븐, 캐리소프트, 모나리자, 손오공, 깨끗한나라

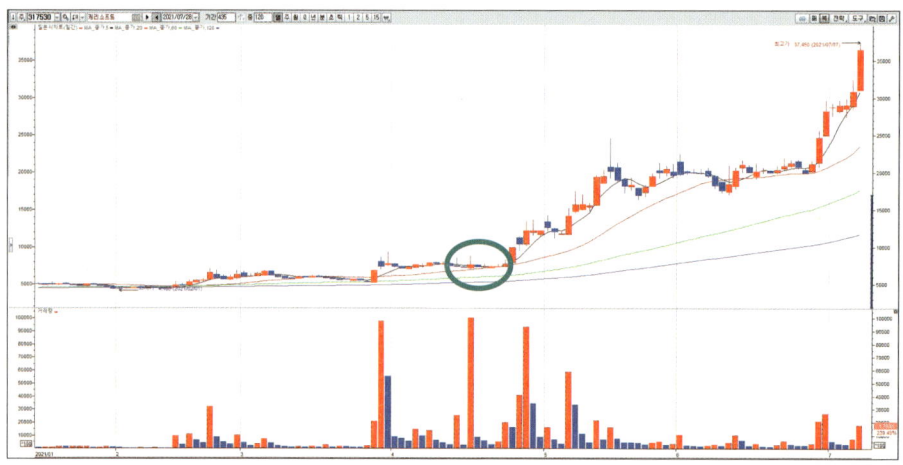

그림 11-12 캐리소프트(317530)

다양한 유아용 콘텐츠를 제작하는 캐리소프트는 중국 IPTV에 단독 채널을 개설한다는 소식으로 급등하였다. 이후 중국의 산아제한 폐지 정책 시행에 대한 기대감으로 가파른 상승세를 보였다.

## 8. 우주항공 관련주

성장산업으로 본격 궤도에 오르고 있는 우주항공, 특히 민간 우주 시대가 도래하면서 향후 10년간 우주항공산업 시장 규모가 1100조 원으로 성장할 것으로 전망한다. 지금도 세계 각국에서 위성을 발사하면서 한 달에 1,000개 넘게 발사되고 있다. 우리나라도 항공 7대 강국 도약을 목표로 로드맵을 발표하였다.

**관련 종목**

한국항공우주, 켄코아에어로스페이스, 쎄트렉아이, AP위성, 인텔리안테크, 비츠로테크, 한화에어로스페이스, 한양디지텍, 제노코

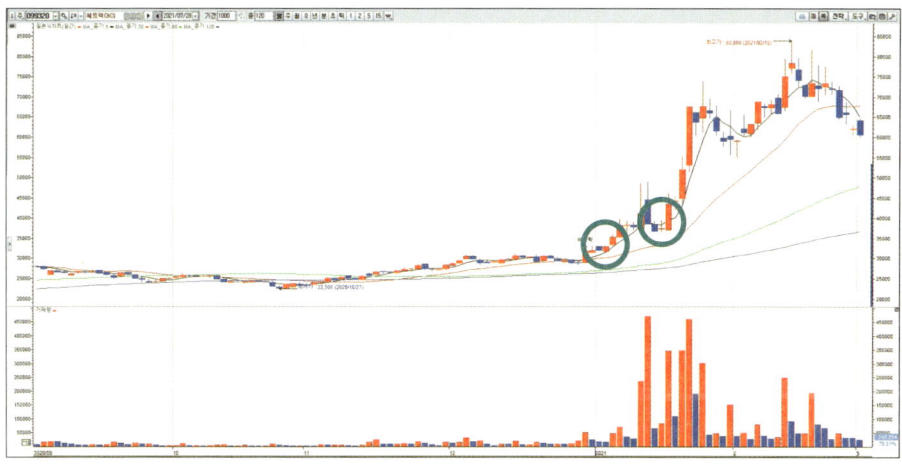

그림 11-13 쎄트렉아이(099320)

　　미국에 우주 탐사기업 ETF가 출시된다는 소식으로 인해 우주항공 분야가 미래 시장을 선점할 먹거리가 될 것이라는 기대감으로 급등하였다. 또 한화에어로스페이스에서 쎄트렉아이 지분을 인수한다는 소식도 있었다.

## 9. 금리 인상 수혜주

글로벌 경기 회복세로 인하여 소비자물가가 상승하면서 금리 인상 가능성이 제기되고 있다. 시장의 유동성을 위해 금리 인하 이후에는 양적 완화를 축소하는 테이퍼링과 인플레이션의 압박으로 금리를 인상하게 된다. 이때 은행, 보험, 금융주가 수혜를 받는다.

### 관련 종목
신한지주, 하나금융지주, 삼성생명, 한화생명, 롯데손해보험, 흥국화재, 동양생명, 우리금융지주, 기업은행, 제주은행, 푸른저축은행, BNK금융지주, DGB금융지주, JB금융지주, 메리츠금융지주

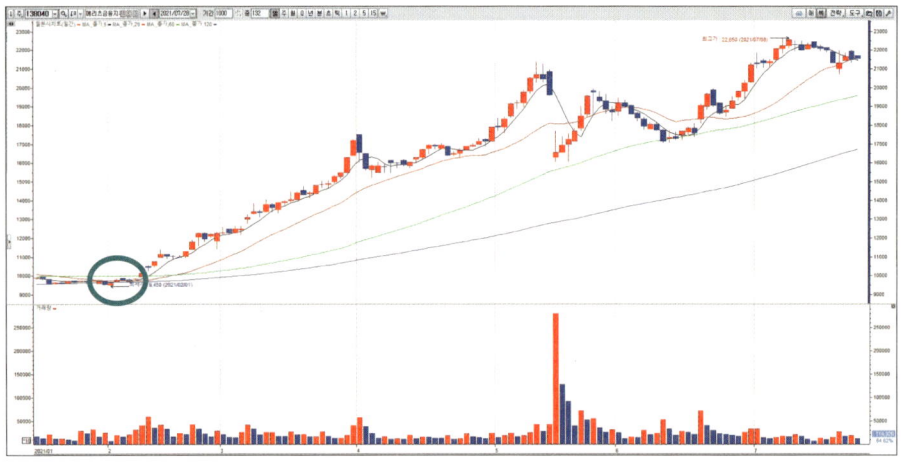

그림 11-14 메리츠금융지주(138040)

메리츠금융지주는 미국 10년물 국채금리 상승과 금리 인상의 조기 시행 가능성에 은행과 보험 등 금융주들의 실적 개선으로 이어질 것이라는 기대감으로 상승하였다.

## 10. 메타버스 관련주

가상의 메타(Meta)와 현실의 유니버스(Universe)의 합성어로 현실세계와 같은 가상세계를 말한다. 2030년 1700조 원 시장 규모로 성장이 전망되며, 국내는 315조 원 시장 규모에 달할 것으로 추산되고 있다. 대표적인 메타버스 기업 로블록스는 큰 인기에 성공적으로 상장하였으며 네이버의 제페토도 가입자가 2억 명에 달한다.

**관련 종목**

NAVER, 선익시스템, 한빛소프트, 알체라, 자이언트스텝, 엠게임, 옵티시스, 엔텔스, 한국큐빅, 에이트원, 와이제이엠게임즈, 코세스, 주연테크, 씨이랩

그림 11-15 선익시스템(171090)

선익시스템은 메타버스 구현 필수 장비에 마이크로 OLED를 공급하고 있으며 미래 300조 원 규모에 달할 것이라는 시장 전망으로 주목받았다. 게임, 엔터, 정치권 등에서 메타버스 플랫폼을 통해 홍보하기 시작하면서 급등했다.

## 11. 풍력 관련주

풍력 발전기는 바람 에너지를 전기 에너지로 바꿔주는 원리를 이용한다. 정부가 저탄소 경제구조를 위해 그린뉴딜 정책을 추진하면서 주목받았다. 우리나라의 경우 3면이 바다로 이루어진 지형을 갖추고 있어 차세대 해상풍력 강국으로 각광받고 있다.

### 관련 종목

효성중공업, 씨에스윈드, 유니슨, 우림기계, 삼강엠앤티, 스페코, 동국S&C, 씨에스베어링, 세진중공업, 우리기술, 코오롱글로벌

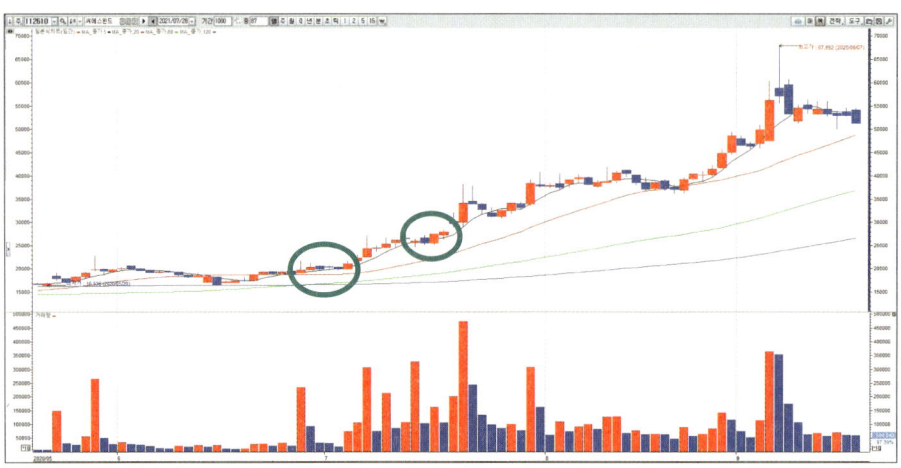

그림 11-16 씨에스윈드(112610)

씨에스윈드는 정부가 그린뉴딜 정책에 300조 원가량 투자한다는 소식에 주목받았다. 풍력발전기 타워 제조업체로 2020년 기준 글로벌 시장 점유율이 무려 16.2%에 달하며 9개국 이상에 수출하고 있는 기업이다.

## 12. 태양광 관련주

태양의 빛에너지를 이용하여 전기에너지로 바꿔주는 원리를 이용한다. 정부의 탈원전 정책 시행으로 인해 친환경 에너지가 주목받을 때 대표적으로 주목을 받았던 분야이다. 이후 2020년 정부가 추진 중인 한국판 뉴딜에 그린뉴딜 정책이 포함되면서 다시 관심을 받게 되었다. 소음 및 진동, 배출가스가 없다는 장점을 가지고 있다.

### 관련 종목

OCI, 한화솔루션, 현대에너지솔루션, 윌링스, 신성이엔지, 레이크머티리얼즈, 이건홀딩스, 대성파인텍, 에스에너지, 에스엔유, SDN, 유니테스트, 국영지앤엠

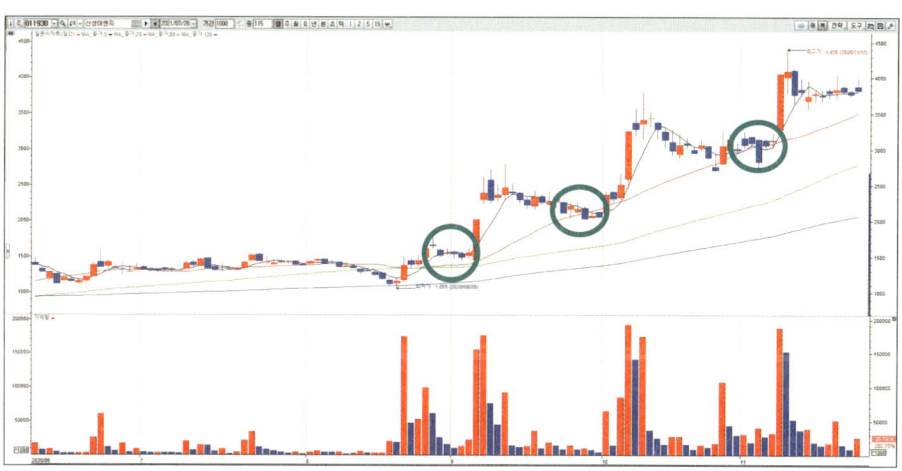

그림 11-17 신성이엔지(011930)

신성이엔지는 정부의 그린뉴딜 정책 시행으로 주목받았으며, 특히 차세대 태양광 소재로 지목되는 페로브스카이트를 국책과제로 진행하면서 주가 급등으로 이어졌다.

## 13. mRNA 관련주

핵 안에 DNA의 유전정보를 세포질 내의 리보솜에 전달하는 RNA로 코로나19 이후 예방률이 좋은 모더나, 화이자가 mRNA 백신을 개발하여 전 세계에 보급 중이다. 우리나라도 mRNA 개발을 위해 정부에서 적극 지원하고 있으며, 2022년에는 자체생산 가능 수준으로 계획하고 투자를 진행하고 있다.

**관련 종목**
아이진, 이연제약, 나이벡, 진원생명과학, 아미노로직스, 서린바이오, 올리패스, 바이오니아, 나노스

그림 11-18 아이진(185490)

정부가 mRNA 기반 국산 코로나19 백신을 만든다는 이슈로 관심을 받았다. 아이진은 정부의 전폭적인 지원 아래 2021년 임상1상에 진입하여 2022년 상반기 임상2상 완료와 조건부 허가의 모멘텀으로 상승을 보였다.

## 14. 인공지능(AI) 관련주

인간의 지능을 가진 컴퓨터 시스템을 의미한다. 알파고를 통해 세계의 관심을 끌었으며 현재는 클라우드 컴퓨팅과 빅데이터가 뒷받침되어 전환기를 맞고 있다. 손정의 소프트뱅크 회장은 우리나라 대통령과의 면담에서 첫째도 둘째도 셋째도 미래산업은 인공지능이라고 강조했다.

**관련 종목**

오픈베이스, 링크제니시스, 데이타솔루션, 줌인터넷, 알에프세미, 소프트센, 이스트소프트, 라온피플, 코맥스, 솔트룩스, 콤텍시스템, 앤씨앤

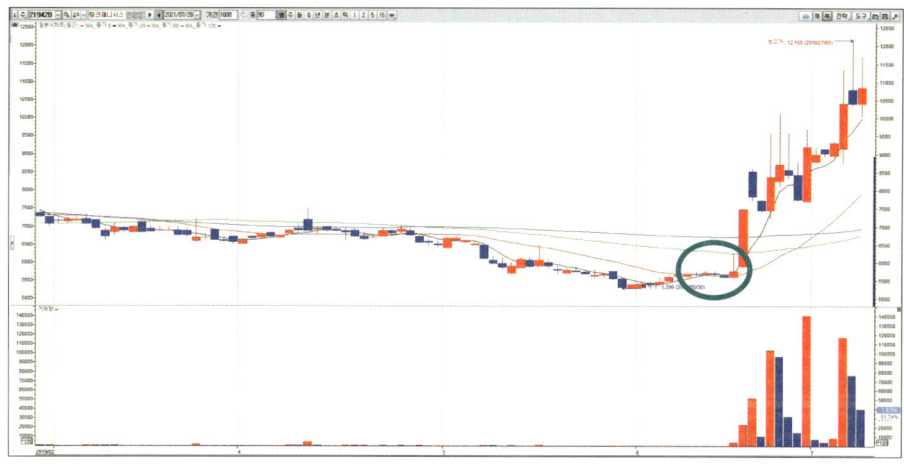

그림 11-19 링크제니시스(219420)

삼성전자가 AI 사업 본격 육성을 발표하면서, 차세대 시스템반도체 AI반도체(NPU) 기업으로 주목받은 링크제니시스는 급등하는 모습을 보였다.

## 15. 전고체배터리 관련주

배터리 양극과 음극 사이의 전해질이 고체로 된 2차전지로 불연성 고체이기에 발화 가능성이 낮고, 에너지 밀도가 높아 대용량 구현이 가능하다. 플렉시블(휘어지는) 배터리 구현에서 최적화 조건을 갖추어 차세대 배터리로 관심을 받고 있다. 우리나라에서는 삼성SDI가 가장 기술력이 앞서 있다.

### 관련 종목
삼성SDI, 한농화성, 동국알앤에스, 티에스아이, 삼지전자, 상신이디피, 에이에프더블류, 에스코넥

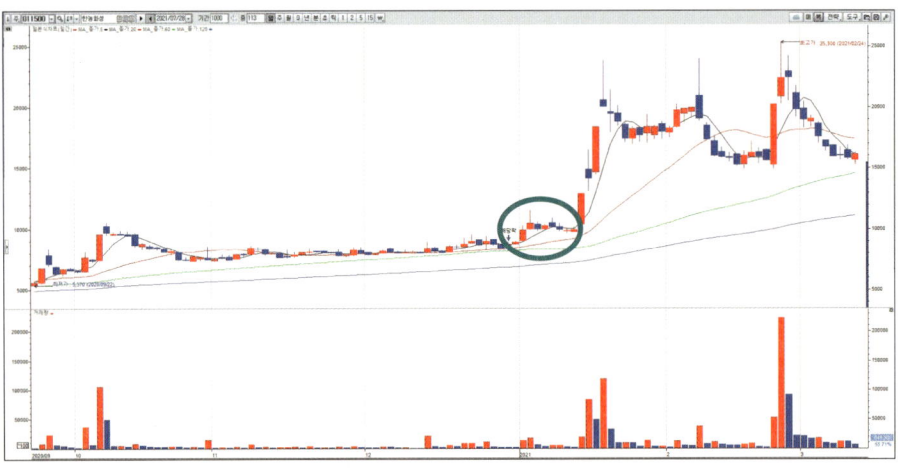

그림 11-20 한농화성(011500)

전기차 시장의 활성화로 차세대 배터리인 전고체배터리 시장이 주목받고 있다. 한농화성은 세계 최초로 전고체배터리 대량 합성 기술을 개발하면서 급등하였다.

## 16. 수소차 관련주

수소를 산소와 반응시켜 전기를 생성하는 연료전지를 동력원으로 움직이는 자동차이다. 세계가 수소경제를 미래 산업으로 주목하는 가운데 우리나라도 수소경제 로드맵을 발표하고 적극 지원하고 있다. 친환경시대에 이산화탄소가 아닌 물이 배출되므로 달리는 공기청정기로 각광을 받으며 2024년까지 누적 620만 대 생산을 목표로 하고 있다.

**관련 종목**

효성첨단소재, 두산퓨얼셀, 코오롱머티리얼, STX중공업, 유니크, 에코바이오, 풍국주정, 일진다이아, 아진산업, 에스퓨얼셀, 제이엔케이히터, EG, 상아프론테크, 디케이락, 뉴인텍

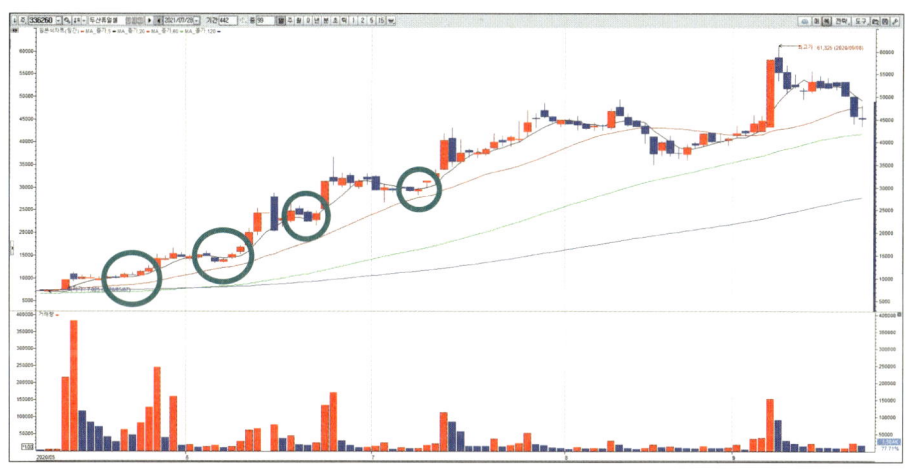

그림 11-21 두산퓨얼셀(336260)

수소차에 필요한 수소연료전지 제조업체인 두산퓨얼셀은 2020년 정부의 수소경제 투자 소식으로 상승했으며, 수소연료전지로는 국내 1위 기업이다.

## 17. 로봇 관련주

공정에 이용되는 자동화 로봇과 로봇을 개발 중인 업체들을 포함하고 있는 테마이다. 미래 산업의 대표적인 분야로써 원격의료, 스마트 헬스케어, 공정 자동화, 지뢰 탐지 등 여러 산업 분야에서 개발 중이다. 국내에서는 LG전자, 현대차가 로봇 사업 진출을 선언하면서 더욱 주목받고 있다.

### 관련 종목

로보로보, 휴림로봇, 알에스오토메이션, 로보스타, 로보티즈, 삼익THK, 쎄미시스코, 티로보틱스, 유진로봇, 아진엑스텍, 에스피시스템스, 에스엠코어, 에스피지, 시스웍, 엠투아이

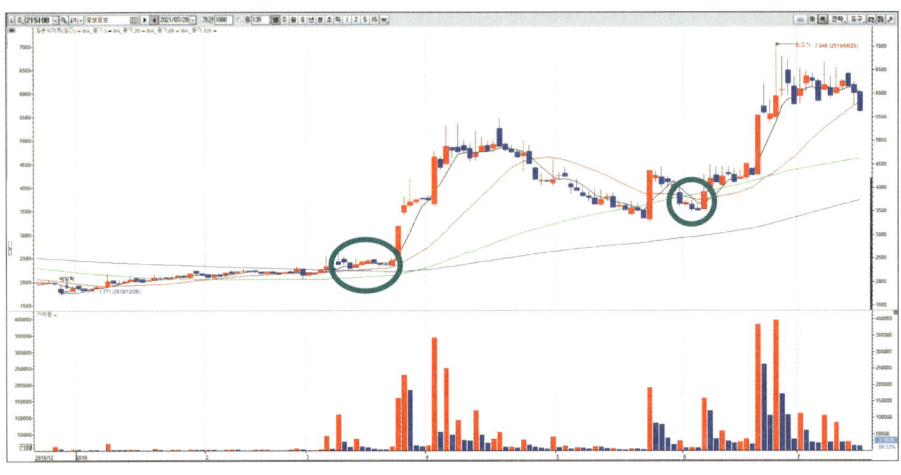

그림 11-22 로보로보(215100)

교육용 로봇 및 부수 제품을 제조, 판매 중인 로보로보는 정부가 4차산업의 핵심사업으로 로봇사업을 육성하겠다는 소식에 로보로보의 주가가 상승했다. 2019년도 LG전자와 SK텔레콤의 자율주행 로봇 서비스 진출로 관련주가 상승을 보였다.

## 18. 원자재 관련주

공업생산의 원료가 되는 자재로 가격에 따라 물건의 값이 달라지는 만큼 기업의 매출에 직접적으로 연관된다. 금, 알루미늄, 설탕, 옥수수, 리튬, 코발트, 대두, 면화, 구리, 아연 등 원자재 가격 변동에 따라 생산자물가지수, 소비자물가지수 등 주요 시장지표에 영향을 준다.

### 관련 종목

고려아연, 풍산, 대창, 이구산업, 서원, 알루코, 삼아알미늄, 조일알미늄, 삼보산업, 백금T&A, 화승코퍼레이션, 태경산업, 황금에스티, 샘표식품

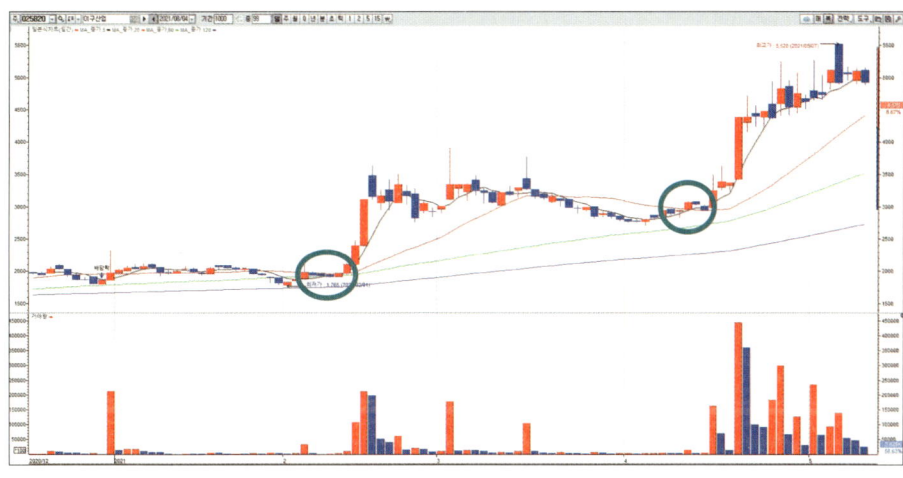

그림 11-23 이구산업(025820)

코로나19 이후 글로벌 경기가 회복세를 보이면서 구리의 수요가 증가하자 구리 값이 8년 만에 최고치를 기록하면서 급등했다. 또한 이구산업이 생산하는 구리 소재가 전기차배터리에 사용되면서 전기차 시장의 성장세로 인해 급등세를 보였다.

## 19. 건설/주택공급 관련주

주택 수요자에게 주택을 제공하는 것으로 치솟는 부동산 가격에 이를 진정하고자 정부에서 주택 공급을 늘려가고 있다. 신도시 개발, 공적률, 재건축, 그린벨트 해제를 통해 공급을 확대하고 있으며 주요 대선 부동산정책으로 기본주택공급, 대규모 주택공급, 공공주택 등 핵심 정책을 공약으로 내세우고 있다.

### 관련 종목

한일현대시멘트, 성신양회, 삼표시멘트, KCC글라스, 현대리바트, 한국가구, 오하임아이엔티, 시디즈, 와토스코리아, 에넥스, 벽산, 일성건설, 이스타코, 시공테크, 범양건영, 신원종합개발

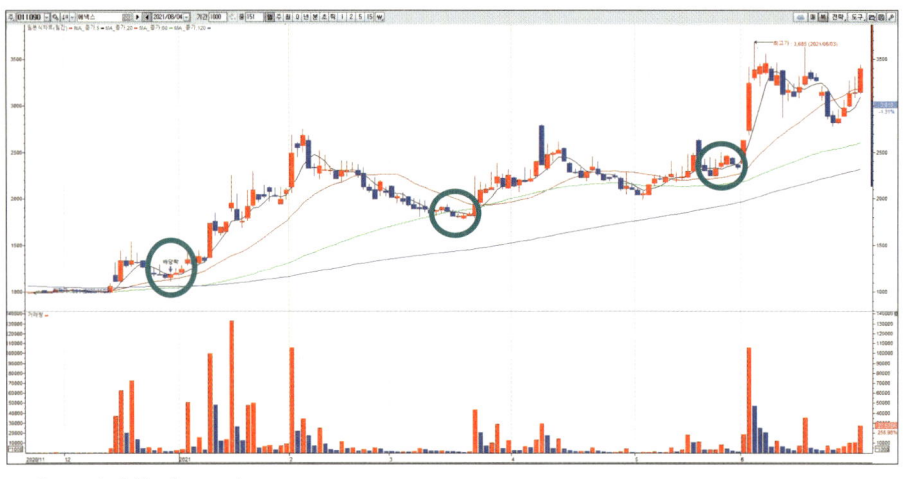

그림 11-24 에넥스(011090)

주방가구 제조 및 판매를 주사업으로 하는 에넥스는 정부가 2025년까지 공공임대주택 240만 호 공급을 달성할 것이라는 소식에 상승했다. 또한 2021년 4

월 오세훈 서울시장 당선으로 재건축 및 재개발을 통한 주택공급 활성화에 대한 기대감으로 급등했다.

## 20. 남북경협 관련주

남과 북의 경제협력 활성화로 수혜가 기대되는 기업들로 이루어져 있다. 그리고 북한 지역에 건설/인프라 구축 업체, 철도, 가스관, 송전, 금강산 관광, 농업, 자원개발 관련 기업들이 엮여 있다. 특히 김정은 위원장이 직접 고속철도를 언급하면서 철도에서 가장 강한 상승이 나왔다.

**관련 종목**
부산산업, 대호에이엘, 대아티아이, 현대로템, 에스트래픽, 용평리조트, 아난티, 한창, 경농, 조비, 대유, 아시아종묘, 동양철관, 화성밸브, 디케이락, 남광토건, 특수건설, 한국내화, 한국종합기술, 포스코엠텍, 고려시멘트

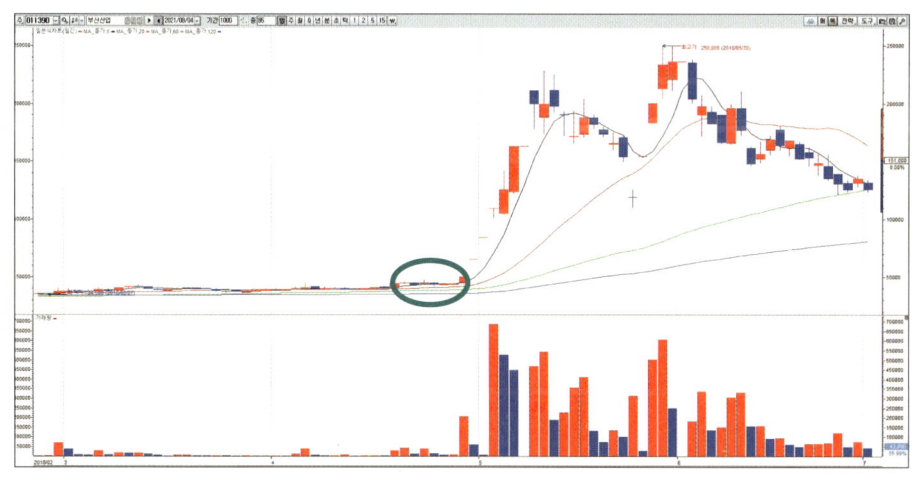

그림 11-25 부산산업(011390)

부산산업은 지난 2018년 북미정상회담 재개 가능성에 남북 경제협력에 대한 기대감으로 급등했다. 철도 콘크리트 침목을 생산하는 태명실업과 티엠트랙시스템을 주요 계열사로 두고 있는 부산산업은 철도 관련주로 상승했다.

## 21. 파운드리 관련주

반도체 제조를 전담하는 생산 전문 기업을 의미한다. 현재 세계 1위 파운드리 기업은 TSMC이며 2위는 삼성전자가 차지하고 있다. 두 회사 모두 업계 1위를 차지하기 위해 공장 증설에 나서고 있다. 시스템반도체 1위 기업인 인텔 또한 파운드리 진출을 선언하면서 3파전이 될 것이라는 전망이 나오고 있다. 삼성전자는 2030년까지 시스템반도체 세계 1위를 하겠다는 비전을 발표하였다.

### 관련 종목

DB하이텍, 대덕전자, 텔레칩스, 하나마이크론, 엘비세미콘, 한미반도체, 에이디칩스, 네패스, 알파홀딩스, 코아시아, 넥스틴, 아이에이, 테크윙, 어보브반도체, 시그네틱스

그림 11-26 에이디칩스(054630)

삼성전자의 시스템반도체 세계 1위 로드맵 발표와 인텔의 반도체 칩 생산을 삼성전자가 수주할 수 있다는 기대감으로 국내 유일 삼성전자 파운드리 사업 파트너 기업인 에이디칩스의 주가가 급등했다.

## 22. 폐배터리 관련주

전기차, 태양광, 풍력 등 에너지를 저장하는 ESS배터리의 원소재인 코발트, 리튬을 추출해 다시 배터리 소재로 재활용이 가능하다. 2025년까지 13조 원 규모로 성장할 것으로 전망, 전기차가 본격 상용화되면서 그 시장은 더욱 성장할 것으로 기대된다. 포스코, LG에너지솔루션, 삼성SDI, SK이노베이션 등 주요 대기업들도 폐배터리 시장을 선점하기 위해 총력을 다하고 있다.

**관련 종목**

영화테크, 파워로직스, 에코프로, 웰크론한텍, 삼진엘앤디, 인선이엔티, 인탑스

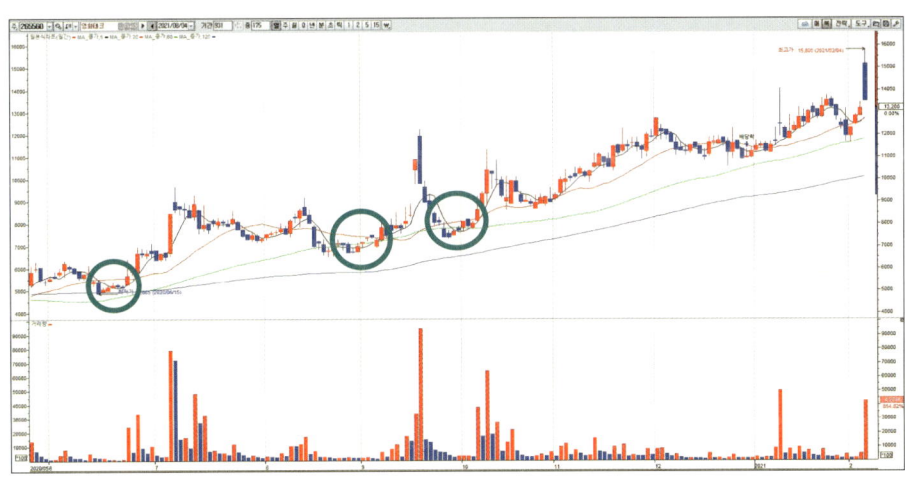

그림 11-27 영화테크(265560)

폐배터리 재사용 개발 사업 국책과제를 진행 중인 영화테크는 2020년 글로벌 전기차 급성장으로 인해 폐배터리 시장 또한 성장하게 되자 수혜를 받을 것이라는 기대감에 급등했다.

## 23. 스마트폰/폴더블 관련주

무선 인터넷 접속이 가능한 휴대폰 및 화면을 구부릴 수 있는 스마트폰을 일컫는다. 매년 신제품을 출시하면서 애플과 경쟁을 하고 있으며, 특히 시장에서의 경쟁력을 확보하고 앞서기 위해 삼성전자의 경우 폴더블폰에 집중 투자를 하고 있다. 애플 또한 폴더블폰 출시를 선언해서 주목할 필요성이 있다.

**관련 종목**

삼성전자, PI첨단소재, 코오롱인더, 아바텍, 모다이노칩, 원익큐브, KH바텍, 세경하이테크, 디케이티, 인터플렉스, 아이티엠반도체, 파인텍, 엠씨넥스, 옵트론텍, 파인테크닉스

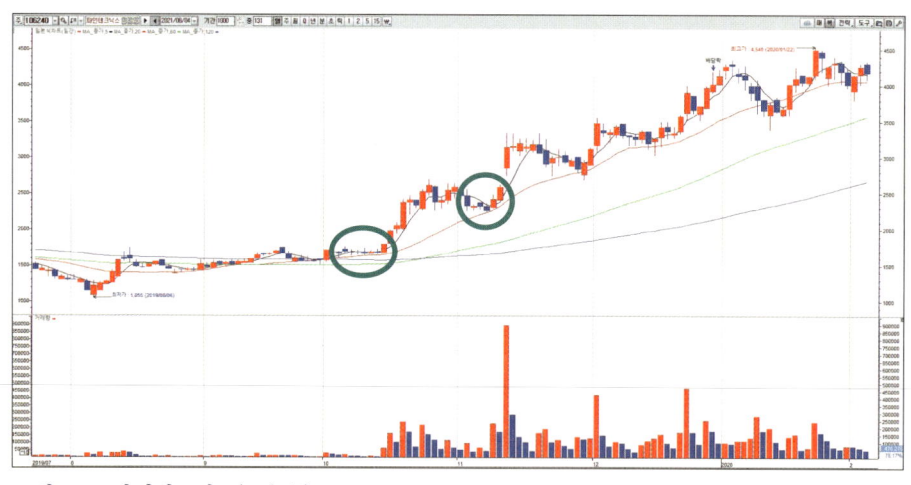

그림 11-28 파인테크닉스(106240)

삼성전자가 세계 최초로 폴더블폰을 내놓으면서 완판 행진을 이어나가자 폴더블폰의 핵심 부품으로 여겨지는 힌지를 납품하는 파인테크닉스가 크게 급등하였다.

## 24. 스마트그리드 관련주

'똑똑한'의 스마트와 '전력망'의 그리드가 합쳐진 합성어로 차세대 전력망, 지능형 전력망으로 불린다. 폭염에 따른 전력 소비를 보다 효율적으로 관리하여 블랙아웃의 위험을 줄일 수 있는 장점을 가지고 있다. 손정의 소프트뱅크 회장은 동북아 슈퍼그리드를 주장하였다. 미국에서도 그린뉴딜의 핵심으로 스마트그리드를 추진하였으며, 일본도 스마트그리드를 구축하고 있다.

**관련 종목**

옴니시스템, 일진전기, 누리플렉스, 선도전기, 세명전기, 포스코ICT, 코콤, 피앤씨테크, 광명전기, 대원전선, 피에스텍, 뉴인텍, 혜인, 아이앤씨

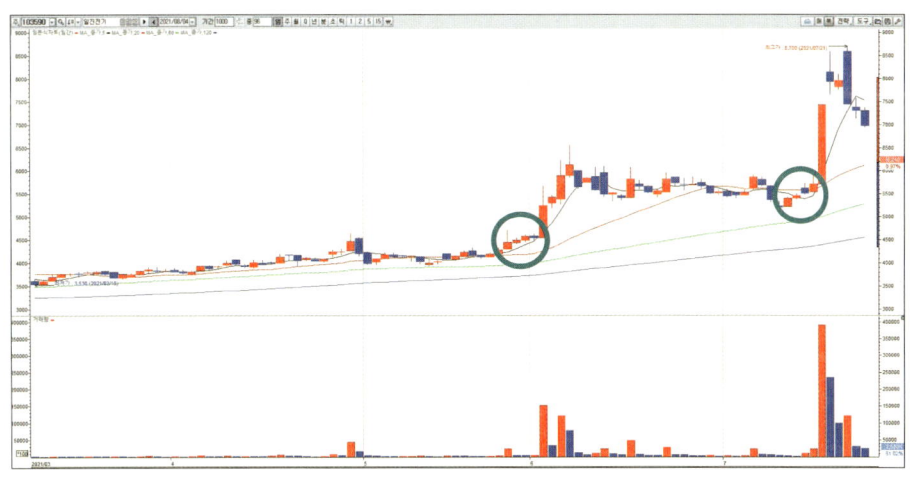

그림 11-29 일진전기(103590)

국내 유일 초고압 케이블, 변압기를 생산하는 일진전기는 2021년 8년 만에 폭염으로 인해 냉방제품 사용이 급증하면서, 전력 수요 또한 증가하게 되자 블랙아웃 우려감으로 주가가 급등했다.

## 25. 양자기술 관련주

더는 쪼갤 수 없는 양자적 특성을 정보통신 분야에 적용한 기술이다. 양자기술로 생성한 암호는 중간에 도청이 되어도 내용을 알 수 없으며, 상대방이 보는 순간 정보가 변하여 절대로 해독할 수 없는 보안 체계를 갖출 수 있어 주목받게 되었다.

양자컴퓨터는 1000년이 걸리는 연산을 4분 만에 가능케 하여 차세대 슈퍼컴퓨터로 각광을 받고 있다. 우리나라도 양자컴퓨터를 유망 미래기술로 꼽으며 24조 원 규모를 투자하기도 했다.

**관련 종목**

드림시큐리티, 폴라리스웍스, 우리넷, 텔레필드, 율호, 옵티시스, 코위버, 쏠리드, 롯데정보통신, 텔코웨어, 에치에프알

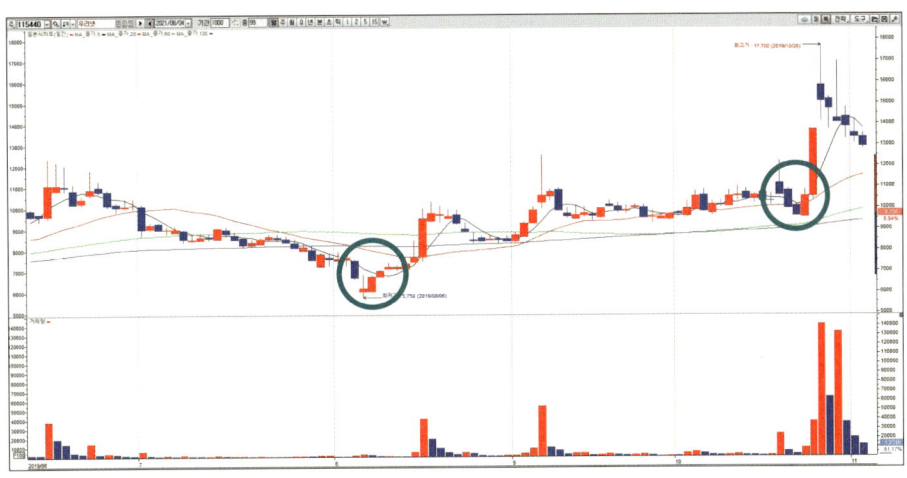

그림 11-30 우리넷(115440)

양자암호 통신이 가능한 전달장비를 자체 개발한 우리넷은 정부의 양자암호 관련 표준화 추진 소식에 상승했다. 그리고 SK텔레콤의 5G 양자암호 모듈 개발을 수주하면서 사업이 본격화되자 급등했다.

## 26. 일자리 관련주

경기 침체로 인해 실업자가 증가하면서 주목받았다. 일자리 창출은 주요 해결 과제로 꼽히며 정부에서도 54조 원 예산을 편성하여 적극 해결에 나서고 있다. 일자리 창출과 청년실업 문제는 주요 공약정책 1순위로 꼽히고 있다.

**관련 종목**
위즈코프, 사람인에이치알, 아시아경제, 윌비스, 파인디앤씨, 플랜티넷, DSC인베스트먼트, TS인베스트먼트, 대성창투, 메가엠디, 아이비김영

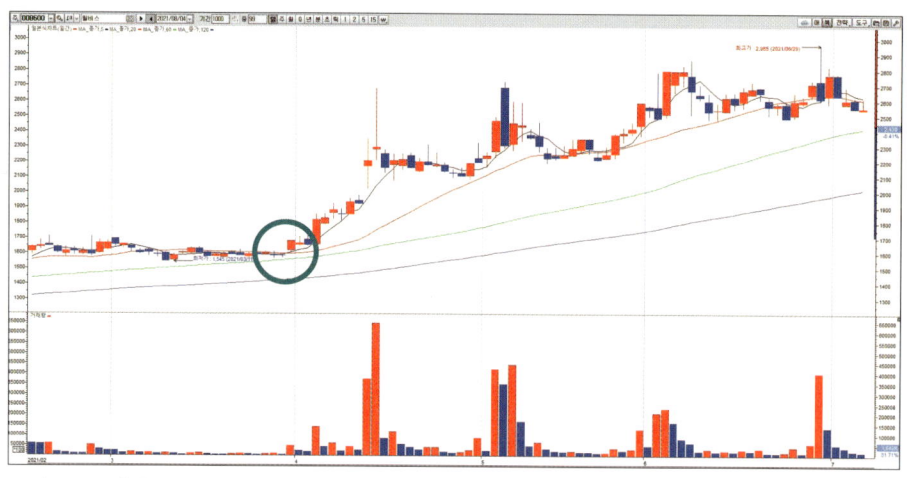

그림 11-31 윌비스(008600)

계열 회사를 통해 교육 서비스를 제공하고 있는 윌비스는 실업률이 계속 증가하자 일자리 정책 지원 강화 소식에 상승세를 보였다. 또한 대선 주요 정책으로 청년실업 문제 해결이 꼽히면서 급등하였다.

## 27. 전자결제 관련주

거래 가능한 프로그램이 연결된 전자기기를 이용하여 결제하는 방식이다. 2020년 코로나19가 국내에 확산되기 시작하면서 비대면 결제 방식이 생활화되자 가게를 방문할 때는 키오스크를 통한 결제가 이루어졌다. 또한 사회적 거리두기 정책 시행으로 집에서의 생활이 증가하게 되자 온라인 쇼핑, 배달음식 등의 수요가 증가하면서 주목을 받은 분야이다.

**관련 종목**

KG모빌리언스, 다날, NHN한국사이버결제, 갤럭시아머니트리, SCI평가정보, 한국전자금융, 한국전자인증, 세틀뱅크, 나이스정보통신

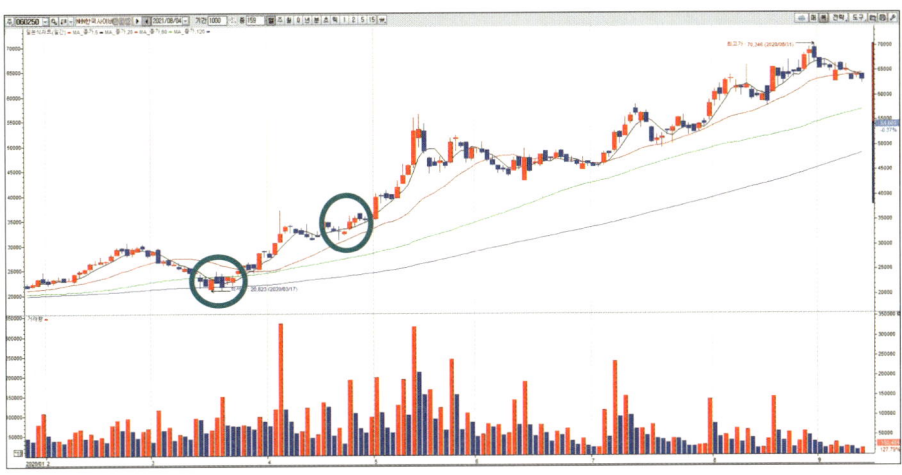

그림 11-32 NHN한국사이버결제(060250)

온라인 전자결제대행 사업을 영위 중인 NHN한국사이버결제는 국내 코로나19 확산으로 인해 대면 결제 시 감염 우려로 비대면 결제 방식이 활성화되자 실적이 증가하면서 상승했다. 또한 구글플레이 결제 서비스 계약을 체결하며 결제 서비스 제공사로 수혜가 기대되자 상승하게 되었다.

## 28. OLED 관련주

스스로 빛을 내는 현상을 이용한 디스플레이로써 LCD와 비교하여 고속응답, 광시야각, 고화질, 넓은 구동온도 범위 등 많은 장점을 가지고 있어 꿈의 디스

플레이로 각광을 받으며 개발되었다. 하반기 OLED TV 판매량 증가와 더불어 스마트폰 OLED, 전기차 OLED로 분야가 넓어지고 있다. 경기회복 시기에는 OLED 관련주가 항상 중심에 있다.

**관련 종목**

LX세미콘, 아이씨디, APS홀딩스, 엘아이에스, 원익IPS, 엘디티, 상보, 동아엘텍, 에스에프에이, AP시스템, 케이피에스, 예선테크, 에스티아이, 덕산테코피아, 이녹스첨단소재, 케이엔제이, 야스

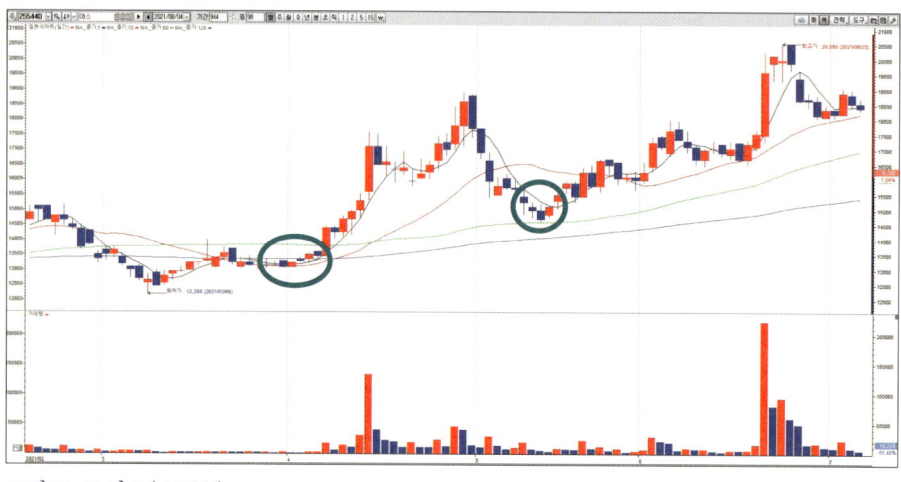

그림 11-33 야스(255440)

야스는 대형 OLED 증착장비 시장에서 독보적인 기술력을 가진 기업으로 LG디스플레이가 지분을 보유하고 100억 원 투자의 수확을 거두며 상승하였다.

## 29. 고령화 관련주

사회에서 의학의 발달과 식생활 향상으로 65세 이상 고령 인구비율이 높아지면서 생성된 테마이다. 통계청 자료에 따르면 1999년 고령 인구비율이 전체 인구의 7%를 넘어서면서 고령화 사회로 진입했다. 2022년에는 14%를 돌파, 2026년에는 20%에 진입할 것으로 전망한다. 국내의 경우 대표적인 정부의 고령화 정책으로는 의료 복지 분야로 치매, 임플란트 등과 관련된 정책을 펼치고 있다.

**관련 종목**
고려제약, 명문제약, 아이큐어, 메디프론, 셀리버리, 현대약품, 엔에스엔, 피플바이오, 엔케이맥스, 오스템임플란트

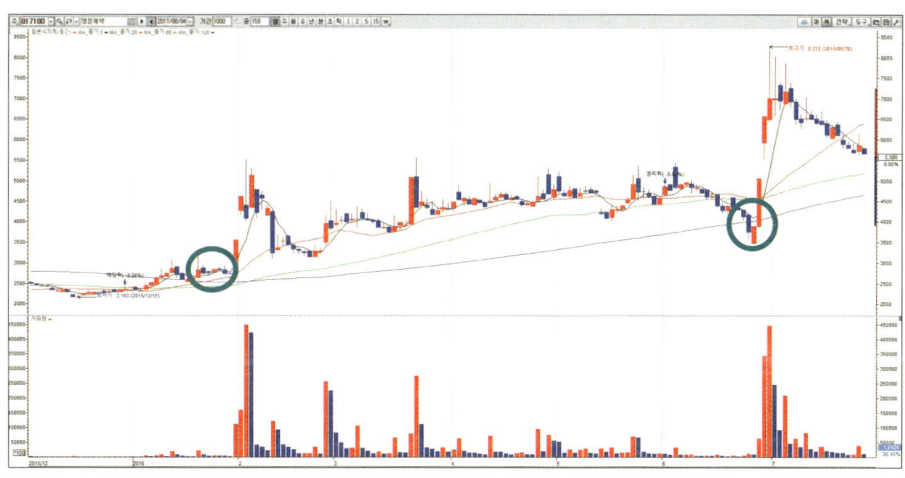

그림 11-34 명문제약(017180)

고령화에 치매 국가책임제 정책을 적극 추진한다는 소식에 뇌기능 개선 전문 의약품 '뉴라렌'을 판매하는 명문제약이 치매예산 투입 기대감에 상승을 보였다.

## 30. 자율주행 관련주

운전자가 운전하지 않고 차량 스스로 도로에서 달리는 것을 말한다. 자율주행은 0~5단계로 구분하는데 우리나라는 현재 3단계로 자동차가 안전기능을 제어하는 수준이다. 4단계부터 운전자 제어가 불필요한 영역으로 이후 2030년까지 5단계 완전자율주행을 목표로 기술개발에 힘쓰고 있다.

**관련 종목**

텔레칩스, 남성, 칩스앤미디어, 모트렉스, 모바일어플라이언스, 대성엘텍, 코리아에프티, 유니트론텍, 엠에스오토텍, THE MIDONG, 인포뱅크, 쎄미시스코, 에스피시스템스, 팅크웨어, 라닉스

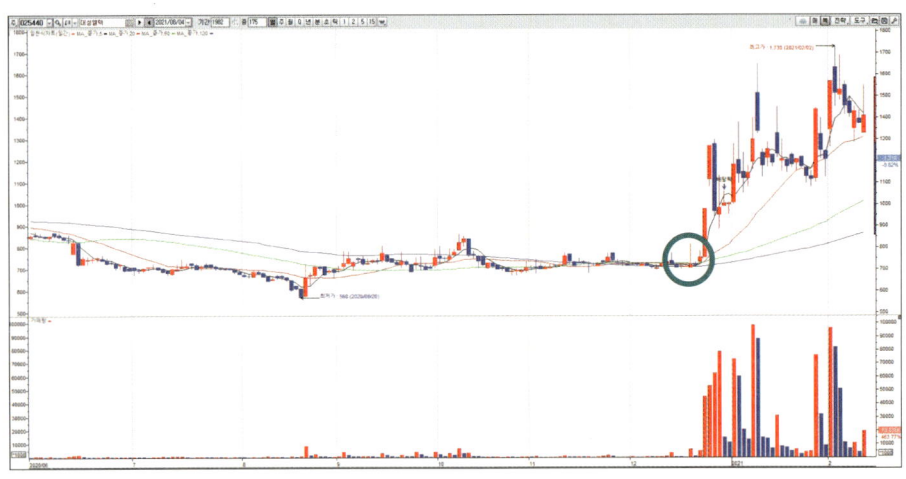

그림 11-35 대성엘텍(025440)

대성엘텍은 자율주행 사고 데이터 저장장치(ADR) 기술개발 사업 국책과제로 선정된 기업으로 애플과의 자율주행 애플카 협력 기대감으로 급등을 보였다.

## 31. 탄소배출권 관련주

탄소배출을 줄여주는 제품을 생산하거나 탄소배출권 사업을 영위하는 기업들로 이루어져 있다. 지난 미국 대선 당시 바이든 대통령이 공약으로 내세우면서 큰 주목을 받았다. 국내에서는 그린뉴딜 정책과 관련되어 있어 이전부터 주목을 받았다. 현재 정부는 2050년까지 온실가스 배출량을 0으로 만들겠다는 2050 탄소중립 정책을 추진하고 있다.

**관련 종목**

에코프로에이치엔, KC코트렐, KC그린홀딩스, 그린케미칼, 한솔홈데코, 이건산업, 그린플러스, 에코바이오, 이건홀딩스, 클라우드에어, 휴켐스, 성창기업지주

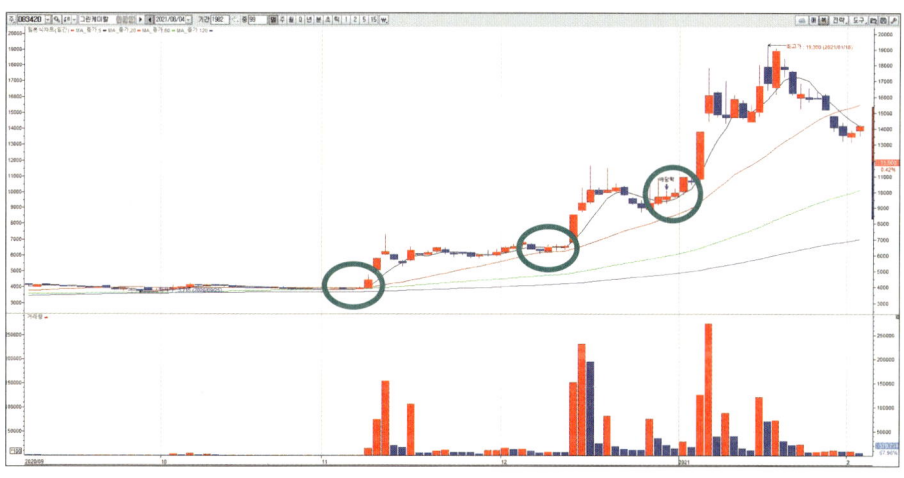

그림 11-36 그린케미칼(083420)

세계적으로 기후협약과 탄소제로 정책을 추진하는 가운데 그린케미칼은 주요 온실가스 감축 국책과제인 CUU 기술을 개발 중이라는 사실이 부각되면서 관련주로 상승을 보였다.

## 32. 콘텐츠(드라마, 웹툰) 관련주

넷플릭스의 OTT 진출 이후 세계 각국의 기업이 OTT 시장에서 경쟁을 펼치면서 다양한 콘텐츠의 수요가 필수가 되었다. OTT 기업은 많지만 그 안에 넣을 콘텐츠가 부족하여 드라마나 영화 제작, 웹툰 등 콘텐츠 관련주 그리고 제작에 필요한 기술과 장비 관련주도 포함되었다.

### 관련 종목

스튜디오드래곤, 미스터블루, 키다리스튜디오, 디앤씨미디어, 조이시티, 대원미디어, 엔비티, 에이스토리, 삼화네트웍스, SM Life Design, 팬엔터테인먼트

그림 11-37 에이스토리(241840)

OTT 경쟁 속 콘텐츠 관련주가 주목받는 가운데 넷플릭스 흥행작 〈킹덤〉의 제작사인 에이스토리가 차기작 〈지리산〉의 기대감과 함께 급등을 보였다.

## 33. 암호화폐 관련주

네트워크에서 안전한 거래를 위해 암호화 기술을 사용하는 전자화폐를 말한다. 암호화폐 하면 떠오르는 대표적인 것이 비트코인으로 2018년 2000만 원, 2021년 8200만 원까지 가격이 치솟으면서 전성기를 보였다. 이런 전자화폐는 투자 광풍을 넘어 주요 결제수단으로도 이용되고 있다. 국내는 다날의 페이코인과 세계 1위 전기차 테슬라도 비트코인을 이용하여 구입이 가능하다고 밝혔다. 디지털화폐와 함께 미래의 중요한 결제수단으로 경쟁 중이다.

**관련 종목**

비덴트, 위지트, 티사이언티픽, 우리기술투자, 에이티넘인베스트, SBI인베스트먼트, 아이오케이, 대성창투, 한화투자증권, DSC인베스트먼트, 제이씨현시스템, 다날

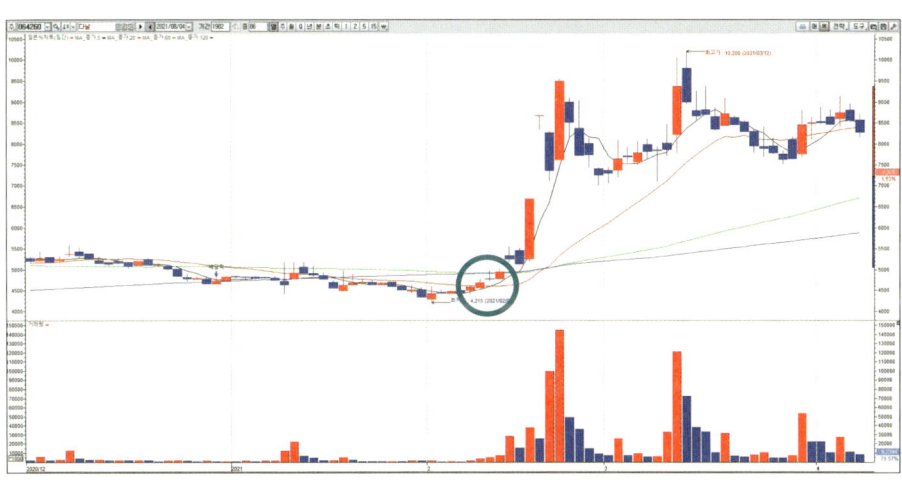

그림 11-38 다날(064260)

다날이 만든 페이코인은 국내 최초 실제 사용 가능한 암호화폐 결제 서비스로 페이코인은 하루 만에 800% 넘는 상승을 보였다. 2021년 기준 CU, 도미노피자, 세븐일레븐, CGV, 골프존, 교보문고, KFC 등에서 실제 사용이 가능하다.

## 34. 게임 관련주

PC게임, 모바일게임 등 신작 출시 게임이 흥행을 보일 때 주목을 받는다. 방학 시즌이나 코로나19 등 외출에 제한이 있을 경우 수혜를 받는다. 특히 소위 대박 게임을 출시하여 흥행을 보이면 기대감에 급등을 보인다.

**관련 종목**

엔씨소프트, 넷마블, 카카오게임즈, 선데이토즈, 네오위즈, 웹젠, 펄어비스, 플레이위드, 미스터블루, 넷게임즈, 넥슨지티, 드래곤플라이, 한빛소프트, 액션스퀘어, 데브시스터즈, 썸에이지

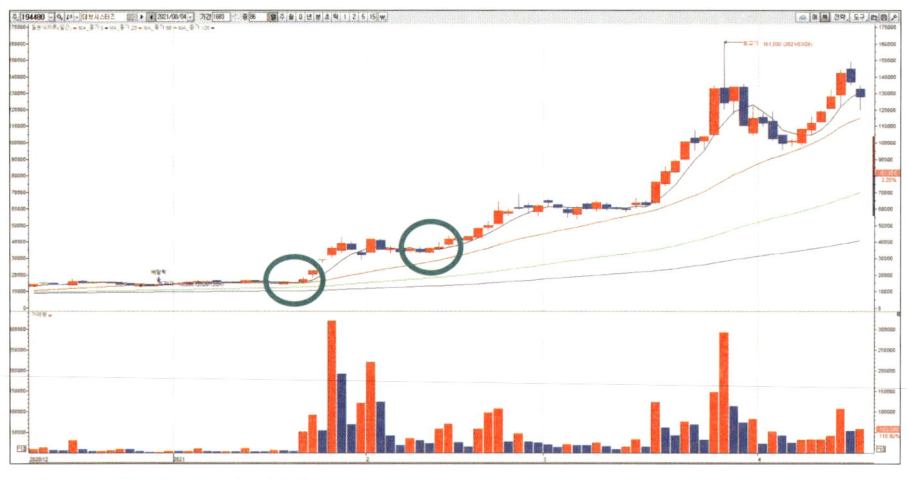

그림 11-39 데브시스터즈(194480)

쿠키런 게임으로 유명한 데브시스터즈이다. 오랜 기간 구글플레이 스토어 매출 1, 2위는 부동의 리지니M, 리니지2M 구도에서 쿠키런이 2등을 차지하면서 가파른 상승을 보였다.

# 12장

## 증권사관학교 소장, 종목 발굴 이렇게 한다
## _ 급등주

# 01 급등주의 전제조건 10가지

1. 고점 대비 많이 하락해서 추가 악재에도 더 이상 하락하지 않는 종목이어야 한다.
2. 주당순자산가치 대비 저평가된 종목이어야 한다.
3. 일봉, 주봉, 월봉이 바닥권에서 수렴된 차트 모습이어야 한다.
4. 자본금, 총주식수, 시가총액, 현재가격 등이 매집하기 좋은 조건을 갖추어야 한다.
5. 전환사채, 신주인수권부사채, 유상증자, 확약 물량 등 잠재매물이 없어야 한다.
6. 꾸준하게 이익을 내고 있는 종목이어야 한다.
7. 최대주주 및 특수관계인 지분율이 적당해야 한다.
8. 앞으로 시장에 반영될 재료를 보유한 종목이어야 한다.
9. 부채율이 높지 않아야 하고 자본총계 대비 이익잉여금이 충분해야 한다.

10. 이전에 크게 급등한 끼가 있는 흐름이 최소 1번 이상 나와야 한다.

이 10가지 조건을 모두 만족한다면 급등할 가능성이 상당히 크다고 볼 수 있다. 이러한 조건을 모두 갖췄는데도 불구하고 급등하지 않고 바닥권에 머물러 있는 종목이 있다면 필자에게도 꼭 연락을 주기 바란다. 왜냐하면 그런 종목은 무조건 매수해야 하기 때문이다.

# 02 급등주 10가지 전제조건 세부 분석

## 1. 고점 대비 많이 하락해서 추가 악재에도 더 이상 하락하지 않는 종목이어야 한다

기업에 큰 문제가 없다면 주가는 살아 움직이는 생물체처럼 사이클에 따라 움직인다. 상승하는 시기가 있고, 이 시기가 지나면 다시 하락으로 방향을 바꾸는 시기가 온다. 그런 후 하락을 멈추고 바닥을 형성하며 횡보하는 단계가 오는데 이때가 개인 투자자들에게 최대의 기회다. 최대의 기회이기는 하지만 그 안에서도 적절한 타이밍을 잡아야 한다.

횡보 추세에서 선도세력들은 서서히 주식을 쓸어 담으며 미래를 준비한다. 이러한 매집 시기는 개인 투자자들이 견디기 힘든 인내의 시기가 될 수 있다. 그러므로 바닥을 확인했더라도 너무 일찍 들어가면 시간이라는 자원을 많이 투여해야만 한다. 어쨌거나 기다리면 오를 것이라 해도 세력들의 움직임이 포착될 때 동참하는 것이 가장 좋은 전략이 된다.

기술적 흐름상 오랜기간 동안 하락한 이후 더 이상 떨어지지 않는 모습을 보인다면 그 종목은 크게 상승할 가능성이 크다. 그러나 많은 개인 투자자는 지금 급등하고 있는 종목이나 실적이 호전되었더라도 주가에 이미 반영되었거나 재료가 노출되어 이미 큰 폭으로 상승한 종목을 추격 매수하는 경우가 많다. 주가의 라이프사이클을 가볍게 여기고 지나쳐버리기 때문이다.

오늘 상승할 주식을 찾는 것에 익숙해져 있다면 수익을 내기 어려울 뿐 아니라 급등주를 맛보기는 어려울 것이다. 주식투자의 첫걸음은 주가의 라이프사이클을 이해하는 것에서 출발한다. 다시 한번 강조하자면 주가는 상승하면 결국 하락할 것이고, 하락하면 상승할 것이라는 너무나 간단한 원리를 언제나 명심하자.

## 2. 주당순자산가치 대비 저평가된 종목이어야 한다

주가는 단기적으로 등락을 거듭하면서 움직이지만 장기적으로는 결국 기업의 가치를 찾아간다는 것을 잊지 말자. 여러 요인에 의해서 현재는 기업가치만큼 대접받지 못하고 있는 종목이라도 언젠가는 그 가치에 걸맞은 가격을 형성하게 된다. 때문에 현재 주가와 해당 업체 가치의 차이가 크면 클수록 앞으로 급등할 가능성이 크다.

단적인 예를 들어보면 현재의 주가가 주당순자산가치보다 낮다면 눈여겨 볼 필요가 있다. 회사가 청산을 해도 현재 주가보다 더 돌려받을 수 있기 때문이다. 이러한 종목들은 자산주로 거론되면서 몇 년 주기로 급등하는 경우가 많다. 저평가의 정도와 현재 주가의 이격이 클수록 주가가 빠른 속도로 제자리를 찾아가게 된다.

## 3. 일봉, 주봉, 월봉이 바닥권에서 수렴된 차트 모습이어야 한다

주가가 상승할 때 폭발적인 힘을 얻으려면 일봉뿐만 아니라 주봉, 월봉까지 수렴되어야 한다. 단기적인 매물뿐만 아니라 중기적인 매물 또한 없어야 저항을 받지 않고 급등할 수 있기 때문이다.

## 4. 자본금, 총주식수, 시가총액, 현재가격 등이 매집하기 좋은 조건을 갖추어야 한다

선도세력은 자본금, 총주식수, 시가총액, 현재가격을 고려하여 매수한다. 1,000% 이상 급등하는 종목들의 공통점을 분석해보면, 대부분의 종목이 자본금 30억~70억 원, 유통 주식수 500만~1500만 주, 시가총액 200억~ 500억 원 정도의 수준이 많았다.

자본금과 시가총액이 크다면 그만큼 선도세력이 매집 과정에서 자금 부담을 안아야 하며, 총주식수가 많을 경우에는 시가총액이 적더라도 매집하는 데 상당한 불편함과 어려움을 겪게 된다.

현재가격 역시 고가이면 시가총액이 적더라도 급등하기에 상당한 부담감을 느끼게 된다. 1,000원이 10,000원으로 상승하는 것과 10,000원이 100,000원으로 상승하는 것을 비교할 때 주가의 가치와 상관없이 시각적으로 가격적인 부담감이 커서 후발 매수세가 유발되지 않기 때문이다.

## 5. 전환사채, 신주인수권부사채, 유상증자, 확약 물량 등 잠재매물이 없어야 한다

앞의 조건이 모두 충족되어서 선도세력이 총주식수 1000만 주인 종목을 바닥에서 매집 완료했다고 가정해보겠다. 그런데 조만간 전환사채 500만 주가 발행된다면 선도세력은 아마 전환사채가 나오기 전에 포기할 것이다.

가끔씩 전환사채나 신주인수권부사채가 발행되었는데도 주가가 급등하는 경우를 볼 수 있다. 그런 경우는 발행 주체가 선도세력과 연관이 있을 가능성이 큰 경우로 아주 드물다고 볼 수 있다. 그렇기 때문에 일반적으로 매물로 형성될 수 있는 전환사채, 신주인수권부사채가 없는 주식이어야 급등주로써 또 하나의 요건을 만족한다.

## 6. 꾸준하게 이익을 내고 있는 종목이어야 한다

급등하는 종목을 보면 부실한 업체가 상당히 많다. 하지만 그런 종목들은 크게 수익이 나고 있다 하더라도 항상 불안하다. 기업에 언제 무슨 일이 생길지 모르기 때문이다. 실제로 그런 업체들 중 수백 %씩 상승하다가도 갑자기 거래정지가 되는 경우가 가끔 있다.

선도세력도 마찬가지다. 정상적인 선도세력이라면 언제 무슨 일이 생길지 모르는 업체에 막대한 자금을 투자하기란 어려운 일이다. 그런 업체에 투자하는 선도세력이라면 회사 내부자를 통해 큰 호재를 미리 알고 있거나, 단기 투기세력일 가능성이 크다고 볼 수 있다. 때문에 급등을 하더라도 주가가 하락할 때는 매도할 기회도 없이 바로 급락하는 경우가 많다.

만약 10년 동안 매년 자본금만큼 수익을 낸다고 가정하고 액면가 5,000원, 자산가치 10,000원, 현재주가는 5,000원인 종목이 있다고 하자. 그 주식은 10년 뒤에 '현재 자산가치(10,000원)+10년 동안 늘어난 자산가치(5,000원×10)=60,000원'이 된다. 단순하게 계산해도 10년 뒤에는 주당자산가치가 1,200% 상승하므로 주가의 저평가 상태는 더욱 커질 것이다.

때문에 현 시점에서 자산가치가 저평가 상태이면서 꾸준히 수익을 내고 있는 업체가 급등할 가능성이 크다.

## 7. 최대주주 및 특수관계인 지분율이 적당해야 한다

최대주주 및 특수관계인 지분율은 주가 상승에 어느 정도의 관계를 갖는다. 선도세력들은 최대주주의 지분율이 많은 종목을 매수하는 데 상당한 부담을 느낄 것이다. 주가가 상승하면 일부 최대주주들이 물량을 매도해서 힘없이 급락하는 경우도 있기 때문이다.

그렇다면 어느 정도의 지분이 적당할까? 필자는 20~40%가 급등하기에는 가장 적합한 비율로 판단하고 있다. 이 정도의 지분이라면 언제든지 M&A에 노출되어 있고, 또한 주가가 급등하더라도 M&A 우려 때문에 최대주주가 주식을 팔 수 없을 것이기 때문이다.

이에 반해 최대주주가 지분을 20% 이하로 보유하고 있다면 회사에 대한 애착심이 크게 떨어질 수도 있기 때문에 지분이 적은 종목도 주의해야 할 종목으로 판단한다. 특수한 경우를 제외하고 일반적으로 최대주주 및 특수관계인 지분율이 10%도 안 된다면 해당 업체의 성장성을 최대주주도 믿지 못한다는 뜻으로 해석할 수 있다.

## 8. 앞으로 시장에 반영될 재료를 보유한 종목이어야 한다

회사 내부 관계자를 제외하고는 시장에 알려지지 않은 재료를 알 수 있는 방법은 없다. 개인 투자자들이 시장에 알려지지 않은 재료를 알고 있다면 이미 공정공시에 위반된다. 그렇다면 기관이나 외국인에 비해 정보력이 뒤떨어지는 개인 투자자들은 어떻게 재료 보유 종목을 찾을 수 있을까?

시장에 어떠한 재료가 발표되었을 때 주가는 3가지 방향으로 움직인다. 첫째는 별 반응이 없이 횡보하는 상태이고, 둘째는 재료 발표와 함께 급등하는 것이고, 셋째는 재료가 발표되면서 하락하는 경우다.

여기서 개인 투자자들의 손실이 가장 많이 나는 경우가 세 번째의 경우다. 개인 투자자들은 시장에 재료가 발표되면 추격 매수하는 경향이 크고, 주가는 재료 발표와 함께 상투를 형성하고 급락하는 경우가 많기 때문이다.

재료가 알려진 종목 중에서 수익을 내기 위해서는 주가의 위치가 낮은 종목을 매수해야 한다. 아무리 좋은 재료가 발표되더라도 주가가 이미 급등했다면 발표 시점부터 주가가 하락할 가능성이 크므로 수익은커녕 손실만 떠안게 될 것이다.

우리가 주목해서 매수해야 할 종목은 재료가 진행 중에 있으면서 주가가 상승하지 못하고 바닥에 있는 종목이어야 한다. 재료를 보유하고 주가가 바닥권에서 횡보하고 있다면 머지않아 재료 발표와 함께 급등할 가능성이 크기 때문이다.

## 9. 부채율이 높지 않아야 하고 자본총계 대비 이익잉여금이 충분해야 한다

업종에 따라 안정적인 부채율 기준이 다르지만 통상적으로 부채비율이 100%가 넘지 않는 종목이 안정적이라 볼 수 있다. 부채비율이 150%가 넘고 200%가 넘어갈수록 그만큼 이자부담이 크기 때문에 수익성이 받쳐주지 않는다면 주의가 필요하다. 자본총계 대비 이익잉여금 비중이 크면 클수록 충분한 현금을 확보한 기업이라고 볼 수 있다.

충분한 현금이 확보되면 유상증자나 전환사채 발행 가능성이 적어진다. 개인주주 입장에서 봤을 때 그만큼 회사에 향후 생길 수 있는 여러 악재가 생길 가능성이 적어진다고 볼 수 있다.

그리고 업종에 따라 차이가 있지만 통상적으로 이익잉여금이 마이너스인 경우에는 현금 흐름이 좋지 않을 수 있기 때문에 더욱 꼼꼼히 재무 상태를 체크할 필요가 있다.

## 10. 이전에 크게 급등한 끼가 있는 흐름이 최소 1번 이상 나와야 한다

주가가 급등하기 위해서는 여러 가지 조건이 종합적으로 만족되어야 한다. 여러 가지 급등주의 조건을 갖추고도 주가가 몇 년째 움직이지 않는 종목이 있다. 이러한 종목에 대해 필자는 이렇게 판단한다. 이러한 종목은 회사의 내부 사정을 잘 아는 투자자들이 장기적으로 투자하면서 어느 정도 가격이 하락하면 매수하고, 어느 정도 상승하여 수익이 나면 매도하는 형태라는 것이다. 그러므로 이러한 주식은 숨어 있는 매물들이 엄청나게 많다는 것을 의미한다. 숨어 있는 매물이 많다면 선도세력들은 물량을 매집하다가도 중도에 포기하고 만다.

물량 매집에 실패하면 주가는 상승하기 어렵다. 이러한 흐름은 개별 종목에만 국한되지 않고 대형주에서도 마찬가지 흐름을 보이게 된다. 대세상승기에도 선도세력인 외국인과 기관이 매집한 종목들만 급상승하였고, 그 외 종목들의 상승률은 크지 않았다. 그러므로 전에 급등한 종목들은 선도세력이 물량 매집에 성공한 경험이 있는 종목이므로 또다시 매집이 진행될 가능성이 큰 것이다.

## 03 급등주 조건을 만족하는 실전 사례

앞의 10가지 조건을 모두 만족하면 더할 나위 없겠지만 가장 중요한 조건 2개만 언급하라고 한다면 1, 2번 항목이라 볼 수 있고, 그다음 중요한 항목 2개를 더 언급하라고 한다면 3, 4번 항목이라 볼 수 있다.

지금부터는 세간의 주목을 받으며 급등한 종목들이 이 조건을 어느 정도 충족시켰는지에 대해 살펴보도록 하자.

## 사례 1. 일양약품

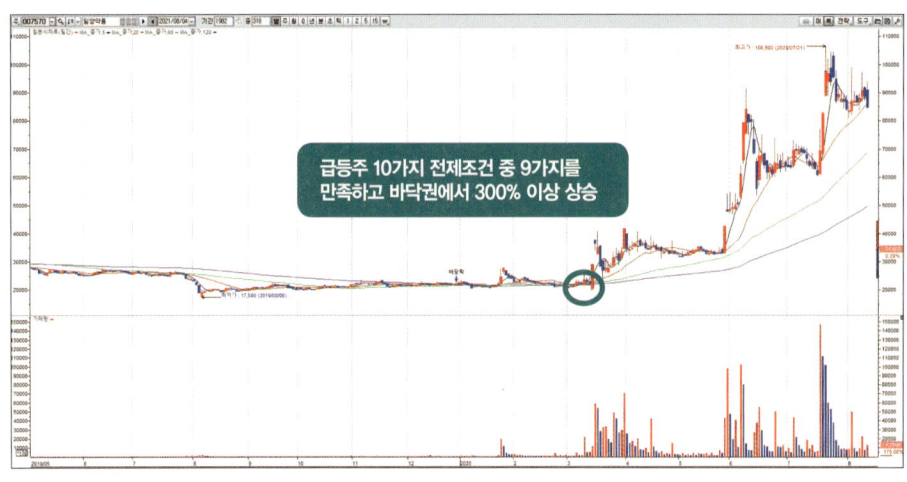

그림 12-1 일양약품(007570)

- 조건 1: 2014년 102,000원에서 2019년 17,500원까지 80% 이상 하락 후 바닥을 확인하는 과정
- 조건 3: 일봉, 주봉, 월봉상 바닥권에서 수렴된 모습 보임
- 조건 4: 동종업계 대비 현저히 낮은 자본금, 총주식수, 시가총액을 보임
- 조건 5: 전환사채, 신주인수권부사채, 유상증자 등 잠재매물이 없었음
- 조건 6: 매년 손실 없이 꾸준한 이익을 내고 있었음
- 조건 7: 최대주주 및 특수관계인 지분율이 26.06%로 조건 만족
- 조건 8: 코로나19 치료제와 관련된 재료가 있었음에도 바닥권에 주가가 머무르면서 조건 만족
- 조건 9: 부채율은 100% 정도로 양호했으며 이익잉여금 또한 자본총계 대비 10%로 안정적
- 조건 10: 2015년에도 2개월 동안 200% 이상 급등하면서 조건 만족

## 사례 2. 원익큐브

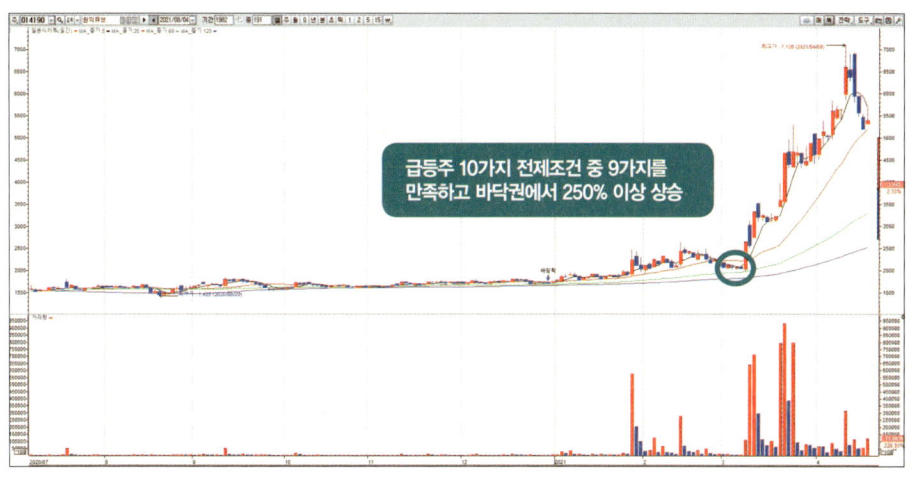

그림 12-2 원익큐브(014190)

- 조건 1: 2011년 13,600원에서 2020년 1,000원까지 가격조정, 기간조정을 충분히 받은 후 더 이상 하락하지 않는 상태를 보임
- 조건 2: 주당순자산가치 2,082원인데 현재가가 2,000원 수준으로 조건 만족
- 조건 3: 일봉, 주봉, 월봉상 바닥권에서 수렴됨
- 조건 4: 시가총액 710억 원, 주가 2,030원으로 조건 만족
- 조건 5: 전환사채 및 신주인수권부사채 모두 없었기에 조건 만족
- 조건 7: 최대주주 및 특수관계인 지분율이 33%로 조건 만족
- 조건 8: 애플의 폴더블폰 출시 소식으로 주목받을 수 있었던 은나노와이어의 기술을 보유하고 있었으며 당시 대선후보 지지율 1위를 보이던 윤석열 후보 관련주임에도 주가가 바닥권 모습 보임
- 조건 9: 부채율은 122%, 이익잉여금은 자본총계 대비 17%로 조건 만족
- 조건 10: 2011년도에도 4개월 만에 600% 급등한 이력 보유하면서 조건 만족

## 사례 3. 웹스

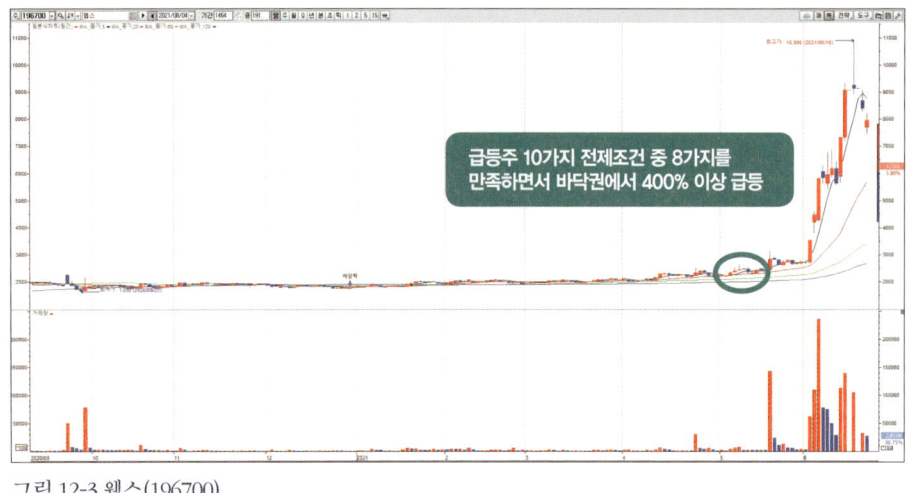

그림 12-3 웹스(196700)

- 조건 1: 2015년 6,000원대에서 2020년 800원대로 주가가 하락한 이후 2021년까지 1년 이상 더 이상 하락하지 않는 모습을 보임
- 조건 2: 해당 시점 주당순자산가치가 2,681원인데 현재가격 2,000원으로 조건 만족
- 조건 3: 일봉, 주봉, 월봉상 바닥권에서 수렴된 차트 모습으로 조건 만족
- 조건 4: 시가총액 270억 원, 총주식수 1400만 주, 주가는 2,000원으로 조건 만족
- 조건 7: 최대주주 및 특수관계인 지분율이 42%로 조건 만족
- 조건 8: 4대강 복원 사업 추진으로 생태하천 복원사업 등에 자재를 공급한 적이 있었고, 이후 차기 유력 대선후보가 도시재생사업에 관심이 있다는 소식이 있었음에도 바닥권 모습을 보이며 조건 만족
- 조건 9: 부채율은 82%, 이익잉여금은 자본총계 대비 50% 정도로 조건 만족
- 조건 10: 2020년 수돗물 유충 사태로 인해 살균 필터 샤워기 공급 사실이 부각되어 2일 만에 50% 이상 급등 이력 보유하면서 조건 만족

# 04
# 1,000% 수익률에 도전하는 매매 기법

시장을 보면 지수가 상승할 때나 하락할 때나 상한가를 기록하는 종목은 매일 있다. 그런데 대부분의 개인 투자자는 이런 부분에 현혹되기 때문에 가치투자보다는 기술적 흐름만을 쫓아가게 된다. 하지만 그렇게 한 달이 지나고 1년이 지난 후에 보면 수익은 거의 없다는 걸 누구나 인정할 것이다. 식상한 이야기 같지만 너무나 쉽게 지나쳐버리기 때문에 다시 한번 언급하겠다. 보수적인 투자든 공격적인 투자든 기본은 가치투자여야 한다는 것이다.

1000만 원을 투자했을 때 한 달에 10%씩 꾸준히 수익이 난다면 1년 뒤에는 3000만 원이 넘고 2년 뒤에는 1억 원 가까이 된다. 3년 뒤에는 놀랍게도 3억 원이 넘는다. 이론상으로는 3년 만에 3,000% 수익이 가능하다는 것이다. 한 달에 10% 수익이라고 하면 대부분의 투자자는 '그 정도는 나도 할 수 있겠다'고 말하지만, 3년에 3,000%라고 하면 '그건 불가능한 일이다'라고 할 것이다. 하지만 불가능할 것 같은 그 수익률을 가능케 하는 방법이 가치투자다.

　가치투자에도 여러 가지 방식이 있다. 또한 1,000% 이상씩 상승하는 종목들의 패턴도 다양하며 급등 사유도 여러 가지다. 때문에 정보력이 떨어지는 초보자나 직장인들이 이러한 종목에 접근할 수 있는 방법에는 한계가 있다.

　그러므로 여기에서는 누구나 쉽게 큰 수익을 낼 수 있는 방법에 대해 언급하고자 한다. 특히 경제나 주식에 대해 잘 모르는 초보자나 직장인들도 몇 년 안에 충분히 1,000%, 3,000% 수익률이 가능한 가치투자 방법에 대해서 설명한다.

## 중기 투자의 마인드가 필요하다

많은 수익률을 보인 종목을 보면 2~3년 동안 상한가를 기록한 날은 그렇게 많지 않다. 일봉으로 보면 조금씩 꾸준히 상승하는 경우가 대부분이다. 바닥에서 매수한 저평가 종목은 조금 상승했다고 해서 쉽게 차익을 실현해서는 안 되고 주봉, 월봉을 보면서 중기 추세만 이탈되지 않는다면 보유해야 한다.

## 저평가된 종목에 관심을 갖자

주당순자산가치는 단기적으로 여러 가지 변수로 인해 주가보다 낮아질 수 있으나 이론적으로 주가는 주당순자산가치보다 하락할 수 없다.

## 매년 자본금 이상의 수익을 내는 업체에 주목하자

액면가 500원, 총주식수 1000만 주, 현재가 500원, 자본금 50억 원, 현재 주당자산가치 500원짜리 주식이 매년 5년 동안 자본금의 2배만큼 수익이 난다고 가정하면 5년 뒤 주당순자산가치는 5,000원이 된다.

이론적으로 볼 때 5년 뒤까지 앞으로 1,100% 이상 상승할 수 있다는 의미다. 그만큼 매년 꾸준하게 자본금 이상씩 수익을 내는 업체는 급등할 가능성이 크다고 볼 수 있다.

## 주봉, 월봉상 고점 대비 많이 하락한 이후 더 이상 떨어지지 않는 시점을 노리자

주가의 가장 큰 호재는 많이 하락했다는 것이고, 가장 큰 악재는 많이 상승했다는 것이다. 물론 상승한 종목이 더 상승하고, 하락한 종목이 더 하락한다. 그렇기 때문에 상승 중인 종목은 중기 추세를 이탈하기 전까지 보유해야 하고, 많이 하락 중인 종목은 하락 추세를 벗어나면 서서히 관심을 가져야 한다.

하지만 주식이란 끝없이 상승하지도 끝없이 하락하지도 않는다. 앞서도 강조했듯이 자신의 사이클에 따라 상승과 하락을 반복한다. 그 사이클을 잘 파악하고 거기에 맞추는 것이 수익을 내는 비결인 것이다. 끝없이 추락할 것 같던 주식이라도 하락을 멈추고 새로운 방향을 모색하는 시점은 반드시 온다. 바로 그 지점에서 관심을 갖고 매수 타이밍을 노려야 하는 것이다.

지금까지 설명한 가치투자 방법에 비추어 실제로 1,000~3,000%의 수익률을 기록한 사례들을 살펴보도록 하자.

## 1,000% 수익률 달성 실전 사례_ 신풍제약

신풍제약은 필자가 강조하는 급등주 10가지 전제조건 중 10가지를 모두 충족한 후 코로나19 백신/치료제 재료가 부각되면서 3,000% 이상 상승이 나오는 모습을 보였다.

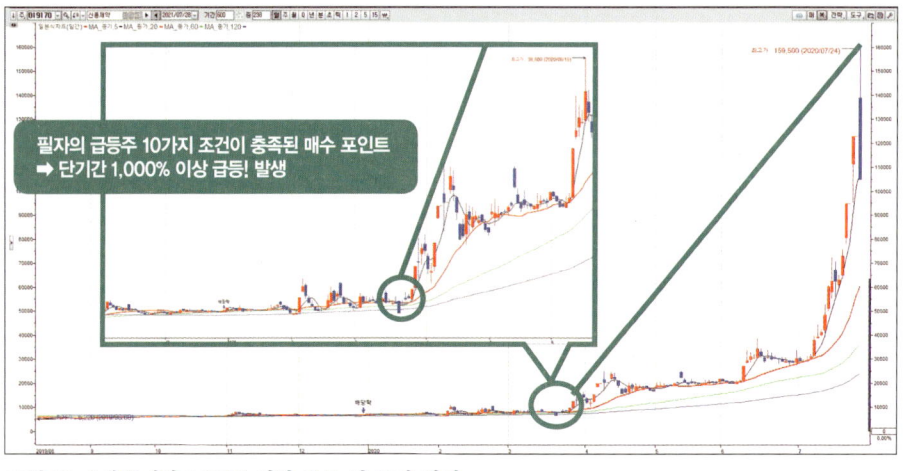

그림 12-4 신풍제약 1,000% 이상 급등 전 주가 위치

신풍제약은 필자가 강조하는 급등주 10가지 전제조건을 모두 만족하는 종목이었다.

1. 고점 대비 많이 하락해서 추가 악재에도 더 이상 하락하지 않는 종목이어야 한다.
→ 2018년 12,750원에서 2019년 4,940원까지 하락한 이후 1년 동안 더 이상 하락하지 않는 모습을 보이며 조건 만족

2. 주당순자산가치 대비 저평가된 종목이어야 한다.
→ 해당 시점 주당순자산가치 6,500원으로 당시 현재가격이 더 저평가된 상태로 조건 만족

3. 일봉, 주봉, 월봉이 바닥권에서 수렴된 차트 모습이어야 한다.
→ 급등 직전의 모습을 보면 일봉, 주봉, 월봉상 바닥권에서 수렴된 차트 모습 보이며 조건 만족

4. 자본금, 총주식수, 시가총액, 현재가격 등이 매집하기 좋은 조건을 갖추어야 한다.
→ 동종업계 대비 자본금, 총주식수, 시가총액이 매집하기 좋은 조건을 갖춤

5. 전환사채, 신주인수권부사채, 유상증자, 확약 물량 등 잠재매물이 없어야 한다.
→ 전환사채, 신주인수권부사채, 확약 물량 등 다른 잠재매물이 없는 상태로 조건 만족

6. 꾸준하게 이익을 내고 있는 종목이어야 한다.
→ 2017년 이후 매년 꾸준하게 이익을 내고 있는 종목으로 조건 만족

7. 최대주주 및 특수관계인 지분율이 적당해야 한다.
→ 최대주주 및 특수관계인 지분율이 33.65%로 조건 만족

8. 앞으로 시장에 반영될 재료를 보유한 종목이어야 한다.
→ 신풍제약은 코로나19 치료제와 관련된 재료를 보유하고 있었으며, 특히 미국 트럼프 대통령이 강조했던 말라리아 치료제인 클로로퀸 관련주임에도 주가가 바닥권을 형성하면서 조건 만족

9. 부채율이 높지 않아야 하고 자본총계 대비 이익잉여금이 충분해야 한다.
→ 부채율 82.66%, 자본총계 대비 이익잉여금 70% 수준으로 조건 만족

10. 이전에 크게 급등한 끼가 있는 흐름이 최소 1번 이상 나와야 한다.
→ 2016년에도 한 달 동안 100% 급등하는 끼를 보였고 2018년에도 6개월 동안 100% 상승하면서 조건 만족

**급등주 조건 1, 3**

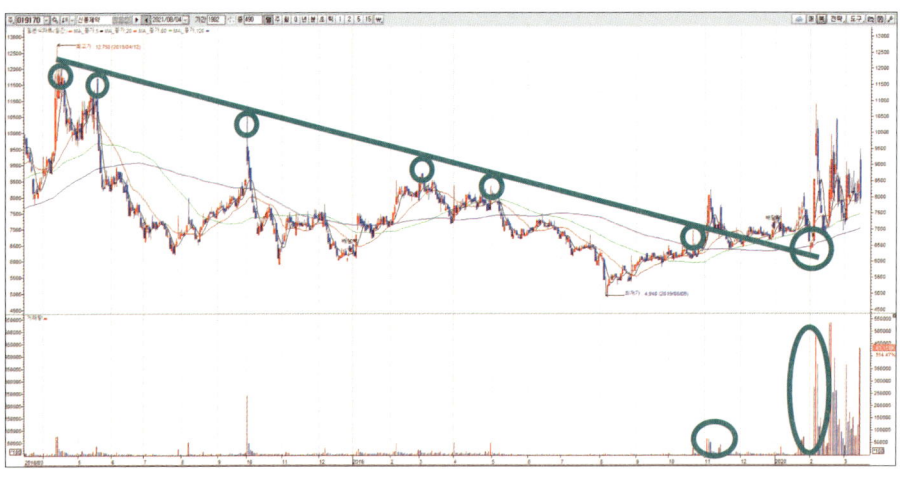

그림 12-5 신풍제약 급등 전 일봉 차트

신풍제약은 2018년 고점을 찍고 2년 동안 줄곧 하락 추세를 보이며 가격조정, 기간조정을 보여왔다. 고점에서 매수한 개인 투자자 입장에서는 지칠 대로 지치는 구간이라 볼 수 있다. 개인들이 최대로 지치는 시점이 반대로 선도세력의 입장에서는 서서히 매집을 준비하는 시기이기도 하다.

2020년 2월 드디어 그동안의 추세를 돌파하는 새로운 흐름을 보여주었고 그 시점에 너무나 지쳐 있던 대부분의 개인이 물량을 빼앗길 수밖에 없었다.

그 이후로도 3월 말까지 위아래로 큰 변동성을 보였지만 추세를 돌파한 시점에서 바닥권에서 대량 거래는 앞에서도 강조했듯이 강한 상승 시그널로 봐야 하고 적극적인 매수로 대응해야 하는 구간이다.

바닥권에서 매집이 마무리된 이후 그 당시 6,000원대 주가는 쉬지 않고 상승하면서 7개월 만에 210,000원까지 급등하였다.

### 급등주 조건 6, 9

- 2017년 이후 꾸준히 영업이익을 기록하고 있으며 당기순이익은 흑자 전환 후 증가세였다.
- 자본총계 대비 부채비율도 82.66%로 양호한 수준이며, 자본총계 대비 이익잉여금도 70%로 아주 높은 수준의 안정적인 재무상태를 보였다.

이렇게 '바닥권(고점 대비 61% 하락)+저평가(PBR 1 미만)+재료주(코로나19 치료제)' 3박자를 갖춘 종목이었기에 1,000% 이상 급등할 수 있었다.

| 구 분 | 제34기 3분기 | 제33기 | 제32기 |
|---|---|---|---|
| [유동자산] | 218,989,924 | 218,324,732 | 211,689,289 |
| ・당좌자산 | 147,613,235 | 172,933,905 | 163,228,953 |
| ・재고자산 | 45,355,545 | 41,714,839 | 44,027,550 |
| ・기타유동자산 | 26,021,144 | 3,675,988 | 4,432,786 |
| [비유동자산] | 168,013,165 | 164,309,700 | 172,387,488 |
| ・투자자산 | 23,618,319 | 21,650,309 | 21,002,027 |
| ・유형자산 | 128,261,991 | 127,569,828 | 136,015,681 |
| ・무형자산 | 7,800,295 | 6,736,074 | 8,402,701 |
| ・기타비유동자산 | 8,332,560 | 8,353,489 | 6,967,079 |
| 자산총계 | 387,003,089 | 382,634,432 | 384,076,777 |
| [유동부채] | 139,420,465 | 145,614,235 | 137,682,567 |
| [비유동부채] | 35,025,054 | 27,300,250 | 36,424,823 |
| 부채총계 | 174,445,519 | 172,914,485 | 174,107,390 |
| [자본금] | 27,592,495 | 27,592,495 | 27,592,495 |
| [자본잉여금] | 57,851,405 | 57,851,405 | 57,851,405 |
| [자본조정] | △9,283,718 | △10,351,371 | △11,070,240 |
| [이익잉여금] | 136,397,388 | 134,627,418 | 135,595,727 |
| 자본총계 | 212,557,570 | 209,719,947 | 209,969,387 |
| 종속・관계・공동기업 투자주식의평가방법 | (원가법) | (원가법) | (원가법) |
|  | 2019.01.01~ 2019.09.30 | 2018.01.01~ 2018.12.31 | 2017.01.01~ 2017.12.31 |
| 매출액 | 134,998,505 | 177,007,947 | 175,637,536 |
| 영업이익 | 4,546,358 | 5,190,282 | 8,419,647 |
| 당기순이익 | 1,769,971 | 420,760 | △744,814 |
| 총포괄이익 | 2,837,623 | 583,503 | △1,254,690 |
| 보통주 주당이익(원) | 35 | 8 | △15 |
| 우선주 주당이익(원) | 50 | 23 | △15 |

[△는 부(-)의 수치임]

그림 12-6 신풍제약 재무제표

# 05 시장 흐름에 상관없이 급등주는 존재하는가

## 강세시장

1년 동안 주식시장이 상승했다면 대부분의 투자자는 수익이 나야 하는데 실제로는 그렇지 않다. 상승의 달콤한 열매는 대개 자금력을 갖춘 세력들의 몫이고 일반 투자자는 최소 손실이 없었다는 점으로 위안을 받을 정도다. 더욱이 기세 좋게 상승하는 시장에서도 개인 투자자는 수익을 내기 힘들다. 항상 바닥에서 많이 오른 주식에 관심을 갖기 때문이다. 오늘 당장 치고 올라가는 종목에만 관심을 갖다 보니 도중에 조금만 흔들어도 버티지 못하고 매도하는 바람에 손실을 보기 일쑤인 것이다. 최근 3년간 주식시장이 내내 강세였어도 마찬가지다.

그런데 이렇게 주식시장이 상승세를 이어가는 중이라면 바닥권에서 저평가 종목을 어떻게 찾을 수 있겠느냐고 생각할 것이다. 하지만 저평가 상태의 종목은 언제나 있다. 주식시장이 3년 동안 상승했어도 여전히 소외된 채 바닥권에서 숨을 죽이고 있는 종목이 한둘이 아니다. 시장이 강할수록 바닥권에서 저평가된 종목을 매수하고 기다리는 방식이면 어느 때보다 높은 수익을 낼 수 있다.

## 약세시장

약세시장이 되면 대부분의 주식이 하락한다. 강세시장에서도 수익을 제대로 내지 못한 개인 투자자들에게 약세시장에서의 수익률은 언급할 필요도 없을 것이다. 일반적으로 전문가들은 약세장에서는 기술주가 아닌 통신주, 자산주, 제약주, 음식료업주 등을 매수하라고 말한다.

하지만 그 종목들은 말 그대로 경기방어주들이기 때문에 약세장이라는 상황에서 기술주보다 약간 나은 정도일 것이다. 그것도 해당 업종이 시장의 관심을 받으면서 잠시라도 상승한다면 운이 좋은 경우라고 볼 수 있다. 이러한 약세시장에서도 가장 안정적이면서 급등할 수 있는 주식을 발굴하는 방법은 앞에서 소개한 10가지 조건을 갖춘 주식을 찾는 것이다.

주식시장의 자금은 항상 이동한다. 어느 때든 시장 자금은 특정 업종과 특정 업체에 몰리는 현상을 보이는데, 약세시장일수록 이러한 현상은 더욱 뚜렷하게 나타난다. 그렇기 때문에 대부분의 종목이 투자 메리트가 떨어지는 약세시장에서는 더욱더 앞에서 말한 10가지 조건을 갖춘 종목으로 선도세력의 자금이 집중되는 현상을 보일 것이다.

국내 최대, 100만 명 회원의 네이버 〈평생주식카페〉
카페 활용법과 고수들의 족집게 투자 가이드!

# 실전 증권사관학교 X파일

부록 합본 개정판

장진영 지음

**특별 부록** | 지니주식요정, 주식공부 이렇게 한다!

## 들어가며

본 특별 부록은 네이버 〈평생주식카페〉의 유용한 정보를 모았습니다. 〈평생주식카페〉는 100만 명의 회원이 활동하는 대한민국 1위의 주식 커뮤니티 카페입니다.

카페를 활용하여 성공적인 투자를 돕기 위해 주식에 대한 기본적인 교육 내용, 종목 상담, 종목 분석, 종목 추천 등의 예시를 들어 설명하였습니다.

마지막 부분에는 주식 커뮤니티를 활용하는 회원들에게 도움이 될 수 있는 게시판을 소개하였습니다. 100만 명이 모인 〈평생주식카페〉의 정보는 주식투자의 참고용으로 좋은 내용입니다.

《실전 증권사관학교 X파일》 책을 통해 주식투자의 실력을 쌓아서 좋은 정보를 선별할 수 있는 능력을 키우게 되면 결국 성공 투자하게 될 것입니다.

〈평생주식카페〉 운영진 일동

평생주식카페 활용하기

# 지니주식요정,
# 주식공부 이렇게 한다!

주식이 처음이거나 재정비를 하고 싶은데
어디서부터 어떻게 시작해야 하는지 고민하는 분들을 위해
제 경험과 공부 방법을 공유합니다.
방향을 잡는 데 많은 도움이 되길 바랍니다.

# 1. 빨간 막대 줄까, 파란 막대 줄까 _ 차트의 기본 캔들 이해하기

"차트에서 빨간색과 파란색을 구분하자."

- 시가: 오전 9시 장 시작할 때 체결된 가격
- 종가: 오후 3시 반 장 끝날 때 체결된 가격

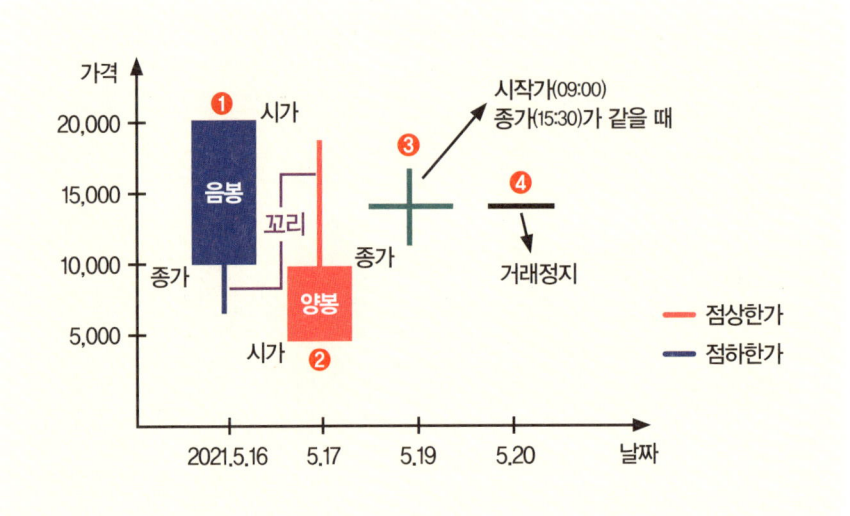

 **Tip**
+30% – 점상: 09:00~15:30까지 상한가에 매수 쌓여 있음
-30% – 점하: 09:00~15:30까지 하한가에 매도 쌓여 있음

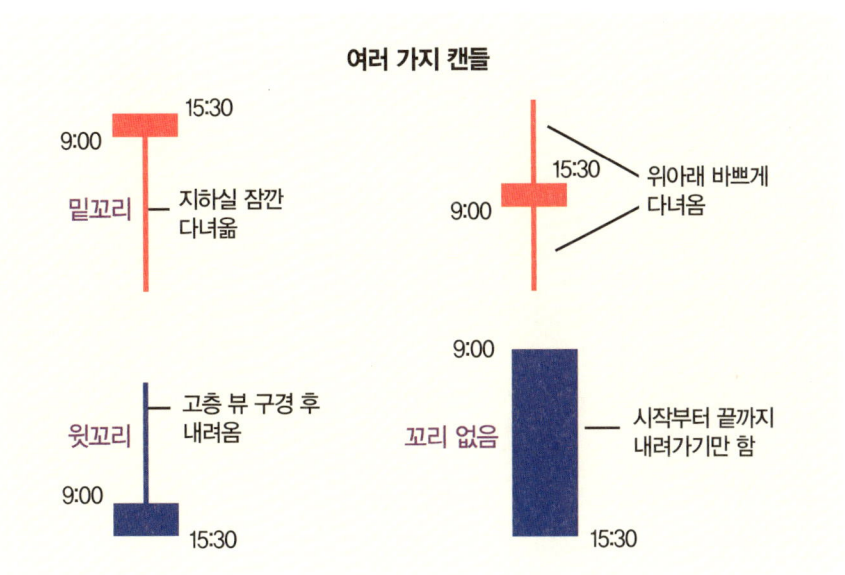

① 시작가 20,000원, 종가 10,000원

➡ 종가가 시작가보다 더 낮게 끝나면 음봉 파란 막대입니다.

② 시작가 5,000원, 종가 10,000원

➡ 종가가 시작가보다 높게 끝나면 양봉 빨간 막대입니다.

둘 다 10,000원이지만 색깔은 다르죠? 그리고 전날 얼마에 끝났는지는 중요하지 않고 당일 09:00~15:30까지의 가격 변동만 나타냅니다. 단일가 (16:00~18:00)는 포함하지 않습니다.

③ 열십자 모양은 시작가와 종가가 같을 때 나오고요.
④의 -표시는 거래정지 표시입니다.

위아래 꼬리는 장 중에 잠깐 구경만 하고 온 가격입니다.

차트는 분봉, 일봉, 주봉, 월봉, 연봉까지 있는데요. 5분봉은 5분 동안 가격 변동, 주봉은 월요일 09:00부터 금요일 15:30까지의 가격 변동입니다. 나머지도 그처럼 이해하면 되겠죠?

여러 번 보면서 기본을 잘 알아두면 나중에 큰 도움이 돼요. 실제 차트와 비교하면서 복습하세요!

# 2. 얼마면 돼 _ 호가창 파악하기

| 요정증권 001 | | | 0.5% 10,050 ▲50 1,000주 | 주문하기 |
|---|---|---|---|---|
| GOSPI 금융 | | | | |

| 팔고 싶어요 | 물량 | 10,250 (고) | 10호가 | |
|---|---|---|---|---|
| | 100 | 10,200 | 체결강도 | |
| | 500 | 10,150 (시) | 105.5% 또는 5.5% | 사는 사람이 더 많음 |
| | 10 | 10,100 | | |
| −10 | 290 | 10,050 | 95.5% 또는 −4.5% | 파는 사람이 더 많음 |

| | 10,000 | 큰발이 미체결 | 400 |
|---|---|---|---|
| 체결량 | 9,990 | 큰손이 | 100 |
| 10,050  10 | 9,980 | 미체결 | 1,000 |
| 10,050  50 | | | |
| 10,000  100 | 9,970 (저) | | 11 |
| 9,900  900 | | | |
| 시간 순서 | 9,960 | 사고 싶어요 | 주식수 |

↑ 미체결 대기물량

조막, 주먹 – 팔고 싶은 사람
큰손, 큰발 – 사고 싶은 사람

① 큰손이가 9,990원과 9,980원에 각각 1,000주씩 매수 주문
② 인내심 있는 주먹이가 10,000원에 매도 주문
③ 성질 급한 조막이가 9,990원에 매도 주문
④ 큰발이가 상한가 갈 것 같은 느낌에 10,000원에 500주 매수 주문
⑤ 다른 사람들도 덩달아 한 호가 위 10,050원에 추격 매수

일단 모든 종목에는 종목 코드가 있어요. 요정증권 옆에 001이 있죠? 이게 종목 코드예요. 숫자라서 알면 검색할 때 편해요. 이름 밑에 코스피인지 코스닥인지 표시되고요. 1,000주는 거래량입니다.

시가(09:00) 10,150원, 최고가 10,250원, 현재가 10,050원이고 9,970원(저가) 잠깐 다녀왔어요.

주식시장도 일반시장과 마찬가지로 사고 싶은 사람과 팔고 싶은 사람의 가격이 일치하면 체결돼요. 높은 가격에 매수를 걸면 바로 체결되고, 낮은 가격에 매도를 걸면 바로 체결됩니다.

원하는 가격에 주문을 걸고 다른 사람이 그 가격에 매수 또는 매도하기를 기다렸다 맞으면 체결됩니다. 체결강도는 위로 올려서 사는 경우가 많으면 빨간색, 아래로 내려서 파는 게 많으면 파란색이에요.

- 장전시간외 : 08:30~08:40, 어제 종가에 체결(지정불가)
- 장후시간외: 15:40~16:00, 오늘 종가에 체결(지정불가)
- 동시호가
  - 08:40~09:00 주문 → 09:00에 한 가격으로 체결
  - 15:20~15:30 주문 → 15:30에 한 가격으로 체결
- 보통가(지정가): 원하는 가격 누르고 주문
- 시장가: 바로 체결 → 비싸게 매수 싸게 매도. 상한가나 하한가로 갈 것 같으면 누르세요.

 주먹이 — 10,000원에 100주 팔게요.

 10,000원에 100주 체결 400주 미체결

큰발이 — 10,000원에 500개 살게요.

 조막이 — 9,990원에 900주 팔게요.

9,990원에 900주 체결 1,100주 미체결

 큰손이 — 9,990원에 1,000개 / 9,980원에 1,000개 살게요.

매수·매도, 가격순, 먼저 주문 넣은 사람 순으로 체결됩니다.

호가: 가격 주문 단위, 기본적으로 위아래 10칸씩 10호가
　　　단일가는 3호가(시세조정 예방)

호가 단위
1~999: 1원, 1,000~4,995: 5원, 5,000~9,990: 10원
10,000~49,950: 50원, 50,000~99,900: 100원, 100,000~: 500원 …

시간외단일가(16:00~18:00)

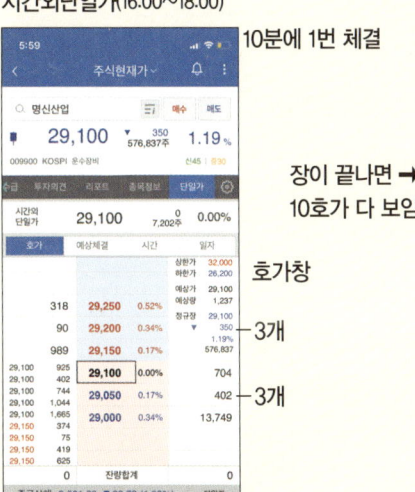

10분에 1번 체결

장이 끝나면 ➡ 10호가 다 보임

호가창

3개

3개

장중 단일가(09:00~15:30)

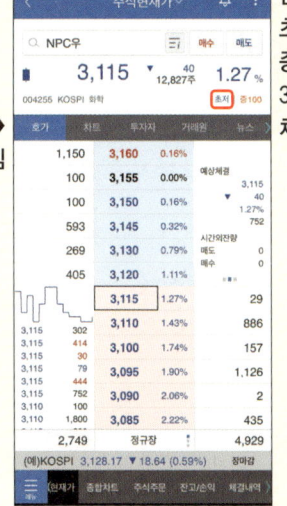

단기 과열, 초저유동성 종목 ➡ 30분에 1번 체결

장중에 단일가 거래되는 종목 중에 초저유동성은 거래량이 거의 없어서 우선주에 주로 있고 사고팔기 조금 힘들 수 있어요. 단일가는 눈치싸움이라서요. 가끔 예수금이나 종목 물량이 남아 있는데 주문이 안 들어간다고 하는 분들이 있는데, 이전에 주문했던 물량이 대기 중이어서 그러니 체결/미체결에 들어가서 취소한 후 다시 주문을 넣으면 됩니다.

## 3 | 지금 시각 공시 구분 전 _ 기본 분석으로 위험도 줄이기

주식투자의 기본은 차트 보기, 회사 둘러보기, 주문 실수하지 않기입니다. 주식투자는 기본적으로 위험하기 때문에 최대한 위험성을 줄여서 투자해야겠죠? 차트나 재료도 중요하지만 회사가 망하면 안 되니까요.

자, 그럼 시작해볼게요. 천천히 따라 오시면 돼요. PC나 스마트폰의 앱스토어에서 DART나 전자공시를 검색해서 다운받으세요. 웹주소는 dart.fss.or.kr이에요. 이 주소도 몇 번 쓰면 금방 편해집니다. PC가 화면이 커서 보기 편하겠죠? 앱으로는 '가로보기' 추천요.

새로운 내용에 들어갈 때마다 왼쪽의 줄 메뉴를 눌러주세요. 가지고 있는 종목으로 연습해봐요. 기간은 2년이나 3년으로 지정해서 최근에 불성실공시, 사명변경, 벌금, 감자, 의견거절 등 안 좋은 말이 써 있나 한번 쭉 보시고요. 상세검색을 눌러야 기간 설정이 돼요.

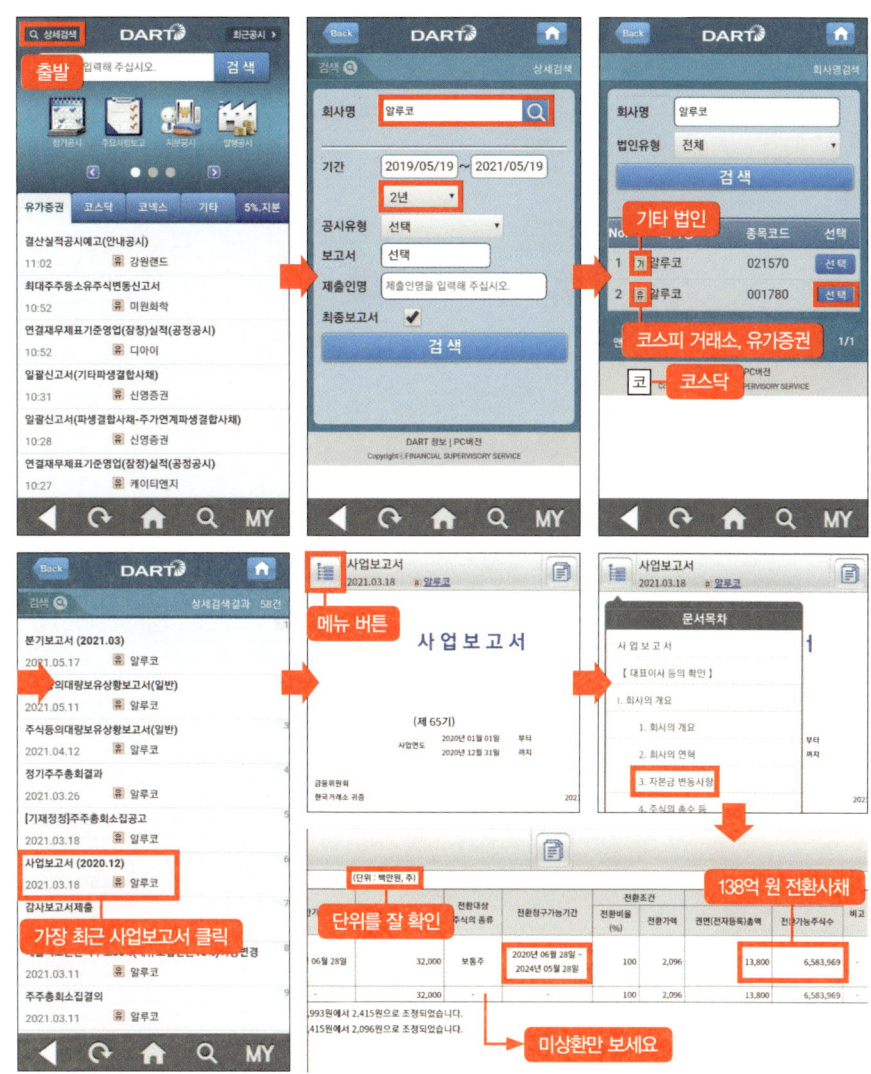

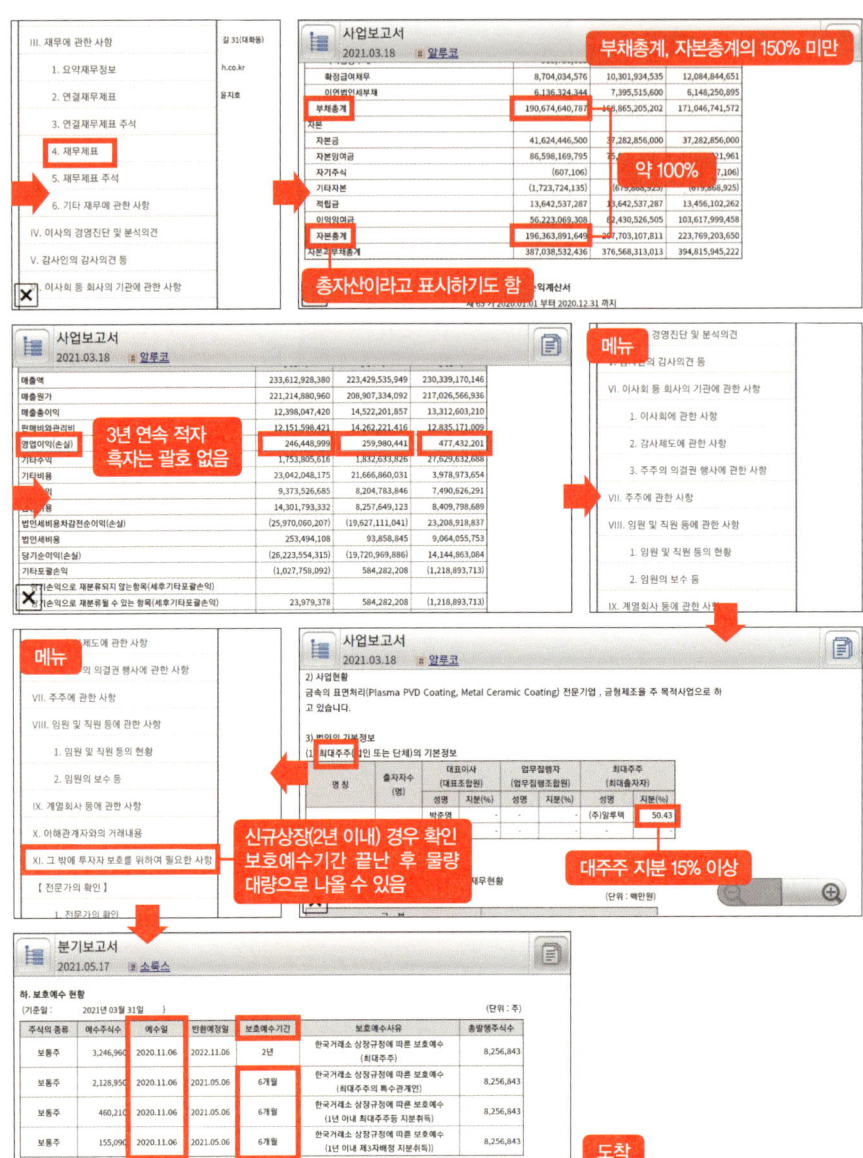

소룩스 같은 경우 5월에 보호예수 물량이 풀린다는 내용이 있어서 하락세를 보이네요. 캠시스도 공시를 보면 미상환전환사채가 있는데 상환기간이 임박해서 지금 막 행사하고 있어요. 그래서 주가가 하락세죠? 가지고 있는 주식이 이유 없이 상승하지 못하면 전환사채를 확인해야 해요.

**한 번 더 생각해야 하는 것**
1. 부채비율이 더 높음
2. 대주주 지분이 15% 미만이거나 대주주가 투자 조합: 주인은 누구?
3. 전환사채 물량이 많이 남아 있음(수십억~수백억 원)
4. 영업이익 3년 연속 적자, 코스닥에서 4년 연속 ⇨ 관리종목
5. 신규 상장주(2년 이내)에서 보호예수 물량 날짜 임박한 것
6. 공시에서 감자, 관리, 환기, 상장폐지, 불성실공시, 벌금 등 제목에 많이 써 있는 것 ⇨ 주식 앱 뉴스/공시나 종목 시황 등에서 쉽게 볼 수 있어요.

**꼭 봐야 하는 것**
1. 최근 2~3년 공시 제목 훑어보기
2. 최근 사업보고서
   – 자본금 변동 사항 ⇨ 미상환전환사채
   – 재무제표 ⇨ 영업이익, 부채총계, 자본총계
   – 주주에 관한 사항 ⇨ 대주주 지분율
   – 기타 투자자 보호를 위한 사항 ⇨ 보호예수 물량 풀리는 날짜

# 4. 삼성전자 어디쯤이야? _ 큰 그림으로 주가 위치 파악하기

이번에는 차트 전체 흐름 보는 법을 알려드릴게요.

심약이: 나 분명히 파란불일 때 샀는데 이게 저점 매수 아니야? 내 가격 안 옴? ㅠㅠ

개민이: 응?

단순히 오늘 오르고 내일 떨어진 걸로는 이게 저점인지 고점인지 알 수 없고요. 주봉을 크게 보면서 '아, 이게 어디쯤이구나!' 하고 머릿속에 기억해야 합니다. 우리가 산을 올라갈 때와 내려갈 때를 생각하면 되는데요. 굴곡이 있으면서 정상에 도달한 후 내려가게 되죠.

산의 높이는 알 수 없습니다. 언덕인지, 높은 산인지, 절벽인지…. 그것을 짐작하려면 최대한 많은 차트를 보고 머릿속에 저장해야 합니다. 과거는 미래를 보는 거울이죠? 주가라는 것도 올라갈 때도 한 번씩 떨어지면서 올라가고, 내려갈 때도 한 번씩 상승을 주는데 잘 구분해야 합니다.

추가: (제가 심약이에게도 매도 기회는 충분히 줬어용~) 여기서 익절할 수 있으면 잘한 매수입니다!

## Q. 누구처럼 매수해야 할까요? 열린 결말… 선택은 나의 손에!

**거래량의 대장 삼성전자, 재무제표 생략해도 되는 기업**

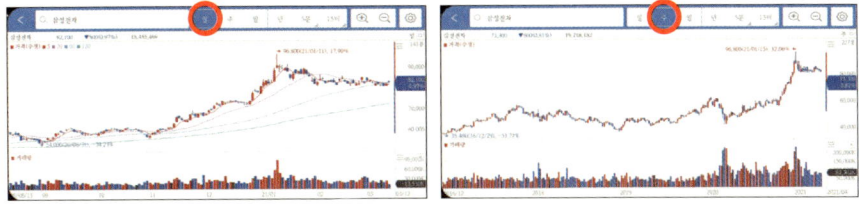

**요즘 핫한 종목 HMM(구 현대상선)**

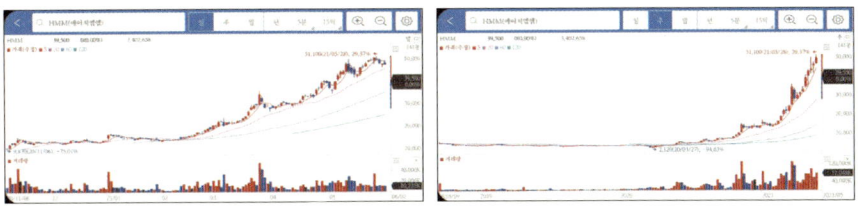

삼성전자는 주봉에서 보면 힘없이 기울어지는 것이 보이죠? 일봉도 아주 천천히 가격이 내려가고 있습니다. 딱 하락이라고 말하기는 어렵고 좀 더 지켜봐야 할 것 같고요. HMM의 경우 조정을 주면서 계속 상승하고 있는데요. 아직까지 상승 여력이 보이나 큰 비중으로 들어가기엔 무리가 있어 보입니다. 삼성은 바닥에서 2배 정도 오른 반면, HMM은 거의 10배 가까이 올랐죠?

지금 사면 매일 호가창을 봐야 하는 자리입니다. 불안하죠? 그렇다고 차트가 엄청나게 내려갔다고 해서 사서도 안 되고요. '하락-평평-상승'하는 초입에 사는 것이 가장 좋겠죠?

아래 SK하이닉스를 보면 고점이 점점 내려가고 있죠? 하락 추세로 볼 수 있습니다. 반등이 나오더라도 다시 하락할 것으로 예상합니다. 제가 매수를 표시해놓긴 했는데 아예 바닥에서 사는 것은 위험하고 더 이상 전저점을 깨지 않는 상태를 확인하고 매수해야 합니다.

**큰 그림으로 보자! 다시 전고점 15만 원 갈 수 있을까?**

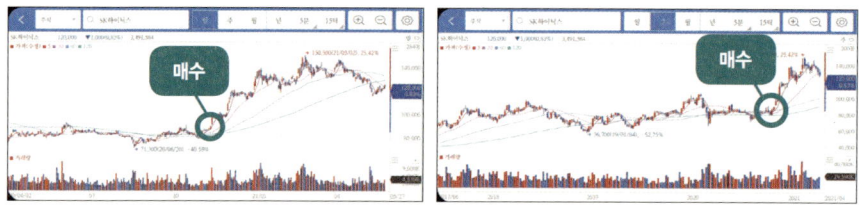

올라온 속도와 비슷하게 내려간다. 급등은 나중에 급락을 예고

'달리는 말에 올라타라'는 말이 있는데요. 너무 달려서 지칠 때쯤 타면 물리겠죠? 그리고 더 달린다고 하더라도 조금만 흔들면 불안해서 손절매하게 됩니다. 하지만 저점에서 샀으면 그 정도는 버틸 수 있는 것이죠. 매수 시점을 잘못 잡으면 돈도 잃고 기회비용도 날리게 됩니다. 너무 오른 것은 항상 신중을 기해야겠죠?

저점 매수의 최대 장점: 흔들리지 않는 편안함!

## 5 | 주5일제 _ 하루하루 움직이는 이동평균선을 따라가 보자

실전 매매에서 가장 중요한 것이 싸게 사서 산 가격보다 비싸게 파는 것인데요. 최대한 싸게 최대한 비싸게 팔려면 바로 이동평균선을 알아야 합니다. 1%만 먹을 것이냐, 100% 먹을 것이냐이죠.

어떤 주식을 샀을 때 상승 추세에 있다면 추세가 꺾이기 전까지 홀딩해서 충분히 먹을 수 있습니다. 뇌동으로 어떤 주식을 사서 물리더라도 추세가 상승이라면 조금 기다려서 본전 이상에는 나올 수 있는 것이죠.

①번 심약바이오를 보면 캔들이 5일선을 쭉 따라가다가 조정이 나오고 20일선에서 지지가 되는 것을 볼 수 있습니다. 20일선을 깨지 않고 잘 지지하면 추가 상승을 노려볼 수 있습니다. 꼭지에서 샀다고 울기에는 이르죠? 어떤 주식은 팔 기회도 없이 끊임없이 오르기도 하지만 대부분은 큰 상승 후에 조정을 보이고 다시 상승하게 됩니다.

②번 주먹중공업은 아마 짧은 시간에 큰 상승을 보인 차트로 이해됩니다. 5일선도 깨고 20일선도 깨고 60일선까지 간 것을 볼 수 있는데요. 주가가 오르더라도 20일선을 뚫지 못하면 다시 하락하게 됩니다. 60일선을 깨지 않고 계속 횡보하다가 추가로 상승할 수 있겠지만 보통 고점에서 저런 식으로 장대음봉으로 하락하면 일단 나가고 60일선을 지지할 때 다시 기회를 노리는 것이 좋겠습니다.

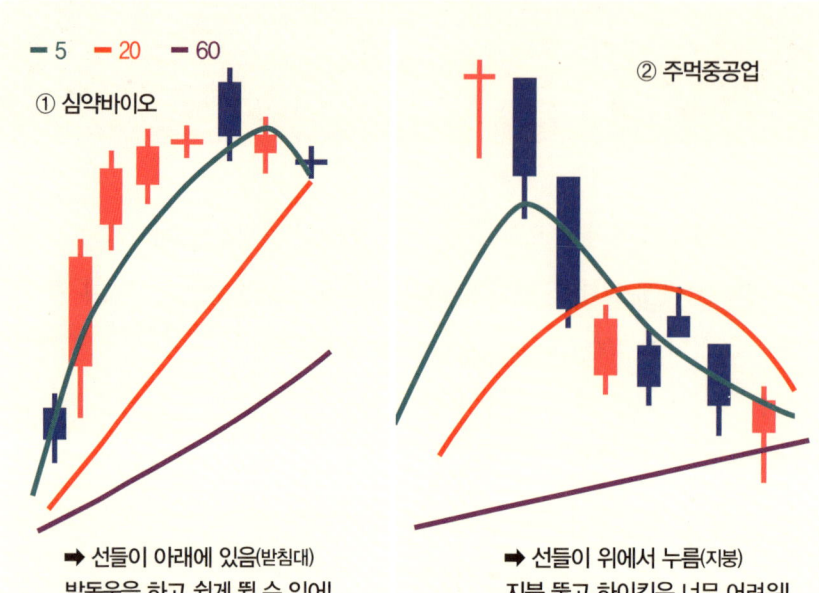

― 5 ― 20 ― 60

① 심약바이오

② 주먹중공업

➡ 선들이 아래에 있음(받침대)
발돋움을 하고 쉽게 뛸 수 있어!

➡ 선들이 위에서 누름(지붕)
지붕 뚫고 하이킥은 너무 어려워!

➡ 이동평균선? 기간 중에 매수한 사람들의 평균가격

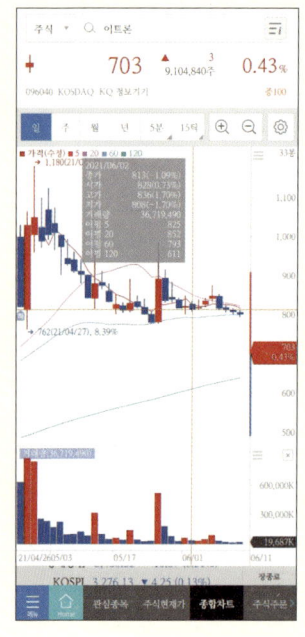

➡ 캔들을 누르면 그날 평균가격이 표시돼요.
　이트론의 경우　5일 평균가격 825원
　　　　　　　　20일 평균가격 852원

주봉으로 보면 5주, 20주 색깔 선으로 표시돼 있고
색상이나 두께는 ⚙ 모양 설정에서 보기 편하게
바꾸세요.

제가 다 그릴 수가 없어서 일부만 그려보았어요. 전체적으로 캔들과 선을 같이 보고 이해해야 하는데요. 장대음봉이나 장대양봉, 거래량 이런 것을 공부하기에 앞서 이 종목이 상승 추세인지 하락 추세인지 확인하고 일단 하락 추세에서 추가 매수는 주의를 기울여야 한다는 것을 알려드리는 거예요. 물을 탈 때에도 계속 음봉으로 하락할 때보다는 더 비싸게 사더라도 더 이상의 하락이 안 나오고 횡보할 때를 추천해요. 실제 차트와 함께 비교해서 보세요.

주가가 매일 바뀌기 때문에 평균가격도 변하여 움직이게 됩니다. 선이 평평하다면 가격 변동이 거의 없다는 것으로 해석할 수 있겠죠?
여러 가지 차트 속 이동평균선을 한 번 볼까요?

주봉에서 20선 지지하는지 확인 필요
*일봉을 찾아보세요.

5일선과 20일선 모두 이탈 후 60일선에 딱 걸침 *주봉을 찾아보세요.

'차트는 지나간 것이어서 의미 없다'라고 하는 분들도 계신데요. 차트가 100%는 아니어도 70%의 승률은 준답니다. 차트를 자꾸 눈에 보고 익히고 기본적인 회사분석만 할 줄 안다면 나중에 어떤 종목을 추천받았을 때 사도 되는지 잘 판단할 수 있을 것입니다.

## 6 이거 왜 올랐어요? _ 재료가 필요해요

**급등주 잡기 3원칙**
1. 언제? 차트 매수 급소, 위치가 어디인가?
2. 무엇을? 망하는 회사는 아니죠?
3. 왜? 기대되는 재료는?

주먹이: 곧 있음 선거야.

심약이: 그럼 선거 관련주 사야지.

○○ 유력 후보 관련주부터

큰발이: 이번에 무슨 정책 나올까?

큰손이: 원전, 복지, 교육, 친환경 다 나올 듯 관련주 찾으러 고고씽!

주식의 원동력 ➡ 기대감: 대박 재료를 찾자.
바닥권 차트에 안정적인 회사는 위험률을 줄인다.
재료는 차트와 종목에 힘을 실어준다.

장중에 상한가 간 종목 토론실에 가면 시끌시끌하죠? 이것 때문에 올랐다라는 각종 뉴스와 정체불명의 이야기들이 오갑니다. 그게 바로 급등주에 핵심인 재료라는 것인데요. 차트와 회사가 아무리 좋아도 엮이는 이유가 없으면 금방 상승세가 꺾이고 맙니다.

하지만 엄청난 재료가 있으면 끝까지 가는 거죠. 매수가 매수를 불러일으켜 주가가 계속 오르게 됩니다. 2020년부터 대통령선거 관련으로 여러 종목이 급등했고, 최근에는 원전정책 관련으로 엄청난 상승이 있었다가 조정 중에 있습니다. 이런 뉴스에 매수가 엄청 몰리는 걸 보셨죠?

재료가 무척 중요합니다. 그러나 제가 공부 순서를 재무 차트 먼저 한 것은 일단 회사가 안전해야 내 돈을 지킬 수 있고, 차트의 위치가 너무 높을 때 매수하게 되면 조정이 나올 때(음봉만 몇 개 떠도) 불안해서 손절매하거나 본전에 팔아버리게 됩니다. 그래서 재료가 있고 망하지 않는 회사를 좋은 위치에서 사면 급등의 시세를 온전히 체험할 수 있겠죠?

재료는 언제나 바뀌고 종류가 엄청 많습니다. 〈평생주식카페〉나 검색창에 테마주, 현재 이슈가 되는 ○○관련주 등을 찾아서 재료 공부를 해보세요(반도체 수소차 관련주 등등 많아요).

## 7 쌍바닥과 머리 어깨 무릎 발 _ 무릎에 사서 허리에라도 팔자

실전 매매에서 가장 중요한 매수 자리와 매도 자리를 알아볼게요. 앞의 4강에서 큰 그림을 보셨죠? 이제 작은 그림을 볼게요. 산 입구의 쌍바닥과 산 정상의 머리, 어깨예요. 다음 차트를 볼까요? 원래 차트에 있는 이동평균선을 제거하고 캔들만 보이게 했어요. 잘 보이나요?

우리가 발바닥은 어딘지, 어디까지 빠지는지 알 수 없어요. 그래서 바닥이 두 번째 생길 때 지난 바닥을 깨지 않고 V자로 올라가게 되면 거기를 매수 급소로 봅니다. '발목에서 사서 어깨에 팔아라.' 이 말 많이 들으셨죠? 늦어도 무릎에는 사야 해요. 허리부터는 마음이 불편합니다. 많이 흔들거든요.

발바닥을 알 수 없는 것처럼 머리도 알 수 없거든요. 오른쪽 어깨의 모습이 나오면 거기가 머리였음을 알 수 있기 때문에 머리에서 파는 것도 거의 불가능합니다. 그래서 어깨에서 팔고, 못 팔았으면 허리에는 팔아야 합니다.

허리에서 사서 허리에서 팔면 본전은 하겠죠? 그런데 머리에서도 매매가 활발하다는 사실, 즉 사는 사람이 많다는 이야기에요. 상투 잡았다고 하는데 그러면 팔 기회가 안 와요. 어디에선가는 손절매하는데 머리에 사서 버티고 버티다 발바닥에서 파는 경우도 많습니다. 그런데 팔자마자 또 오릅니다. 어찌된 거죠? 이럴땐 발바닥을 어쩜 그렇게 잘 맞추는지요.

① 쌍바닥형: 상승 예고

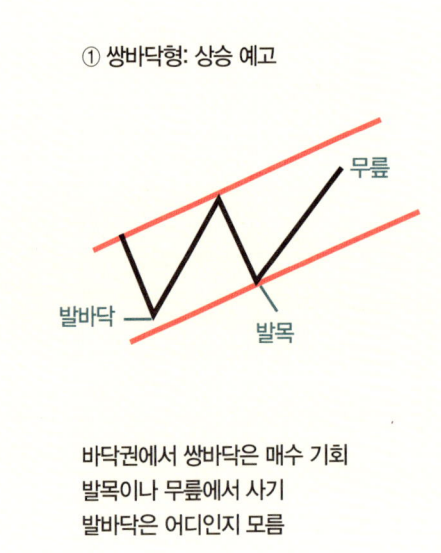

바닥권에서 쌍바닥은 매수 기회
발목이나 무릎에서 사기
발바닥은 어디인지 모름

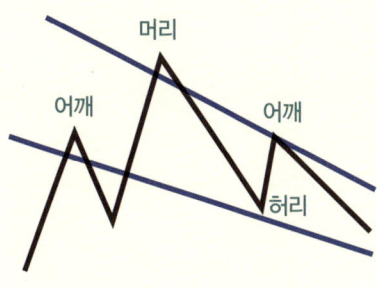

② 머리어깨형: 하락 예고

고점에서 머리 못 넘긴 어깨: 매도 신호
어깨나 허리에서 팔기

# 8-1 이 종목 지금 사도 될까요?
## _ 손절매는 선택이 아닌 필수!

종목을 매수할 때 미리 어디에서 손절매해야겠다 정해놓은 분 손 들어 주세요. 주식은 예·적금이 아니기 때문에 항상 손실의 위험이 있습니다. 무조건 수익 나는 줄 알고 따라 들어갔다 손실이 나면 어쩔 줄 몰라 하게 되죠. 손절매할 각오를 단단히 하고 들어가야 한다는 것이죠.

그림에서 보면 주먹중공업을 ①의 위치에서 샀을 때와 ②의 위치에서 샀을 때가 확연히 다릅니다.

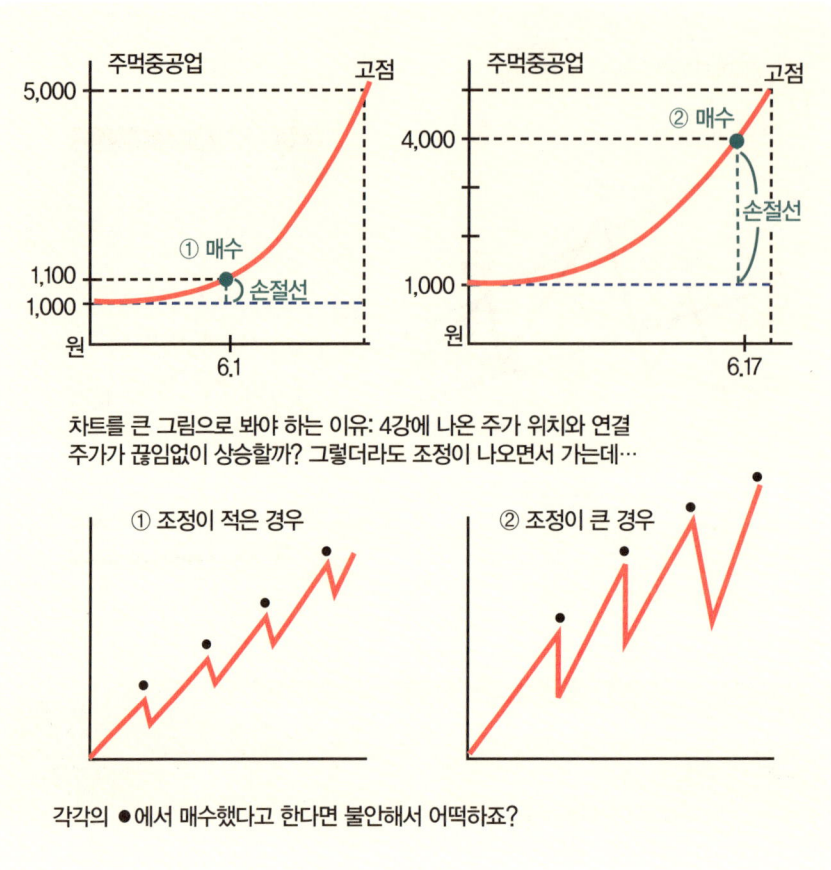

- 1,000원에서 상승을 시작한 종목을 1,100원에 산다면 "아, 이 종목은 1,000원까지는 감안해야겠구나. 어차피 5,000원까지 갈 텐데 그 정도는 괜찮아."
- 같은 종목을 4,000원에 샀다면 "아, 이 종목은 1,000원까지 빠질 수도 있겠네. 3,000원 손실은 너무 큰데 어쩌지? 패스?" 또는 "3,000원 떨어지더라도 난 1,000원을 먹겠다. 살 거야."

이게 바로 손절선을 미리 정하는 것입니다. 미리 예상을 하고 들어가면 실제 그런 일이 일어났을 때 대비가 빠릅니다.

저는 종목을 매수할 때 적게는 3%에서 많게는 10%까지 손절선을 잡고 들어갔다가 아니다 싶으면 바로 던집니다. 그리고 팔고 나서 올랐다고 억울해할 필요도 없습니다. 보유하고 있는 주주분들의 수익을 축하해주거나, 그냥 잊고 더 좋은 종목, 확률 높은 종목을 사면 됩니다. 손절매했을 때는 더 좋은 종목을 사서 여기서 손실 난 것보다 크게 먹자라고 생각하고 좋은 종목을 찾는 게 이롭습니다.

급등한 종목을 피해야 하는 이유는 이것입니다. 단시간에 많이 오른 종목일수록 이동평균선이 가팔라지기 때문에 손절선이 커집니다. 그래서 사고 나서 다시 거기까지 떨어지면 어쩌나 하고 불안에 떨게 되죠. 불안하면 안 사면 됩니다. 그런데 '그 종목을 난 꼭 사고 싶어' 이러면 올랐다가 다시 하락하고 지지할 때 들어가면 됩니다. 그럼 손절선이 훨씬 줄어들게 되죠.

첫 번째 종목의 경우 5,000원에서 3,000원까지 무려 40%의 조정이 나왔습

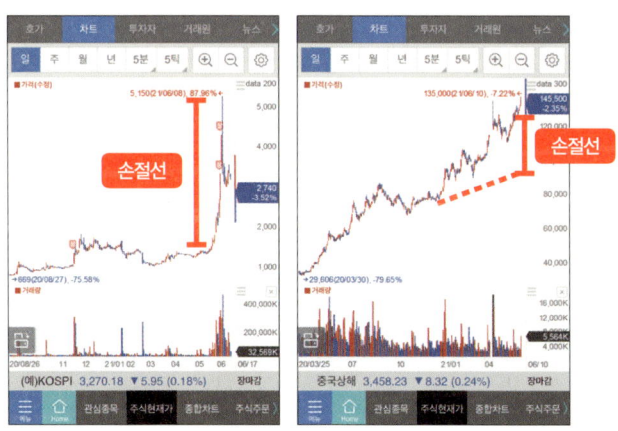

급등한 종목일수록 손절선이 크다.

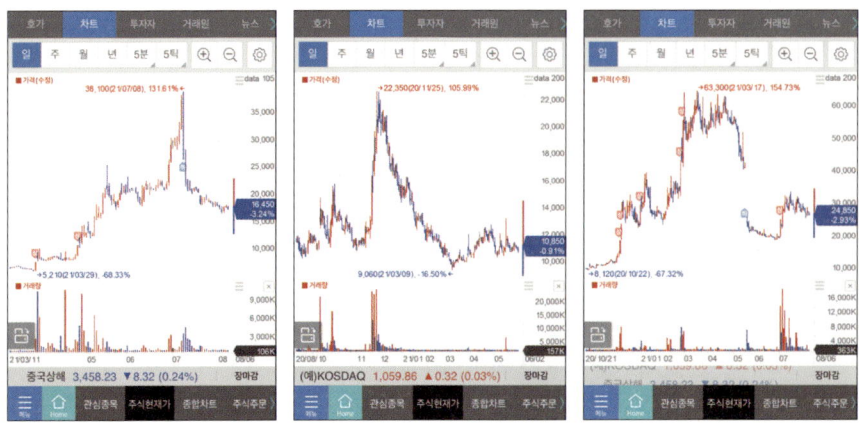

오르는 속도가 빠르면 내려가는 것도 빠르다.

니다. 버틸 수 있나요? 그럼 이 종목을 어떻게 3,000원에 살 수 있을까요? 정확한 손절선과 지지선을 잡기 위해서는 이동평균선과 전저점을 알아야 하는데요, 8-2강에서 살펴볼게요.

## 8-2 | 멀고도 가까운 손절선, 여기 있어요

손절선이 가깝다는 것은 혹시 떨어지더라도 투자 손실이 적다는 것인데요. 실제 차트를 보며 설명할게요. 먼저 알아둘 것은 손절선을 하나보다는 두 개 정도 잡는 게 좋고요. 선들이 여러 개 밀집되어 있다면 안정성이 높아집니다.

다음 그림에서 1의 알티캐스트를 2,420원에 추천했었는데요. 1차로 2,400원, 2차로 2,300원까지 잡았고요. 실제로 이틀 전에 3% 이상 하락이 나왔지만 밑에 20일선이 받치고 있어서 전혀 걱정하지 않았습니다.

주식이 단시간에 많이 오르면 오를수록 5일선과 20일선이 많이 벌어지게 됩니다. 그럼 더 큰 손실을 감수하고 사는 것이죠. 천천히 오르는 주식의 경우는 5일선과 20일선이 가깝습니다. 가지고 있는 주식의 이동평균선을 잘 봐주세요. 색깔은 톱니바퀴 설정에서 다르게 지정할 수 있지만, 가장 중요한 선을 20일선으로 보면 됩니다. 20일선을 빨갛고 두껍게 설정해보세요.

손절선이 미리 정해져 있으면 주식이 조금 떨어지는 것에 큰 걱정을 하지 않게 됩니다. 선만 깨지지 않는다면요. 손절매 원칙이 정해지면 일희일비하지 않고 조금은 편하게 주식 생활을 할 수 있답니다. 오래오래 함께하면 좋겠어요.

## 9 흐엉~ 저 안 데려가는 줄 알고 급하게 샀는데 바로 떨어졌어요 _ 윗꼬리 매수에도 봄은 오는가?

큰손이: 관심에 넣어놓고 째려보고 있었는데 불기둥 솟길래 바로 매수했는데 사자마자 떨어졌어요. ㅜㅜ

요정님: 차트 좀 봐요. 아직 바닥권에 있나요?

별표: 모든 차트 아래에 선들이 모여 있어요. 위에서 누르는 건 다르게 봐야 해요. 오늘 요정님 관종에서 두 종목(KC그린홀딩스와 알티캐스트)에서 윗꼬리 긴 거 나왔어요. 보유 중인 분 분석해보세요.

최근 3개월 이내 큰손이처럼 한 적 있는 분 매수한 손가락 들고 공부 시작할게요. 잘한 건 아니니까요(경험이 있는 분은 댓글 뒤에 살포시 1을 붙여주세요. 저만 보겠습니다. 나중에 공부 준비하는 데 참고하려고요).

"이왕 사버린 거 하락한다고 바로 팔아버릴 수도 없고 팔면 다시 오를 거 같고, 어떡하죠?" 또는 "가지고 있던 종목이었는데 탈출 기회 놓쳤다, 아까 팔 걸" 하면서 후회하고 있진 않나요?

수수료도 비싸고 손절매도 쉽지 않으니 방법을 찾아볼게요.

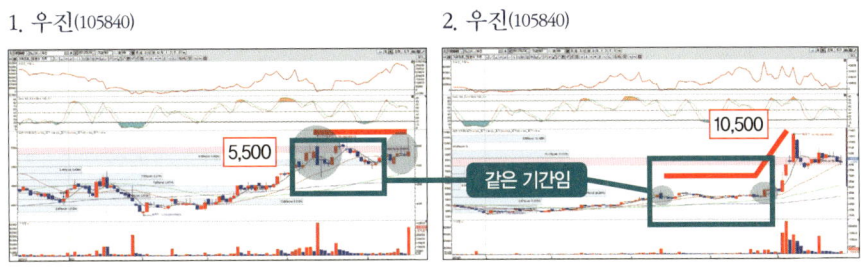

윗꼬리가 생길 당시에는 꼬리가 엄청 길게 느껴지나 나중에 큰 상승 후 작은 꼬리로 보인다. 좌우 같은 기간 꼬리 비교

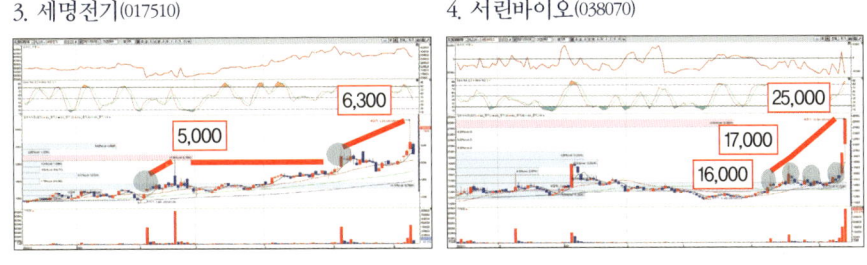

바닥권에서 잦은 윗꼬리 출현은 다가올 상승을 예고

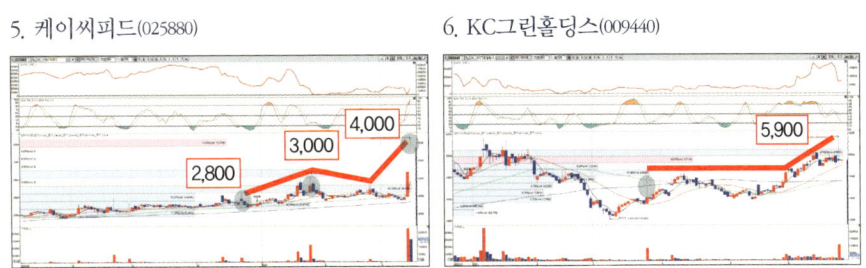

계속 우상향하면서 꼬리를 만들기도 하고 횡보하면서 만들기도 함

첫 번째 종목은 우진이라고 원전 관련주입니다. 한 달 동안 윗꼬리만 만들었어요. 어떤 때는 10% 올랐다가 마이너스가 되기도 했고요. 그러다가 3일 만에 2배 상승을 만들어냈습니다. 꼭지 잡았다고 울고 있었는데 한 달 정도만 잘 버텼으면 2배 수익을 볼 수 있는 것이죠. 제가 우진만 사진을 두 개 넣은 이유는 보통 10% 정도 올랐다가 하락하면 꼬리가 엄청 긴데 나중에 종목이 50%, 100% 올라버리면 상대적으로 꼬리가 길었는지 안 길었는지 구분이 안 됩니다. 급등하고 나면 그전에 오르락내리락한 것이 거의 횡보한 것처럼 보이기 때문이에요.

또 차례대로 세명전기, 서린바이오, 케이씨피드, KC그린홀딩스인데요. 세명전기와 서린바이오 두 종목은 아주 조금씩 상승하면서 윗꼬리를 만들었고요. 특히 서린바이오는 제가 일전에 글을 남긴 적이 있는데 꼬리를 엄청 자주 만들었습니다. '아까 팔 걸'이란 말을 수도 없이 나오게 하죠. 정말 실력이 있어서 단타를 칠 수 있으면 윗꼬리에서 팔고 밑에서 다시 잡으면 단타로도 큰 수익이 나겠지만 거의 가능한 사람이 몇 명 안 되고요. 본 수익은 나중에 2연상에서 남기는 거죠. 계속 윗꼬리를 달아서 오늘도 윗꼬리를 달겠지 하고 팔았는데 바로 가버릴 수도 있어요. 주식은 예고를 안 하니까요.

케이씨피드와 KC그린홀딩스 두 종목은 상승 하락을 반복하며 꼬리를 만든 경우인데 이런 경우는 시간이 좀 더 걸리긴 하는데 결국은 갑니다. 그래서 윗꼬리를 잡았다고 평가손익이 파랗다고 해서 걱정할 필요는 없습니다.

주식이라는 것이 원래 매매 세금과 수수료가 붙기 때문에 사자마자 파랑이 가 되는 것은 당연한 것이죠. 어차피 당장 팔려고 산 것은 아니니까요. 타이밍을 잘 맞춰서 내일이나 내일모레 큰 수익이 날 수도 있지만 너무 빨리 들어가서 기다린다면 몇 개월이 걸릴 수도 있어요. 어디까지 오르냐는 종목마다 다르겠지만 중요한 것은 상승 전, 즉 바닥권이라면 얼마든지 기다리면 탈출 기회가

온다는 것이죠. (경고: 곧 망하는 회사의 불꽃 쇼는 제외합니다.)

이 말은 늘 제가 하고 싶은 것인데 평가손익에 연연할 필요 전혀 없어요. 팔 때 잘 팔면 됩니다. 원칙에 맞게 망하지 않는 회사를 바닥권에 샀다면 큰 걱정은 하지 않으셔도 됩니다. 탈출 가능 확률이 70~80% 정도 되니까요. 시간이 오래 걸릴 수도 있으니까 되도록 손가락 뇌동 매매는 피하시고 미리 종목과 내가 사고 싶은 가격을 정해놓고 그 가격에 진입하기 바랍니다.

## 10 | 고수의 매매 비법, 다 어렵다면 줄 두 개만 긋자

팔면 오르고 사면 떨어져요. 매매가 너무 어렵죠? 사실 둘 중에 더 어려운 것 하나만 택하라고 한다면 저는 매도를 택할 것 같아요. 저는 종목을 살 때 미리 살 가격을 정해놓기 때문에 그 가격이 되면 그냥 매수를 걸어서 삽니다. 하지만 매도는 조금 더 대응이 필요한 부분입니다.

매매를 먼저 하고 공부하시는 분들이 대부분이기 때문에 캔들이나 보조지표 등 한꺼번에 보려면 아예 머리가 하얗게 될 수 있습니다. 그래서 제가 색깔도 지웠습니다. 제가 평소에 차트를 많이 보기 때문에 생각나는 대로 그려봤답니다.

평가손익이 40%에서 며칠 만에 본전이 되기도 하고 마이너스가 되기도 하죠. 왠지 손익이 떨어지면 손해보는 기분이 들어서 더 매도가 되지 않습니다. 본전 근처에라도 팔아야 하는데 결국 마이너스에 파는 거죠. 오를 때는 계속 오를 거 같아서 매매할 생각을 하지 않고 있다가 파란불이 나면 불안해서 비로

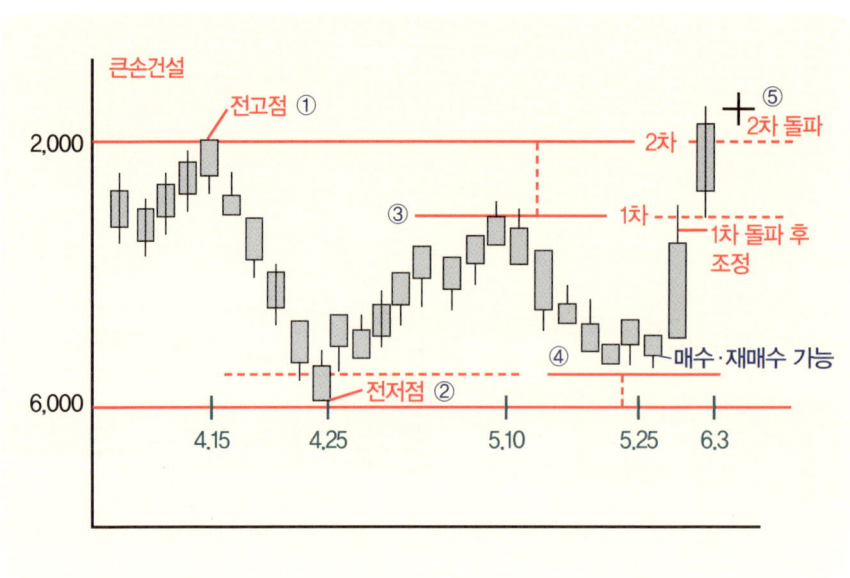

소 매도를 누르게 되죠. 이렇게 손실이 쌓이고 자신감도 잃게 됩니다.

보통 전고점이라고 표시된 ①번 부근에서 주식을 매수했을 때 버티다 버티다 전저점 근처에서 매도하게 됩니다. 그리고 나면 주식이 또 오르죠. 그럴 때는 속상해만 하지 말고 다시 하락 후 전저점을 깨지 않고 지지하는 ④번 부근에서 재매수를 할 수 있습니다. 한 종목에서 손실이 나고 끝나는 것이 아니라 기회가 있으면 다시 들어가서 복수를 하면 됩니다.

초보자들이 실수하는 부분이 팔자마자 오른다고 속상해서 ③번 부근에서 따라 들어갔다가 또 떨어진다고 두 번 손실이 나는 경우가 많은데요. 그러지 마시고 기다렸다가 ④번 자리에서 사면 됩니다. 만약 다시 하락하지 않고 그냥 가버린다면 과감히 잊어버려야 다음 투자에 도움이 됩니다.

또는 1차라고 표시된 부분에서 매수했는데 주식이 떨어진다면 바로 마이너스가 나게 되는데요. 손절매에 자신이 없다면 섣불리 매도하지 마시고 지난 번 전저점을 깨는지 안 깨는지 잘 지켜보세요. 그림에서 보면 전저점을 깨지 않고 3일 동안 지지 후 상승합니다.

그리고 1차 고점 3번 부분에서 한 번 조정이 나오고 단숨에 최초 전고점 1번을 뚫죠. 이렇게 전고점을 뚫으면 조금 안심해도 됩니다. 전고점 1번에서 산 분들이 불안해서 '아, 본전됐다'고 팔 수도 있는데 ⑤번처럼 전고점을 이틀 동안 완전히 넘겼다면 불안해하지 말고 이제까지 오랜 시간 기다렸으니 충분히 수익을 내고 나오면 됩니다.

차트를 보더라도 양봉, 음봉, 윗꼬리/아랫꼬리, 길이 등 생각할 게 너무 많은데요. 다 어렵다면 V자가 나오거나 반대V자가 나오는 부분에 점을 찍어서 줄만 그어도 어디서 매매를 해야 하는지 대략적인 방향을 잡을 수 있습니다.

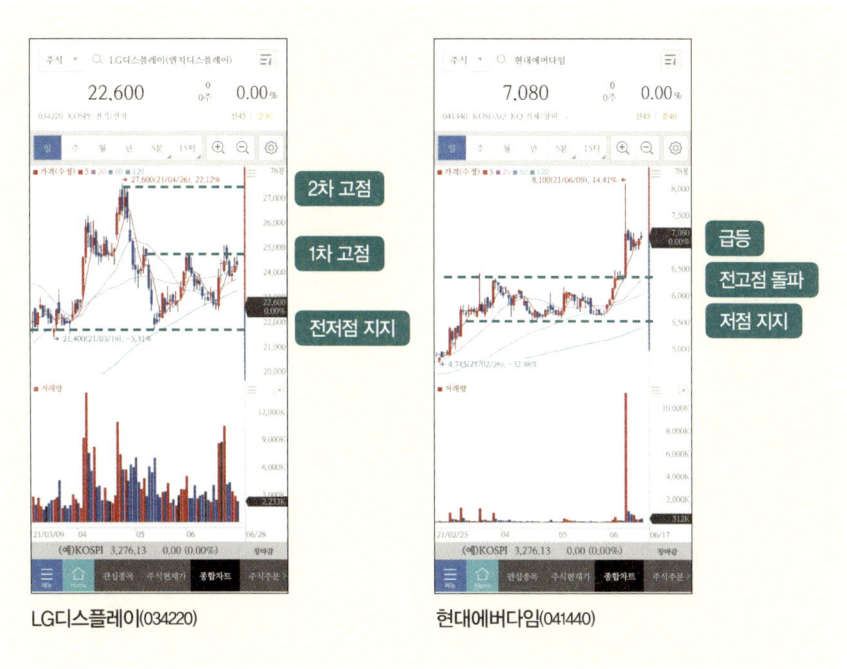

실제로 LG디스플레이와 현대에버다임을 분석해보았습니다. 그때 전저점을 깨지 않으면 조금 기다려보고 익절도 가능했고, 에버다임도 전고점을 넘으면 7,000원 이상 갈 것이라고 했습니다. 저도 이 방법을 사용했는데요. 거의 모든 종목을 기본적으로 이렇게 분석할 수 있습니다.

물론 차트 외에 다른 기본 분석을 모두 마친 상태여야겠지요. 게시판에 종목 분석을 요청하는 분들이 많은데요. 가지고 있는 종목으로 오늘 한번 줄긋기를 해보세요. 주생아에서 주린이로, 주린이에서 주른이로 한걸음 나아갈 수 있습니다. 눈으로만 보면 자꾸 까먹으니까 이 글 보는 분들 모두 실제로 해보고 실력 많이 쌓길 바랄게요.

## 11 | 수익실현보다 물리는 걸 먼저 배웠어요 _ 목표수익률이 높아야 하는 이유

다음 그림에는 차트가 3개 있어요. 모두 다 매수가가 80,000원입니다. 하지만 고점은 다 다르죠. 이 3개 중에서 수익이 날 확률이 가장 높은 차트는 무엇일까요? 80,000원에 사서 100,000원에 팔아도 수익이 아니냐고 말할 수 있지만, 최고점에서 판다는 것은 거의 불가능합니다. 또 조금만 조정이 나와서 쉽게 흔들려서 버티지 못하고 손절매하는 경우가 생기죠. 하지만 10만전자를 30,000원에 매수했다면 80,000원이 되었을 때 이미 150% 이상의 수익이 난 상태입니다. 출발선이 다르면 마음가짐도 다르죠.

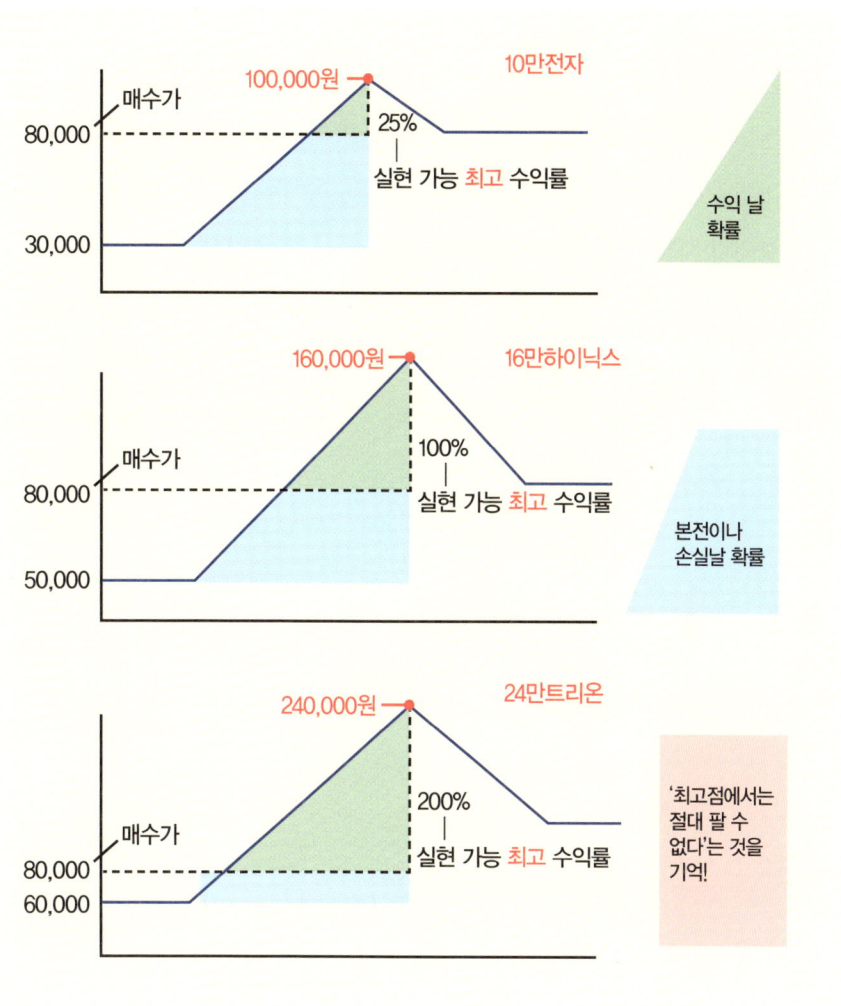

목표 수익률이 낮으면 욕심이 없으니 좋겠지만, 한 가지 문제는 어차피 수익률이 10% 미만이므로 고점에서도 서슴없이 매수에 들어가기 때문입니다. 실제로 주변에서 우량주를 5% 수익률을 기대하며 고점에 진입하는 경우를 많이 보았습니다. 욕심이 없으면 안 물릴 거라는 생각은 착각입니다. 오히려

50~100% 수익을 기대하고 들어간다면 고점을 잡을 확률이 더 낮아집니다.

보통 주식이 바닥권에서부터 3~4배 상승한다고 보고 그림을 그렸는데요. 같은 가격이라도 24만트리온 같은 경우에는 최대 200% 수익이 날 수 있습니다. 내가 고점에서 못 팔고 200,000원에 판다고 해도 수익은 확연히 달라지겠죠.

고점에서 사면 수익이 날 확률보다 손실이 날 확률이 높고, 바닥권에서 사면 그 반대가 되겠죠? 저는 목표수익률을 50~100%로 잡는데요. 실제로 저는 100% 이상 수익이 나는 경우가 많았습니다. 200% 수익률을 보고 들어가서 100~150% 정도를 먹고 나오는 거죠. 어떤 사람은 어깨에서 사서 머리에서 판다고 말을 하는데, 확률이 너무 낮습니다. 주식은 확률 게임이기 때문에 확률이 높은 쪽을 찾아가야 이길 수 있습니다.

'하루 단타로 2%, 3%만 먹을 거야' 하는 분들이 계신대요. 그러려면 최하 매수 시점부터 5% 이상 상승이 나온다는 가정하에 매수하면 됩니다. 고점은 순식간이기 때문에 매수하자마자 급등했다 떨어질 수 있습니다. 삼성전자도 딱 하루 100,000원에 근접한 96,800원을 찍고 순식간에 다시 내려왔습니다.

목표수익률을 낮게 잡고 아예 바닥권을 찾지 않으려고 하는 분들이 많습니다. 바닥권에 있는 주식을 사면 위아래로 왔다 갔다 하면서 시간도 너무 오래 걸리고, 2~3% 먹으려고 하는데 기다리기가 지루한 거죠. 그럴 때는 바닥권에 있는 종목 여러 개를 사면 됩니다. 그중에서 먼저 출발하는 것이 나오기 마련이니까요. 그리고 일단 수익률을 크게 잡고 들어가면 어차피 오르면 2배, 3배 먹을 거니까 5~10%쯤은 너그러운 마음으로 이겨낼 수 있습니다. 평가손익 1%, 2%에 울고 웃지 않는 거죠. 이런 식으로 마음을 키우셔야 합니다.

제가 바닥권에 있는 주식을 살 수밖에 없는 이유가 뭔지 아시나요? 저는 초단타를 제외하고는 50% 미만으로 오를 것이다 하는 주식에는 아예 진입하지 않습니다. 카카오처럼 핫한 종목을 안 사는 이유도 제 목표수익률과는 맞지 않기 때문이죠. 제 목표수익률에 맞추려면 250,000~300,000원은 간다는 확신이 들어야 하는데, 그런 확신이 들지 않았습니다.

어떤 주식이 50,000원까지 가겠다라고 예상한다면 실제로 40,000~50,000원에 팔 수 있다는 생각을 하고 매수하자.

실제로 매도가 가능한 현실적 가격은?
고점에서 5~30% 빠진 가격(잘했을 때)

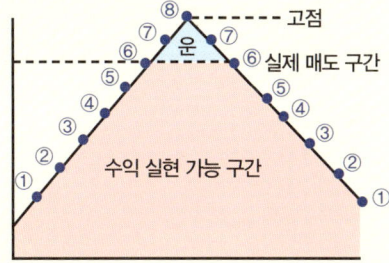

숫자를 잘 봐주세요. 이것을 하루라고 볼 수도 있고, 한 달이나 1년으로도 볼 수 있습니다. 단타를 하더라도 꼭지에서는 못 판다는 생각으로 들어가야 하는데, 보통 ⑦, ⑧ 구간에 들어가서 순식간에 물립니다.

5% 수익을 내고 싶으면 10% 이상 상승 가능성이 있는지
10% 수익을 내고 싶으면 20% 이상 상승 가능성이 있는지
50% 수익을 내고 싶으면 80~100% 이상 상승 가능성이 있는지
100% 수익을 내고 싶으면 150~200% 이상 상승 가능성이 있는지

실제 물린 예
⑥, ⑦번에서 사서 ⑧번에서 팔려고 했는데 놓침
⑧번에서 사서 아예 기회가 안 옴

⑥번 이후에 산 사람은 정말 운이 좋아야 익절이 가능하다.
①~⑤번에서 산 사람은 최고점에서 못 팔더라도 적은 금액~큰 금액까지 익절할 수 있는 구간이 많아진다.
목표수익률이 낮으면 작은 조정에도 잘 흔들린다.

매수를 할 때는 아무리 적어도 10% 이상 상승 여력이 있는 종목에 진입하시길 바랍니다. 아주 많이 오를 것 같은 종목을 사는 습관을 들여야 수익이 늘어납니다.

## 12 | 상자 속에 갇힌 삼성전자 _ 내 종목도 그럴까?

'다른 종목은 다 오르는 것 같은데 왜 내 종목은 맨날 제자리지?' 하고 상대적 박탈감이 들 때가 많아요. '지겨워서 팔고 지금이라도 상승하는 것으로 갈아탈까?' 하고 팔면 바로 오르기도 하죠. 바로 이 지겨운 구간을 박스권이라고 하는데요. 이런 종목들이 많이 있을 거예요.

횡보 구간이 길수록 한숨이 많이 나옵니다. 제가 경험해본 결과 대부분 6개월~1년 안에 박스권을 벗어나더라고요. 그럼 이럴 땐 어떻게 하냐고요? 가장 좋은 것은 관망이에요. 바닥권에서 횡보하다 더 바닥권으로 가는 경우도 있고, 고가권이라고 할지라도 돌파해서 더 높이 올라가는 경우도 있어요. 다음 그림은 확률이 높은 쪽을 보여드리는 거예요. 대부분 지겨워서 파는 경우에 팔고 나면 오르는 경우가 많아요. 그래서 한 종목만 사면 안 되는 게 6개월에서 1년 동안 꼼짝하지 못하는 경우가 생기기 때문이에요.

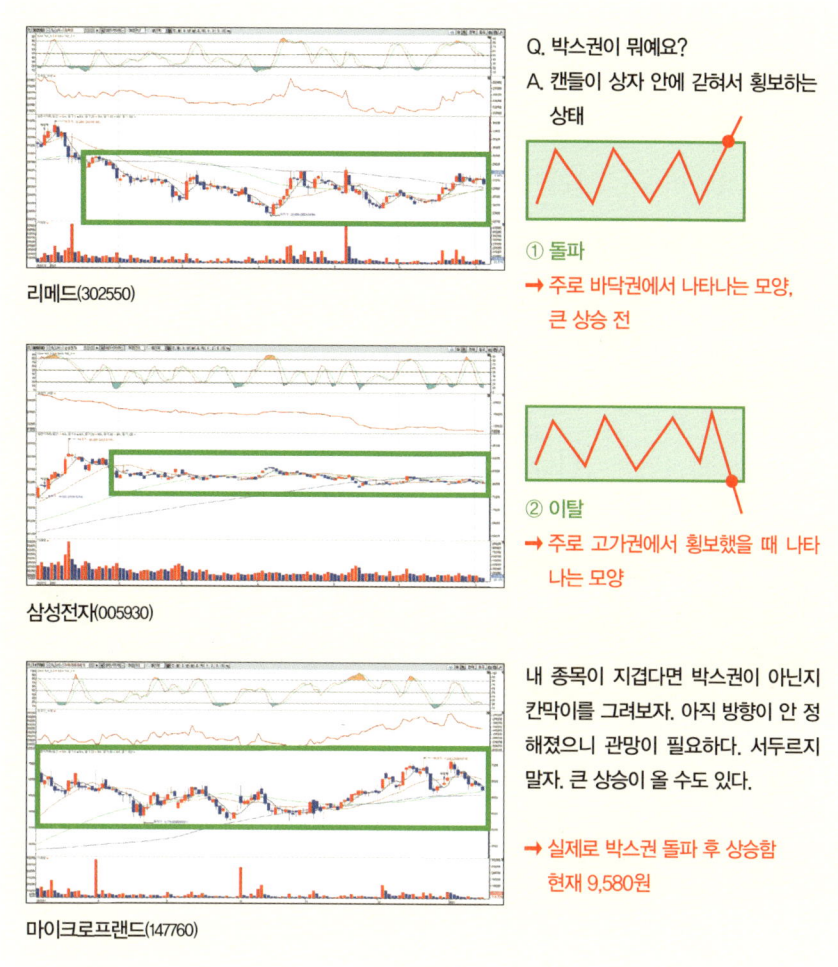

한 종목밖에 없으니 더 답답하고 움직임이 빠른 걸 사려고 하다가 물리고 물려서도 한두 달 기다리다 보면 그전에 지겹던 종목이 슬슬 고개를 내밀어서 아주 속이 타들어 가죠. 이전 종목은 박스권을 돌파해서 상승하는데 이번에 물린 종목은 박스권이 시작된다면, 그건 정말 안 될 일이에요.

회사 재무도 좋고 실적도 너무 좋고 못 오를 이유가 없다고 생각되는 종목을 가지고 있으면 ①번 박스처럼 될 확률이 높으니 기다려보는 게 좋아요. 이미 너무 많이 올라서 불안하거나, 혹은 회사에 안 좋은 이야기가 들리는 것 같으면 ②번처럼 이탈 시 빨리 매도하는 것을 추천합니다.

오늘 종목들에 박스를 꼭 그려본 후 저런 모양이라면 관망하시고 언제든지 박스권에 갇힐 수 있으니 올인은 피하는 게 좋겠어요. '수익은 조급한 자의 주머니에서 느긋한 자의 주머니로 간다'라는 말이 있으니 박스권을 잘 이해하시고 '존버 승!' 하시기 바랍니다.

## 13 물불 가리지 않는 주식 추가 매수 _ 성공 확률 높이기

물타기: 평단을 낮춘다.
불타기: 평단을 높인다.

뜻은 이렇지만 우리의 목표는 물을 잘 타서 무사히 익절하고 나오는 것과 불타기를 해서 더 많은 수익을 남기는 것이죠. 많은 입문자께서 평단가를 중요하게 생각해 물타기는 하는데, 불타기는 평단이 올라간다고 꺼리는 경우가 있어요. 하지만 평단가는 신경 안 쓰셔도 되고, 실제로 추매를 해서 '손실이 줄어드느냐' '수익이 늘어나느냐' 그것을 봐야 합니다. 그래서 제가 간단히 보여드릴게요.

> **물타기 예**
> 매수: 5,000원 1주 + 4,000원 1주 + 3,000원 1주
> 현재주가 2,000원
> 평단 4,000원
> 총평가손익 = −3,000원 − 2,000원 − 1,000원 = −6,000원 손실 ↑
>
> **불타기 예**
> 매수: 3,000원 1주 + 4,000원 1주 + 5,000원 1주
> 현재주가: 6,000원
> 평단 4,000원
> 총평가손익 = 3,000원 + 2,000원 + 1,000원 = +6,000원 수익 ↑

평단을 낮추기 위해 두 번의 물타기를 해서 평단은 낮아졌지만 손실이 늘었어요. 그냥 한 주만 가지고 있었던 게 나을 뻔했죠. 물타기를 안 했다면 손실이 3,000원일 텐데 두 번의 추매로 손실이 더해졌죠.

두 번째로 주식을 더 비싸게 추매해서 처음보다 평단은 올라갔지만 한 주만 있었다면 3,000원 수익이었을 텐데 불타기를 해서 두 배인 6,000원의 수익이 난 것을 알 수 있습니다.

여기서 말씀드릴 것은 평단보다는 수익률에 주목하라는 건데요. 평단가에 기준을 맞추면 잘못된 추가 매수를 할 수 있습니다.

물타기는 추세에 따라 세 가지로 나눠봤어요.

그림에서 ①은 주가가 상승하는 추세에서 조기에 따라 들어갔다가 하락이 나온 경우인데요. 상승 초입에서 지지선이 확보되어 있다면 작은 폭으로 하락할 때에는 물타기가 가능합니다. 제가 물타기할 수 있는 부분을 표시했는데요. 그중에서 제일 많이 빠진 날보다 그다음 날부터 매수하는 걸 추천합니다. 일단

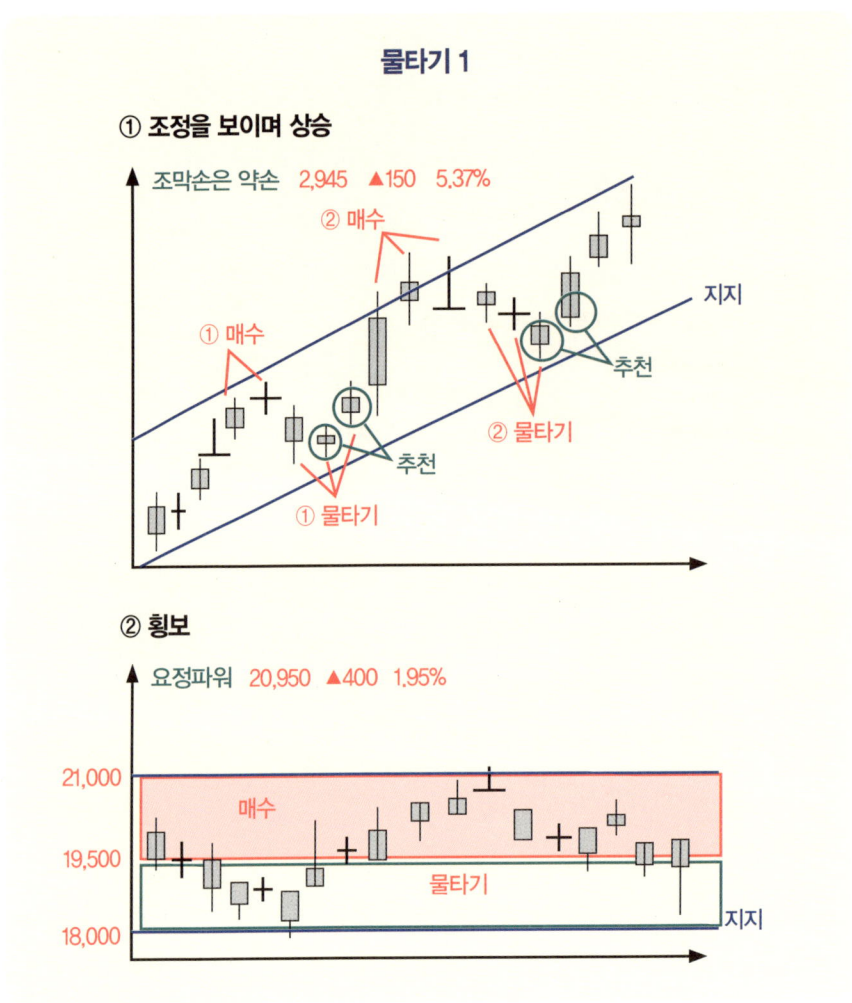

더 빠지지 않는지, 지지선을 깨지 않는지 확인하고 매수하는 게 중요합니다.

②는 주가가 박스권에서 횡보하는 경우인데요. 이때에는 좀 오래 보유할 생각을 하고 지지선 내에서 평단보다 떨어지면 계속 분할로 추가 매수하여 수량을 늘리면 됩니다. 그러면 조금만 상승하더라도 수익이 날 거예요.

## 물타기 2

### ③ 단기 급락이나 급등 후 하락

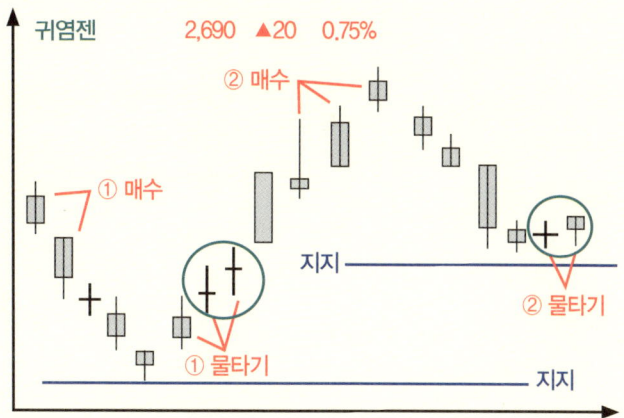

위험한 물타기: 떨어지면 무조건 매수한다.
→ 운이 좋으면 최저점을 잡을 수 있지만 대부분 평단만 낮출 뿐 손실을 키운다. 또 정작 물타기를 해야 할 시점에 예수금이 남아 있지 않아 매수하지 못한다.

성공하는 물타기
→ 지지선이나 가격을 정해놓고 그것을 이탈하지 않고 횡보하거나 위 방향으로 전환할 때 매수한다. '내가 이 종목을 갖고 있지 않더라도 지금 매수할 것인가?'를 생각하며 신규 매수와 비슷한 관점으로 접근한다.

③의 경우가 가장 많을 것이라고 생각하는데요. 많이 오르는 거 한 번만 먹으러 들어갔다가 물리는 경우예요. 그래도 물탈 기회를 준다면 감사하죠. 이 경우에 고점 잡고 다음 날부터 떨어진다고 계속 사는 분들이 많은데요. 여기서 잘 봐야 하는 게 상승폭이 크면 하락폭도 크기 때문에 떨어진다고 사면 더 떨어져서 손실을 키우는 경우가 많습니다. 많이 오른 종목이 하락하면 다시 상승하지 않을 확률도 높기 때문에 수량을 무작정 늘리면 안 되고, 꼭 저점에서 지

지하고 올라오는지, 지난 저점을 깨지 않고 지지하는지 확인하고 매수해야 합니다. 이 차트는 제가 임의로 그린 거라서 탈출 기회를 주고 있지만, 실제로는 지지 없이 계단식 하락을 하는 경우가 많으니 비싸게 사더라도 추가 매수는 좀 기다렸다가 확실한 자리에서 하는 게 좋겠습니다.

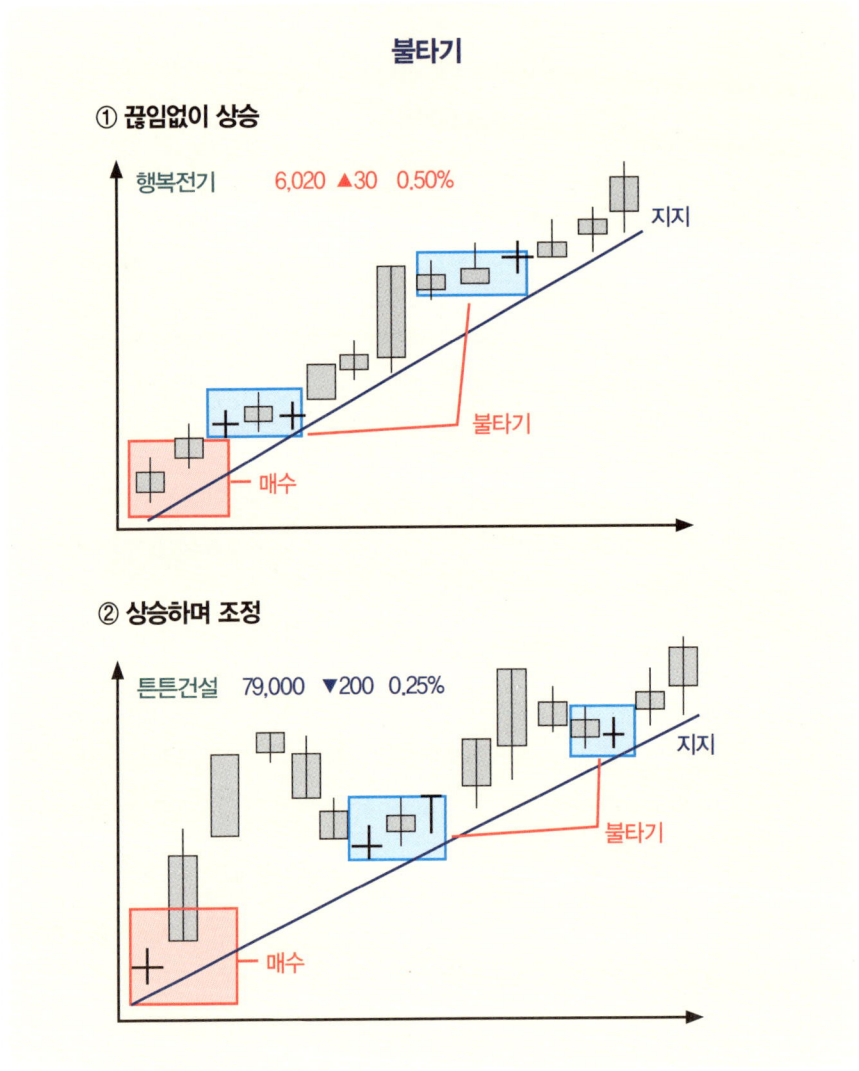

불타기의 경우, 그림을 보면 일단 너무 좋죠? 일단 나의 계좌가 플러스이니까요. 주가가 지지선을 정확하게 지키며 상승할 때에는 추가 매수해서 수익을 늘리는 것이 좋은데요. 주가 변동폭이 큰 날보다는 작은 날 분할로 매수하는 게 좋습니다. 조금밖에 안 샀는데 급등하게 되면 지금 더 사야 하나 고민하는데요. 급등 초기에 타이밍을 놓쳤다면 기다렸다가 사는 게 마음이 편합니다. 불타기를 했는데 사자마자 윗꼬리나 조금의 하락이라도 나오면 수익이 줄어들어서 괜히 추매했다는 생각이 들면서 속상하니까요. 신규 매수나 추가 매수 모두 지지선 근처에서 사는 것을 추천합니다. 많이 먹는 것보다 잃지 않는 게 중요합니다.

그리고 불타기나 물타기를 할 때는 있는 예수금을 한 번에 다 넣지 마시고 두 번에라도 나누길 추천해요. 주식이 계속 오를 것 같아도 그렇지 않아요. 더 못 샀는데 오르면 그냥 있는 것만 가지고 가면 됩니다. 제 오랜 경험으로 보자면 거의 모든 주식이 상승을 하면 중간에 조정이 나오거나 며칠 횡보하며 세웁니다. 그때 추매를 하면 마음도 훨씬 편하고 수익도 안정적으로 가져갈 수 있습니다.

다음 세명전기는 제가 실제로 매수했던 구간을 박스해봤어요. 몇 번 보시면 어디서 추매를 해야 하는지 아실 거예요. 여기에서도 내 평단보다 낮게 사면 물타기가 되고, 높은 곳에서 사면 불타기가 되겠죠? 저는 2020년 8월에 세명전기를 샀다가 지겨워서 팔고 2021년 4월에 다시 샀습니다. 그리고 꾸준히 추가 매수를 했어요. 여기서 더 이상의 추가 매수는 하지 않고 있는 수량만 가져갈 생각입니다.

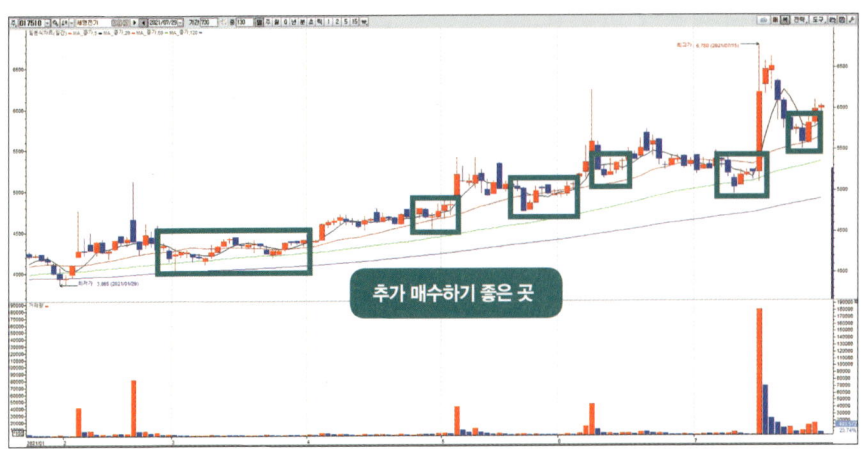

세명전기(017510)

　한 종목을 매수할 때 한 번 사고 끝이 아니라 흐름을 보면서 기회가 오면 사는 게 좋습니다. 새로운 종목을 찾는 것은 훨씬 어려운 일이니까요. 이제까지 본인의 추가 매수 방법과 저의 강의를 비교해보고 꼭 공부해보세요. 그림처럼 한 주씩 사면서 제 매매법을 따라 해 봐도 도움이 되실 거예요.

# 운영진 수호천사가 전하는
## <평생주식카페> 활용하기

국내 1위 주식카페인 네이버 <평생주식카페>는 100만 명이 넘는 주식투자자가 모인 주식카페다. 최근 뉴스, 유튜브 등 방대한 정보가 넘치는 세상에서 <평생주식카페>에는 많은 정보 중에서 투자에 참고할 만한 집약된 정보가 상당히 존재하고 있다. 카페를 활용하여 투자에 필요한 정보를 찾는 것도 주식투자에 많은 도움이 될 것이라고 생각한다. 무엇보다 중요한 것은 카페의 정보는 투자에 참고 사항이고 정보의 선택과 판단은 투자자의 몫이라는 것을 명심해야 할 것이다.

### <평생주식카페> 주요 메뉴 구성

카페에는 여러 가지의 주식 정보에 필요한 게시판으로 구성되어 있다. 여기에는 그중 중요한 몇 개의 게시판을 소개한다.

- **주식초보질문방** : 주식 초보자들이 고수들에게 주식 등 다양한 투자 정보를 질문하는 게시판
- **주식이야기방** : 주식에 대한 이야기를 나누는 게시판으로 회원들의 주식에 대한 여러 가지 정보를 소통하는 게시판
- **종목상담방** : 본인이 보유하거나 신규로 매수할 종목을 고수들에게 상담을 의뢰하는 게시판
- **정회원추천방** : 정회원들이 카페 회원들에게 종목을 추천하는 게시판
- **우수회원 이상 추천방** : 우수회원들이 투자 종목을 추천하는 게시판
- **대시세테마주분석** : 우수회원 이상 회원이 대시세 테마주를 분석하는 게시판

## 투자 분야 1위 이레미디어 베스트셀러

'스윙 트레이딩' 창안자의 실전 도구와 기법
### 데이 스윙 트레이딩 바이블

올리버 벨레즈·그렉 캐프라 지음 | 송미리 옮김 | 632쪽 | 27,000원

'스윙 트레이딩' 개념을 최초로 창안한 올리버 벨레즈가 시장을 통찰하고 대처하는 핵심 방법을 소개한 책이다. 주식 시장에서 효과적으로 사용할 수 있는 검증된 수익 전략과 트레이딩 고수가 되기 위한 실전 기법 중심의 유용한 조언들이 가득하다.

전미투자대회 우승자들의 핵심 매매 기법 Ⅱ
### 주도섹터 돌파매매 전략

김대현 지음 | 352쪽 | 25,800원

국내 최고 돌파매매 전문가 김대현 저자의 최신작이다. 정교한 기술적 분석을 바탕으로 특정 종목이 주도섹터의 주도주가 되는 원리와 이것을 어떻게 기술적 분석에 반영하는지 150여 개의 차트 예시를 통해 상세히 소개한다.

주식시장에서 살아남는
### 심리투자 법칙

알렉산더 엘더 지음 | 신가을 옮김 | 588쪽 | 27,000원

정신과 의사라는 독특한 이력을 가진 저자가 투자자들의 심리를 꿰뚫어 봄으로써 이를 시장에 적용시켜본 후 개발하게 된 '심리투자'. 새로운 해법을 제시함으로써 이 책의 저자 알렉산더 엘더 박사는 세계적 베스트셀러 작가 반열에 올랐다.

위대한 투자자 윌리엄 오닐의 제자들처럼 투자하라
### 우리는 어떻게 주식으로 18,000% 수익을 얻었나

길 모랄레스·크리스 케쳐 지음 | 박준형 옮김 | 488쪽 | 19,500원

윌리엄 오닐의 투자 방식에 세부 규칙을 만들어 시장이 보내는 신호를 활용했고, 그들만의 규칙을 고안했다. 그렇게 경이적인 18,000% 이상의 수익을 얻었다. 세계 최고의 트레이더가 찾아낸 불변의 주도주 매매법과 시장 타이밍을 포착하는 방법을 소개한다.

경직된 사고를 부수는 '실전 차트 패턴'의 모든 것
## 차트 패턴

토마스 N. 불코우스키 지음 | 조윤정 옮김 | 420쪽 | 24,000원

세계 최고의 차티스트가 말하는 '똑똑한 돈'의 발자국인 차트 패턴을 분석한다. 저자는 25년 동안 주식을 매매하며 3만 8,500개 이상의 차트를 조사 및 연구했다. 그 패턴을 시뮬레이션하여 엄밀한 과학적 수치로 결과를 제시한다.

거래량이 실체이고, 주가는 그림자일 뿐이다!
## 거래량으로 투자하라

버프 도르마이어 지음 | 신가을 옮김 | 408쪽 | 22,000원

찰스 다우상 수상작! 거래량을 통해 주가를 확인하고 해석하며 선행하는 방식을 알려준다. 전통적인 거래량 지표를 살펴보고 자신만의 획기적인 접근법들을 이 책에 소개한다. 현명하고 효과적인 트레이딩을 하도록 도와줄 것이다.

가치투자의 교과서 『증권분석』 핵심 요약판
## 벤저민 그레이엄의 증권분석

벤저민 그레이엄 지음 | 스티그 브로더스·프레스턴 피시 편저 | 김인정 옮김 | 368쪽 | 16,500원

『증권분석』의 핵심만 정리하여 원전의 이해를 돕고 현대 투자자들에게 유용한 투자 전략을 중심으로 제시하고 있다. 벤저민 그레이엄의 투자 철학과 기법 그리고 현대에 맞는 투자 전략을 세우는 데 유용한 지침을 쉽게 파악할 수 있다.

연평균 수익률 70%, 90%, 그리고 220% 시장을 이기는 마법을 찾아서!
## 주식시장의 마법사들

잭 슈웨거 지음 | 김인정 옮김 | 456쪽 | 21,000원

월스트리트 최고의 베스트셀러 작가이자 헤지펀드 전문가인 잭 슈웨거는 '시장의 마법사들' 시리즈를 통해 금융시장의 다양한 마법사들을 밀도 있게 소개해왔다. 성공한 트레이더가 강세장과 약세장을 어떻게 대응하는지 엿볼 수 있다.

## 함께 보면 더 좋은 이레미디어 '처음공부' 시리즈

퇴근 후 1분 투자로 제2의 월급이 따박따박 들어오는
### 배당투자 처음공부

이상규 지음 | 260쪽 | 22,000원

국내와 미국의 유행하는 배당주에 휘둘리기보다 기업의 본질과 지속 가능성에 집중해 오래 함께할 수 있는 배당주 고르는 법을 알려준다. 더불어 ETF까지 다루어 본인의 투자 성향에 맞는 포트폴리오를 구성할 수 있도록 안내한다.

단돈 100만 원으로 달러, 금, 오일, 나스닥선물을 시작할 수 있는
### 해외선물 처음공부

김직선 지음 | 344쪽 | 25,000원

해외선물 트레이딩으로 100억 원의 수익을 낸 저자의 비기가 담긴 책으로, 선물시장에 관한 레버리지, 행동 훈련, 진입과 청산을 모두 다룬다. 수익을 내는 핵심인 리스크 관리법부터 저자만의 승률을 높여주는 전략을 공개한다.

시작부터 술술 풀리고 바로 써먹는
### 미국주식 처음공부

수미숨(상의민)·애나정 지음 | 412쪽 | 22,000원

미국주식에 투자하고 싶지만 무엇을 어떻게 시작해야 할지 막막한 사람이 믿고 따라 할 수 있도록 초보자의 눈높이에 맞춘 책이다. 저자들이 미국시장에 처음 뛰어들며 겪은 시행착오와 경험, 노하우 등의 소중한 정보를 꼼꼼하게 정리했다.

왕초보도 쉽게 낙찰받고 명도하는
### 부동산 경매 처음공부

설춘환 지음 | 380쪽 | 22,000원

부동산 경매를 처음 공부하는 사람이 '진짜' 궁금해하는 이론과 사례, 풍부한 시각 자료를 담았다. 권리분석부터 임장, 대출과 명도, 세금까지 부동산 경매의 전체 과정을 소개하고 오랫동안 축적된 저자만의 노하우를 공개한다.

누구나 전자공시를 읽고 분석할 수 있는
## 기업분석 처음공부

체리형부 지음 | 296쪽 | 21,000원

초보자의 시선으로 기업분석의 단계들을 차근차근 알려준다. 크게 두 부분으로 나눠 정량적 분석으로는 전자공시와 재무제표 분석, 정성적 분석으로는 기업의 사업 성격과 미래를 추론해본다. 이 책만 읽어도 전자공시는 완벽하게 이해할 수 있다.

단돈 1,000원으로 시작할 수 있는
## 채권투자 처음공부

포프리라이프(석동민) 지음 | 300쪽 | 21,000원

이제 막 채권에 입문했거나 입문하고 싶은 개인투자자를 위한 책이다. 수많은 경제 변수에 따라 큰 위험이 동반되는 투자 수단들과 달리 채권투자는 배우기만 하면 누구나 쉽고 안전하게 효율적인 수익률을 거머쥘 수 있다.

주식, 채권부터 통화, 대체투자까지 바로 써먹는
## ETF 처음공부

김성일 지음 | 524쪽 | 26,000원

ETF의 기본 개념과 용어 설명을 비롯해 국가별, 자산별, 섹터별 투자 가능한 ETF를 소개한다. 특히 레이 달리오가 창업한 브리지워터에서 운용하는 펀드를 저자가 한국식으로 변형한 'K-올웨더'는 모든 계절을 잘 견딜 수 있는 포트폴리오다.

첫걸음부터 꼼꼼히 배워 바로 써먹는
## 주식투자 처음공부

성상민 지음 | 388쪽 | 22,000원

나에게 맞는 증권사 찾기, 투자 시 유용한 HTS 세팅 방법, 다양한 주식 매매 전략, 기업의 본질을 파악하는 방법, 차트의 구성 요소, 배당주와 ETF 투자 등 주식투자에 관한 모든 것을 배울 수 있는 입문자와 초보자를 위한 책이다.

# 시장에서 살아남는 강한 투자자가 되는 비결!
## 집단지성의 힘, 100만 명의 투자 공부

100만 명이 모인 카페는 어떻게 다를까? 왜 〈평생주식카페〉는 15년 넘게 네이버 주식 정보 카페 1위를 기록하고 있는 것일까? 한국경제TV 증권사관학교 소장으로 수년간 강의를 진행했던 저자가 최고 운영자로 멘토 역할을 하고 있기 때문이다.

주식투자로 수익을 많이 낸 사람들이 서로 자신만의 방식을 공유할 수 있도록 장을 열어주고 있는 것 역시 카페가 장수하는 이유다. 여러 투자 고수들이 있지만 그중 옆집 누나처럼 친근하고 쉽게 차트를 분석해서 언제 매수해야 하는지 알려주는 '지니주식요정'의 글을 특별 부록에서 만날 수 있다. 알짜 정보만 담은 특별 부록은 실전에 바로 접목시킬 수 있어 초보자에게 많은 도움이 될 것이다.

금융투자 출판의 명가 | 투자 서적 전문 출판사
www.iremedia.co.kr